ÉTAT NATUREL

DES PEUPLES.

TOME PREMIER.

ÉTAT NATUREL

DES PEUPLES,

OU TRAITÉ

Sur les Points les plus importans de la Société civile, & de la Société générale des Nations ;

Ouvrage dans lequel on tâche de ramener aux vrais principes de la Civilisation, en montrant, avec les erreurs des Peuples & des Ecrivains politiques sur cette matière, la possibilité & les moyens de les réparer.

TOME PREMIER.

Immò verò plerisque ultrò etiam irrisui sumus ista commentantes, atque frivoli operis arguimur : magno quamquam immensi laboris, solatio, sperni cum rerum natura : quam certè non defuisse nobis docebimus. PLINE l'ancien.

A PARIS,

Chez SERVIERE, Libraire, rue du Foin-Jacques, N°. 30.

M. DCC. XCII.

AVERTISSEMENT.

L'Ouvrage qu'on fe détermine à donner au Public, eft refté près de vingt années
en manufcrit entre les mains de l'Auteur,
qui n'y avoit d'abord travaillé que pour fa
fatisfaction. Les matieres dont il s'occupa,
étoient alors beaucoup moins connues qu'elles
ne l'ont été depuis. Il a vu, à divers intervalles, paroître des Traités ou des Dif-
fertations fur quelques-unes des principales;
& il a reconnu avec plaifir, que les efprits
fe rencontroient & fe réuniffoient aifément
fur les vérités fupérieures, fur celles qui font
effentiellement & généralement falutaires. Il
a compris que cette liberté de les produire &
de les énoncer, devenue plus générale, étoit
comme infpirée par la douceur des Gouvernemens Chrétiens, qui fe fait toujours plus
remarquer, & par la fageffe de leurs auguftes
Chefs, de qui les travaux bienfaifans fe
répandent de plus en plus au loin dans leur

Empire, & jufqu'aux contrées les plus éloignées. Il a remarqué que toutes les Académies
d'Europe, animées de cet efprit des Princes,
ont parcouru déja dans la fphere des connoiſſances humaines, pour la diſtribution de
leurs Prix, le grand nombre des Queſtions,
qui ont pour objet direct le bonheur & la
proſpérité des Etats, & en général de tout
le genre humain. Ces ſujets ont été traités
avec ſoin, avec méthode & avec candeur:
les Sages qui les ont propoſés, ont décerné
les couronnes; & toute la terre peut être éclairée de ces nouvelles lumieres.

A la vue & à l'examen de toutes ces Queſtions, a diſparu une nuit obſcure, qui n'a
que trop long-temps caché les grands principes de la Légiſlation, c'eſt-à-dire, qui a
fait prendre les préjugés reçus & nés dans
des ſiecles d'ignorance & de barbarie, pour
le légitime objet des Loix ou Civiles ou Politiques, & pour la regle de nos jugemens
à l'égard de certains uſages conſacrés, qui
n'ont plus de reſpectable que l'autoriſation
de la puiſſance publique.

Tous les points essentiels, intéressans la liberté & la dignité de l'homme, sa sûreté, sa vie, ses biens, son bonheur, soit au sein des sociétés civiles, ou par rapport à toutes ensemble, ont été traités en outre par des Citoyens estimables de presque toutes les Nations policées ; & l'on peut dire que le voile est comme tiré de dessus cette foule d'erreurs, sous lequel elles ont régné avec tant d'empire. On n'a guere glissé que sur le Droit de la Guerre, dont personne, que l'on sache, ait encore fait la discussion : l'on s'est borné à représenter tout ce qu'il a de funeste, &, (si on peut le dire d'une matiere si grave), ce qu'il a de ridicule, pour en détourner les humains. Cependant les progrès des lumieres croissant de jour en jour, & les Souverains toujours plus occupés du bonheur des Peuples, le moment n'est pas loin, où l'intérêt général pourra amener une révolution dans les mœurs & dans les principes, d'autant plus indispensable, qu'elle est secretement liée à l'esprit de commerce & d'agriculture, qui est l'ame aujourd'hui de toutes les Nations Chrétiennes.

Une révolution d'un autre genre, arrivée de nos jours, dans le nord de l'autre hémisphere, semble en indiquer l'époque. Des Peuples sages, que l'oppression du Gouvernement de la métropole en Europe, leur commune mere, ne paroissoit distinguer du reste de la Nation que par des duretés & des injustices, ont secoué le joug, & se sont acquis, au prix de leur sang, l'indépendance & l'avantage de traiter comme Puissance libre, avec les autres Nations, & même avec celle dont ils se sont séparés. Cet événement, digne d'être célébré par les bouches les plus éloquentes, a été une source de réflexions & de lumieres. Une des fameuses Académies du

Celle de Toulouse.

Royaume, l'a même proposé pour sujet. On a cru voir la nécessité d'un nouveau système de confédération, fondé sur les besoins actuels des Nations Chrétiennes-commerçantes, & adapté à leurs diverses formes de Gouvernement. Un Ami du Corps Social, *ainsi qu'il se nomme lui-même, vient de donner un pareil Ouvrage* (1)*, où il justifie par-tout cette*

_____

(1) *Le Triomphe du Nouveau Monde*, &c. imprimé chez la Veuve Herissant, rue Neuve Notre-Dame, en 1785.

belle qualité qu'il se donne. Il a considéré toutes les Questions à part, proposées par les Académies, desquelles j'ai tantôt parlé ; &, de leur réunion, il a dressé un plan d'administration intérieure & de confédération universelle, qui répond à tout ce qu'on a pu souhaiter sur ces importans sujets.

Il a proscrit de son régime toutes les peines de mort, ou autrement barbares, & toute institution capable d'affliger l'humanité ou de la pervertir davantage. Il suppose comme généralement reconnu aujourd'hui ce qu'ont de vicieux ces anciens usages ; & il pense, avec raison, que les Souverains sont bien moins indécis sur la nécessité de les bannir, que sur les moyens de le faire avec succès, & de les remplacer par des établissemens plus convenables.

Sa marche est pourtant bien différente de celle que prend l'Auteur de l'Ouvrage que nous annonçons : il adopte la maxime de Jean-Jacques Rousseau : Voulez-vous régner sur les préjugés, commencez à régner par eux. Desorte qu'en éloignant les préjugés funestes, il conserve ceux que l'on regarde

comme propres à répandre dans la Société &
dans l'Univers entier, la douceur si desira-
ble à notre espece, l'émulation des talens
utiles & des vertus sociales, qui donnent ou
entretiennent ce goût dominant des Arts &
des commodités de la vie, & les manieres
sans nombre de les multiplier, comme pour
y faire participer tous les humains ; & cela,
à la faveur de cet esprit général de commerce
& d'agriculture, qui anime, comme nous avons
dit, toutes les Nations Chrétiennes : il ne
s'occupe qu'à établir des formes & des arrangemens civils & politiques, pour prévenir
ou réparer les maux qui en pourroient naître ;
& c'est-là la partie de son Ouvrage la
plus travaillée & la plus difficile, celle qui
a demandé, avec un esprit d'ordre & de dis-
cernement, une vaste connoissance des détails de la Société & des besoins le plus
rapprochés de l'homme civilisé & des Nations
policées, au point où en sont les choses.

Dans le présent Ouvrage, au contraire,
l'Auteur, coupant & élaguant, pour ainsi dire,
toutes les branches superflues ou dangereuses
de ce qui s'appelle Institution humaine, va

droit à l'inflitution de la nature, expofe le principe exact & rigoureux, fépare fans ceffe l'erreur de la vérité, l'illufion de l'évidence ; il montre tout ce qui fe peut nommer vice ou imperfection, & ce qui feul mérite le nom de vertu. Il fait fentir jufqu'à qu'elles bornes on peut aller dans le développement des facultés & des talens, & dans le cercle des jouiffances, & marque les premiers pas indifpenfables pour arriver à une civilifation folide.

De quelque maniere que le bien s'opere, fes vœux feront fatisfaits : il ne demande que le bonheur de fes Concitoyens & de tous fes freres enfemble ; & il bénira fans ceffe le ciel d'avoir donné aux Souverains le courage de tenter une fi belle entreprife.

DE L'ÉTAT

AVANT-PROPOS,

ET

DESSEIN DE L'OUVRAGE.

J'OSE écrire fur une matière qui eſt la plus vaſte, la plus importante & la plus délicate de toutes celles qui ſont ſoumiſes à l'eſprit humain : elle embraſſe tout ce qui a vie , comme tout ce qui eſt inanimé ; parce que l'homme ſe trouve par-tout, & qu'il regarde tout comme ſon domaine ; elle eſt la baſe immédiate de tous ſes droits & de toutes ſes obligations ; elle détermine enfin les degrés de puiſſance & d'autorité que la nature avoue , & les formes d'aſſociation , & les réglemens civils ou politiques qui s'accordent avec la deſtination du Genre humain ſur la terre.

L'on convient aſſez généralement , qu'après la Religion & les Loix de ſon pays , il n'y a point de connoiſſance plus néceſſaire que celle du Droit Naturel, du Droit des Gens & du Droit Civil, dont la réunion & l'enſemble peut ſeul conſtituer l'état naturel des Peuples.

Une ſcience ſi intimement liée avec nos beſoins , a pourtant été la plus négligée : les Sauvages l'ont méconnue, les Barbares l'ont foulée aux pieds & les Nations civilifées ne l'ont tirée que peu à peu & foiblement, de l'aviliffement ou de l'anéantiffement où elle fe trouvoit depuis tant de fiecles : elles font venues à l'eftimer à proportion qu'elles ont fenti les prérogatives de l'homme, & le noble & glorieux emploi de commander à des êtres libres, fes égaux.

Mais cette heureufe révolution eft principalement due aux Souverains, amis de l'humanité, qui, en garde contre les preftiges de la puiffance & le langage de la flaterie, contre les mouvemens d'une fauffe gloire & les dangers d'une domination arbitraire, ont voulu reconnoître des Loix fupérieures à toutes celles qu'ils pouvoient faire ; rapprocher les leurs de l'unique but de la Légiflation, le bonheur commun de celui qui ordonne & de ceux qui obéiffent ; accorder aux efprits éclairés & fages la faculté de mettre au jour leurs idées, & les fruits de leurs connoiffances ; créer & encourager des Académies, fonder des Colléges & des Univerfités, établir des chaires, profcrire, en un mot, par-tout, l'ignorance, la groffiereté & l'aveugle pouvoir.

Quantité de Savans fe font exercés fur la fcience générale dont il eft ici queftion ; les uns en traitant à la fois le Droit de la Nature & celui des Gens, les autres en ne confidérant que le Droit Politique ; d'autres en ne raifonnant que du Droit Civil ;

quelques-uns même en ne touchant qu'à des queftions particulieres de l'un ou de l'autre de ces
Droits.

Ont-ils rencontré la vérité ? ont-ils trouvé des
principes uniques, des maximes inconteftables,
qui ne peuvent qu'affurer le repos des Peuples,
& les diriger vers une paix univerfelle ? Ont-ils
donné, pris féparément, ou confidéré tous enfemble, une doctrine adaptée à la nature de l'homme,
à fes vrais befoins, à l'état propre & effentiel des
Sociétés ? Ont-ils, en un mot, acquitté la dette
immenfe qu'ils ont contractée, & envers eux-mêmes, & envers tous les Souverains de la terre ?

J'avoue qu'ils m'ont paru bien loin d'un tel fuccès. Il m'a femblé d'abord qu'on pouvoit dire à
fes concitoyens & à tout le refte des hommes, des
chofes beaucoup plus capables de les rendre fages
& heureux ; j'ai cru appercevoir dans le cours de
mes lectures & de mes méditations, des vérités
frappantes, des points de lumiere, qui ne m'ont
plus permis de douter d'une foule d'erreurs auxquelles les Nations font encore livrées, & que les
Ecrivains politiques ont proclamées comme des
droits & des ufages inféparables de la nature des
Sociétés civiles. Quelque grands que foient ces
témoignages, & quelque anciennes & générales
que foient ces erreurs, je n'ai pas cru que le tems
& un grand nom puffent jamais naturalifer des
faits & des opinions funeftes à l'efpece humaine,

& très-certainement oppofés à l'efprit de bonté
qui anime les illuftres Légiflateurs qui gouvernent,
fur-tout dans nôtre Europe. Je me fuis dit que je
ne devois pas craindre de fortir de ma médiocrité,
pour me déclarer contre de tels ufages & de tels
principes, quand je n'y procéderois qu'avec refpect, avec les regles d'une fage critique, & avec
le defir d'ailleurs de faire un ouvrage utile.

Dans tout ce qui a rapport à la juftice en général & à la vraie condition humaine, ce n'eft
ni l'érudition, ni un grand favoir, ni des richeffes
littéraires & le génie qui y fervent : l'Ecrivain
poli, l'efprit orné, un goût pour les arts & les
fciences, une brillante imagination peuvent fe laiffer éblouir à des pratiques conftantes & confacrées
par tous les fiecles, ou s'abandonner à des confidérations craintives ou intéreffées, qui n'ont jamais
permis de bien voir, ou de parler felon fa
penfée.

Ce que je dis là fe remarque à la maniere dont
chacun de ces Ecrivains politiques a traité fa matiere, & aux circonftances dans lefquelles il a écrit.
L'erreur eft toujours plus active que la vérité.
L'on s'attache à fes opinions & à fes intérêts avec
une force qu'il eft bien rare que l'on accorde à la
vérité toute pure.

Depuis que j'ai été en âge de réfléchir, j'ai
porté ma vue fur la conduite des hommes entre
eux, & fur celle des Sociétés civiles parmi elles, pour

les comparer avec les leçons de la Religion & de la
morale naturelle, qui font toujours uniformes &
d'accord; mais quel contrafte n'ai-je pas trouvé
entre ces leçons & les mœurs privées & publiques?

Une fi frappante oppofition a dû affliger tout
bon Citoyen, tout fage Magiftrat, tout zélé Mi-
niftre, tout Souverain bienfaifant. Il eft impoffible
que la voix de la nature ne s'éleve du milieu d'une
multitude d'établiffemens & de coutumes qui ne
font pas dirigés vers notre bonheur. Déja les Mo-
narques éclairés & les Républiques prudentes fe
font occupés d'importans objets falutaires; & l'efprit qui guide les Empires, cherche à effacer les
traces d'une dureté & d'une barbarie, qui étoit le
propre des Nations du Nord, d'où nous fommes
defcendus.

Je me propofe de manifefter ce qui nous refte
de ce trifte héritage; mais quelque oppofés que
foient les établiffemens ou les ufages dont je parle,
avec les principes du Droit naturel & de la faine
politique, avec la morale & la Religion; tant
qu'ils font revêtus de la juftice humaine, & tant
que la Puiffance publique les a fcellés de fon
fceau, ils font la matiere des Loix, l'objet du
refpeĉt des Peuples, l'occupation du Gouvernement & la regle de notre conduite : Dieu même,
du fein de fa gloire & de fa haute juftice, qui connoît toutes nos imperfections & les fouffre, apperçoit encore, dans cette foule de méprifes de la

part des Nations, un ordre, un certain équilibre,
des rapports de convention, des formes légales,
qui suppofent, au moins en ceux qui gouvernent,
la volonté de bien faire, & le defir encore de
faire mieux.

Tout l'objet de mon travail n'eft donc que
d'offrir, à ces refpectables Maîtres du monde,
le fruit de mes réflexions fur cette importante
matiere. Je préfenterai l'examen de l'Etat civil
dans fes principaux points; je montrerai le défaut
de bafe en la plupart d'entr'eux; je ferai voir
que la doctrine dont on les appuie, eft d'autant
plus vaine & dangereufe, qu'elle n'eft elle-même
fondée que fur des erreurs de fait & des préjugés
de tous les fiecles.

Mon Ouvrage fera proprement une difcuffion
continuelle. Je m'armerai du Droit Naturel, du
Droit des Gens & du Droit Civil bien unis
enfemble. Je rencontrerai la Religion (j'entends
la Religion Chrétienne); & fon accord avec mes
principes, ne fera pas le moindre avantage dont
j'aurai à foutenir mes foibles efforts.

Cependant de toutes ces difcuffions s'élevera une
théorie, dont il feroit poffible de ramaffer les
membres épars, & d'en former comme un ouvrage
de morale univerfelle, qui peut-être, par cette
raifon, feroit plus agréable, ou jugé plus généralement inftructif. Mais la nature de mon entreprife demande une autre marche : je regarderai

chaque erreur de fait ou de doctrine, comme autant d'ennemis que j'ai à attaquer, un à un, &
à pourfuivre jufqu'au dernier retranchement. Si
l'ennui peut fe mêler à la vue de tels combats,
je fuis autorifé à dire qu'il y en aura bien plus
pour celui qui les livre: le Lecteur fera toujours
le maître de paffer outre, quand il fe croira fuffi-
famment convaincu.

Pour moi, je ne puis ufer de la même liberté;
ayant à écrire pour tous les temps & pour tous
les lieux, & ce que j'ai à révéler ou à éclaircir,
intéreffant tous les Peuples du monde, il me faut,
non pas confidérer fi telle opinion, fi tel principe,
dans les Ouvrages de nos Politiques, font aujourd'hui
profcrits des Gouvernemens modérés, ou généralement abandonnés des Nations policées, mais les traiter
comme s'ils régnoient encore; parce qu'en effet,
premierement, les livres de ces Ecrivains fubfiftent & fubfifteront tant qu'il y aura des bibliothe-
ques; & fecondement, il n'y a encore que trop
de Nations fur la terre, qui exercent ces mêmes
injuftices & ces mêmes cruautés. Je l'ai dit: l'erreur
eft toujours plus active que la vérité; elle eft même
plus difficile à déraciner, que l'autre à établir: fi on
la chaffe d'un côté, elle va dans l'autre; c'eft fur-
tout en matiere comme celle-ci, qu'elle a toute
la terre pour fon domaine. Après avoir été extir-
pée de tel ou tel pays, qui nous a promis qu'elle
n'y reviendra plus, après un nombre de fiecles?

Trifte réflexion! Mais fi les extrémités fe touchent, ne fommes-nous pas forcés de reconnoître,
que la veille de la barbarie, eft ce dernier degré de perfection où une Nation fera parvenue,
au fens qu'on attache à ce mot *d'état policé?*

Il eft vrai que cette réflexion porte fur l'imperfection même de cet état, par un effet de nos
méprifes dans le premier des arts, la civilifation,
dont on n'a pas encore bien connu la vraie forme &
la jufte mefure, non plus que les légitimes pouvoirs; car fi nous nous étions une fois mis dans
cette heureufe pofition, le vice & la barbarie ne
trouveroient plus de portes ouvertes; & un Peuple *véritablement* policé, feroit comme une forte-
reffe inexpugnable qu'on ne fauroit plus atteindre
d'aucun côté.

Ma doctrine paroîtra rigide & peut-être au-deffus de la *foibleffe humaine*, comme on aime ordinairement à fe confidérer; mais, en premier lieu,
la maniere en général dont nous fommes conftitués, ou en particulier, ou en corps politique, &
le refpect que nous gardons encore pour ces ombres
fâcheufes du merveilleux tableau de la Société civile, ne nous permettent pas de nous appercevoir de notre illufion; nous ne ferions plus tant
portés à nous couvrir de cette prétendue foibleffe,
fi nous connoiffions toute la force dont l'humanité
eft capable, en fait de mœurs & de conduite;
& en fecond lieu, je poferai les fondemens in-
ébranlables de la Civilifation, s'il m'eft permis de

parler de la forte, les colonnes de l'Etat civil, la membrure de tout l'édifice; on trouvera, dans ce que je dirai, le poids & la mesure des actions civiles ou politiques, & la regle même des loix humaines, propres à faire notre bonheur : mesure & poids qui seront ceux de la nature, de la raison & de la Religion, toujours fermement unies, & dont l'heureux concert rassurera à jamais les Peuples qui se feront soumis à leur empire.

Disons ici que la morale a été de tous les temps connue, c'est-à-dire, celle qui se rapporte d'un homme à un autre homme, & aux diverses conditions de la Société, quoique un peu entachée des vices des Peuples, comme les plus beaux traités que l'antiquité nous a transmis, en sont une preuve; mais que la morale politique a été presque inconnue : il suffit, pour s'en convaincre, d'ouvrir ces graves volumes qui ont paru dans nos derniers siecles, si l'on pouvoit se mettre au-dessus du préjugé de la naissance & de la force de la coutume, quand elle est universellement répandue; & ajoutons que ces mêmes livres destinés à l'instruction des Peuples & des Etats, ne sont bons qu'à les autoriser ou à les plonger davantage dans leurs erreurs.

Comment a-t-on pu ne pas voir que la Morale & la Politique sont deux sœurs qui doivent tenir le même langage, dont l'une dirige les hommes entr'eux, & l'autre les Nations entre

elles, felon l'ordre & la juftice, & convenablement au bien général de l'humanité; enforte qu'elles
rejetent tout ce qui eft contraire à la paix, à la
douceur, à la modération, à la médiocrité,
à la bienfaifance, en un mot, à toutes les
qualités qui conftituent la vertu, feul fiege & caufe
du bonheur? Il fera prouvé, en cent manieres,
dans cet Ouvrage, qu'il ne peut y avoir de bonheur, dans un Etat, fans la *Vertu Politique*, qui
eft celle des Nations, les unes à l'égard des autres, & fans la *Vertu Publique*, qui eft celle des
Gouvernemens; & que la *Vertu Privée*, c'eft-à-
dire des Particuliers entr'eux & envers l'État, dépend toujours des deux premieres.

Le grand moyen de les former toutes trois & de
les unir, c'eft de les réduire à un même plan, de
les puifer dans la même fource, de les fimplifier,
& qu'elles portent fur des principes analogues
entr'eux & bien convenables à l'efpece humaine :
c'eft ce que je tâcherai de faire dans tout le cours
de cet Ouvrage.

Quoique la Religion avoue mes principes, &
que j'aie fouvent à m'en glorifier, ce n'eft pourtant pas dans fa morale que je puiferai mes regles. Le divin Légiflateur a parlé aux hommes,
mais fans raifonner, fans difcuter. Il a montré le
devoir, fans s'arrêter à le prouver : fa parole
étoit un Arrêt fortifié par fon exemple, & accompagné de l'utilité la plus évidente. Je n'aurois point fait

un Ouvrage directement propre à ma fin, si je m'étois borné à cette respectable source. Le Droit Naturel est le fond d'où toutes nos connoissances doivent primitivement procéder, pour établir & diriger tous les Droits possibles. Les divers états de l'homme, considéré ou en Société civile avec ses semblables, ou en Corps Politiques entr'eux, ont donné lieu au Droit Civil & au Droit des Gens. Chacune de ces divisions a son département, & est une branche d'instruction : néanmoins elles ne sont toutes que l'objet de la raison, le fruit de l'intelligence & le résultat des rapports apperçus.

Toutefois, je ferai, en quelques endroits de mon livre, une distinction du *langage* de la simple raison, d'avec les décisions du Droit Naturel & du Droit des Gens : c'est que le Droit Naturel & le Droit des Gens, comme le Droit Civil & autres, sont une science, & que notre intelligence, dans ses premiers procédés, ne nous montre que les raisons les plus simples, les plus approchantes de notre personne, le plus à la surface, pour ainsi dire, des objets de notre vue & de nos besoins ; & c'est ce qu'on entend par le *bon sens* ou *sens commun :* au lieu que ce qui est *science*, est une opération pénible de la raison ; elle perce dans les objets, elle regarde à leurs liaisons ; elle cherche les causes & les effets ; elle compare, elle médite, elle veut la raison de tout ce qui est soumis à son intelligence. Enfin,

après avoir long-temps parcouru, elle s'arrête &
se fixe aux points de certitude qu'elle a trouvés ;
il en est certainement de tels, je l'ai dit, dans cette
belle connoissance qui s'occupe de la vraie consti-
titution de l'Etat naturel des Peuples, & des caracteres de justice & de bonté qui doivent décider des
institutions humaines.

Ayant donc à discuter tout par les seules lumieres de l'esprit, & n'étant que trop vrai que
l'opinion est la reine du monde, j'ai effectivement
bien besoin de m'appuyer sur des raisonnemens
solides ; de me faire, dans tant de questions dé-
licates & contre tant de préjugés reçus, des indices sûrs, tirés de la nature même des choses, &
d'arriver, pour ainsi parler, à la raison de la raison, qui est le dernier degré où l'incertitude doit
disparoître. C'est ce qui donnera cet air de sévérité
à ma doctrine, duquel j'ai parlé plus haut ; car la
perfection est précise : ce qui constitue le bien est
un point, c'est un dernier terme, ou plutôt le
premier ; il se relâche en s'éloignant de ce principe : voilà pourquoi toute regle est gênante &
qu'on est naturellement porté à la croire trop res-
serrée. Mais encore une fois, telle est sa nature ;
& l'homme doit au moins la connoître, s'il ne
peut arriver à ce noble effort de se rendre parfait
comme elle.

Aussi les Sages qui gouverneront, les augustes
Administrateurs des Empires, seront les maîtres de

donner le reffort qu'ils trouveront bon à la liberté
de s'arranger felon les circonftances, quand d'ailleurs ayant mis l'ennemi dehors, (les erreurs), ils
garderont toutes les avenues & l'empêcheront d'y
rentrer jamais. Leur confeil animé de leur efprit &
fe guidant par les mêmes principes, les foutiendra
& les foulagera dans cette pénible & glorieufe
carriere; & les Peuples s'eftimeront d'autant plus
heureux, qu'ils leur devront le véritable prix de
la vie, qui eft la paix & la fûreté, par l'abolition
de toutes les coutumes fanguinaires : & l'ineftimable
condition de n'être plus livrés à des defirs immo-
dérés ou déraifonnables, par l'éloignement de tout
ce qui eft capable de les exciter & de les entretenir.

Après ces réflexions, il me refte à donner une Deffein
idée de la difpofition de mon fujet, & des divers de l'Ou-
objets qui doivent y entrer. Le Droit de la Guerre, vrage.
eft de toutes les erreurs, la plus ancienne, la plus
autorifée, & peut être regardé comme le principe
de beaucoup d'autres; & le Droit des Gens, tel que
les Auteurs nous l'ont donné & qui lui fert de bafe,
eft la plus fauffe & la plus funefte des doctrines,
par rapport au maintien des Sociétés civiles & de
la Société générale des Nations : je me propofe
donc d'employer toute la premiere Partie à prouver ces deux vérités. Mes moyens feront d'abord
d'expofer le fyftême lui-même du Droit des Gens;
d'examiner fa contexture, de le difcuter dans toute

ſes parties. Enſuite, prenant en particulier l'uſage
& le Droit de la Guerre, je lui oppoſerai la
ſimple raiſon, la Loi des Juifs, la Religion Chrétienne, le Droit des Gens lui-même, (mais le véritable) & le Droit Naturel, qui tous enſemble s'é-
leveront contre une pratique & une doctrine ſi
dépourvues de fondement & ſi funeſtes.

Dans la ſeconde Partie, je traiterai des autres
grandes erreurs des Peuples. On verra l'influence
de l'Etat civil ſur le Droit des Gens; & venant à développer ce même Etat civil en géneral, je m'arrêterai ſur chacune des inſtitutions fâcheuſes qui
ſubſiſtent, pour les diſcuter avec le plus de ſoin,
ſoit en elles-mêmes, ſoit par rapport aux opinions
des Ecrivains politiques qui les ſoutiennent. C'eſt-là
où je parlerai de la Peine de Mort, du prétendu
Droit de Conquête ou de réduire en ſervitude, des
diſproportions énormes dans les fortunes & les biens,
du Prêt-à-intérêt, de l'uſage même de manger de
la chair des bêtes, de la Polygamie, du Divorce,
&c. &c. &c.

Mais c'eſt-là auſſi qu'il me faudra, ſur la plupart de ces inſtitutions civiles, écarter les objections tirées de l'exemple de la Loi de Moyſe, &
montrer au plus grand jour, que les regles de cette
Loi particuliere, dans les points qui étoient exceptés de la Loi naturelle, ne regardoient que les
Juifs, & ne pouvoient convenir à aucun autre Peuple de la tere : j'oſe eſpérer de faire ſentir cette

diftinction, par les caractères les plus marqués. On peut juger que cette deuxieme Partie de mon Ouvrage, qui fera la plus étendue, n'en fera pas la moins intéreffante.

Enfin je croirois n'avoir rempli que la moitié de ma tâche, fi je ne traitois pas de la poffibilité & des moyens de réduire en pratique ma théorie : c'eft ce qui fera le fujet de la troifieme Partie. Elle me fournira les preuves, que fi les Nations fe font égarées dans la recherche de leur bonheur & du véritable ordre qui leur convient, ce n'eft point fans remede. Il me faudra examiner le fyftême qui donne à chaque efpece de Gouvernement fon principe, & je m'arrêterai fur celui de l'honneur, qu'on dit propre aux Monarchies : j'y débrouillerai une foule d'idées qu'on a eues fur ce fujet, qui ne font nullement conformes à la vérité & à la juftice ; je démêlerai l'illufion, & j'aurai un fecret plaifir à montrer que la vertu eft un principe qui appartient autant au Gouvernement Monarchique, qu'à tout autre fondé fur les Loix. Après quelques réflexions fur le naturel des trois différentes efpeces de Peuples que nous connoiffons, & avoir expofé quelques-unes des principales caufes primitives qui nous ont féduits, mais qui ne font pas invincibles, je dirai comment notre civilifation eft fauffe, & je tracerai fuccinctement la route par laquelle feule on peut arriver à la véritable : heureux fi j'atteins, en tout, le but que je me propofe.

Du reste, des Peuples tout neufs & comme sortant des mains de la nature, trouveroient ici les deux grands avantages qui leur sont propres : de se préserver des maux civils & politiques des Nations policées, & de donner, sans peine, à leur constitution naissante, l'ordre & les regles les plus convenables. Que de Peuples sauvages sont encore à former! Que d'autres que nous ne connoissons pas encore! C'est de ces hommes nouveaux que l'on feroit comme tout d'un coup des Corps Politiques sages, paisibles & heureux.

Cependant il est bien doux de parler à des Peuples instruits, à des Souverains connoissant déja tout le prix des bonnes mœurs, & disposés à entendre les vérités salutaires : il est doux de n'avoir qu'à se présenter pour être assuré qu'ils en agréeront du moins l'hommage & y adhéreront de cœur, si leur esprit guidé par la prudence, voit de grands ménagemens à observer, & de sages mesures à prendre, avant d'entamer les principaux objets d'une telle entreprise. Ce n'est pas l'affaire d'un jour, ni de plusieurs années, il faut l'avouer. On ne peut obtenir un si grand bien que peu à peu, & par des réformes légeres & de puissans exemples : ce n'est que par de petits essais en ce genre, que les plus grands effets s'opèrent, & ces sortes de succès sont d'autant plus sûrs & plus étendus, qu'ils partent de plus loin, & que le temps & l'expérience les ont mûris & consolidés.

PREMIERE

DE L'ÉTAT NATUREL
DES PEUPLES;

OU

Essai sur les Points les plus importans de la Société Civile & de la Société Générale des Nations.

PREMIERE PARTIE,

Employée spécialement à discuter l'usage & la doctrine du Droit de la Guerre, où l'on commence à voir les imperfections de l'Etat Civil.

INTRODUCTION.

DE tous les fléaux qui affiegent l'humanité & mettent le trouble dans le monde, il n'en eft point de fi terrible que la Guerre. La pefte & la famine, dont les défolations font fi cruelles, laiffent encore, dans le cœur des hommes, ces fentimens de pitié

La Guerre, le plus grand des fléaux.

Tome I.   B

& de compaſſion que la nature y a gravés pour
le maintien de l'ordre & le bonheur commun ;
ſi l'horreur de la mort engage en ces affreuſes
conjonctures, à jeter premierement les yeux ſur
ſoi & à refuſer ſouvent à ſes plus proches des
ſecours dont on a ſoi-même beſoin, ce n'eſt jamais
qu'en déplorant leur ſort & partageant, en quelque ſorte, leur infortune. Qui ne ſait qu'on a vu
même, dans ces temps malheureux dont je parle,
de fréquens exemples d'une généroſité qui s'oublie
ſur ſes propres riſques, & qui ne craint pas de ſe
ſacrifier pour le ſalut des autres ?

Ses effets cruels.

Mais la Guerre eſt toute meurtriere & mal-fai-
ſante ; outre qu'elle traîne ordinairement à ſa ſuite
ou la diſette ou la famine & les infirmités du corps,
en ravageant les campagnes & les Villes, & peu-
plant les hôpitaux de malades & de gens réduits à
la derniere miſere, c'eſt elle qui rompant les nœuds
ſacrés de l'amitié, briſant les liens du ſang, déſu-
niſſant tous les hommes, ne connoît d'autre juſtice
que la force, d'autre ſatisfaction que la vengeance,
d'autre gloire que l'abattement & la deſtruction de
ſes pareils, & qui, pour tout dire, armant un
homme contre un autre homme, une Nation
contre une autre Nation, porte le fer & la flamme
par-tout, & compte pour rien la dévaſtation de
la terre entiere & la perte de ſes habitans.

O paix ! ô douce paix, qui ſeule pouvez rendre
la vie ſupportable aux hommes ! qui ſeule pouvez faire briller les vertus & les talens, par quelle
étrange fatalité êtes - vous ſi ſouvent bannie du
monde ?

La Guer-
re, mal

La Peſte, la Guerre & la Famine ſont, dit-on,

les trois fléaux dont Dieu se sert pour châtier les hommes. Je ne trouve pas, en un sens, que cela soit juste ; car il y a cette différence entr'elles, que la Guerre n'est pas, comme les deux autres, une de ces calamités publiques que toute la prudence humaine ne peut éviter : l'intempérie de l'air que causent les mauvaises exhalaisons, & les sucs mal préparés dans les alimens dont on se nourrit, principes ordinaires des maladies épidémiques ; les vents, la grêle, les inondations, la sécheresse, un air brûlant ou un froid extrême, des infinités d'insectes, sources du dépérissement des récoltes, & qui exposent une multitude de gens à mourir de faim, tout cela n'est pas l'ouvrage de l'homme. *mise, en un sens, au rang des fléaux ; avec la peste & la famine.*

La Guerre au contraire est son propre fait : elle naît de sa volonté, & est l'ouvrage de ses passions. C'est parce qu'il est libre, qu'il l'entreprend ou qu'il la termine ; il dépendra toujours de lui de s'en abstenir. *Elle dépend de l'homme.*

Si donc la Guerre est un si grand mal, & si l'homme est maître de régler ses différends par la médiation ou par des sacrifices toujours au-dessous des maux qu'entraîne la Guerre ; d'où vient que les Peuples l'ont adoptée, & qu'ils s'y livrent avec tant de rage pour les plus petits intérêts & pour les moindres causes ? Ouvrons les histoires ; elles ne sont remplies que de ses horreurs. *Réflexion.*

L'on voit que je parle de la *Guerre en forme,* ainsi qu'on l'appelle, qui se fait de Nation à Nation, qui est réduite en art & en maximes, & a ses regles & ses droits ; car pour la Guerre person- *Guerre en forme.*

nelle, qui fe paffe d'homme à homme, l'on ne
peut guere appliquer ce nom à des débats paffa-
gers, à des attaques imprévues, qu'un moment
voit naître & finir. Dans le fein des Sociétés Politiques, où l'Etat entier eft chargé de la vindicte
des particuliers, ces diffenfions privées font fubor-
données au cas de la maxime, *vim vi repellere
licet*, où il eft bien permis de fe défendre alors
qu'on ne peut venir à notre fecours, mais où auffi
après les premiers chocs, l'on eft réciproquement
porté à s'entre-laiffer ; de forte que les fuites n'en
font pas bien dangereufes.

Au lieu que la Guerre proprement dite, entre
un Peuple & un autre Peuple, eft un ouvrage de
la réflexion & du travail : on fe difpofe, on s'af-
femble, on marche, le tout à loifir & avec regle.
L'on s'attaque ; des formalités font encore obfer-
vées en ce moment terrible où le fang humain
va couler : enfin toutes les lumieres de l'efprit,
toutes les reffources du génie & de la nature font
mifes à contribution pour faire à fon ennemi le
plus de mal qu'il eft poffible : & tout cela s'appelle encore parmi nous, Nations policées, être
humains & raifonnables!

Guerre
offenfive.

J'entends de plus la Guerre *offenfive*, dont les
plus célebres Auteurs nous ont donné les regles
& détaillé les juftes caufes, que j'examinerai en
fon lieu; car pour celle qu'on nomme *défenfive*,
qui eft de Droit naturel, elle rentre dans celle
d'un homme contre un autre homme, & du combat particulier dont j'ai parlé, où l'attaqué entierement livré à lui-même, eft néceffité à faire
ufage de toutes fes forces pour fe débarraffer de

fon ennemi , en proportionnant toutefois le mal qu'il lui porte, toujours à fes propres rifques , & à l'intérêt plus preffant de fa confervation.

Et l'on comprend affez qu'il n'eft pas ici queftion de la Guerre offenfive , qui n'a d'autre but que le brigandage , ou l'ambition des conquêtes , dont l'entreprife ne peut fe foutenir d'aucune forte de raifon : odieufe à toutes les Nations policées , parce qu'elle attaque trop ouvertement leur fûreté & la juftice naturelle , il eft impoffible qu'on ait trouvé à la concilier avec des regles.

Mais la Guerre *offenfive en forme* , a toujours été regardée comme permife. On la divife en *jufte* & en *injufte*. L'on établit que les Nations étant des corps politiques, indépendans les uns des autres, & ne reconnoiffant point par conféquent de fupérieurs fur la terre, elles ont le droit de s'attaquer & de vuider leurs différends par la force , quand les armes de la raifon ne peuvent les terminer : d'où il fuit qu'elles font feules juges en leur propre caufe. Ce droit s'appelle *externe*, pour le diftinguer du droit *interne*, qui ne lie que devant Dieu & dans la confcience ; difant ainfi, qu'il fuffit qu'une Nation fe croye fondée à en attaquer une autre, pour qu'elle le puiffe, fans que les autres Nations aient à s'en formalifer , à moins que fes démarches ne mettent en danger leur fûreté propre , ou bien qu'elle n'y procede pas dans les formes reçues ; mais hors delà , la Nation qui attaque, ne fait, felon cette doctrine , qu'ufer de fon droit, quand même les motifs qui lui font prendre les armes ne feroient pas fondés : c'eft à Dieu feul qu'elle a à en rendre compte.

B iij

Guerre de brigandage , ou purement de conquêtes.

Guerre offenfive en forme ; & précis de ce fyftême.

Combien il est dangereux & sans fondement,

Quelque porté que l'on soit à l'ambition ou à la vengeance, quelque goût que l'on ait pour l'usage indéfini de sa liberté, l'on ne pourra disconvenir, quand on sera de sang froid, que ce ne soit ouvrir la porte à tous les abus, fomenter les plus terribles penchans, entretenir & répandre la discorde dans le monde, que de prêcher, à cause de l'indépendance des Nations, le prétendu pouvoir qu'elles ont de se faire justice elles-mêmes.

Ces hommes réunis en corps de Société, pour vivre sous des loix communes, & travailler ensemble à leur sûreté, auront-ils donc plus de droit, que quand ils étoient séparés & réduits chacun à leurs seules forces ?

Ce qu'il y a d'étonnant, c'est qu'on compare une Nation à un homme dans l'état de nature, quant à l'indépendance, & qu'on accorde à celle-là une faculté qui n'est pas due à l'autre : faculté d'autant plus terrible qu'elle s'exerce par une plus grande puissance, & que c'est toujours de propos délibéré & après réflexion.

Comment se sont abusés les Auteurs Politiques ; & vice de tous leurs Traités à cet égard.

Tous les Auteurs qui se sont occupés de l'important objet d'instruire les Nations, qui ont déterminé, à leur avis, leurs droits & leurs obligations respectives, ce qu'ils appellent *la science du Droit des Gens*, ont vu l Guere de tous les temps régner parmi elles : nullement frappés d'un usage aussi ancien, aussi général & aussi perpétuel, ils n'ont pas balancé à le regarder comme un droit : ils n'en ont blâmé que les excès & les abus. Cependant ils ont voulu y associer les regles de la morale, les principes d'humanité ; & tandis qu'ils ont recommandé aux Peuples la paix & la concorde, & de ſe rendre mutuellement les plus grands offices, ils leur ont preſcrit pour eux-mêmes une infinité de devoirs de la plus grande importance, puiſqu'ils doivent toujours être remplis les premiers, & néanmoins de la plus difficile exécution, pour ne pas bleſſer les autres : aſſemblage le plus monſtrueux qu'on puiſſe préſenter à des créatures raiſonnables, & qui a forcé, en cent endroits de leurs Ouvrages, ces mêmes habiles gens, à adopter des idées tout-à-fait contraires à la probité naturelle & à la délicateſſe de ſentimens dont ſans doute ils ſe piquoient.

Je vais expoſer ce ſyſtême dans toute ſon étendue. Sa réfutation ſe tirera de ſon propre fond, & fera crouler le Droit de la Guerre, à qui il ſert d'appui. Mais ce n'eſt pas aſſez ; on pourroit encore penſer que le ſyſtême lui - même a été mal conçu & mal établi, & que le Droit de la Guerre n'en eſt pas moins fondé. Il faudra donc le conſidérer ſous tous les rapports : d'abord, entendre ce qu'en dit la ſimple raiſon; enſuite, comme on s'autoriſe de la Loi des Juifs, de celle des Chrétiens, recourir à ces deux divines Loix, pour voir combien peu on les a compriſes. Il ſembleroit qu'après cela la queſtion ſeroit ſuffiſamment décidée. Cependant, je crois indiſpenſable, avant de finir cette premiere Partie, de conſulter le Droit des Gens bien ordonné, & le Droit Naturel. Celui-ci étant le fondement de tous les autres, ce ſera une raiſon de plus, par rapport à l'enſemble de mon Ouvrage, d'en donner comme un Traité particulier, où l'on appercevra la racine de mes principes & la dépendance de toutes mes aſſertions. Je remonterai à ſes four-

Objet & plan de cette premiere Partie.

ces , je rechercherai fes caracteres, je le fuivrai
dans fes conféquences; je le préfenterai, en un
mot, d'une maniere qui me paroîtra, fi j'ofe le
dire, rendre à la nature, dans cette belle partie
de fon empire, fa dignité & fa vigueur.

SECTION PREMIERE.

Expofition & Réfutation du Syftême du Droit des Gens, tel que les Auteurs nous l'ont donné.

Tous les livres qui traitent du Droit des Gens, ayant cela de commun, qu'ils font fondés à peu près fur les mêmes principes, & qu'on y reconnoît par-tout les mêmes matériaux & les mêmes vues, je crois ne pouvoir rien faire de mieux, pour remplir ici mon objet, que d'en choifir un par préférence, d'où j'aye à tirer mes exemples & la plûpart de mes objections , en rapportant fes propres termes : ce fera celui de Wattel (1), en qui je trouve plus de précifion & de méthode. Dans tout le refte de mon Ouvrage, j'aurai plus à faire aux autres Auteurs qui ont écrit avant lui, ou dans le même temps, fur les mêmes matieres ou fur d'autres qui y ont rapport ; & je les ferai paffer indiftinctement fur la fcene à mefure que j'en aurai l'occafion.

_____

(1) Le Droit des Gens, par M. de Wattel, en 3. vol. *in*-12. Lond. 1758.

No. I.

Des Principes des Auteurs qui ont traité du Droit des Gens, & de l'union qu'ils en font.

CHAPITRE PREMIER.

Contradiction entre certains Principes de ces Auteurs, & la conséquence qu'ils en tirent en faveur du Droit de la Guerre.

Premier principe:
Liberté des Nations.

1°. « C'EST une vérité démontrée, (disent-» ils en l'établissant en principe), que les Nations » étant composées d'hommes naturellement libres » & indépendans, & qui, avant l'établissement » des sociétés civiles, vivoient ensemble dans l'état » de nature, les Nations ou les Etats Souverains, » doivent être considérés comme autant de per-» sonnes libres, qui vivent entr'elles dans l'état de » nature ». Prélim. §. 4. Droit des Gens par Wattel.

Deuxie-me princi-pe :
Egalité des Nations.

2°. « Il est encore convenu, (& c'est une » suite nécessaire du principe précédent), que les » Nations sont naturellement égales entr'elles, » puisqu'elles sont composées d'hommes naturel-» lement égaux; que la puissance ou la foiblesse » ne produisent, à cet égard, aucune différence ; » un nain étant aussi bien un homme, qu'un

» géant ; une petite République n'étant pas moins
» un Etat Souverain, que le plus puiffant Royau-
» me ». *Ibid.* §. 18.

Je remarque, dans ces deux propofitions, trois
termes fur quoi elles roulent : *liberté*, *indépendance*,
égalité. L'ordre naturel des idées me préfente
d'abord le fecond, d'où découlent les deux autres : car, pour être libre, il faut être indépendant; & des êtres indépendans & libres font naturellement égaux. Or, comment concilier, avec
l'idée d'égalité, de liberté, d'indépendance, celle
de pouvoir être réciproquement attaqué ? Con-
çoit-on que l'indépendance fubfifte avec le fort
commun de pouvoir s'entre-détruire ? Du moment
qu'on tombe fur moi & qu'on m'attaque; difons-
mieux, du moment qu'on peut le faire , la fûreté
de mon état eft menacée, je fuis affervi ; car la
véritable indépendance n'a rien à craindre.

. Il ne fert de rien que l'on accorde le droit funefte de s'entre - détruire à toutes les Nations ;
l'égalité qu'il y a alors, eft toute à leur préjudice,
& nous parlons d'une qualité avantageufe, bonne
par elle-même. Une égalité dans le mal, n'en
eft au contraire que plus deftructive. Je diftingue
entre le pouvoir de *fait* & le pouvoir de *droit* :
celui de fait n'eft que trop conftant pour le malheur du genre humain ; il fera toujours une preuve
des dangereux effets des préjugés & des paffions
fur l'efprit des hommes; mais je dis que ce prétendu droit de faire une Guerre offenfive eft diamétralement oppofé, non-feulement à leur nature
& à leur deftination , mais à l'état de liberté,
d'indépendance , dans lequel on fuppofe que les
Nations font entr'elles.

Le Droit de faire une Guerre offenfi-ve , dia-métrale-ment op-pofé à ces deux prin-cipes.

Les Païens avoient mieux connu ces attributs essentiels, en les refusant à leurs propres Dieux, d'abord qu'en leur donnant toutes les passions des hommes, ils les rendoient sujets aux mêmes vices & aux mêmes emportemens; aussi les faisoient-ils entrer en guerre ouverte, & former entr'eux des partis, en leur assignant des rangs différens & divers degrés de puissance. Quelque absurde que fût un système où la Divinité étoit mêlée avec le vice, ils étoient pourtant plus conséquens que nous, en ce que des Dieux, pour être capables de s'abandonner à l'indécence & à la fureur de la discorde, devoient être supposés inégaux, & tous ensemble, dépendans, en quelque sorte, les uns des autres. Le principe ne valoit rien; mais la conséquence étoit bonne. Ici, au contraire, le principe est vrai, & la conséquence est fausse: ou les Nations sont indépendantes entr'elles, ou elles ne le sont pas. Si elles sont indépendantes, l'une n'a pas le droit d'en attaquer une autre, c'est-à-dire, de commencer l'attaque & de marcher contr'elle, à moins des cas malheureux de l'absolue nécessité, dont nous parlerons dans la derniere Section de cette premiere Partie.

Troisie-me princi-pe:

Les Na-tions con-sidérées dans la Société humaine, comme ayant un proit égal.

3°. « Les Nations étant libres, indépendantes, » égales, & chacune devant, en sa conscience, » juger de ce qu'elle a à faire pour remplir ses » devoirs, l'effet de tout cela est d'opérer, au » moins extérieurement & parmi les hommes, » une parfaite égalité de droit entre les Nations, » dans l'administration de leurs affaires & dans la » poursuite de leurs prétentions, sans égard à la » justice intrinseque de leur conduite, dont il n'ap-» partient pas aux autres de juger définitivement :

» en forte que ce qui eft permis à l'une, eft auffi
» permis à l'autre, & qu'elles doivent être con-
» fidérées, dans la fociété humaine, comme ayant
» un droit égal ». *Ibid.* Prélim. §. 21.

C'eft encore ici, felon moi, une inconféquence, Autre con-
ou plutôt une contradiction; & je tire du propos tradiction.
même que je viens de citer, une preuve contre
le fentiment que je combats.

Si une Nation doit feule juger en fa confcience,
de ce qu'elle a à faire pour remplir fes devoirs;
fi elle doit être regardée comme feule maîtreffe
de fes actions, & qu'il n'appartienne pas aux autres de juger de la juftice intrinfeque de fa conduite, je conclus qu'elles n'ont aucunement le droit
de s'attaquer & de fe battre, ou bien il faut qu'elles
foient perpétuellement en Guerre entr'elles, & que
la fociété humaine foit enfin diffoute.

Je conviens que ce privilege qu'on accorde
aux Nations, de ne pouvoir être jugées fur la
légitimité ou l'illégitimité de leur conduite, femble
leur donner à chacune en particulier, le droit de
pourfuivre leurs prétentions par la force, fi elles le
croient néceffaire, fans qu'on puiffe, par cela
même, les accufer d'injuftice. L'égalité étant un
attribut commun aux Nations, toutes jouiront de
cette funefte prérogative; mais, puifque le Droit
n'eft pas ici un pouvoir phyfique, mais un pouvoir
moral, n'eft-ce pas une contradiction, dans le
fens, qu'on accorde une telle puiffance à des
Sociétés d'hommes contre d'autres Sociétés d'hommes, qui font de même nature, & qui, par conféquent, ont chacune pareille puiffance ? Quand
une Nation en attaque une autre, cela fuppofe
que ce n'eft pas fans fujet : or, celle-ci avoit le droit

comme elle, d'adminiſtrer ſes affaires à ſon gré ;
ſur quel fondement donc, la premiere prendroit-
elle les armes ? Que devient un droit qu'un droit
tout égal contre-balance ? Deux boules parfaitement
ſemblables, jetées d'égale force, l'une contre
l'autre, de deux extrémités oppoſées, ſe rencontrant
au milieu, rebrouffent néceffairement dès le point
du contact : l'effet eſt nul.

Que ſi au contraire, à l'égard des Nations,
nous voulons qu'il ſoit quelque choſe, il eſt tout,
il eſt extrème, il détruira la ſociété humaine,
comme j'ai dit. Mais, remarquez que c'eſt alors l'effet
du pouvoir phyſique, & non du pouvoir moral.

Et de fait, puiſque les Nations ſont égales, &
que toutes, en prenant les armes, ſont cenſées
avoir la juſtice de leur côté, celle qui les prendra
pour ſe défendre, devra paroître au moins tout
auffi fondée que celle qui l'attaquera. L'obligation
où ſont les autres de reſpecter nos démarches &
de ne point juger de la juſtice de nos intentions,
eſt un ample bandeau pour couvrir nos propres
fautes, & une tentation continuelle d'en commettre
de nouvelles. Or, chaque Nation s'arrogera un
pareil droit : « Chacune prétendra avoir la juſtice
» de ſon côté, dans les différends qui pourront
» ſurvenir, & il n'appartiendra ni à l'un ni à l'autre
» des intéreſſés, ni aux autres Nations, de juger
» la queſtion ». *Ibid.* Prélim. §. 21. Et comme
les intérêts des Nations ont toujours été mêlés
eutr'eux, & qu'ils le ſont toujours plus à proportion
de l'extenſion du commerce & de la communication,
il ne peut ſe faire que ce pouvoir, de pourſuivre
ſon droit à force ouverte, ſans que les autres
aient à juger de la juſtice intrinſeque de leur
conduite, ne ſe répande de proche en proche,

& ne porte peu à peu la Guerre par-tout : ce ne
feroit plus alors qu'une défolation entiere fur la
furface du globe.

Par bonheur, les hommes ne font pas fi mauvais
que le principe, & font reftés fort en-deffous de
ces affreufes conféquences. Quelque grands qu'aient
été les excès de la Guerre qu'on lit dans les hiftoires,
l'on remarque aifément que ce ne font que des
écarts de la route naturelle ; & que fi la raifon
humaine eût été mieux inftruite, dans chaque
Nation, de ce qu'elles peuvent, ou ne peuvent
pas, les unes envers les autres, la paix eût habité
plus long-temps parmi elles.

Il faut avouer pourtant que, dans ce même
Paragraphe que je viens de citer, l'Auteur ajoute
pour conclufion, ces mots : « Il eft donc néceffaire,
» en beaucoup d'occafions, que les Nations fouf-
» frent certaines chofes, bien qu'injuftes & con-
» damnables en elles-mêmes, parce qu'elles ne
» pourroient s'y oppofer par la force, fans violer
» la liberté de quelqu'une & fans détruire les
» fondemens de leur fociété naturelle ». L'Auteur
a intitulé ce Paragraphe : *Fondement du Droit
des Gens volontaire*, qui eft donc établi pour tem-
pérer ce pouvoir funefte, accordé aux Nations, de
fe faire la Guere. Les Nations, elles-mêmes, ont
fenti l'importance de n'être pas recherchées pour
des objets légers ; mais l'on n'a fait qu'entrevoir
le mal, il refte dans toute fa force ; & cette
invention du Droit des Gens volontaire, comme
je le dirai dans la fuite, N°. III. de cette Seétion,
n'eft qu'un moyen de plus pour s'autorifer à le commettre. Les Nations ont tant de devoirs à remplir
envers elles-mêmes, felon nos Ecrivains politiques,

qu'elles auront toujours mille raisons bonnes ou mauvaises de prendre les armes.

L'Auteur que j'ai choisi ici, pour l'exposition du système que je combats, a donc fait servir son principe simplement pour modérer le droit en question, & moi je m'en sers pour le détruire tout-à-fait : qui sera plus conséquent ?

Contradiction d'une autre espece.

Il faut que je releve une contradiction d'une autre espece : celles que nous venons de voir sont entre les *Principes Généraux* qui doivent servir de base aux devoirs communs des Nations entr'elles, pour ne former ensemble qu'une seule société du genre humain ; & cette *faculté* qui leur est accordée, de se faire justice elles-mêmes par la force ; & la contradiction dont je vais parler, est entre cette même *faculté* & *l'aveu* qu'on nous fait qu'elle est un moyen peu propre pour s'assurer que la victoire se rangera du côté du bon droit : je le trouve au Livre 3, chapitre 3, §. 38, en ces termes : « C'est une erreur non moins absurde que » funeste, de dire que la Guerre doit décider les » contrôverses entre ceux qui, comme les Nations, » ne reconnoissent point de juge. La victoire suit » d'ordinaire la force & la prudence, plutôt que » le bon droit : ce seroit une mauvaise regle de » décision ; mais c'est un moyen efficace pour » contraindre celui qui se refuse aux voies de » justice ; & il devient juste entre les mains du » Prince qui l'emploie à propos, & pour un sujet » légitime ». Le premier membre de cette proposition est d'une vérité des plus sensibles, mais le second, quel rapport a-t-il avec lui ? Il est tout-à-fait disparate : car si la Guerre est un mauvais

moyen

moyen pour décider les controverses, elle l'est
incontestablement aussi pour se faire rendre justice. La raison qu'on en donne pour le premier,
que *la victoire suit d'ordinaire la force & la prudence
plutôt que le bon droit*, regarde pareillement le
second; puisque celui qui prend les armes pour contraindre quelqu'un qui se refuse aux voies de justice, n'est pas assuré du succès, quelque précaution
qu'il prenne : ce dernier, avec la mauvaise cause,
pouvant avoir des troupes mieux aguerries que les
siennes, mieux disciplinées, plus nombreuses, mieux
conduites ; disons encore, plus favorisées du hasard
& des circonstances : toutes choses dont le concours,
ou simplement quelques-unes décident de la victoire. L'injuste triomphera donc alors ! Et que sera
devenue *l'efficacité* du moyen pris par celui qui
avoit la bonne cause ? Cette contradiction saute
aux yeux. En convenant que le moyen ne vaut
rien pour décider les controverses, c'est convenir
nécessairement qu'il ne vaut pas mieux pour forcer
quelqu'un à nous rendre ce qui nous est dû. Il n'est
bon qu'autant qu'on a la supériorité & les autres
avantages dont j'ai parlé ; mais cette *bonté* n'est
pas de lui, & elle sera contre celui qui a la bonne
cause, si l'autre a eu le bonheur de vaincre. Ainsi,
vous Peuples, qui emploierez ce moyen à propos
& pour un sujet légitime, pourrez-vous dire d'a-
vance qu'il soit efficace ? Non sans doute. Puissances
de la terre, vous ne l'avez que trop éprouvé :
vous savez bien qu'en vous livrant à un remede
de cette nature, que vous n'aurez pris qu'à la derniere extrémité, & pour vous procurer des restitu-
tions ou des satisfactions incontestables, vous n'avez
pas toujours eu d'heureux succès, & que vos armes même ont été souvent battues !

Cet aveu, au reste, que c'est une erreur non moins *absurde que funeste*, de dire que la Guerre doit décider les controverses, &c. semble avoir été fait pour ma cause ; car je tirerai de-là en son lieu bien des raisons contre les partisans du Droit de la Guerre : ce qui est *absurde & funeste* dans la théorie, doit l'être nécessairement dans la pratique.

CHAPITRE II.

Oppofition entre la plupart des principes des Auteurs qui on. traité du Droit des Gens : méchant effet de cette oppofition.

DEUX chofes font oppofées entr'elles , quand elles ne peuvent s'allier enfemble , & que l'effet de l'une empêche l'effet de l'autre : il faut choifir entr'elles , & fe.déterminer à en abandonner une. Tel eft le cas du *vrai befoin* & de *l'abfolu néceffaire*, où l'homme ayant à remplir des devoirs envers foi-même , & des devoirs envers autrui , fe décide par préférence pour ceux qui le regardent perfon-nellement au préjudice des autres ; ufant avec juftice de la maxime fi bien·reçue, *Charité bien ordonnée commence par foi-même*, fondée fur ce que fon exiftence l'intéreffe davantage que celle d'autrui , & qu'il fuit un penchant que Dieu a mis en nous pour la confervation de notre être. Or, les principes que l'on trouve dans les Traités du Droit des Gens pour l'affiftance mutuelle des Nations , & ceux qui ont pour objet leur affiftance propre , font certainement de ce genre , au cas que j'ai pofé, du *vrai befoin* & de *l'abfolu nécef-faire :* une Nation, pour fe conferver , laiffera périr toutes les autres , fi elle ne peut faire autrement : cela eft de droit. C'eft donc au fens qu'une Na-tion aura du fuperflu & qu'elle ne fe nuira point, en voulant fervir une autre Nation , de quelque maniere que ce puiffe être, que l'on a fait mar-

Il eft ici queftion desdevoirs des Na-tions en-vers elles-mêmes, & de leurs de-voirs mu-tuels.

C ij

cher enfemble ces mêmes principes ; & je conviens
que dans cette fuppofition, ils n'auroient rien
d'oppofé entr'eux, & que l'effet de l'un ne détrui-
roit pas l'effet de l'autre : il feroit poffible de
remplir ces différens devoirs à la fois. Heureux
les hommes, s'ils s'en étoient tenus aux fimples
befoins de la nature ! ayant fi peu à faire pour
eux-mêmes, ils auroient toujours été en état de
fe fecourir mutuellement, & les occafions même
d'exercer leur zele auroient été rares. Mais vous
le favez, Précepteurs des Nations ; vous avez trouvé
les hommes extrêmement occupés d'eux-mêmes
& groffiffant chaque jour leurs intérêts ; & vous
avez étendu & recommandé à proportion les devoirs des Nations envers elles-mêmes. Ils font fi
multipliés & fi importans, ces devoirs, qu'il n'y
a plus moyen de remplir ceux qui regardent les
Nations entr'elles, & que vous leur recommandez
auffi : & c'eft en cela que je trouve cette oppofition, que je vous reproche entre vos principes.
Je ne dis pas qu'une Nation ne fourniffe des bleds,
par exemple, à une autre quand elle en aura de
trop, & que celle-ci en manquera : ce font des
actes connus parmi nous (1) ; je fais que ces préceptes
de la nature font en général affez fuivis ; mais
outre que de donner en pareilles occafions de fon
fuperflu en payant, ce n'eft pas merveille, &
que vous craindriez, Nations policées, en en ufant
autrement, de ne paffer pour des barbares, & que
vous appréhenderiez encore le reffentiment d'un
Peuple affamé & l'indignation de tous les autres,

_____

(1) Voyez le §. 5 du livre 11, chapitre 1, du Droit des
Gens, par Wattel.

combien ces occasions font-elles rares, en comparaison de celles où vous vous croyez tout permis ? Je parle de votre *sûreté*, de votre *honneur*, de votre *gloire*, de votre *puissance*, de votre *bien - être* enfin, qu'on fait consister dans toutes les aises & les commodités de la vie : objets qui n'ont point de fin, & dont on vous fait tout autant de devoirs sacrés & indispensables. Mais rapportons les passages pour & contre cette matiere, pris toujours du livre de Wattel, & bornons-nous aux principaux, pour ne pas fatiguer le Lecteur. Ceux qui concernent les devoirs des Nations envers elles mêmes, feront nécessairement plus étendu. Commençons par les premiers.

Rien n'est si beau, sans doute, que les instructions qu'on nous donne, & les réflexions dont on les accompagne, sur l'amour mutuel des Nations, & les offices d'humanité qu'elles se doivent. L'on nous dit que *tous les hommes étant freres, les Nations par conséquent sont liées par la nature, & obligées de cultiver entr'elles la société humaine.* Prélim. §. 11. *Est-il au pouvoir des hommes, lorsqu'ils se divisent en différens corps politiques, de rompre les nœuds de la société universelle que la nature a établie entr'eux ?* Liv. 11, ch. 1, §. 12. *Que chacun doit contribuer au bonheur & à la perfection des autres, de tout ce qui est en son pouvoir.* Prélim. §. 13. *Qu'elles doivent même prendre soin de leur gloire.* Liv. 11, chap. 1, §. 14. *Se perfectionner en vue de leur utilité, & leur donner de bons exemples.* Liv. 11, ch. 1, §. 13.

Grandes & belles leçons sur les obligations des Nations, les unes envers les autres.

Telles sont les obligations des Nations entr'elles. Ne supposent-elles pas un grand désintéressement, une noble générosité, les plus beaux motifs, les plus louables intentions, une espece de renonce-

ment à foi-même , & la réfolution de ne s'accorder ,
préférablement à autrui , que les chofes abfolument
néceffaires à la vie ? L'Auteur paffe au moyen de
s'en acquitter : c'eft de s'aimer , dit-il. « Il eft im-
» poffible que les Nations s'acquittent de tous ces
» devoirs ; les unes envers les autres , fi elles ne
» s'aiment point. Les offices de l'humanité doivent
» procéder de cette fource pure ; ils en conferve-
» ront le caractere & la perfection. Alors , on verra
» les Nations s'entr'aider fincérement & de bon
» cœur , travailler avec empreffement à leur féli-
» cité commune , cultiver la paix fans jaloufie &
» fans défiance. Liv. 11 , chap. 1 , §. 11 ».

Voyons pour dernier trait , un plus beau tableau
encore du bonheur du genre humain : «Si ces aimables
» préceptes de la nature , comme il s'exprime lui-
» même , étoient par-tout obfervés , les Nations fe
» communiqueroient leurs biens & leurs lumieres ;
» une paix profonde régneroit fur la terre , & l'en-
» richiroît de fes fruits précieux. L'induftrie , les
» Sciences , les Arts , s'occuperoient de notre bon-
» heur autant que de nos befoins. Plus de moyens
» violens pour décider les différens qui pourroient
» naître ; ils feroient terminés par la modération ,
» la juftice & l'équité. Le monde paroîtroit comme
» une grande République. Les hommes vivroient
» par-tout en freres , & chacun d'eux feroit citoyen
» de l'univers. Pourquoi cette idée n'eft-elle qu'un
» beau fonge ? Elle découle cependant de la na-
» ture & de l'effence de l'homme. (Cicéron eft ici
» cité de Off. lib. 3 , cap. 6.) Liv. 11 , ch. 1 , §. 16.

Confidé-
rations par
où l'on
commen-
N'eft-il pas étonnant qu'après de fi belles leçons ,
nos Auteurs femblent les avoir oubliées ? Quand ils
font venus à traiter des devoirs des Nations envers

elles-mêmes, ils n'y ont plus vu, & l'on diroit qu'ils ont craint même d'en avoir trop dit. « Ceux qui » pourroient trouver ici, obferve Wattel, un ren- » verfement total de la faine politique, fe raffure » ront par les deux confidérations fuivantes :

» 1°. Les Corps de Société, ou les Etats Sou- » verains font beaucoup plus capables de fe fuffire » à eux-mêmes, que les individus humains ; & l'af- » fiftance mutuelle n'eft point fi néceffaire entr'eux, » ni d'un ufage fi fréquent. Or, dans toutes les » chofes qu'une Nation peut faire elle-même, les » autres ne lui doivent aucun fecours.

» 2°. Les devoirs d'une Nation envers elle même, » & principalement le foin de fa propre fûreté, » exigent beaucoup plus de circonfpection & de » réferve, qu'un particulier n'en doit obferver dans » l'affiftance qu'il donne aux autres. Liv. 11, ch. 1, » §. 3 ».

Il faut noter que ces deux confidérations font amenées immédiatement à la fuite d'un principe général qu'on vient de pofer, *de tous les devoirs mutuels des Nations*, en ces termes : « Un Etat doit » à tout autre Etat ce qu'il fe doit à lui - même, » autant que cet autre a un véritable befoin de fon » fecours, & qu'il peut le lui accorder fans négli- » ger fes devoirs envers foi - même. Telle eft, » ajoute-t-on, la loi éternelle & immuable de la » nature ». Je ne vois pas que la précaution que l'on prend de tranquillifer le lecteur fur cette crainte prétendue fût là fort néceffaire, à moins de ne re- garder l'obligation de remplir les préceptes de la nature, comme légere & de peu d'importance, ou bien comme très-dangereufe : car le principe lui-même eft affujéti à deux conditions, qui le rendent au moins inutile. Il faut favoir, dit Wattel en premier

marginal note: ce à affoi- blir ces o- bligations mutuelles des Na- tions.

C iv

lieu, *si l'État qui demande du secours, en a véritablement besoin.* Il y a tel secours à donner dont la nécessité n'est pas si facile à reconnoître ; & l'on ne peut guere supposer qu'on sache les affaires d'autrui comme les nôtres. Et en second lieu, pour ce qui est de la condition que l'État à qui on s'adresse pour avoir ce secours, *ne peut le lui accorder qu'autant qu'il ne négligera point ses devoirs envers soi-même,* c'est encore ici un point dont la discussion n'est souvent pas si aisée : il n'est pas toujours sûr qu'on sache bien ses propres affaires. Cela dépend de tant de circonstances, sur-tout à l'égard d'une Nation dont on porte si loin les besoins & les obligations *passives,* qu'en vérité le chef ou les conducteurs seront toujours autorisés à refuser ce secours, selon la nature dont il sera. Ainsi, d'une part, le principe cité, si beau en apparence, tombe nécessairement, & reste sans effet, par les entraves qu'on y a mises ; & de l'autre, ce n'étoit pas le cas de craindre qu'il fît trop de sensation.

Cependant rassurez-vous encore mieux, Politiques de nos jours. Il ne manque pas d'autres considérations qu'on vous apporte, capables de faire tomber toutes vos craintes. « Entre Particuliers, » ajoute Wattel, & pour des choses qui ne sont pas » extrêmement importantes, il est certainement » digne, non-seulement d'un Chrétien, mais en gé- » néral de tout honnête homme, d'abandonner » plutôt son droit, que de tuer celui qui lui op- » pose une injuste résistance ; mais il n'en va pas » ainsi entre les Souverains. Il seroit d'une trop » grande conséquence de se laisser braver. Le vrai » & juste bien de l'État est la grande regle. La » modération est toujours louable en elle-même ; » mais les conducteurs des Nations doivent en user

» autant qu'elle peut s'allier avec le bonheur & le
» falut de leurs peuples. Liv. 11, chap. 18, §. 352.
» La loi naturelle, dit-il ailleurs, ne peut con-
» damner les bons à fe rendre les dupes des mé-
» chans, les victimes de leur injuftice & de leur
» ingratitude. Une funefte expérience nous fait
» voir que la plupart des Nations ne tendent qu'à
» fe fortifier & à s'enrichir aux dépens des autres,
» à dominer fur elles, & même à les opprimer, à
» les mettre fous le joug, fi l'occafion s'en préfente.
» La prudence ne nous permet point de fortifier
» un ennemi, ou un homme en qui nous décou-
» vrons le defir de nous dépouiller & de nous op-
» primer, & le foin de notre propre fûreté nous
» le défend. Liv. 11, chap. 1, §. 16.

» Il eft malheureux, nous dit-il en un autre endroit,
» pour le genre humain, que l'on puiffe prefque tou-
» jours fuppofer la volonté d'opprimer, là où fe
» trouve le pouvoir d'opprimer impunément. Mais
» ces deux chofes ne font pas néceffairement infé-
» parables : & tout le droit que donne leur union
» ordinaire ou fréquente, c'eft de prendre les pre-
» mieres apparences pour un indice fuffifant. Dès
» qu'un Etat a donné des marques d'injuftice,
» d'avidité, d'orgueil, d'ambition, d'un defir im-
» périeux de faire la loi ; c'eft un voifin fufpect
» dont on doit fe garder : on peut le prendre au
» moment où il eft fur le point de recevoir un ac-
» croiffement formidable de puiffance, lui deman-
» der des fûretés ; & s'il héfite à les donner, pré-
» venir fes deffeins par la force des armes. Les
» intérêts des Nations font d'une toute autre im-
» portance que ceux des Particuliers ; le Souverain
» ne peut y veiller mollement, ou facrifier fes dé-
» fiances par grandeur d'ame & par générofité. Il

» y va du tout pour une Nation qui a un voisin
» également puissant & ambitieux. Puisque les
» hommes sont réduits à se gouverner le plus sou-
» vent sur les probabilités ; ces probabilités mé-
» ritent leur attention, à proportion de l'impor-
» tance du sujet..... Si l'on en croit si aisément les
» apparences, c'est la faute de ce voisin, qui a
» laissé échapper divers indices de son ambition.
» Liv. 3, chap. 3, §. 44 ».

Principes qui détrui-sent tout-à-fait ces obliga-tions mu-tuelles des Nations, ou du moins, qui les rendent sans effet.

Je m'arrête ici pour en venir aux principes mêmes : ces principes s'accordent fort bien avec toutes
ces considérations ; mais s'ils sont d'accord avec
elles, comment le seront-ils avec les premiers principes cités, qui concernent les devoir mutuels des
Nations, & les offices d'humanité qu'elles sont obligées de se rendre ? Voyons ces principes.

Si les droits d'une Nation naissent de ses obligations (§. 3.), c'est principalement de celles dont
elle-même est l'objet. Liv. 1, chap. 11, §. 13.

Les devoirs d'une Nation envers les autres dépendent beaucoup de ses devoirs envers elle-même,
sur lesquels ils doivent se régler & se mesurer. *Ibid.*

Se conserver & se perfectionner, c'est la somme
de tous devoirs envers soi-même. Liv. 1, chap. 11,
§. 14.

De-là, le droit qu'a une Nation à toutes les
choses, sans lesquelles elle ne peut se conserver &
se perfectionner elle-même & son Etat, ni prévenir & détourner tout ce qui est contraire à cette
double perfection. *Ibid.* §§. 18 & 23.

Un Etat est plus ou moins parfait, selon qu'il est
plus ou moins propre à obtenir la fin de la société
civile, laquelle consiste à procurer aux citoyens
toutes les choses dont ils ont besoin pour les né-

ceſſités, la commodité & les agrémens de la vie,
& en général, pour leur bonheur ; à faire enſorte
que chacun puiſſe jouir tranquillement du ſien &
obtenir juſtice avec ſûreté : enfin, à ſe défendre de
toute violence étrangere. Liv. 1, chap. 11, §. 15 ;
& Liv. 11, chap. 1, §. 6.

Tout cela forme le droit *de ſûreté*, Liv. 11, ch. 4,
§. 49, qui produit le droit de réſiſter ; où l'on établit que *le plus ſûr eſt de prévenir le mal quand on
le peut.... d'aller même au-devant des machinations,
mais en obſervant de ne pas devenir ſoi-même un injuſte agreſſeur : le droit de pourſuivre une réparation
complette, & d'y employer la force, s'il eſt néceſſaire,
& le droit de punir, de mettre même, ſuivant le beſoin, l'agreſſeur hors d'état de nuire.* Liv. 11, ch. 4,
§§. 50, 51 & 52.

Une autre vue donne à peu près les mêmes
droits : c'eſt l'obligation de toutes les Nations de
cultiver & d'obſerver la juſtice entr'elles. Liv. 11,
chap. 5, §. 64.

D'où il réſulte, pour tout Etat, le droit de ne
pas ſouffrir qu'on lui enleve aucun de ſes droits,
rien de ce qui lui appartient légitimement. Car en
s'y oppoſant, il ne fait rien que de conforme à
tous ſes devoirs ; & c'eſt en quoi conſiſte le *droit*.
Liv. 11, chap. 5, §§. 49 & 65.

L'on appelle ce droit *parfait*, c'eſt-à-dire, accompagné de celui d'uſer de force pour le faire valoir. En vain, dit-on, la nature nous donneroit-elle
le droit de ne pas ſouffrir l'injuſtice ; en vain obli-
geroit-elle les autres à être juſtes à notre égard, ſi
nous ne pouvions légitimement uſer de contrainte,
quand ils ſe refuſent de s'acquitter de ce devoir. Le
juſte ſe verroit à la merci de la cupidité & de l'in-

juſtice ; tous ces droits lui deviendroient bientôt inutiles. *Ibid.* §. 66.

De ce droit naiſſent, comme autant de branches, 1°. *le droit d'une juſte défenſe*, qui appartient à toute Nation, ou le *droit d'oppoſer la force* à quiconque l'attaque, elle & ſes droits. C'eſt le fondement de *la Guerre défenſive.* Ibid. §. 67. 2°. Le droit de ſe faire rendre juſtice par la force, ſi on ne peut l'obtenir autrement, ou de pourſuivre ſon droit à main armée. C'eſt le fondement de *la Guerre offenſive.* Ibid. §. 68.

Enfin, l'on accorde encore *le droit de punir un injuſte.* L'injuſtice faite ſciemment eſt ſans doute une eſpece de léſion. On eſt donc en droit de la punir, comme nous l'avons fait voir (dit l'Auteur) ci-deſſus, en parlant de la léſion en général (§. 52). *Le droit de ne pas ſouffrir l'injuſtice* eſt une branche du *droit de ſûreté.* Ibid. §. 69.

Terminons ces citations par ce qu'on nous dit *qui conſtitue une Guerre juſte* ; & je crois que le lecteur en aura aſſez vu pour en porter ſon jugement ; l'on a eu beau vouloir engager les Nations à la pratique des devoirs que la nature leur impoſe les unes envers les autres, ou du moins, on a eu beau les inſtruire de ces devoirs, on les remet encore plus fortement que jamais vis-à-vis d'elles-mêmes. Les obligations qui les regardent perſonnellement, ſont mille fois plus eſſentielles : c'eſt *d'elles que les devoirs d'une Nation envers les autres dépendent beaucoup, & c'eſt ſur elles qu'ils doivent ſe régler & ſe meſurer.* Il eſt bien juſte, je le ſais, de commencer par ſoi dans les preſſans beſoins de la vie. Je n'entends blâmer que l'excès & la recommandation énorme de certains principes, quoi-

qu'inconteſtables, mais contre leſquels on ne ſauroit être trop en garde. *Les intérêts des Nations ſont
d'une toute autre importance que ceux des Particuliers.
Elles ſe ſont formées pour procurer leur ſalut & leur
avantage à forces réunies.* Prélim. §. 1. *La fin de la
ſociété civile conſiſte à procurer aux citoyens toutes
choſes dont ils ont beſoin pour les néceſſités, la commodité & les agrémens de la vie. Et un Etat eſt plus
ou moins parfait, ſelon qu'il eſt plus ou moins propre
à obtenir cette fin.* Or, il eſt obligé, a-t-on dit, de
ſe perfectionner & de travailler à cet important
devoir, avant de travailler à la perfection des autres. Cette perfection, comme l'on voit, à laquelle
il doit arriver tout premierement, eſt la pierre fatale contre laquelle viennent ſe briſer tous ſes devoirs envers les autres Etats. Il s'agit d'obtenir
*toutes les néceſſités, la commodité & les agrémens de
la vie*, qui forment cet avantage que l'on a eu en vue
de ſe procurer à forces réunies, en s'uniſſant en corps
de Nation : avantage qui, à raiſon des deſirs inſa-
tiables de l'homme, peut recevoir une extenſion
ſans meſure. Ainſi du devoir de ſe conſerver & de
ſe perfectionner, naît cette foule de *droits* équivoques des Nations que nous avons vus, qui ne
ſont propres qu'à multiplier les Guerres & à faire
répandre des torrens de ſang pour des riens. Ils ſont
tellement déduits, ces droits, & leur nature eſt
telle, que les Nations policées, qui ne manquent
pas, comme je l'ai dit, de ſe ſecourir mutuellement dans des temps de calamité, ſe brouillent &
ſe mettent en pieces pour quelques pouces de terre,
pour une légere offenſe, pour quelques hoſtilités
commencées, dont une foible ſatisfaction auroit arrêté le cours ; pour d'autres ſujets enfin de moindre
conſidération qu'il eſt inutile que je rapporte. Vous

êtes pourtant en regle, Nations, en en ufant de la forte. *Le fondement de toute Guerre jufte eft l'injure ou déja faite, ou dont on fe voit menacé. Or, fi quelqu'un attaque une Nation, ou viole fes droits parfaits, il lui fait injure.* Nous l'avons vu plus haut. *Le Souverain ne peut y veiller mollement* (en parlant des intérêts des Nations), *ou facrifier fes défiances par grandeur d'ame & par générofité.* Nous l'avons vu auffi. *Le Prince ne peut point fuivre ici, fans réferve, tous les mouvemens d'un cœur magnanime & défintéreffé, qui facrifie fes intérêts à l'intérêt d'autrui, ou à la générofité, parce qu'il ne s'agit pas de fon intérêt propre, mais de celui de l'Etat, de celui de la Nation qui s'eft confiée à fes foins, &c.* De forte que, Princes de la terre, vous êtes moins libres dans l'exercice de ces vertus fi néceffaires au bonheur du genre humain, que les Nations que vous gouvernez, fi elles dirigeoient elles-mêmes leurs affaires; puifqu'alors, felon cette finguliere doctrine, il dépendroit d'elles de faire des facrifices, & que vous n'en auriez pas le pouvoir : condition étrange, indigne de vos grandes ames, & que le Roi des Rois, le Souverain du monde, n'a, fans doute, jamais entendu de vous impofer, en vous plaçant fur le trône !

De tels principes endurciffent le cœur de l'homme. Qui ne voit que de pareils principes endurciffent le cœur de l'homme, mettent une borne infurmontable à l'épanchement de l'amour mutuel des Nations, & qu'il eft impoffible, en les fuivant, d'être dans des difpofitions favorables les unes pour les autres, *de procurer leur perfection, leur gloire, de leur donner de bons exemples, &c.?* Devoirs effentiels pourtant, a dit Wattel, pour tous les hommes & pour toutes les Nations.

On pourroit ajouter d'autres réflexions à ce chapitre, & préfenter, peut-être, l'oppofition que j'ai
relevée entre les principes qu'on trouve dans les
Traités du Droit des Gens, d'une maniere encore
plus frappante ; mais j'avoue que je ne m'en fens
pas la force : je fuis content d'indiquer la matiere,
& d'en avoir affez dit, je penfe, pour être autorifé
à conclure que ces mêmes principes font inalliables
entr'eux, de la maniere qu'on décrit les devoirs des
Nations envers elles-mêmes, & que ces devoirs-ci
rendront toujours les autres fans effet, comme cela
n'eft que trop conftant par l'expérience.

CHAPITRE III.

C'est un amas de pièces mal assorties, que cet assemblage que l'on fait des devoirs d'une Nation envers elle-même, & de ses devoirs essentiels envers les autres Nations.

La maniere dont on a traité le Droit des Gens, autorise toutes les Nations à se battre, & leur fournit à toutes des raisons justificatives.

QUEL fruit peut-on attendre, en effet, pour le bonheur du genre humain, d'une maniere de traiter le Droit des Gens, suivant laquelle on peut, sans peine, soutenir le pour & le contre? Que dis-je? où chaque Nation trouve abondamment des maximes pour s'autoriser dans ses différentes vues, & poursuivre ses prétentions par la force, quelque opposées qu'elles soient entr'elles, & avec la justice? La connoissance du cœur humain nous apprend assez que plus vous tournez l'homme vers lui-même, plus vous le détachez de ses pareils. Il est de la nature de la chose, qu'on s'affectionne d'autant moins pour des intérêts étrangers, qu'on nous rapprochera davantage des nôtres, au moyen de cette insidieuse vérité, qu'il faut songer premierement à soi, & qu'on nous mettra devant les yeux une infinité de devoirs à remplir pour nous-mêmes. La maxime, *Charité bien ordonnée commence par soi-même, Prima charitas sibi*, est certainement vraie & incontestable; mais l'intelligence en est délicate & la pratique fort dangereuse. C'est dans le pur état de nature, où les désirs ne vont pas plus loin que les besoins, qu'une vérité de cette trempe pourra paroître au grand jour. Depuis que le Domaine

maine & la Propriété se sont établi un empire sur
la terre ; tremblons de les produire revêtus de
leurs livrées, & d'enseigner aux Nations toutes ces
belles choses qu'elles se doivent premierement à
elles-mêmes, & antérieurement à toutes les autres.
L'amour de soi enraciné, comme il est, par cet
immense accroissement de besoins & de nécessités,
inconnues encore à une bonne partie des hommes
qui habitent avec nous ce globe, comment veut-on
que l'amour du prochain germe dans nos cœurs &
nous porte à la pratique de ces devoirs généreux
& nobles qui intéressent autrui ; si l'on nous tourne
absolument vers notre individu ; & qu'on nous fasse
une loi souveraine de nous servir avant tous les
autres ? Aussi ne sommes-nous occupés que de nous ;
une foule de nécessités vraies ou imaginaires s'em-
pare de notre existence ; c'est une tâche que nous
sommes obligés de remplir ; il nous est dit que *le*
plus sûr moyen d'arriver à la perfection des autres,
& de leur état, est que chacun travaille premierement
pour soi-même, & ensuite pour les autres. Liv. 11,
chap. 1, §. 3. Je sais bien qu'on n'y manque pas ;
mais quand est-ce qu'on pense qu'il soit temps de
travailler pour autrui ? La vie d'un Roi se passe,
sans qu'il puisse se dire encore d'avoir tout fait pour
sa Nation, & la Nation ne se croit jamais au point
d'être contente.

Que voulez-vous donc attendre de ces belles leçons d'humanité, de ces beaux préceptes de la
nature que Wattel étale aux Nations dans tout le
chapitre premier du deuxieme livre ? Vous avez
senti vous-mêmes, Auteurs Politiques, leur mauvais assortiment avec les autres devoirs que vous
leur imposez : *les passions déréglées,* dit le même

Nos Au-
teurs
avouent,
que par
égard pour
l'état ac-
tuel des
hommes,
les maxi-

mes & la conduite ordinaire des Nations, ils ont apporté des limitations à la pratique des préceptes de la nature.

Wattel, *l'intérêt particulier & mal entendu, ne permettront jamais que l'on en voye la réalité.* Ibid. §. 16. Mais vous avez fauffé la regle, il faut vous le dire : embarraffés pour accorder ces divers devoirs, vous avez cherché des tempéramens & des prétextes ; & par égard, comme le dit celui de vous que je cite, *pour l'état actuel des hommes, pour les maximes & la conduite ordinaire des Nations, vous avez apporté des limitations à la pratique de ces préceptes de la nature, fi beaux en eux-mêmes.* Ibid. Le feu & l'eau n'habiteront jamais enfemble, il n'y a pas de milieu. Ces paffions déréglées, cet intérêt particulier & mal entendu, fi vous ne détruifez pas l'aliment qui les nourrit, s'embrâferont bien davantage. Il eft impoffible que, dans l'état actuel des Nations, elles ne fe croifent pas mille fois dans la pourfuite des chofes qui leur font *néceffaires, utiles ou agréables* : car tout cela entre dans le plan de leurs obligations perfonnelles ; & par conféquent, que la Guerre n'éclate de quelque côté. Le commerce, qu'on leur fait un devoir effentiel de cultiver entr'elles (Liv. 11, chap. 11, §. 21.), eft aujourd'hui fi étendu, fi compliqué, que pour acquérir ces mêmes objets de leurs defirs, l'on fort de l'Etat, pour les aller chercher jufqu'aux extrémités du monde : le moyen qu'on ne fe choque, qu'on ne fe heurte, qu'on n'ait des griefs & des motifs de divifion ; enfin, qu'on ne fe batte !

L'exemple & l'éducation achevent de rendre leur enfeignement bien mal-adroit.

Or, avec les difpofitions que l'exemple & l'éducation nous donnent de veiller à nos intérêts, de les faire paffer avant ceux d'autrui, & de ne fortir, pour ainfi dire, de nous-mêmes, pour faire du bien à quelqu'un, que quand, après nous être tout accordé, nous fommes fûrs d'en avoir de refte, n'eft-ce

pas une mal-adreffe, on doit en convenir, de prêcher aux Nations tant de devoirs envers elles-mêmes,
qui ne font autre chofe, au fond, que le foin de
fe procurer préférablement à toute autre, nous pouvons dire *exclufivement*, tout ce dont elles ont befoin pour les *néceffités, les commodités & les agré-*
mens de la vie; de leur prêcher, dis-je, tous ces
devoirs, pour leur déclarer enfuite qu'*elles font obli-*
gées de travailler à la confervation & à la perfection
des autres; qu'elles doivent prendre foin de leur gloire,
leur donner de bons exemples, &c. ? Comment voulez-vous que ces préceptes-ci s'accompliffent, en
leur faifant accomplir les premiers, dont la nature
eft de nous aveugler fur les befoins & les malheurs
d'autrui, ou de nous empêcher, du moins, d'y
pourvoir ? Je le répete, il n'y a rien de fi mal entendu que ce mêlange; auffi n'en attendons que de
mauvais fruits : les Nations refteront perpétuellement occupées de leurs feuls intérêts & de leurs
feuls befoins, vrais ou imaginaires, tant qu'on ne
leur parlera pas un autre langage. Du moins, jufqu'alors, paroîtront-elles autorifées à fe conduire
comme elles font.

CHAPITRE IV.

*Les Principes qui conſtituent, ſelon ces Auteurs,
les devoirs des Nations envers elles-mêmes, ſont
faux, outrés ou mal entendus.*

QUE ſi c'eſt un grand défaut, dans tout Ouvrage
dogmatique, de vouloir allier enſemble des préceptes qui ne ſont point faits les uns pour les autres,
& forment un tout mal aſſorti, ce ſera le comble de
l'erreur, ſi les mêmes préceptes, dont on recommande la pratique, antérieurement aux autres, appuient ſur des principes faux, outrés, ou mal entendus.

Fauſſe dé-
finition
d'une *Na-
tion*, ou
d'un *Etat*,
quant à la
fin de la
ſociété ci-
vile.

Je trouve d'abord que la définition qu'on nous
donne d'une Nation ou un Etat, eſt fauſſe dans ſon
objet. Ce ſont, dit-on, des Corps Politiques de
ſociétés d'hommes unis enſemble pour procurer leur
ſalut & leur avantage à forces réunies. Prélim. §. 1,
Liv. 1, chap. 1, §. 1. Cette définition eſt bien conforme au deſſein d'établir la doctrine du Droit de
la Guerre, mais non au bonheur de l'humanité, &
aux ſages vues de la nature. Des deux points qu'elle
embraſſe, le premier, qui eſt ſans doute de ſe *défendre* quand on eſt attaqué, en quoi conſiſte la
Guerre défenſive, eſt très-juſte; mais l'autre, qui ne
peut regarder que la *Guerre offenſive*, ne peut être
vrai : & il la regarde très-certainement, car les mots
de *forces réunies* ſe rapportent autant à celui d'*avantage* qu'à celui de *ſalut*. Et l'avantage prétendu

d'une Nation n'est pas seulement de se procurer le
nécessaire, mais l'*utile*, mais l'*agréable*, mais le
curieux & le *commode*, & tout ce superflu qui nous
met à notre aise, & comme au-dessus d'un autre,
le mot fait comparaison. Et le mot aussi de *procurer*,
tombant sur le même mot *avantage*, a un sens bien
différent qu'en l'appliquant au mot *salut*. A l'égard
de ce dernier, c'est repousser une violence qui nous
blesse, & qui nous perdroit, si l'on ne se défendoit
pas. C'est *avoir*, c'est *être en possession*, au lieu que
dans l'autre, c'est rechercher ce qu'on n'a point :
c'est être déja dans une situation supportable, mais
vouloir être encore mieux relativement à autrui ;
c'est enfin se mesurer & se comparer : disposition
d'inquiétude, de jalousie, d'ambition ou d'orgueil,
qui étouffe l'esprit d'union, & est le germe des dissensions publiques.

Je ne crois pas, au reste, de me tromper sur La perfec-
l'idée que j'ai prise du mot *avantage*. L'on s'en ex-tion d'un
plique assez ouvertement en ces termes : *Un Etat*Etat mal
*est plus ou moins parfait, selon qu'il est plus ou moins*entendue.
propre à obtenir la fin de la société civile, laquelle
consiste à procurer aux citoyens toutes les choses dont
ils ont besoin pour les nécessités, la commodité &
les agrémens de la vie, *& en général, pour leur*
bonheur ; à faire ensorte que chacun puisse jouir tran-
quillement du sien *& obtenir justice avec sûreté : enfin*
de se défendre ensemble contre toute violence du dehors.
Liv. I, chap. II, §. 15 ; & Liv. II, chap. I, §. 6.
Or, les Nations sont obligées de se *conserver* & de
se *perfectionner ;* c'est un autre principe que nous
examinerons tout à l'heure ; donc elles sont obligées
de rechercher à *forces réunies*, ces mêmes choses,
si on ne peut se les procurer autrement. Et comme

dans l'état actuel où sont les Nations, ces choses-là qui forment *leurs néceffités*, *leurs commodités*, *leurs agrémens*, *leur bonheur*, en un mot, font la plupart de fantaisie, & hors de leur enceinte; il s'enfuit qu'il y aura toujours lieu, pour se les procurer, à employer ces mêmes forces, dans la vue du plus grand bien particulier des Nations; ce qui eft abfurde. Il n'eft pourtant que trop vrai que cela se paffe ainfi.

Pourroit-on donc penfer que les vues de la nature, & le bonheur de l'humanité, comportent un pareil deffein dans l'établiffement des fociétés? Non fans doute; le Créateur veut la confervation des hommes : la réunion des forces va à cette fin. C'eft-là le but de la Guerre *défenfive*. Mais cette même réunion des forces eft oppofée à cette intention & au bonheur de l'humanité, fi on la deftine à l'acquifition de toutes ces chofes qu'on nous dit propres à la félicité des Nations, puifqu'elle fuppofe la Guerre offenfive feule capable, au contraire, de leur faire perdre cette félicité, en nous ôtant la joie, la tranquillité, la paix intérieure, la vie même fouvent, & tout ce que nous avons de plus cher au monde. Ainfi cette définition n'eft pas plus jufte que celle qu'on nous a donnée de la perfection d'un État; mais elles font jettées au même moule pour introduire le droit de la Guerre.

L'obligation de fe conferver & fe perfectionner, n'eft pas mieux entendue.

Difons auffi que ce principe, que les Nations *font obligées de fe conferver & fe perfectionner*, n'eft pas mieux entendu que celui d'où on le tire; favoir, que fi les *droits d'une Nation naiffent de fes obligations, c'eft principalement de celles dont elle-même eft l'objet.* Sans doute qu'une Nation eft obligée de fe conferver & de fe perfectionner, & que fes droits naiffent de fes *obligations*; mais ces obligations envers elle-même, il faut les apprécier au juste, & ne les pas porter plus haut qu'il n'est nécessaire. Celle de *se conserver* suppose qu'on nous attaque; il est donc indispensable, comme nous l'avons dit, de repousser la force par la force; mais celle de *se perfectionner* ne pouvant tomber que sur les nécessités de la vie, & les devoirs intérieurs de la société, c'est troubler l'harmonie entre les Nations, & mettre le feu dans le monde, que de l'étendre au-delà. La *perfection* à laquelle elles sont obligées consiste à *purifier* les mœurs, ou à les tenir toujours pures; à éclairer l'esprit, à donner au Gouvernement le meilleur ordre, & les meilleures loix, pour mettre le plus de liaison & de correspondance qu'il est possible entre les diverses parties de l'Etat, & rendre chaque particulier plus assuré des secours & de la protection dont il a besoin. La *réunion des forces* est pour repousser toute attaque de la part de l'ennemi; mais c'est la réunion des talens, de l'industrie, des lumieres, qui doit faire fleurir la société particuliere, & procurer à chacun de ceux qui la composent, tout ce qui est nécessaire à leur bonheur; & leur *bonheur* doit se renfermer au-dedans, & se borner aux choses dont le besoin est indispensable. Le pays qu'on habite seroit bien sauvage ou ingrat, s'il ne fournissoit pas à quelque chose même de plus pour les plaisirs & l'agrément de la vie.

Cette *perfection*, comme l'on voit, est toute *intérieure :* n'ayant point de rapport au dehors, il est impossible qu'elle empiete sur celle d'une autre Nation, ou qu'elle y soit un obstacle. Ainsi, les liens que la nature a mis entre tous les hommes, resteront intacts & dans toute leur intégrité.

Du Droit
de préve-
nir le mal,
quand on
le peut,
&c.
L'obligation de *se perfectionner* réduite à ses justes bornes, & renfermée dans son objet, les droits qu'elle donne seront bien changés : celui, par exemple, *de prévenir le mal quand on le peut, d'aller au-devant des machinations*, feroit partie du droit *de résister ;* mais sans un danger évident qui va nous perdre, si nous ne courons au-devant pour lui opposer une digue, l'attaque est sans contredit criminelle ; puisque dépourvue de raisons suffisantes, elle formeroit une vraie Guerre *offensive.* On l'a si bien reconnu, qu'on a ajouté immédiatement cette condition essentielle, mais pourtant inutile, *en observant de ne pas devenir soi-même un injuste agresseur.*

S'il faut convenir de la vérité de cette maxime, & de la bonté de son usage, *qu'il est plus sûr de prévenir le mal, quand on le peut,* l'on ne sauroit disconvenir aussi, qu'étant subordonnée, dans la pratique, à l'*absolu besoin* & à la *nécessité*, son usage ne soit très-difficile & dangereux. Il ne peut avoir lieu que dans des cas extrêmes & tout décidés ; comme quand des habitans d'une ville, informés que l'ennemi s'est mis en marche pour venir les attaquer, & craignant la supériorité du nombre ou qu'on ne leur coupe la communication des vivres, se décident à aller au-devant de lui dans des défilés par où il faut nécessairement qu'il passe pour venir à eux : *Una salus victis nullam sperare salutem.* Mais nos Auteurs sont beaucoup plus indulgens : *Aller au-devant des machinations*, ce n'est pas un coup de main, ce n'est pas une extrémité, c'est l'ouvrage du temps & du loisir. L'on se met en marche, comme des gens à qui l'on ne demande rien, & qui en veulent au contraire aux autres. Du moment que vous favorisez ainsi le soupçon, l'on fe croira toujours autorifé à prendre pour foi certains préparatifs de Guerre, ou fimplement quelque augmentation dans les forces de terre ou de mer d'une Nation voifine, ou bien un changement ou un nouvel ordre dans fes finances. Si l'on éleve un fort, une tour, &c. ce feront de nouveaux prétextes : tout eft *machinations* à des cœurs prévenus de crainte, d'ambition, de jaloufie ou d'orgueil.

Mais que fera-ce du droit de *pourfuivre une réparation complette & d'y employer la force s'il eft néceffaire ? du droit de punir, & de mettre même, fuivant le befoin, l'agreffeur hors d'état de nuire ?* En nous tenant au vrai fens qu'il faut donner à *l'obligation de fe conferver & fe perfectionner*, comme je l'ai expliqué plus haut, pour le bonheur des Nations, nous verrons que ces prétendus droits font tous affujétis au feul objet de la *Guerre défenfive ;* c'eft-à-dire, qu'il faut qu'on foit véritablement attaqué, & qu'on n'attaque jamais. *Se conferver*, pour une Nation, c'eft agir chez foi ; or, pour faire chez foi un acte de Guerre, il faut que l'agreffeur y vienne. Que fi ce n'eft pas chez la Nation même, ce fera donc au dehors, entre des fujets de l'une & de l'autre, dans les rencontres que le hafard ou la malice feront naître : mais alors ce n'eft plus la Nation qui agit, c'eft un combat particulier, où le plus fort ou le plus adroit l'emportera. L'obligation de fe conferver eft donc alors particuliere ; & je ne vois pas qu'elle puiffe regarder la Nation entiere, qui, pour des intérêts privés & des querelles paffageres, feroit une caufe générale, & peut-être très-funefte à la totalité des fujets, dont le plus grand bien eft préférable.

Du Droit de pourfuivre une réparation, & du Droit de punir.

Pourfuivre une réparation complette, au fens de nos Auteurs, n'eft véritablement qu'une *Guerre défenfive* dans toute la rigueur du terme.

Autre fondement de tous ces Droits.

L'obligation de toutes les Nations d'obferver & de cultiver la juftice entre elles.

Un autre fondement de tous ces droits, eft quelque chofe encore de plus remarquable. On le fait confifter dans *l'obligation de toutes les Nations de cultiver & d'obferver la juftice entr'elles*. Je n'aurois jamais cru que parce que je fuis obligé d'être jufte, je puffe forcer quelqu'un à l'être. Ce principe eft faux, puifque le plus fouvent il n'eft pas vrai. Il n'eft point vrai, dans tous les cas où l'injuftice de ce quelqu'un n'importe guere à mes intérêts, & où la correction ne m'eft point dévolue : fans doute, nous devons tous aimer & pratiquer la juftice, & travailler autant que nous pouvons à la faire refpecter aux autres ; mais dans les perfonnes qui n'ont ni autorité ni commandement, ou qui n'y ont pas un intérêt bien preffant, comme je viens de le dire, l'obligation fe borne au confeil & à l'exemple ; & à l'égard des Nations entr'elles, puifqu'elles font confidérées comme un homme envers un autre homme dans l'état de nature, il ne fauroit y avoir d'autre *droit* né de cette commune obligation de cultiver & d'obferver la juftice, que celui de fe défendre quand on eft attaqué, ce qui eft *fe conferver*, ou bien fe faire rendre une chofe qu'on nous a prife, abfolument néceffaire à la vie, ce qui eft encore *fe conferver*. Je n'y vois jamais le *droit d'attaquer* purement & fimplement pour ramener quelqu'un dans le chemin de la juftice. C'eft toujours, relativement à foi & à fes intérêts, que la contrainte eft permife. Effectivement, par rapport aux créatures, tout deffein a un but d'utilité ; & quelle utilité pour la juftice

de Dieu, qui n'en eſt ni plus grande ni plus reſpectable, quelque injuſtes que ſoient les hommes ?
Auſſi l'idée que nous avons de ſa ſageſſe ſouveraine
répugne-t-elle à celle de faire dépendre de nos
jugemens incertains ou déſordonnés, la vengeance
de ſa juſtice, ſi je peux m'exprimer de la ſorte.
Contentons-nous de l'honorer par nos œuvres ;
chacun s'érigeroit en juge & en réformateur des
torts ; & toutes les Nations, avec un ſi beau motif,
ſeroient ſans ceſſe occupées à commettre les plus
grandes injuſtices.

C'eſt par cette raiſon que la juſtice humaine a
adopté la maxime du Droit que *l'intérêt eſt la mere de*
l'action : il faut être léſé pour être recevable à
ſe plaindre. Mais au lieu que dans les ſociétés
civiles, les hommes ont porté l'application de cette
maxime à une infinité d'objets, en raiſon de l'immenſe propriété qui en fournit toujours la matiere,
ce qui eſt la ſource de toutes les diviſions & des
procès qui s'élevent parmi eux, le Créateur, le
Pere des hommes, qui aime les voies ſimples, &
ſon ouvrage, a, par rapport aux Nations les unes
envers les autres, reſtreint la maxime en queſtion
au pur néceſſaire ; puiſqu'autrement, il eſt prouvé
qu'elle les déſunit, les brouille, & les met perpétuellement en Guerre.

Il eſt bien vrai que nos Auteurs ne donnent
pas le principe que j'ai cité, afin d'autoriſer les
Nations à prendre les armes uniquement pour
faire reſpecter la juſtice. Il eſt queſtion au contraire de l'intérêt perſonnel de pourſuivre des
droits & des prétentions ; mais j'ai voulu montrer
deux choſes :

1°. Que ce principe, de *l'obligation où ſont*
toutes les Nations de cultiver & d'obſerver la juſtice

entr'elles, ne donne point le droit de contraindre ; qu'il n'eft qu'un devoir relatif à chaque individu, à chaque Nation pour fe diriger foi-même convenablement à l'ordre & à la juftice ; c'eft-à dire que chacune d'elles le doit prendre pour foi, & ne pas s'en fervir contre les autres ; & qu'ainfi ce n'eft pas de-là que naiffent les véritables droits des Nations.

Les autres Droits qu'on en dérive, (de *l'obligation de cultiver la juftice*), ne font pas mieux fondés : *celui de ne pas fouffrir qu'on nous enleve rien de ce qui nous appartient*, &c.

2°. Que les autres droits qu'on en dérive, n'en venant pas non plus, ils tombent la plupart, ou perdent prefque toute leur force. Que penfer effectivement de ces droits, & de la maniere dont on les exprime : *Le droit de ne pas fouffrir qu'on lui enleve aucun de fes droits, rien de ce qui lui appartient légitimement ?* car en s'y oppofant, dit-on, ce quelqu'un ne fait rien que de conforme à tous fes devoirs. Il eft vifible qu'avec cette façon de parler, & une autre qui eft au même Livre, Paragraphe 66, l'on ouvre le plus vafte champ à l'interprétation intéreffée des hommes, & aux prétentions infinies de la propriété. Ce *rien de ce qui lui appartient légitimement*, peut s'appliquer à tant de chofes différentes, & une Nation a tant de petits intérêts qui font légitimes, au fens reçu, que pour les plus légers motifs, l'on ne fe croira pas moins fondé à ufer de force, & à mettre l'univers en combuftion, puifqu'on fera valoir un droit qui eft appuyé fur le beau prétexte de la juftice, d'autant plus, *qu'on ne fera rien en cela que de conforme à tous fes devoirs*, comme on s'exprime.

Du principe que les Droits d'une Na-

Tous ces écarts viennent originairement de l'autre principe que j'ai déja cité, que *fi les droits d'une Nation naiffent de fes obligations, c'eft prin-*

cipalement de celles dont elle-même est l'objet. Il apprend aux Nations qu'elles ne font jamais mieux fondées à prendre les armes pour attaquer, que quand il s'agit de leur propre caufe, & que leurs intérêts perfonnels font la regle abfolue de leur violence envers les autres. Nous avons vu combien cela meneroit loin, & l'expérience le confirme. *tion naiffent des obligations dont elle-même est l'objet.*

Quelle idée prendrons-nous, après cela, du *Droit de fûreté* & *du Droit de punir*, dérivant de ceux que nous venons de voir, & defquels enfin l'on tire celui de *faire une Guerre offenfive ?* fi ce n'eft qu'ils font un abus formel du *droit de fe défendre*, dont on a appliqué les équivoques objets à tous les befoins imaginaires des hommes, tels que l'ignorance, la moleffe, l'ambition & la cupidité les ont enfantés au fein des fociétés politiques, pour le malheur de l'efpece humaine. Du Droit de *fûreté*, de celui de *punir.*

L'on nous obferve, il eft vrai, au Liv. 11, chap. XVIII, §. 332, *qu'on ne peut refufer de s'oublier, en quelque forte, foi-même fur des intérêts non effentiels, de faire quelque facrifice, pour affifter les autres, & fur-tout pour le plus grand bien de la fociété humaine.* Mais un *principe* fait plus d'impreffion fur les efprits, qu'une *obfervation :* on retient l'un, on oublie l'autre; bien plus, l'on ne croit point à celle-ci; car un *principe* eft une regle, une vérité; il eft tout vrai, ou tout faux; il n'a pas de milieu; on ne l'avance pas pour être faux; on le prend donc pour une regle, pour un axiôme, fur-tout quand il favorife nos vues & nos penchans, & ce n'eft jamais qu'alors qu'il eft d'ufage. Ainfi, il regne fouverainement, & toutes les *obfervations* du monde tombent auprès. En vain l'on veut apporter quelque tempérament : un principe frappe plus qu'une obfervation.

D'ailleurs, si celles-ci étoient vraies, l'autre seroit faux, & le moindre inconvénient qu'il en naîtroit, seroit que l'homme ou les Nations flotassent dans une mer d'incertitudes, qui leur feroient indifféremment commettre le bien & le mal qu'elles ne reconnoîtroient plus, & que chacune auroit toujours de quoi justifier sa conduite pour arriver à ses fins : défaut notable que j'ai reproché dans le Chap. III, à *cet assemblage qu'on fait des devoirs d'une Nation envers elle-même, & de ses devoirs essentiels envers les autres Nations.*

De l'injure déja faite, ou dont on se voit menacé, qui est, dit-on, le fondement de toute Guerre juste.

Finissons cet examen par ce dernier principe que j'ai rapporté, que *le fondement de toute Guerre juste, c'est l'injure déja faite, ou dont on se voit menacé, & que si quelqu'un attaque une Nation, ou viole ses droits parfaits, il lui fait injure.*

C'est ainsi qu'une premiere erreur mene insensiblement aux plus grandes : l'on n'est plus effrayé des conséquences, dès qu'on s'est aveuglé sur le principe, & l'on est sans remords, tant que l'on peut être sans crainte. N'est-ce pas assez que les passions aveuglent les hommes, & que s'y livrant sans mesure, ils aient peu à peu porté leurs établissemens au point où nous les voyons, tout-à-fait contraire à l'esprit de la nature & à la félicité générale ? Faut-il encore qu'on donne des titres & des droits à la vengeance, au ressentiment, à l'ambition, à l'esprit particulier, que la propriété rend si redoutable ? *Etablir, pour fondement de toute Guerre juste, l'injure faite ou dont on se voit menacé,* n'est-ce pas permettre, n'est-ce pas ordonner *l'attaque,* non-seulement pour un sujet présent & souvent peu essentiel, mais encore pour un sujet à venir, qui peut-être n'arrivera pas ? Faire dé-

pendre la paix entre les Nations, & le bonheur
des Peuples, de caufes en général fi vagues, fi
foibles & fi incertaines, ce n'eft pas vouloir le bien
des hommes, ou c'eft étrangement méconnoître
leurs véritables Intérêts. *Le jufte*, dites-vous, *fe
verroit à la merci de la cupidité & de l'injuftice.* Oui,
fi vous ne lui mettiez pas les armes à la main ;
mais ce jufte eft un forcené, qui devient injufte lui-
même, en outrant fes droits & la maniere de les
pourfuivre. Où feroit le mal, après tout, d'être à
la merci de la cupidité & de l'injuftice, quand
il n'y auroit ni injuftice ni cupidité ? Ce font les
actions qui font les crimes ; le point eft d'ôter tout
prétexte à ces actions ; non qu'on doive attendre de
la nature humaine, que les Nations arrivent jamais
à ce degré de perfection ; mais il y aura moins
de coupables, tant qu'on ne provoquera pas la
juftice même à répandre le fang, à abattre & à
brûler des villes, à ravager des campagnes, à
perpétuer les Guerres entre les Peuples. Ils fauront,
du moins, que leur plus beau droit eft de n'en
faire valoir aucun, qui puiffe troubler la fociété
générale des hommes ; qu'ils doivent fe tenir fimplement fur la *défenfive*, & ne difputer même que
la poffeffion des biens abfolument néceffaires à
la vie & au foutien de la vie ; que chacun doit
donner l'exemple du défintéreffement & de l'amour
généreux ; & que, par ces pacifiques difpofitions,
ils feront tous bien plus affurés de leur bonheur,
& de jouir tranquillement de leur état, que par ces
difpofitions toutes guerrieres auxquelles conduifent
les principes deftructeurs que nous avons vus. La
Guerre *défenfive* n'a pas befoin de leçon, la nature y conduit ; mais la Guerre *offenfive*, qui la
rend néceffaire, eft un monftre qu'il faut étouffer.

Mauvaife raifon pour juftifier ce dernier principe.

N°. II.

Mal-adreſſe des Auteurs qui ont traité du Droit des Gens, dans les moyens qu'ils ont pris pour être utiles au Genre Humain.

CHAPITRE PREMIER.

Au lieu d'aller à la ſource & de déſarmer les Nations, ils les ont encore plus animées les unes contre les autres.

Le Genre humain tout ſorti d'une même ſource. TOUS les hommes, de quelque pays qu'ils ſoient, & malgré la différence de mœurs, de religion, de gouvernement, de langage & d'autres accidens qui regardent particuliérement le phyſique, paroiſſant faits ſur le même modele, puiſqu'ils ont tous l'eſſentiel de ce qui conſtitue un homme, ſuivant l'idée que nous en avons; tous les hommes, dis-je, ont certainement une origine commune; & tout fixeroit à cet égard notre croyance, quand la Religion Chrétienne, qui eſt la perfection de la raiſon humaine, n'en feroit pas un commandement; de ſorte que nous devons regarder tout le genre humain comme les enfans d'un même pere; & cette quantité de Nations, entre leſquelles ils ſe ſont partagés, comme tout autant de familles, qui ſont liées entr'elles par le ſang & par des devoirs mutuels auxquels Dieu les a aſſujettis, comme pour leur faire mieux ſentir

leur

leur dépendance commune, & qu'ils partent tous
d'un même principe.

Mais l'esprit particulier, né du soin de sa conservation, qui ne nous fait recourir à autrui que
quand nous ne pouvons nous suffire à nous-mêmes;
la distance des lieux, mere de l'oubli & de l'indifférence, devenu toutefois indispensable par la multiplication de l'espece; l'impossibilité, par conséquent, de se connoître tous, & de vivre ensemble;
la propriété enfin, qui a pris un empire absolu, &
bien d'autres causes, ont étouffé l'esprit général qui
devoit animer tous les hommes; ils n'ont plus eu
de vues que pour eux & pour le cercle étroit où
ils se sont d'abord renfermés. C'est le propre de
tous les êtres qui ont vie, de contracter, chacun
dans son espece, pour ce qui les entoure, un attachement des plus grands, qui ne passe pas au-
delà de ce tout particulier, dont ils sont partie. Les
animaux, qui ont accoutumé de vivre ensemble, ne
savent plus aller avec d'autres. L'amitié naît de la
fréquentation & de l'habitude, & elle n'est jamais
plus forte, que quand elle n'est point partagée. Il
ne peut se former, dans un Etat, une nouvelle famille, un nouveau corps, un nouvel ordre, une
nouvelle profession, que ceux qui les composent ne
se regardent aussi-tôt comme faisant bande à part,
ayant leurs biens propres, leurs prétentions, leurs
coutumes, leurs especes de loix & de réglemens,
leurs cérémonies & leur façon de penser. Dès-lors
leurs intérêts different de ceux de la Nation entiere,
avec lesquels ils ne voient plus d'analogie & de connexité : c'est l'esprit particulier qui les possede.

Causes naturelles, qui ont produit l'esprit particu-lier.

S'il est impossible que cette division des sujets en
différens corps, ne s'éleve dans tout Etat quelcon-

Pernicieux Effet de

cet *esprit particulier*, dans les différens Corps d'un Etat.

que, & s'il en naît même, pour certains Gouvernemens, un bien & un bien néceffaire, il faut convenir pourtant que l'efprit général s'en émouffe par le trop grand nombre, & que ce mauvais effet groffit à proportion de l'éloignement où ils font du centre commun. C'eft ainfi qu'un empire trop étendu perd de fa vigueur naturelle, & qu'infenfiblement le defpotifme monte fur le trône pour compenfer cet affoibliffement ou cette perte de l'amour de la patrie, & tenir en bride des cœurs lâches & indifférens, qui ne font bons que pour eux-mêmes.

Exceptions à faire ; 1°. les *Corps de troupes & la Milice.*

J'ai dit que ce partage de la plupart des fujets en différens corps, émouffe l'efprit général ; mais cette propofition a des bornes. Je ne parle point de la Milice & de ces Corps renommés de troupes qu'un Gouvernement fage entretient fans ceffe pour la fûreté & la défenfe de la Patrie. Ils font plus particulierement la Patrie même, fi je peux m'exprimer de la forte. Ils font les bras & le cœur du Monarque : ils le répréfentent dans fon courage, dans fa force, dans fon amour pour l'Etat. La livrée dont ils font revêtus, leurs fonctions journalieres, même dans la plus profonde paix, les rappellent invinciblement à leurs devoirs & à leur deftination. L'honneur, qui les fait embraffer ce métier, les foutient ; la gloire, qui les fuit, les anime ; & les récompenfes, qui les attendent, les encouragent. S'il fe forme quelque jaloufie parmi vous, Corps refpectables, ce n'eft jamais que pour payer de votre perfonne, & pour vous difputer le noble avantage de rifquer les premiers votre vie pour le falut de l'Etat.

2°. Les *Parlemens.*

Je ne parle pas non plus de ces Corps dignes de vénération & d'amour, les dépofitaires des Loix

& de la Juftice, l'œil du Monarque, & les plus fideles & les plus fages Médiateurs entre fon peuple
& lui, dans les occafions où la voix des Sujets ne
pourroit monter jufqu'au trône. Vous l'avez ainfi
établi, Souverains d'un Royaume (1) dont la conftitution a le bonheur d'être telle ; vous avez voulu
qu'ils vous montraffent la vérité toute nue, quand,
par des furprifes de la flaterie, de l'ambition, ou
de l'intérêt, ou enfin par le fort commun à tout ce
qui refpire, il arriveroit que votre prudence &
votre bonne volonté feroient trahies. Vous avez
voulu, dis-je, que ces chers Repréfentans de la
Nation approchaffent alors de votre perfonne facrée pour vous apprendre ce qu'il vous importe le
plus de favoir, fi quelque nouveauté apporteroit du
trouble à la paix intérieure & au bonheur de vos
Sujets. A cette noble fonction, vous en avez joint
une auffi noble encore, & plus ordinaire, celle de
rendre chaque jour, à votre place & en votre nom,
la juftice fouveraine. Quel plus augufte titre pour
gagner votre confiance dans les occafions effentielles dont j'ai parlé ? L'efprit qui anime ces premiers Corps du Royaume, eft donc l'efprit de
celui qui gouverne, & ne peut être différent : qui
reffemble mieux au Prince que ceux dont tout l'objet
eft de bien interpréter fes penfées & fes fentimens,
& d'y conformer leur conduite ? Heureux les Sujets
qui ont un Souverain toujours prêt à écouter, &
des Magiftrats toujours prêts à lui porter la parole!

J'excepte enfin le Corps des premiers Pafteurs *3°. Le*
& des Miniftres des autels, fi néceffaire au maintien *Clergé.*

(1) La France.

des mœurs, & pour l'enseignement de la Religion ; leurs fonctions toutes spirituelles, quoiqu'attachées à des signes sensibles, les ramenent perpétuellement à l'esprit d'obéissance & de détachement du monde, qui étoit celui de leur divin Fondateur. Aussi ne cessons pas de rendre nos hommages à un Corps si utile & si recommandable, & par ses lumieres, & par ses vertus.

Mais, ces Corps exceptés, je reviens à ce que j'ai dit : que l'amour propre se concentre, que l'esprit général se perd dans cette multitude de Corps différens qui se forment dans un Etat ; qu'ils s'y regardent tous en particulier, & que de-là naissent des jalousies & des mésintelligences secretes ou apparentes, non-seulement avec toute la masse, mais encore parmi eux : ce qui est une source de désordres & de dissipation funeste à l'Etat, & très-pénible pour ceux qui gouvernent.

L'esprit particulier bien plus dangereux entre les Nations. Si donc les Gouvernemens les mieux réglés éprouvent, dans leur sein, des inconvéniens pareils, que sera-ce des Nations entr'elles ? C'est ici que les jalousies, les haines se déploient avec la plus grande force : elles naissent peu à peu, elles croissent, elles viennent enfin à un point de maturité à n'y plus tenir. Je ne parlerai point de deux Peuples autrefois célebres. L'Europe voit, de nos jours, deux Nations rivales, dont l'une ne laisse échapper aucune occasion de rompre la paix avec l'autre. L'on diroit que son bonheur ne peut subsister avec la gloire & l'abondance dont celle-ci jouit, par l'effet de son industrie & de ses avantages naturels. Quel vertige vous a donc pris, fiers Insulaires, habiles commerçans, infatigables navigateurs ? Il ne vous manque que l'esprit de modération, pour faire de vous un Peuple admirable (1).

Tol est le sort de toutes les choses créées : toutes enfemble, elles forment un tout parfait ; mais elles n'ont de perfection que relativement à ce tout ; & dans le particulier, elles sont, ou elles nous paroissent défectueuses : comme si le Créateur avoit voulu nous faire entendre qu'en lui seul résident la perfection, l'ordre & l'intelligence, ou bien que nos vues sont très-bornées.

La perfection des choses créées n'est que dans leur enfemble.

Et l'homme a cela de plus, qu'étant libre, il peut faire un mauvais usage de sa liberté. Cet attribut essentiel à toute créature raisonnable, qui fait sa gloire & son triomphe dans les actions conformes à la justice, le soumet à l'humiliante condition d'errer quand il s'en écarte. Ces égaremens pourtant, auxquels il se livre, quelqu'effroyables qu'ils soient, ne sont que le fruit de son mauvais choix, & non de sa propre nature, qui n'étoit pas faite pour être si défectueuse. Aussi toutes les Nations de la terre, qui font cet ensemble du genre humain, malgré les bigarrures & les défauts qui nous étonnent, en chacune de ses parties, sont encore, dans leur totalité, très-dignes de notre admiration & de notre amour. Leurs liens invisibles subsistent ; il reste, parmi elles, comme un accord secret & involontaire, qui les ramene sans cesse, quoi qu'elles fassent, à la paix & à la justice, leur unique élément. Leurs haines donc, leurs jalousies, leurs infidélités, leurs trahisons, leurs Guerres sanglantes, &c.

Les désordres, quoique grands, non sans remede.

_____

(1) Ceci a été écrit en 1767.

en quoi confifte cette imperfection qui nous frappe, né font point fans remede ; & fi nous ne devons pas attendre qu'elles atteignent jamais la perfection dont je parle, puifque rien de ce qui eft créé n'a droit d'y prétenlre, nous pouvons efpérer, du moins, de les en rapprocher affez, en les rappellant à leur commune origine.

Comment le mal eft arrivé. Mais le pas eft immenfe. Les hommes qui les compofent étoient faits pour s'aimer & fe fervir mutuellement, quand ils le pouvoient ; & ils le pouvoient, toutes les fois qu'ils étoient à portée l'un de l'autre. En même temps, ils n'étoient pas deftinés à vivre dans un même lieu & fous un même empire : cela eft impoffible. Ne pouvant donc vivre tous enfemble, ils fe diviferent originairement, comme fans y penfer, en différentes troupes ou corps de Nations, lefquelles eurent d'autant moins de communication & de reffemblance entr'elles, qu'elles furent plus éloignées l'une de l'autre. De-là cette infinité de Peuples divers dont la terre eft couverte, & le peu de rapport qu'ils ont paru avoir enfemble.

Par cette divifion, l'on vit bientôt les hommes perdre de vue, infenfiblement, les premiers principes, & les Nations formées de ces hommes, les perdre encore plus. L'efprit particulier, aiguifé par la propriété, qui parut alors la tête levée, groffiffant, ce femble, à proportion que l'homme avoit perdu de fa liberté primitive, en fe foumettant à des loix ; chaque Nation, l'affemblage de tous ces efprits, groffit d'une terrible force fes prétentions & fes droits : elles ne furent plus fenfibles qu'à leurs befoins & à leurs caprices ; elles n'eurent de defirs que pour elles, des paffions que

pour fatisfaire ces defirs, des talens que pour fortifier ces paffions, de l'induftrie que pour faire
valoir ces talens : tout fut employé pour l'emporter fur les autres & les rabaiffer. L'autorité même,
néceffaire dans un Chef de Nation, donna à la
plupart le goût des conquêtes, & porta auffi
des citoyens infideles à s'emparer du commandement, pour fe tirer de l'égalité & de la contrainte,
où leur amour-propre ne pouvoit fe fouffrir. Que
de biens, que de fang cet étrange renverfement
d'idées n'a-t-il pas coûté à la terre !

C'eft à cet endroit que la raifon humaine devoit fecouer fon flambeau, pour démêler le remede.
Nos vues, il eft vrai, font très-bornées, & nos
jugemens feront faux, légers ou incertains, tant
que nous ne faifirons pas l'enfemble ; mais le mal
avoit ici une caufe qu'il n'étoit pas impoffible
d'appercevoir ; en elle étoit le remede. Je la
trouve d'abord dans la *néceffité où l'homme fut de*
fe divifer en plufieurs corps, ce qui l'éloignoit de
tous les autres hommes qui n'étoient pas du fien ;
& en fecond lieu, dans cet efprit particulier, que
la divifion elle-même engendre, ou qui étoit propre à l'homme ; & nous avons vu combien il lui
fut funefte.

Point dé-cifif pour démêler le remede.

Cependant, tout venoit d'une fource pure :
l'affociation en différens corps avoit été néceffaire ; l'efprit particulier eft fi naturel à toutes
les créatures vivantes, que ce feroit infulter à la
fageffe & à la puiffance du Créateur, que de le
regarder comme mauvais en foi, puifqu'il part,
comme je l'ai déja obfervé, de l'amour de notre
être, de ce goût involontaire & dominant que

Tout par-toit d'une fource pu-re.

E iv

Dieu a mis en chacun de nous, pour notre conservation ; il n'est besoin que de le contenir, de le ramener aux saines idées, & de lui montrer ses véritables intérêts & son vrai bonheur.

La Société universelle du genre humain, non absolument impossible, depuis la formation des Sociétés particulieres.

Et si nous y réfléchissons un peu, ne verrons-nous pas de plus, que ce partage des hommes en corps de Nation, introduit par la nécessité, bien loin de pouvoir les autoriser à se retrancher & se particulariser, n'est, au contraire, qu'une plus grande obligation à elles de travailler au grand ouvrage de la société universelle du genre humain, prescrite par la nature ; puisque, depuis ces associations particulieres, l'intelligence & la concorde entre les parties & le tout, sont devenues possibles, d'impossibles qu'elles étoient auparavant.

Les Auteurs en Droit des Gens, en ont pris pied, au contraire, pour concentrer les Nations en elles-mêmes.

Or, qu'avez-vous fait, vous qui avez donné des leçons aux Nations ? Sans remonter à la cause innocente du mal qui vous indiquoit le remede, vous avez jugé du *droit* par le *fait*, & laissant les hommes tels qu'ils étoient, vous avez fortifié cet esprit particulier dans ses retranchemens ; vous l'avez confirmé dans ses illusions ; vous avez renchéri vous-mêmes sur les méchans effets de la séparation : vous avez dit aux Nations, que puisqu'elles formoient un tout séparé de tous les autres, & que par-là elles devenoient une personne morale, qui avoit son entendement & sa volonté propre, capable d'obligations & de droits, Préliminaire, §. 2. Et la regle générale & fondamentale des devoirs envers soi-même, étant que tout être moral doit vivre d'une maniere convenable à sa nature, *naturæ convenienter vivere,*

Liv. I, chap. 11, §. 13 ; (1) les Nations feules devoient décider de leurs befoins, & leurs befoins, de
l'affiftance qu'elles devoient aux autres. Vous leur
avez préfenté une immenfité de devoirs envers
elles-mêmes, avec ordre de commencer toujours
par ceux-ci : vous leur avez montré de la néceffité
& de l'obligation à foutenir leurs droits & leurs
prétentions, & les occafions leur en font offertes
par milliers dans vos livres; enfin, vous leur avez
dit de fe battre, en obfervant toujours certaines
formalités reçues. Les maximes que j'ai citées en
font foi. Vous en avez donc fait comme tout autant de forterefles élevées les unes contre les autres. Vous leur avez mis les armes à la main, &
avez rendu leur réconciliation impoffible ou toujours chancelante.

En effet, quel bien avez-vous procuré aux
hommes ? L'Europe, toute remplie qu'elle eft aujourd'hui de Peuples civilifés & bien inftruits, &
qui autrefois (n'étoit pas merveille), a été long-
temps le théâtre des plus cruelles Guerres & des
Guerres de toutes les efpeces : l'Europe, dis-je,
telle qu'elle eft, avec fa balance politique des
Etats (2), ne nous offre-t-elle pas encore bien
fouvent les plus triftes fpectacles que puiffent
donner, à l'humanité, la rage de fe battre, & la
perfuafion qu'on fait encore fon devoir en en ufant
de la forte ?

Nous avons gagné, il eft vrai, fur nos peres,
l'avantage de répandre le fang humain avec plus

Foibles
avantages
que nous
avons fur
nos peres,
quant aux
diffenfions

---

(1) Wattel, Droit des Gens, Livre 3, §. 47.

(2) Deux propofitions cependant qui font véritables, mais
qu'il falloit mieux entendre & mieux appliquer.

nationales de réferve, & d'employer une méthode qu'on
& à l'épar- dit moins meurtriere; mais enfin, nous le répan-
gne du dons; & fi un grand Royaume, comptoit
fang hu-
main. fes pertes dans l'efpace feulement de trente
La France. années, il feroit effrayé du vuide immenfe qu'il
trouveroit dans fa population, par le feul effet
de fes Guerres prefque continuelles : qu'on juge
par lui de tous les autres.

Cette balance même des Etats, qu'eft-elle autre
chofe qu'une confirmation de ce que j'ai dit ? qu'un
figne évident, que chacun auroit perpétuellement
des prétentions à élever & à pourfuivre, fondé
en maxime du Droit des Gens, fi on le laiffoit
faire, & que tous afpireroient à la monarchie univerfelle, moins peut-être encore par l'ambition ordinaire aux Princes, que par une fuite de ces droits
multipliés, & toujours foutenables, dont ils ont
bonne provifion, fur-tout depuis les grandes alliances qu'il y a eu entr'eux, par mariages ou autrement, & cette foule de traités de paix & de commerce, qui femblent avoir été faits plutôt pour
entretenir la difcorde, que pour l'étouffer.

Conclu- Concluons, que tous ces Traités du Droit des
fion de ce Gens ont perverti davantage les Nations, en nour-
chapitre.
riffant leur amour-propre, leur efprit particulier,
aux dépens de l'efprit général qui devoit animer
tous les hommes; qu'ils les ont toujours plus éloignées les unes des autres, & les ont mifes dans cette
difpofition funefte d'éclater entr'elles au moindre
befoin : l'on peut dire, en effet, qu'elles font toujours dans un état de Guerre, quoiqu'en pleine
paix, & que la difcorde n'eft jamais que fufpendue
parmi elles.

Nous avons vu ce que les Auteurs ont fait pour entretenir les Peuples dans l'erreur si fatale aux hommes, *qu'on peut se faire justice soi-même par la force*; nous verrons, dans le chapitre suivant, d'où est venue cette erreur, & ce qu'ils auroient dû faire pour la détruire.

CHAPITRE II.

Les Auteurs qui ont traité du Droit des Gens, ont manqué l'objet de ce Droit, en le traitant bien plus, par rapport aux Nations en particulier, que par rapport à toutes ensemble.

Rien de plus digne de l'efprit humain que de travailler à concilier toutes les Nations.

QUELLE matiere plus digne d'occuper l'efprit humain, que celle qui a pour objet de concilier toutes les Nations, & d'établir entr'elles une paix folide & durable ? Tous fes efforts auroient dû tendre à une fin fi noble & fi néceffaire. Que font en effet les fciences, fi elles ne procurent pas ce bonheur au monde ? Il n'eft rien où elles n'aient porté leurs regards & la réflexion : elles ont ofé s'élever jufqu'à la nature de Dieu & des idées incréées ; elles ont confidéré l'homme en lui-même, cherché ce qu'il étoit, fes propriétés, fes divers rapports, & travaillé à connoître fes befoins, fes obligations, &c. Delà font nées des erreurs fans nombre ; mais auffi ces fublimes fpéculations de la métaphyfique, très-propres à nous humilier devant l'Auteur de notre être, quand elles ne feroient pas toutes fondées ; & ces chefs-d'œuvre de morale, qui ont du moins appris aux hommes ce qu'ils fe devoient, en chaque fociété, bien plus comme freres, & ayant une même origine, que comme citoyens, & liés par des loix communes & pofitives. C'étoit déja un grand acheminement à des vues plus falutaires ; & ces précieufes vérités, quoiqu'un peu infectées du venin de la fauffe doctrine

du Droit de la Guerre, auroient pu infenfiblement amener les Nations au point de leur faire appercevoir, que la morale étoit auffi bien faite pour
elles, que pour les hommes entr'eux. Mais les
Ecrivains politiques ont tout gâté : je ne veux point
parler de ces génies hardis & défintéreffés, qui
regardant bien plus à l'humanité entiere, qu'aux Nations, quoiqu'on ne puiffe pas féparer ces deux
rapports, fe font arrêtés à quelques points importans & trop long-temps méconnus : je parle
en fait de *Politiques*, de ces favans hommes, dont
les Ouvrages renommés font comme le Code des
Nations : chacun d'eux fixé à l'idée d'un corps   Comment
politique quelconque, ou ne les confidérant tous   fe font for-
en gros, que pour s'arrêter mieux fur un feul,   més tous
n'a jamais eu dans l'efprit que le plan d'une fociété   du Droit
particuliere, qu'un deffein d'arrangement pour une   des Gens.
portion d'hommes, féparée de toutes les autres,
& formant elle-même un tout : ç'a été, pour lui,
le centre de fes réflexions. Ainfi, occupés de cette
idée partielle, fous la fpécieufe apparence d'un
tout complet, ils ont cru voir, dans cette efpece
d'être à part, un corps indépendant de tous les
autres, foit féparés ou réunis : la race humaine n'a
plus été envifagée dans fon univerfalité.

Alors fe font formés tous ces Traités du Droit
des Gens, où contens de nous indiquer les belles
maximes de la nature, & de les recommander,
comme on montre de riches dépouilles qui ne font
plus d'ufage, ou de vieux monumens que l'on
admire, mais dont, au fond, on ne fe foucie
guere, l'on s'eft retranché dans les bornes étroites
de fon fujet ; & là, comme le fculpteur ou le pein-
tre qui fe paffionne pour fon modele, en y mettant
le plus de perfection qu'il peut, l'on s'eft efforcé

d'embellir le fien, & de l'enrichir de tous les dons & de toutes les prérogatives que l'imagination, rivale de la vérité, a pû fournir. L'on a appliqué ainfi, fans s'en douter, à un démembrement de l'efpece humaine, ce qui ne convenoit qu'à l'efpece entiere; & par un aveuglement étrange, l'on a donné aux parties les facultés & les attributs du tout. Mais que n'imitoit-on auffi ces habiles artiftes, dans l'attention qu'ils ont à ne puifer que dans la nature ? L'on eût vu que cet amas de *droits*, de *prérogatives*, d'*avantages*, commun à toutes les Nations, dès qu'ils l'accordoient à une, formoit inévitablement entr'elles des chocs & des contre-chocs terribles dans les mouvemens, capables de tout bouleverfer & de tout rompre : l'on eût remarqué que les rouages fouffroient des frottemens trop violens pour être naturels, & que la machine entiere ne pouvoit fubfifter en cet état, fans reffentir, dans l'intérieur, les plus grands ravages.

Ils manquent totalement leur but. Quel fuccès, en effet, attendre d'un fyftême auffi monftrueux ? N'eft-ce pas la paix, la concorde entre les Nations de la terre, qu'un Traité du Droit des Gens doit avoir pour but ?... Eh bien ! c'eft la Guerre, c'eft la défunion que ce fyftême produit. Des parties confidérables d'un tout immenfe ont le pouvoir de ce même tout, & toutes, entre elles, elles l'exercent, quand elles le trouvent bon, les unes contre les autres, au grand dommage des individus & au grand fcandale de toute la terre ! Ce pouvoir eft de fe faire une Guerre offenfive, de pourfuivre des droits de grandeur & de gloire, d'aifances & de commodités, qui ne pourroient, au plus, être permis qu'à la maffe entiere des hommes, s'il y avoit quelque efpece d'autres créatures vivantes , capables de troubler fon état & fon bonheur. Mais accorder le droit de détruire, de s'ag. grandir, de fe glorifier, de fe procurer au-delà du néceffaire, à une portion de la race humaine, contre une autre portion de la même efpece, c'eft ce qui bleffe toute idée d'ordre, de fageffe & de gouvernement.

L'on ne peut nier que l'Auteur des hommes, cet Être fuprême qui les a formés, ne veuille leur bonheur & leur confervation. L'on ne peut nier auffi qu'il n'ait préfidé à leur partage en divers corps de Nations, puifque ce partage a été né-ceffaire ; fa néceffité eft une loi fouveraine qui fort de la nature des chofes, & qu'il approuve par conféquent. Voilà deux principes inconteftables ; mais s'ils font vrais tous les deux, il faut qu'ils puiffent fubfifter enfemble. Nous devons donc trouver le bonheur & la confervation des hommes dans leurs affociations politiques, & ces affociations ne peuvent leur fournir aucuns droits qui aillent à l'encontre de cette double fin. Le bien général du genre humain eft donc toujours, comme l'on voit, la regle dominante qui doit décider des droits des Nations ; & il ne peut fouffrir d'altération ni d'affoibliffement par ce partage. J'ai déja cité un paffage, où l'on reconnoît cette vérité : *Eft il au pouvoir des hommes, lorf-qu'ils fe divifent en différens corps politiques, de rompre les nœuds de la fociété univerfelle que la nature a établis entr'eux ?* Liv. 11, chap. 1, §. 12.

Deux principes inconteftables dont il falloit partir.

Sur ce pied-là, un Traité du Droit des Gens n'a pas d'autre objet que de ramener les Nations aux principes de la Loi Naturelle, & de refferrer ces

Seul objet d'Droit des Gens : ramener

les Na-
tions aux
principes
de la loi
naturelle.

nœuds de la société universelle, si souvent rompus par l'esprit d'intérêt, & les prétentions injustes ou inutiles, sans cesse élevées. Mais on a voulu appliquer ces principes de la Loi Naturelle *à la conduite & aux affaires des Nations & des Souverains* (1) ; & c'étoit, au contraire, la conduite & les affaires des Nations & des Souverains qu'il falloit appliquer à ces principes. Par cette opération-ci, l'on auroit vu qu'on étoit bien loin de la regle, & qu'il falloit nécessairement se restreindre à ses limites, au lieu que par l'autre, si l'on s'est apperçu de la différence, l'on ne l'a point considérée comme une erreur, & c'est la regle elle-même qu'on a obligée de céder. Ce qui s'est pratiqué de tous les temps, a servi de titre pour le croire légitime, moyennant certaines conditions plus arbitraires qu'essentielles, d'abord que le fond en est mauvais. Toutefois de ce qu'un homme en aura attaqué un autre, de ce qu'une Nation sera tombée sur une autre Nation, l'on n'a jamais dû croire que cela fût permis. L'exemple des vices n'autorise pas à en avoir, c'étoit justement ce qu'il falloit réprimer. Mais nos maîtres en politique en ont jugé autrement ; ils ont fait de la Guerre, un état, comme celui de la paix ; & le sage Grotius n'a pas craint d'employer ses savantes veilles à consacrer, dans un ouvrage, d'ailleurs immortel, les droits de l'un & de l'autre, peut-être avec encore plus d'érudition que de bonne foi. Il est pourtant honteux à l'esprit humain d'avoir produit un pareil chef-d'œuvre ; quand le génie est si étendu,

Erreur
capitale de
nos maî-
tres : qu'il
y ait un
état de
Guerre
comme de
Paix. Gro-
tius vive-
ment re-
pris, &c.

_____

(1) Cela est pris du titre même du Livre, dont on rapporte les citations.

les

les écarts ne font plus pardonnables, & il n'eſt point permis d'errer avec tant de lumieres. En voyant traiter des Droits de la Guerre ſi ſavamment & avec tant de profondeur, on ſeroit tenté de demander ſi c'eſt donc contre des démons ou des bêtes féroces que les hommes aient à les faire valoir, ou plutôt ſi les hommes eux-mêmes ne ſeroient pas l'un ou l'autre ? Toutes les créatures vivantes ſe doivent des ſecours & des égards mutuels. Nous ne pouvons exercer un ſouverain empire ſur les animaux, quand il n'eſt pas néceſſaire, de cette *néceſſité abſolue* que j'entends ; & notre autorité (1) à leur égard, hors de ces occaſions indiſpenſables, a beſoin d'être réprimée. Quand il s'agira donc de ſe défendre contre des hommes féroces, que les Nations faſſent valoir les Droits de la Guerre, il leur ſera bien permis au moins de les traiter comme des bêtes. Mais l'humanité, qui réclame contre les abus d'un pouvoir deſpotique ſur les animaux, s'éleve bien davantage contre les excès de la violence envers des hommes. Les outrages de la Guerre font frémir la nature ; c'eſt une mere qui déchire ſon propre ſein ; c'eſt un homme qui ſe défait lui-même, c'eſt un vrai ſuicide. En vain, des hommes ſe ſont-ils réunis pour vivre en corps de ſociété ; les engagemens particuliers qu'ils ont contractés, ne les délient pas envers les autres hommes. Ils ſont arbitraires, ces engagemens, & l'arbitraire ne peut pas détruire ce qui eſt permanent & invariable de ſa nature. Ces hommes ſont à l'égard des autres Nations, ce

(1) Cette queſtion eſt traitée fort au long, dans la deuxieme Partie, Section II, N°. IV, Chapitre IV.

que font envers un Etat, les divers Corps qui le compofent. Ils ne peuvent rien établir de particulier qui foit contraire au bien général. C'eft la vue de l'ordre & de la juftice, que tout marche à une même fin. Or, felon nos Auteurs, les Nations ont des droits qui ne vont qu'à leur intérêt particulier : & cet intérêt étant faux & mal entendu, elles fe portent néceffairement dans des routes oppofées, qui ne peuvent que les éloigner davantage d'un même deffein, & rompre l'harmonie qui doit être entr'elles.

Les Nations, il eft vrai, fe font mifes elles-mêmes dans ces voies égarées. Elles ont manqué à la juftice, avant qu'il y ait eu des Traités fur le Droit des Gens. L'établiffement de la loi fuppofe le vice; mais fi la loi elle-même eft vicieufe, d'où attendre le remede ? Ces Traités font tous bâtis fur l'erreur générale : pour ne rien changer à l'édifice, l'on a créé un fyftême d'autant plus dangereux, qu'on le revêt des formes de la juftice. Rapportons-le tel qu'il eft, en citant les paffages même de l'Auteur que j'ai choifi fur tous les autres.

Syftême détaillé de nos Auteurs du Droit des Gens, tiré de Wattel. Le *droit* n'étant autre chofe que la faculté de faire ce qui eft moralement poffible, c'eft-à-dire, ce qui eft bien, ce qui eft conforme au devoir; il eft évident que le droit naît du devoir ou de l'obligation paffive, de l'obligation dans laquelle on fe trouve d'agir de telle ou telle maniere. Prélim. §. 3. Il n'y a rien à dire à cette définition (1); mais c'eft à définir le *devoir* ou

_____

(1) J'en traiterai amplement dans la Section fixieme de cette premiere Partie.

l'obligation, que confiste la difficulté. Nos Auteurs cherchant à l'établir dans le sens qu'ils l'entendent, & suivant l'éternelle coutume des Nations, commencent par nous dire qu'une société civile, un Etat, est un sujet bien different d'un individu humain, ... & qu'il est bien des cas, dans lesquels la loi naturelle ne décide point d'Etat à Etat, comme elle décideroit de particulier à particulier. Prélim §. 6. La discussion de cette question trouvera sa place dans ma deuxieme Partie. Cependant l'on nous distingue *l'obligation* & le *droit* qui y répond, ou qu'elle produit, en *interne* & *externe*. L'obligation est *interne*, en tant qu'elle lie la conscience, qu'elle est prise des regles de notre devoir. Elle est *externe*, en tant qu'on la considere relativement aux autres hommes, & qu'elle produit quelque droit entr'eux. §. 17.

Les devoirs de la loi naturelle, qui oblige tous les hommes, sous quelques relations qu'ils agissent, ce qu'on entend par le *Droit des Gens nécessaire*, sont du ressort de l'obligation interne, *ibid.* §. 7; & en cette qualité ils ne sont point soumis au *droit de contrainte*, mais seulement au jugement de Dieu : étant une suite de la liberté & de l'indépendance des Nations, que chaque Nation juge de ce que sa conscience exige d'elle, de ce qu'elle peut ou ne peut pas, de ce qu'il lui convient ou ne lui convient pas de faire, & par conséquent, d'examiner & de décider si elle peut rendre quelque office à une autre, sans manquer à ce qu'elle se doit à soi-même. *Ibid.* §. 16.

Voilà pourquoi une Nation est maîtresse de ses actions, tant qu'elles n'intéressent pas les droits propres & parfaits d'une autre, tant qu'elle n'est liée que d'une obligation interne, sans aucune obligation externe parfaite. Si elle abuse de sa liberté, elle peche; mais les autres doivent le souffrir, n'ayant aucun droit de lui commander. *Ibid.* §. 20.

D'où dérive le *Droit des Gens volontaire.* Ce qui est permis à l'une, est aussi permis à l'autre, & elles doivent être considérées dans la société humaine comme ayant un droit égal. *Ibid.* §. 21.

Voilà pourquoi aussi l'obligation interne est toujours la même en nature, quoiqu'elle varie en degrés : mais l'obligation externe se divise en *parfaite & imparfaite*, & le *droit* qu'elle produit est de même parfait ou imparfait. Le droit *parfait* est celui auquel se trouve joint le droit de contraindre ceux qui ne veulent pas satisfaire à l'obligation qui y répond; & le droit *imparfait* est celui qui n'est pas accompagné de ce droit de contrainte. *Ibid.* §. 17.

Le droit de *contrainte*, contre une personne libre, ne nous appartient que dans le cas où cette personne est obligée envers nous à quelque chose de particulier qui ne dépend point de son jugement; dans le cas, en un mot, où nous avons un droit parfait contr'elle. *Ibid.* §. 16.

Or, les moyens d'acquérir ce droit, sont sans nombre. *Il est des choses justes & permises par le Droit des Gens nécessaire, dont les Nations peuvent convenir entr'elles, ou qu'elles peuvent consacrer & fortifier par les mœurs & la coutume. Il en est d'indifférentes sur lesquelles les peuples peuvent s'arranger, comme il leur plaît, par des traités, ou introduire telle coutume, tel usage qu'ils trouvent à propos.* Ibid. §. 9.

Les divers engagemens, dans lesquels les Nations peuvent entrer, produisent une nouvelle espece

de Droit des Gens, que l'on appelle *conventio-*
nel ou *de traités :* il n'oblige que les Parties con-
tractantes. *Ibid.* §. 24.

Certaines maximes, certaines pratiques confacrées par un long usage, & que les Nations ob-
servent entr'elles, comme une sorte de Droit,
forment le *Droit des Gens coutumier,* ou la *cou-*
tume des Nations : ce Droit est fondé sur le consentement tacite, ou, si vous voulez (dit Watel),
sur une convention tacite des Nations qui l'obser-
vent entr'elles : d'où il paroît qu'il n'oblige que
ces mêmes Nations qui l'ont adopté. *Ibid.* §. 25.

Ces trois especes de Droit des Gens, *volontaire,*
conventionel & *coutumier,* composent ensemble
le Droit des Gens *positif ;* car ils procedent tous
de la volonté des Nations . . . . . . Et il ne peut
y avoir d'autre maniere de déduire quelque droit
de cette volonté. *Ibid.* §. 27.

Quant aux droits introduits par les traités ou
par la coutume, ... ils forment cette espece de
Droit des Gens que les Auteurs nomment *arbitraire.*
Ibid. §. 27.

Mais tous les traités, toutes les coutumes qui
vont contre ce que le Droit des Gens nécessaire
prescrit ou défend, font illégitimes. Nous verrons
toutefois qu'ils ne font toujours tels que suivant le
Droit interne ou de conscience, & que par des
raisons qui seront déduites en leur lieu, ces conventions, ces traités ne laissent pas que d'être
souvent valides par le Droit externe. *Ibid.* §. 9.

Après avoir établi sur chaque matiere (continue
Wattel) ce que le Droit nécessaire prescrit, nous
ajouterons tout de suite, comment & pourquoi il
faut en modifier les décisions par le Droit volontaire ; ou, ce qui est la même chose en d'autres

termes, nous expliquerons comment en vertu de la liberté des Nations & des regles de leur société naturelle, le Droit externe qui doit être observé entr'elles differe, en certaines rencontres, des maximes du Droit interne, toujours obligatoire cependant dans la conscience. *Ibid.* §. 27.

D'où vient le vice de toute cette doctrine? Division funeste entre le Droit interne & le Droit externe.

Je ne fais fi je me trompe : mais il me femble découvrir le vice de toute cette doctrine. C'est le Droit interne qui ne lie les Nations que devant Dieu, & qui fait qu'aucune d'elles ne peut être contrainte à faire ce que les autres voudroient exiger, principe d'ailleurs très-raifonnable & très-propre à établir la paix fur la terre : c'est le Droit interne, dis-je, qui est l'instrument ou l'occafion de l'erreur. Par la raison que les Nations ne font point foumifes à rendre compte de la conduite de leurs affaires aux autres Nations, dans tous les cas où les droits parfaits de celle-ci ne font point bleffés, la liberté qu'elles ont de s'arranger comme elles veulent, fait précifément du Droit externe le Droit le plus terrible & le plus dangereux. Un principe très-vrai enfante ici le monftre que nous combattons. D'où vient cette efpece de prodige ? C'est que les Nations s'arrangent mal ; c'est qu'elles ne connoiffent pas leur devoir ou leur obligation paffive ; c'est-à-dire, comme nous l'avons dit fouvent, leur vrai intérêt & leur vrai bonheur. Elles ont trop groffi cette forte d'obligation : que ne s'en tenoient-elles principalement à celles de la nature, dont elles n'avoient rien à craindre : les occafions de faire valoir le Droit parfait, qui y répond, étoient extrêmement rares ; au lieu qu'il est fans ceffe en mouvement pour le foutien des obligations que les Nations contractent entr'elles, volontairement

& comme il leur plaît, par tous les moyens que nous venons de voir : & c'eſt en cela que le Droit externe qui le produit, accompagné du Droit de contrainte, eſt d'une ſi dangereuſe conſéquence. Auſſi regne-t-il ſouverainement dans les eſprits : chaque Nation qui ſe l'attribue n'en redoute pas les effets, parce qu'elle-même en fait, ou peut en faire uſage comme toutes les autres ; & elle l'exerce avec d'autant plus de ſécurité, qu'elle croit faire un acte de juſtice & d'obligation à la fois. Les objets de ce Droit ſont infinis, comme les conventions ou les ſuites de ces conventions, les coutumes, &c. qui le conſtituent. Les Nations varient, multiplient ou renouvellent leurs engagemens entr'elles autant de fois, & ſelon que l'eſprit d'intérêt, l'inconſtance, l'ambition, la gloire ou d'autres motifs les uniſſent. N'eſt-ce pas faire dépendre leur bonheur & leur ſûreté de quelque choſe de bien ſolide !

D'une part, on les déclare indépendantes & maîtreſſes d'adminiſtrer leurs affaires comme elles veulent, ſans que par rapport à la juſtice intrinſeque de leur conduite, il appartienne aux autres d'en juger définitivement ; & de l'autre, on les ſoumet à la triſte condition d'avoir des droits & des prétentions à ſoutenir qui n'émanent, après tout, que de la cauſe la plus verſatile & la plus changeante, qui eſt la volonté des Nations. Heureuſe médiocrité, que votre état eſt peu connu ! & que vous feriez pourtant le bonheur de la terre ! C'étoit à régler cette volonté, à la réduire à ſes juſtes bornes, à la conformer plus à la nature, que les Traités du Droit des Gens devoient aboutir. Après en avoir écarté les excès, après l'avoir débarraſſée de toutes ſes vaines & dangereuſes acquiſitions, après l'avoir enfin épurée, le principe de la *liberté* & de l'*indépendance* des Nations, qui n'eſt pas abſolument vrai, & la définition du Droit qui eſt ſi juſte, n'étoient plus à appréhender pour les hommes. Mais, c'eſt le comble de l'aveuglement de vouloir les Nations juſtes, heureuſes & bien unies, & de leur laiſſer la ſource de toutes les diſſentions & de toutes les guerres.

Cruelle invention, que celle du Droit des Gens volontaire!

L'embarras de concilier des choſes ſi oppoſées, & la néceſſité cependant de paroître mettre quelque obſtacle aux feux qu'excite ſi ſouvent le fatal Droit de contrainte, ont engagé nos Auteurs à donner les mains encore à d'intolérables injuſtices. Quelle odieuſe diſtinction entre le Droit interne & le Droit externe, par rapport au bonheur de l'humanité, qu'à cauſe de la liberté & de l'indépendance prétendue des Nations, l'on aſſujettiſſe les unes à obſerver envers les autres des traités, des conventions ou des coutumes illicites, & qui vont contre ce que le droit des Gens néceſſaire preſcrit ou défend! En un mot, que le Droit externe les rende ſouvent valides! Il eſt bien ſans doute d'engager à ſouffrir une injuſtice, plutôt que d'élever une guerre juſte. L'on a eu raiſon de dire qu'il eſt néceſſaire, en beaucoup d'occaſions, que les Nations ſouffrent certaines choſes, bien qu'injuſtes & condamnables. Prélim. §. 21. Et l'on pourra me répondre que c'eſt dans cette vue d'une plus grande tranquillité, qu'on a établi le Droit volontaire dont les maximes, comme on dit, ſont conſacrées au ſalut & à l'avantage de la Société univerſelle. *Ibid.* §. 28. Mais je ne goûte pas qu'un traité illicite doive jamais être regardé comme ſacré. Ne voit-on pas que ſi ces ſortes de conventions ou de coutumes font obligatoires pour celui qui s'y est foumis, la Nation, en faveur de qui elles font, est fondée à les réclamer & à en exiger l'exécution par la force, fi l'autre s'y refufe ou les néglige ? Le Droit volontaire arme alors l'injufte & l'autorife à pourfuivre une prétention illégitime contre celui-là même qu'il n'a mis peut-être dans cette dure obligation que par force, ou en lui imprimant des fentimens de terreur ou de crainte, puifqu'il a fallu qu'il dérogeât à fon Droit naturel. Le Droit externe, qui doit être obfervé entr'elles, diffère, en certaines rencontres, des maximes du Droit interne, toujours obligatoire cependant dans la confcience. Quoi ! ce qui eft défendu devant Dieu, fera permis devant les hommes ! Le Tribunal de la confcience devra céder aux maximes du Droit volontaire ; & les décifions d'un Droit humain & purement arbitraire, *modifieront*, que dis-je ? anéantiront celles du Droit naturel, qui eft ce Droit des Gens néceffaire, cette loi de la Nature, dont les devoirs, à ce qu'on avoue, obligent tous les hommes, fous quelques relations qu'ils agiffent !

Et quelle indécence pour les mœurs que le Droit interne fi recommandable & fi facré, puifqu'il eft la loi même de la Nature, & que Dieu en eft le Juge ; que ce Droit, dont le nom feul devroit infpirer le refpect & la crainte, & contenir les peuples dans les égards mutuels qu'ils fe doivent, foit pourtant comme mort & fans vigueur, par rapport à leurs obligations paffives ; par le feul effet de ce Droit externe auquel on a donné une extenfion & une force fans mefure ! On lit au Liv. XI, chap. 1, §. 10, que la Nation n'a qu'un Droit

Bonnes mœurs, terriblement bleffées par cette étrange fupériorité, du Droit externe, fur le Droit interne.

Exemple.

imparfait aux offices de l'humanité ; qu'elle ne peut contraindre une autre Nation à les lui accorder ; que celle qui les lui refuse mal-à-propos , péche contre l'équité, qui confiste à agir conformément au Droit imparfait d'autrui : mais qu'elle ne lui fait point injure ; *l'injure ou l'injuftice étant ce qui bleffe le Droit parfait d'autrui.* Il étoit fage encore une fois , d'apprendre aux hommes qu'on ne peut rien exiger par force d'une perfonne libre , comme font les Nations entr'elles , & que fi l'une abuse de fa liberté , elle péche , & l'autre doit le fouffrir, n'ayant aucun droit de lui commander. Prélim. §. 20. Mais il a été bien imprudent d'avilir , fi on peut le dire , les devoirs de l'humanité & la loi intérieure de la confcience , en favorifant tant ce Droit externe. C'eft une conféquence néceffaire qu'en expofant celui-ci fous un point de vue fi puiffant, l'on affoibliffe l'autre , & qu'on le faffe méprifer : les hommes font naturellement portés à ne regarder comme bien réel & effentiel que ce qui agit & affecte les fens. Or, quoi de plus propre à produire cet effet que le Droit de contrainte , que cette puiffance exécutrice , pour me fervir de ce mot, qu'on accorde à une Nation toutes les fois qu'elle s'eft acquife un Droit parfait par les voies infinies que nous avons vues ? Le Droit interne eft défarmé ; il eft dans le filence , fans mouvement ; l'on ne prend point garde à lui. L'autre eft fans ceffe en action ; il parle haut ; il a les armes à la main ; tout annonce qu'il eft quelque chofe. Comment voulez-vous que le premier fe faffe entendre au milieu de tout ce tumulte , & qu'il imprime fur les efprits ? L'on craint bien plus ce que l'on redoúte. Vous déclarez en termes formels que *la Nation* qui refufe mal-à-propos les offices de l'humanité, péche contre l'équité, *mais ne fait point injure ou injustice.* Quelle distinction encore, outrageante pour les mœurs ! Est-ce qu'au fond l'une n'est pas l'autre ? Sauroit - on pécher sans faire mal, & le mal n'est - il pas opposé à la justice ? Y a-t-il deux sortes de *mal* ? J'entends bien que vous le dites en ce sens, que par-tout où une Nation doit être libre, une autre ne peut la contraindre en rien : mais pour établir cette vérité, faut - il troubler les idées ? Vous définissez l'injure ou l'injustice *ce qui blesse le Droit parfait d'autrui :* ce qui blesse donc la conscience n'est point injuste ? Il n'y aura donc rien d'injuste, que ce qu'on pourra réprimer ? Quelle terrible conséquence ! Ainsi vous avez abattu d'une main la violence, & vous l'avez relevée de l'autre avec plus d'empire : c'est précisément parce que les Nations sont libres, & qu'on ne peut les attaquer pour raison de ce qu'elles font pour soi en vertu de cette liberté, qu'elles acquierent le droit même d'attaquer, pour se procurer les choses qu'elles prétendent leur être dues ou nécessaires, ou bien qu'elles se croient en droit d'exiger en vertu de quelque traité ou convention.

De sorte que c'est ce Droit interne qui introduit ici le Droit de la Guerre en excitant le Droit externe d'où il découle, & que tous les malheurs que ce terrible fléau attire à l'humanité, sont le fruit originairement de cet état de liberté & d'indépendance, où l'on a la noble prérogative de n'avoir que Dieu pour juge, & de n'être lié que par la conscience !

Triste conséquence des principes de nos Auteurs du Droit des Gens.

Cette réflexion est accablante pour la raison & la justice naturelle. Pouvoit-on donner une cou-

Réflexion.

leur plus féduifante à l'exercice d'un droit fi funefte aux hommes, que de l'adapter fur la loi même
de la nature ? Mais pouvoit-on faire un tort plus
infigne à cette loi ? Pouvoit-on la dégrader au
point que de s'en autorifer, en quelque forte,
contre elle-même, & ne s'étoit-elle pas affez expli-
quée en caracteres clairs & ineffaçables ? Qu'on
rentre dans le fond du cœur, elle y parle un langage connu de tout le monde : en vain les paffions
tumultueufes, ou l'efprit inquiet & intéreffé des
Hommes ou des Nations, voudroient-elles y répandre du trouble, ou tenter d'en faire de fauffes
applications. Tout ce qui fera contraire à cette
loi intérieure, de quelque apparence qu'on le
revête, fût-ce de la fienne, fera mauvais effentiellement & condamnable.

N°. I I I.

Du Droit des Gens volontaire qu'établissent
les Auteurs qui ont traité du Droit des
Gens; & des principes & des maximes
qu'ils en tirent.

CHAPITRE PREMIER.

Nulle cause & nul fondement solide à ce Droit des
Gens volontaire, réprouvé par la Loi Naturelle.

Nous n'avons fait qu'indiquer en passant le Droit des Gens volontaire. Cette matiere est trop importante pour ne pas la traiter à part & avec une certaine étendue : sa chûte doit entraîner celle de tout le reste. Il est comme l'arc-boutant de l'édifice & l'invention la plus commode dont on se soit avisé, pour s'autoriser dans le prétendu droit de se faire justice soi-même par la force, & pour perpétuer la doctrine du Droit de la Guerre. *Grotius*, qui en fonde les regles sur un consentement de fait de la part des peuples, n'a pas porté en cela un si rude coup à leur bonheur : les Nations s'étant comme accordées assez généralement à observer ses regles, il a présumé, avec quelque apparence de raison, qu'un usage aussi bien suivi pouvoit passer pour une nécessité & un devoir. Mais ceux qui, comme Wattel, deduisent ce Droit volontaire de la nature elle-même, qui le font dé-

(marginal note:) Importance de ce Chapitre.

(marginal note:) Combien ceux qui établissent

le Droit des Gens *vo-lontaire*, sur la nature même, font plus de tort au genre humain, que ceux qui le fondent sur un confentement de fait de la part des Nations.

couler de la même fource, & le fondent fur les mêmes principes que le Droit naturel ou nécef-faire ; qui nous difent que les Peuples ne font point libres ici dans leur confentement, & que celui qui le refuferoit blefferoit les Droits communs des Na-tions (Liv. III, Chap. XII, §. 191, renvoi aux Prélim. §. 21.) ; ceux-là, dis-je, avancent une pro-pofition d'autant plus dangereufe, qu'en même-temps qu'elle flate les difpofitions du cœur humain pour la vengeance, l'orgueil, la vaine gloire qu'inf-pire le bruit des armes, &c. elle calme tous les remords, & nous raffure dans le mal par le mal même. Quand Grotius en appellera aux Annales du monde, à la pratique de tous les fiecles, les Gens les moins inftruits peuvent encore s'apper-cevoir que ce n'eft pas-là une preuve fuffifante pour en conftater la légitimité ; en fuppofant même que l'ufage en fût auffi univerfel qu'il le dit, combien de pratiques pernicieufes n'ont-elles pas eu cours ! Une action n'en devient pas meilleure pour être commife par un plus grand nombre de perfonnes. Mais fi l'on me dit que ce Droit des Gens *volontaire* n'eft du tout point une chimère, une fiction arbitraire, dénuée de fondement, *ibid.* que la loi naturelle oblige les Nations à y confen-tir, enforte qu'on préfume de droit leur confen-tement, puifque fi même elles ne l'avoient pas donné, la loi de la Nature le fupplée & le donne pour elles ; que les maximes du Droit des Gens *néceffaire* font fondées immédiatement fur la na-ture des chofes, en particulier fur celle de l'homme & de la Société Politique, & que le Droit des Gens *volontaire* fuppofe un principe de plus, la Nature & la grande Société des Nations & du commerce qu'elles ont enfemble ; enfin que ce

Droit eſt néceſſaire au ſalut & au bonheur du
Genre humain, *ibid*, il eſt naturel que j'en con-
çoive une grande idée, que je me laiſſe prendre
à une ſi belle choſe; l'illuſion ſe fait, & je ne puis
plus m'en défendre. C'eſt enfin l'erreur revêtue des
apparences de la vérité; c'eſt le loup couvert de
la peau de l'agneau; l'on eſt ſûr de vaincre & de
faire des proſélytes.

Cependant les uns & les autres ſont également
convaincus des terribles ſuites du fatal Droit de
contrainte dans la pourſuite de ſes prétentions,
& connoiſſent parfaitement tout ce que la Guerre
a de funeſte à l'humanité; mais ils ne laiſſent pas
que de la regarder comme l'unique moyen que
les Nations aient de terminer leurs différens, quand
les voies de la douceur ſont inutiles; ils ſont tombés même dans cette étrange erreur de croire que
la Guerre étoit un état; qu'elle procuroit des
droits, &c.; enfin que les injuſtices commiſes,
je dirai, dans les regles & avec des formalités
uſitées, devoient paſſer pour légitimes aux yeux
des Nations, & fondoient des titres, étant couron-
nés par le ſuccès, contre leſquels aucune d'elles
n'avoit à réclamer. C'eſt, comme l'on voit, un
rafinement dans le vice, un ennivrement redou-
blé: c'eſt le libertin qui, de ce qu'il s'eſt accoutumé à ſe livrer ſans réſerve à tous les objets de
la débauche, imagine que ſes penchans ſont invincibles, & que la ſeule maniere de les calmer
eſt de les ſatisfaire, moyennant de certaines me-
ſures ou précautions; les maux qui en naiſſent &
pour lui & pour la Société ne l'arrêtent pas. O
Précepteurs des Nations, que cet aveuglement eſt
déplorable! Mais, voyons ſi je n'en impoſe pas:

*Les uns &
les autres
cependant
très - cou-
pables.*

Points à

examiner dans ce Chapitre.

voyons fi ce Droit *volontaire* eft auffi fondé qu'on le dit; s'il eft néceffaire, fi la Loi même de la Nature le fuppofe; en un mot, s'il a fallu que les hommes, pour éviter de plus grands maux, donnaffent leur confentement? *Ibid.* §. 197. Voici

Définition du Droit des Gens volontaire, felon nos Auteurs, préférable, à leur avis, au Droit naturel & néceffaire.

comme on nous en parle: *Laiffons donc la rigueur du Droit naturel & néceffaire à la confcience des Souverains; il ne leur eft fans doute jamais permis de s'en écarter. Mais par rapport aux effets extérieurs du Droit parmi les hommes, il faut néceffairement recourir à des regles d'une application plus fûre & plus aifée, & cela pour le falut même & l'avantage de la grande Société du genre humain. Ces regles font celles du Droit des Gens volontaire.* (Prélim. §. 21.) Lib. III. Chap. XII. §. 189. *Ce que nous appellons Droit des Gens volontaire confifte dans des regles de conduite de Droit externe, auxquelles la loi naturelle oblige les Nations de confentir.* Ibid. §. 192.

Pourquoi?

Ce qui a fait conclure de la forte, ce font les inconvéniens qu'on trouve à l'exercice du Droit naturel ou néceffaire. L'on met en titre du §. 188, que *les Nations ne peuvent preffer entr'elles la rigueur du Droit naturel.* Il femble d'abord qu'on va dire, qu'en fe dirigeant toutes uniquement par les regles intérieures de la confcience, qui font ce qu'on appelle *le Droit des Gens néceffaire*, elles ne doivent pas regarder de fi près à ce que chacune d'elles auroit à prétendre fuivant ces regles; c'eft-à-dire, qu'elles doivent en ufer entr'elles avec douceur & générofité. Cette maxime feroit fage & raifonnable; mais elle n'eft point-là à cette fin; ce n'eft qu'une propofition pour exclure le Droit naturel, le déclarer incapable de rien produire de bon quant à

l'exercice

l'exercice des pouvoirs, & pour lui fubftituer le *Droit volontaire* qu'on dit donc être un *moyen plus fûr & plus aifé* pour régler les effets extérieurs du droit parmi les hommes. Il faut néceffairement rapporter en propres termes ce qu'on allegue contre le *Droit naturel.*

Premier inconvénient. L'impoffibilité de rien régler entre les Nations par rapport à leurs démêlés. Mais comment faire valoir cette regle dans les démêlés des Peuples & des Souverains qui vivent enfemble dans l'état de nature? Ils ne reconnoiffent point de Supérieur ; qui jugera entr'eux pour marquer à chacun fes droits & fes obligations, &c.? *Ibid.* §. 188.

Inconvé- niens du Droit naturel & néceffaire, felon ces Auteurs.

Deuxieme inconvénient. Chaque Etat fe prétendant fondé en droit, les Guerres feront éternelles ; & puis chacun tirant la juftice de fon côté, s'attribuera tous les droits de la Guerre, & prétendra que fon ennemi n'en a aucun, &c. *Ibid.*

Troifieme inconvénient. Les Guerres feront plus terribles. La décifion du droit, de la controverfe, n'en fera pas plus avancée, & la querelle en deviendra plus cruelle, plus funefte dans fes ..., plus difficile à terminer. *Ibid.*

Quatrieme inconvénient. Les Guerres de... ...ont générales. Les Nations neutres elles-m... ...feront entraînées dans la difficulté, imp... qu... ...ans la querelle. *Ibid.*

Cinquieme & dernier inconvénient. Les acquifiti... faites par les armes ne feront ni fûres, ni légitim... On ne pourra acquérir avec fûreté aucune de... chofes prifes en Guerre ; elles demeureront toujours... fujettes à la revendication, comme les effets enlevés... par des brigands. *Ibid.*

Tome I.　　　　　　　　　　G

D'où naiffent ces inconvéniens prétendus?

Tous ces inconvéniens, on les tire de deux principes inconteftables qu'on ne fait comment accorder, fans le *Droit des Gens volontaire.*

Le premier, qu'il appartient à tout Etat libre & Souverain, de juger en fa confcience de ce que fes devoirs exigent de lui, de ce qu'il peut ou ne peut pas faire avec juftice. *Ibid.* Renvoi aux Prélim. §. 16. Par conféquent, qu'ils ne reconnoiffent point de Supérieur & de Juge. *Ibid.*

Le fecond, que celui-là feul eft en droit de faire la Guerre, celui-là feul peut attaquer fon ennemi, lui ôter la vie, lui enlever fes biens & fes poffeffions, à qui la juftice (1) & la néceffité ont mis les armes à la main. *Ibid.*

Moyens de les lever, fur les propres aveux des Auteurs.

C'eft à ce dernier principe que je m'arrête, parce que je l'oppoferai bientôt aux partifans du Droit des Gens volontaire. C'eft fa vérité bien entendue qui levera tous les obftacles qui les embarraffent, mais qui auffi fera tomber tout leur fyftême. Il eft décidé, felon eux, que *qui prend les armes fans fujet légitime n'a abfolument aucun droit : toutes les hoftilités qu'il commet font des injuftices, qu'il eft obligé à réparer, à reftituer, &c.* Si cela eft vrai & inconteftable, comment la vérité pourroit-elle avoir une autre face ? Comment la loi naturelle elle-même pourroit-elle fe contredire, & vouloir que les Droits fondés fur l'état de Guerre, la légitimité de fes effets, la validité des acquifitions faites par les armes, ne dépendent plus de la juftice & de la

(1) On verra ci-après, comment j'entends l'une & l'autre.

néceffité de la caufe , mais de la légitimité des moyens eux-mêmes , c'eft-à-dire , de tout ce qu'il a plu aux hommes de requérir pour conftituer une Guerre en forme. *Ibid.* §. 190 ? C'eft comme fi une troupe de brigands convenoient entr'eux de fe pouvoir réciproquement attaquer & donner chaffe , & s'en permettoient toutes les fuites , moyennant certaines conditions qu'ils fe feroient impofées : l'obfervation de ces conditions rendroit-elle jufte la chofe au fond , & les effets en feroient-ils plus légitimes ?

Mais qui auroit penfé qu'on eût pu mettre fur le compte de cette loi facrée de la nature , des écarts & un renverfement pareils ? Ecoutons l'étrange interprétation qu'on en donne. « La Loi Naturelle , *Fauffe interpréta-* » qui veille au plus grand bien de la Société hu- *tion de la* » maine , qui protege la liberté de chaque Nation, *Loi Natu-* » & qui veut que les affaires des Souverains puiffent *relle.* » avoir une iffue , que leurs querelles fe terminent » & tendent à une prompte fin ; ce te Loi , dis-je , » recommande l'obfervation du Droit des Gens » volontaire, pour l'avantage commun des Nations, » tout comme elle approuve les changemens que » le Droit civil fait aux regles du Droit naturel , » dans la vue de les rendre plus convenables à » l'état de la Société Politique , d'une application » plus aifée & plus fûre. *Ibid.* §. 189 ».

Tâchons de détruire une erreur fi funefte. D'a- *Premie-* bord, pour me fervir de la premiere maxime gé- *re preuve* nérale , qu'on nous donne en fait d'interprétation, *de cette* je répondrai qu'il n'eft pas permis d'interpréter ce *fauffe in-* qui n'a pas befoin de l'être. Liv. 11 , chap. 17 , *terpréta-* §. 263. Si jamais il y a eu de Loi claire & nette , *tion.* c'eft celle de la Nature. Les volontés des hommes renfermées dans des actes publics ou privés, peuvent être susceptibles de doute, par mille raisons ; mais la Loi Naturelle, qui est gravée dans les cœurs, parle un langage reconnu de tout le monde (je suppose ici le silence des passions). Ce langage, il est vrai, a besoin de mots quand on veut s'en entretenir ou rédiger ses regles ; mais dans la question présente, les paroles dont on s'est servi pour marquer ce qu'elle entend, à l'égard de celui qui prend injustement les armes, sont plus claires que le jour ; & d'ailleurs l'on n'en disconvient pas. *Celui-là seul est en droit de faire la Guerre.... à qui la justice & la nécessité ont mis les armes à la main.* Quand un acte, dites-vous, est conçu en termes clairs & précis, quand le sens est manifeste & ne conduit à rien d'absurde, on n'a aucune raison de se refuser au sens que cet acte présente naturellement. *Ibid.* Or, le sens de ce passage est qu'il faut avoir une cause juste (1) pour se battre, & y être contraint par la nécessité : ce sens est manifeste, & l'on verra, par ce que j'ai à dire, qu'il ne conduit à rien d'absurde.

Deuxie-
me preuve. De plus, j'observerai que, suivant une autre regle, en fait d'interprétation, l'*on doit se décider pour le favorable, & rejeter l'odieux : ce qui est utile à la Société humaine est favorable, le contraire est odieux.... Craindrions-nous de blesser l'équité, en suivant la Loi Naturelle, en donnant toute leur étendue à des obligations qui vont au bien de l'humanité ?* Ibid. §. 302. Il est clair qu'il faut prendre ici le

---

(1) Sur ce mot *justice*, nous avons une idée différente, l'Auteur & moi ; mais j'ai lieu de le prendre dans la mienne, suivant l'explication que j'en donnerai ci-après.

fens de la Loi Naturelle dans fon fens précis &
marqué, & en adopter toutes les conféquences,
quelque gênantes qu'elles puiffent être à nos manieres, puifqu'il n'y a rien de fi utile à l'humanité
que de borner, comme elle fait, le pouvoir d'ufer
de force & de violence, aux feuls cas de la *néceffité*
& du *befoin*, c'eft-à-dire, de l'exacte juftice ; & de
défendre par conféquent de rien garder qui foit il-
légitimément acquis, &c. D'ailleurs les chofes
utiles à la Société humaine, vont par cela même
au commun avantage des contractans, & font par
conféquent *favorables* (§. précéd.). Tenons au
contraire pour odieux tout ce qui, de fa nature,
eft plus nuifible qu'utile au genre humain. Les chofes
qui contribuent au bien de la paix font favorables ;
celles qui menent à la Guerre font odieufes. *Ibid.*
Vous prétendez que le but du Droit des Gens volontaire eft de mettre un frein, une regle, à un
moyen auffi violent que celui des armes. Mais ce
Droit autorife le moyen lui-même ; il fouffre donc
les calamités qu'il produit, qui, ni plus ni moins,
vont toujours auffi loin qu'elles peuvent aller, par
la nature de la chofe dont il n'eft pas le maître.
Quoi de plus nuifible au genre humain, & par
conféquent de plus odieux, que de rendre juftes
extérieurement & parmi les hommes, les acquifitions injuftes faites à la Guerre, que d'admettre
une regle de décifion qui ne connoît que la force
& la valeur des combattans, & non le mérite de
la caufe ? Quoi de plus direct au commun avantage
des contractans, c'eft-à-dire, des hommes (qui ne
peuvent vouloir ni admettre que ce que veut leur
commune mere, la Nature, ou plutôt le Créateur,
dont les volontés d'abord fe déclarent par la Loi
Naturelle) ; quoi de plus direct, dis-je, à leur

G iij

commun bonheur, que ce qui va au bonheur de
la Société univerſelle ? Et par conſéquent quoi de
plus favorable que le ſens de cette même Loi pris
à la lettre ?

Objection
& réponſe.Je ne ſuppoſe pas qu'on me réponde que les
regles d'interprétation qu'on a données ne ſont ap-
plicables qu'aux contrats & aux actes dreſſés par
les hommes, dont l'obſcurité en eſt comme inſé-
parable, & qu'il eſt néceſſaire alors de prendre un
parti, quand même l'on ſe tromperoit. Cette objection ne ſeroit que confirmer ma preuve. La vérité des regles eſt indépendante des actes humains.
Quand Dieu anéantiroit l'eſpece humaine, le ſens
que renferment ces regles n'en ſeroit pas moins
vrai & réel. La Loi Naturelle elle-même en eſt la
baſe, & conduit pas à pas dans l'interprétation. Or,
quand elle parle en termes clairs & précis dans ce
qu'elle ordonne, ne ſuivrons-nous plus ſes conſeils
par rapport à elle-même ?

La Loi Naturelle, dites-vous, protege la liberté
de chaque Nation. Oui ; mais elle n'entend pas que
cette liberté ſe tourne à ſon préjudice. S'il eſt vrai
inconteſtablement qu'il appartient à tout Etat libre
& Souverain de juger en ſa conſcience de ce que
ſes devoirs exigent de lui, de ce qu'il peut ou ne
peut pas faire avec juſtice, il eſt encore plus certain qu'il eſt obligé de renfermer ſes actes extérieurs
par rapport aux autres Etats (tout de même que
ceux-ci envers lui), *dans les bornes étroites* que la
Loi Naturelle leur a preſcrites. Ces bornes ſe me-
ſurent ſur le *beſoin* & la *néceſſité*, comme nous l'expliquerons tout à l'heure.

La com-
paraiſon
des chan-Et, quant à la comparaiſon qu'on fait des changemens que le Droit civil apporte aux regles du

Droit naturel, & qu'on dit que la Loi Naturelle approuve, dans la vue de les rendre *plus convenables à l'état de la société politique, d'une application plus aisée & plus sûre*, j'observerai, premierement, qu'il s'en faut bien qu'elle approuve tous ces changemens, ainsi que je le montrerai dans la deuxieme Partie de cet Ouvrage ; & je dirai en second lieu, qu'il est question, dans notre these, de Guerre de Nation à Nation ; & il s'agit là de paix entre les sujets d'un même Etat : que les Nations n'ont rien de commun, quant à l'administration de leurs affaires propres ; & que les sujets, dans chaque Etat, sont liés nécessairement entr'eux, par des arrangemens de convenance, dépendans de la nature des sociétés ; qu'il a fallu qu'ils renonçassent, en certaines occasions, à un droit naturel, pour s'assurer la jouissance de tous les autres ; la Loi civile, qui semble alors contr'eux, sera pour eux une autre fois. D'ailleurs, les changemens que la Loi Naturelle permet, ne sont que des choses de peu de conséquence auxquelles on a, pour ainsi dire, donné lieu, & assez indifférentes au bonheur & à la sûreté de la société universelle. Qu'un débiteur puisse refuser le paiement de sa dette, lorsqu'il y a prescription, cela n'est pas si important. J'avoue qu'il péche alors contre son devoir, & qu'il n'est pas déchargé en sa conscience ; mais en même temps qu'il profite d'une Loi établie pour prévenir une multitude de procès, cette Loi a voulu aussi punir la négligence du créancier, dont la condition plus avantageuse le soumet (1), en quelque sorte, à veiller

[marginal note:] gemens que le droit civil fait aux regles du Droit naturel, ne vaut pas.

---

(1) Je trouve que Cornelius Nepos avoit eu du créancier la même idée : il loue Atticus de ce qu'il se faisoit

à ce que celle de son débiteur n'empire pas. La possession des biens tient un rang distingué, je le sais, parmi les objets de la justice distributive ; mais elle est souvent une source d'injustices, par rapport à autrui. Enfin, cette même loi a voulu arrêter l'esprit de cupidité, qui, sous une complaisance affectée, pouvoit se ménager d'avance des profits assurés sur son débiteur, par des intérêts accumulés & usuraires, lesquels le ruinoient entierement : chacun sait à quels excès les abus en ce point étoient montés dans différens Etats & en divers temps. Tout cela est sage, comme l'on voit, & l'on peut dire que la Loi Civile s'est assez, par-là, rapprochée de la Loi Naturelle, qui n'a pour but que le bien général des hommes.

La Direction générale qu'on donne sur la distinction du droit nécessaire & du Droit volontaire pour les Nations, n'a pas de sens raisonnable.

Mais, en second lieu, donnons un sens raisonnable, s'il est possible, à ces paroles que je vais citer du Livre III, Chapitre XII, §. 189, (qu'on veut faire servir de direction générale

---

payer exactement, de peur, dit-il, que son indulgence ne dérangeât les affaires de ses débiteurs : *Neque indulgendo, inveterescere eorum æs alienum patiebatur.* Véritablement l'Abbé Mongault, dans une de ses Remarques sur les Lettres de Ciceron à Atticus, qu'il a traduites (Liv. VII, Lettre XVIII, Remarque IV), appelle cette louange *fort équivoque*, & croit que ses débiteurs ne lui savoient pas trop bon gré de son attention. Mais cette pensée n'est juste que selon nos mœurs, ou en supposant que le créancier ajouteroit à son exactitude un air de dureté ou une impatience extrême, qui sont des défauts en tout temps & en toutes choses : & Atticus, pour le dire ici en passant, n'en devoit pas être soupçonné, lui qui avoit la générosité de prêter sans intérêt, dans cette même occasion que l'Historien releve, ainsi qu'on peut s'en convaincre en le lisant.

fur la diftinction du Droit néceffaire & du Droit
volontaire, enfuite de l'interprétation qu'on a faite
de la Loi Naturelle). « Appliquons donc (eft-il
» dit), au fujet particulier de la Guerre, l'ob-
» fervation générale que nous avons faite dans nos
» Préliminaires (§. 28). Une Nation, un Souve-
» rain, quand il délibere fur le parti qu'il a à prendre
» pour fatisfaire à fon devoir, ne doit jamais per-
» dre de vue le Droit *néceffaire*, toujours obligatoire
» dans la confcience. Mais lorfqu'il s'agit de dé-
» terminer ce qu'il peut exiger des autres Etats,
» il doit refpecter le Droit des Gens volontaire,
» & reftreindre même fes juftes prétentions. . . Que
» le Droit *néceffaire* foit la regle qu'il prendra conf-
» tamment pour lui-même : il doit fouffrir que les
» autres fe prévaillent du Droit des Gens volon-
» taire ». L'application de cette regle fe fait entre
deux Etats, & l'on ne fauroit la donner à l'un, que
l'autre n'y foit également compris. De plus, tandis que l'un exerce fon droit ou s'en départ, l'autre en perd ou en gagne, par la même raifon :
je veux dire que, les rapports entr'eux étant néceffaires, il ne fe peut toucher à un des côtés
de la balance, fans que l'autre remue à l'inftant :
une feule opération fait tout. Or, fi la regle en
queftion eft commune aux deux Etats, comme
cela n'eft pas douteux, *de prendre conftamment
pour foi le Droit* néceffaire, *quand on délibere fur
le parti qu'on a à prendre pour fatisfaire à fon
devoir*, comment fera-t-il vrai, dans l'autre cas,
& pourra-t-on le recommander, *de fouffrir que les
autres fe prévaillent du Droit des Gens volontaire ?*
Car celui qui fe prévaudra du Droit des Gens
volontaire, ne fatisfera point à fon devoir. Il pourra
garder, en vertu de ce Droit, les acquifitions faites

dans une Guerre injuste ; mais il ne le pourra point, selon le *Droit nécessaire*. « Le Souverain dont » les armes ne font pas autorisées par la justice, » n'en est pas moins injuste en effet, pas moins » coupable contre la Loi sacrée de la Nature ». *Ibid.* §. 192. Si la regle du Droit *nécessaire* doit avoir son effet d'un côté, elle l'a nécessairement de l'autre ; & le Droit des Gens volontaire tombe par une suite inévitable : tout rentre alors dans l'état de justice.

Objection & réponse.

Me dira-t-on que je confonds deux situations différentes dans la même Nation, par rapport à l'exercice de ses droits, lesquels l'on a bien distingués ; savoir, *quand elle délibere sur le parti qu'elle a à prendre pour satisfaire à son devoir*, & lorsqu'il s'agit *d'examiner ce qu'elle peut exiger des autres Etats ?* Dans l'une, elle demande, & dans l'autre, on lui demanderoit : l'on applique à la premiere, la regle du Droit nécessaire, & à la seconde, celle du Droit des Gens volontaire. Mais je répliquerai que cette distinction véritable dans le même sujet, qui est tantôt demandeur, & à qui tantôt l'on demande, est chimérique par rapport aux relations immédiates & nécessaires entre deux Peuples actuellement en litige. L'on a comparé une Nation avec elle-même ; on l'a supposée dans deux temps & dans deux circonstances différentes ; mais encore une fois, elle ne sauroit se déterminer dans les unes & dans les autres, que la Nation avec qui elle est en démêlé, ne remue aussi, & toutes deux, en cet instant, ont des droits & des obligations. Si vous êtes dans le cas qu'on exige de vous, vous devez vous rendre par le Droit nécessaire : il est entendu qu'on exige des

cho̅es juſtes; mais ſi vous avez vous-même à prétendre, comme ſans doute on ſuppoſe auſſi que
c'eſt avec juſtice, il faut tout de même, que celui
qui auroit à vous faire raiſon en conſcience d'un
tort dont vous ſouffririez par le ſeul effet de ſes
armes victorieuſes, ſoit également ſoumis envers
vous au même Droit néceſſaire, auquel vous êtes
obligé envers lui dans une autre circonſtance. Les
temps & les qualités ſont indifférentes. La même
regle du Droit naturel qui nous doit décider quand
on nous demande, ordonne auſſi au demandeur,
quand il détient injuſtement, à ſe deſſaiſir. Il perd
alors ſa qualité de demandeur, laquelle paſſe tacitement à celui qui eſt dépouillé : celui-ci, ſans
rien dire, & tout vaincu, a acquis des droits inconteſtables ſur ſon vainqueur. *Res clamat dominum
ſuum*, dit la maxime vulgaire. Rien ne ſauroit légitimer extérieurement, comme intérieurement,
l'injuſtice. Vous ne pouvez diviſer la vérité, elle
eſt une ; &, du même coup, quand vous conſeil-
lez à l'un de ſe diriger par les regles du Droit *néceſſaire*, vous interdiſez à l'autre de s'en écarter;
il ne peut ſe prévaloir du Droit volontaire, ſans qu'il
y ait une contradiction manifeſte dans les effets
d'un ſeul & même principe. Ainſi, votre diſtinction eſt nulle, & le Droit volontaire eſt condamné
par vous-même.

Repreṅons cette Loi ſacrée de la Nature que vous
avez ſi bien exprimée, que *celui-là ſeul eſt en droit
de faire la Guerre,* . . . . . *à qui la juſtice* (1) &

Véritable
maniere
d'entendre
la Loi Na-
turelle.

---

(1) Je rappelle que je prends ce mot de *juſtice* dans un
autre ſens que l'Auteur, ſuivant la définition que j'en donnerai bientôt.

la néceſſité ont mis les armes à la main. Puiſque le
ſens en eſt ſi clair & ſi évident, puiſque les con-
ſéquences qu'on en a déduites, & que j'ai auſſi
rapportées, ſont avouées & inconteſtables, je dirai,
moi, au contraire de vous, que ce qu'elle ſignifie
elle le veut, & qu'elle ne veut pas autre choſe ;
que c'eſt ſur ces ſeuls préceptes que les Nations
ont à diriger leur conduite : je ne l'interpréterai
point, & je m'appliquerai ſeulement à trouver le
moyen de pratiquer ce qu'elle ordonne. Le Créateur, le Pere des hommes, eſt trop ſage pour
avoir établi une Loi dont l'exécution, dans ſon ſens
naturel & véritable, ſeroit impoſſible : je dirai
donc, en me ſervant de vos termes, & en concluant tout le contraire : *La Loi Naturelle, qui veille
au plus grand bien de la ſociété humaine, qui protege la liberté de chaque Nation, & qui veut que les
affaires des Souverains puiſſent avoir une iſſue, que
leurs querelles ſe terminent & tendent à une prompte
fin ;* cette Loi, dis-je, réprouve l'obſervation du
Droit des Gens volontaire, pour l'avantage commun des Nations, quoiqu'elle approuve certains
changemens que le Droit civil fait aux regles du Droit
naturel, &c. Oui, elle réprouve cette inſtitution humaine, qui n'a d'autre fondement que l'ignorance
ou les paſſions, qui, ſous prétexte de mettre des
bornes aux progrès du mal, en laiſſe ſubſiſter, ou
plutôt en fortifie le tronc & les racines : & ſi elle
en condamne l'uſage, elle le charge ſans doute des

Toutes les mêmes inconvéniens qu'on lui attribuoit à elle-
regles du même : elle déclare ce Droit des Gens volontaire
Droit des
Gens vo- funeſte au bonheur commun des Nations ; elle
lontaire abhorre donc ſes regles comme des monſtres qu'il
proſcrites
par cette faut étouffer : elle ne veut pas que la Guerre en
même Loi forme, quant à ſes effets, ſoit regardée comme
Naturelle.

juste de part & d'autre. Premiere regle, Livre III,
Chapitre XII, §. 190. Elle ne veut pas que le Droit
soit réputé égal entre deux ennemis, & se refuse à
la seconde regle, que tout ce qui est permis à l'un,
en vertu de l'état de Guerre, est aussi permis à
l'autre. §. 191. Elle ne veut point enfin, que le
Droit des Gens volontaire, qu'on dit faussement
admis par nécessité & pour éviter de plus grands
maux, ne donnant point à celui dont les armes
sont injustes, un véritable Droit, capable de justifier sa conduite & de rassurer sa conscience, lui
donne pourtant l'effet extérieur du Droit, &
l'impunité parmi les hommes : troisieme Regle,
§. 192.

Mais comment se débarrasser des inconvéniens
qui ont fait adopter des regles si étranges? « Com-
» ment apporter quelque ordre, quelque regle
» dans un moyen aussi violent que celui des ar-
» mes, mettre des bornes aux calamités qu'il pro-
» duit, & laisser une porte toujours ouverte au
» retour de la paix » ? §. 190. « Comment ac-
» quérir avec sûreté aucune des choses prises
» en Guerre? Elles demeureront toujours sujettes
» à la revendication, comme les effets enlevés par
» des brigands ». *Ibid.* §. 188. Eh bien ! puisqu'il
faut répondre, je déclare qu'il faut abolir le moyen
lui-même, qu'on dit si violent & produire de si
grandes calamités ; qu'il faut défendre *toute Guerre
offensive* ; qu'il ne soit plus permis de se faire
justice soi-même par la force, à moins des cas extrêmes d'une juste & véritable défense ; en un mot,
qu'il faut proscrire comme horribles, toutes ces
regles de la Guerre en forme (Livre III, Chapitre IV), dont l'observance seule garantit l'en-

Moyen de se débarrasser des inconvéniens qui ont fait établir des regles si étranges.

nemi, quoiqu'injuste, de passer pour un infracteur du Droit des Gens. *Ibid.* §. 190. Alors il pourra y avoir *quelque ordre, quelque regle, une issue aux affaires des Souverains ; les quereles seront bientôt terminées.* Vous voudriez pouvoir acquérir avec sûreté ; mais ce sont ces mêmes sortes d'acquisitions qu'il faut défendre, comme étant un aliment à tous ces désordres. Vous voudriez laiss une porte toujours ouverte au retour de la paix ; mais vous en laissez mille d'ouvertes au retour de la Guerre : enfin, le seul moyen de bannir tous vos inconvéniens, c'est de bannir la Guerre, c'est d'en anéantir les droits, &c. Pesons bien le sens de ces excellentes paroles : Celui-là seul est en droit de faire la Guerre. . . . à qui la *justice* & la *nécessité* ont mis les armes à la main. Nous verrons que cette décision du Droit des Gens nécessaire, comme je l'expliquerai bientôt, renferme précisément la réponse que je viens de faire.

Il faut se bien entendre sur trois termes importans. L'on dit encore : Il appartient à tout Etat libre & Souverain de juger en sa conscience de ce que ses devoirs exigent de lui, de ce qu'il peut ou ne peut pas faire avec justice. *Ibid.* §. 188. (renvoi aux Prélim. §. 16.) La Loi naturelle protege la liberté de chaque Nation. *Ibid.* §. 189. Cela étant, nous avons à nous bien entendre sur trois termes importans, à savoir, *liberté, justice & nécessité.* Si je montre que la nécessité, par rapport aux actes humains, constitue la justice, il ne me sera pas difficile de prouver que la liberté dépend de l'une & de l'autre.

1°. La nécessité. La *nécessité* est cette loi, au-dessus de toutes les loix humaines, qui se tire de la nature des

chofes, & qui fait qu'il n'y a pas d'autre moyen,
ou pour être ce qu'elles font, ou pour produire
un tel effet; ni de moyen pour qu'elles en produifent d'autres, ou bien pour empêcher ceux
qu'elles produifent. Dans l'un, ce n'eft pas l'effence de la chofe, mais la condition fans laquelle
l'effence même de la chofe n'exifteroit pas; ainfi
il eft néceffaire qu'un bâton ait deux bouts pour
être un bâton; qu'un triangle foit terminé par trois
lignes quelconques, &c. Dans l'autre, ce n'eft pas
l'effet, mais ce qui eft requis pour que tel effet
ait lieu; ainfi il eft néceffaire que toute créature
raifonnable foit libre pour pouvoir mériter ou dé-
mériter; que l'eau ait une pente pour pouvoir def-
cendre, ou une certaine force pour pouvoir monter, &c. . . . Enfin dans le dernier cas, ce n'eft
pas non plus la chofe ni fon effet, mais une liaifon
& une dépendance abfolue entr'eux, enforte qu'en
voulant l'une, on ne peut s'empêcher de vouloir
l'autre: ainfi, comme nous l'avons remarqué ailleurs, la propagation de l'efpece humaine ayant
eu lieu, il a été néceffaire que les hommes s'éten-
diffent fur la terre, & par cette extenfion, il a
été néceffaire auffi de fe féparer, &c. Ainfi encore
à l'égard d'une Nation, comme on l'a fort bien
dit, pour qu'une pareille Société fubfifte, il eft
néceffaire qu'elle foit réputée une perfonne morale
qui a fon entendement & fa volonté propre, &
qui eft capable d'obligations & de droits. Prélim.
§. 2.

La *juftice*, par rapport aux actes humains, 2°. La juf-
confifte dans leur convenance avec la néceffité & tice.
le befoin. Les idées de l'ordre demandent cet affor-
timent, pour que tout foit à fa place & fait à

propos. Chaque chofe a fon but & fa deftination légitimes. Les êtres inanimés dans la nature vont très-certainement & infailliblement à leur fin. Les Créatures raifonnables doivent à plus forte raifon fe conformer aux loix éternelles & immuables de l'ordre, par quoi feulement elles pratiquent la juftice. Ainfi l'obligation naturelle à chaque individu de fe conferver, fonde la néceffité de fe défendre quand on nous attaque : mais il faut encore, pour que la défenfe foit jufte, qu'elle foit proportionnée au *befoin*, c'eft-à-dire, aux rifques, fans quoi nous pafferions les bornes du néceffaire, & nous deviendrions nous-mêmes agreffeurs. Tout ce qui ne remplit donc pas ces deux vues eft injufte & déclaré mauvais & condamnable. Les hommes ne peuvent habiter enfemble que par l'obfervation exacte de ce précepte de la raifon & de la nature. Leur volonté ne peut rien à tout cela ; au contraire, elle n'eft réglée que quand elle s'y conforme, & que fes actes extérieurs y répondent.

3°. La liberté.   C'eft pourquoi l'on définit *la liberté*, en général, non pas le pouvoir de faire tout ce qu'on veut, mais de ne faire que ce qui eft prefcrit par la néceffité & la juftice, bien qu'on pût faire tout le contraire. Mais, pour nous renfermer dans la liberté politique, de laquelle feule il s'agit ici, je dirai qu'ayant fes racines dans les mêmes fondemens, elle eft obligée comme elle à les refpecter. La liberté politique eft cette faculté qu'ont les Citoyens par rapport à l'Etat dont ils font membres, d'agir entr'eux ou en particulier convenablement à l'ordre public & au bien commun ; & cela arrive en s'abftenant ou en n'étant pas forcés de faire ce que les Loix défendent, & en pratiquant, ou

en

en n'étant pas empêchés de faire ce qu'elles ordonnent.

Ces explications données, examinons maintenant ce qu'on nous dit aux Prélim. §. 4. *On prouve
en Droit naturel que tous les hommes tiennent de la
nature une liberté & une indépendance qu'ils ne peuvent perdre que par leur consentement.* Il est visible
qu'on n'a pas eu là des idées fort nettes. L'indépendance n'est point la liberté, & l'on ne perd ni
l'une ni l'autre en se mettant en Société civile.
L'homme, dans l'état de nature, est libre; mais
il l'est aussi dans le sein des Sociétés politiques,
puisque dans l'un comme dans l'autre, c'est le rapport de nos actions avec l'ordre établi, ou avec
la nécessité & la justice, qui fait la liberté. Au lieu
que s'il n'est pas, il est vrai, indépendant dans les
Sociétés civiles, il ne l'étoit pas non plus dans
l'état de nature, où ayant à vivre avec ses semblables, du moins avec une femme & des enfans,
il étoit obligé, ou par besoin ou par nécessité, à
des égards & des complaisances, souvent même
à des sacrifices que le seul amour ou la crainte
pouvoient lui arracher. Où trouvera-t-on de véritable indépendance parmi les êtres créés?

Conséquences par rapport à deux propositions de nos Auteurs, sur les mots de liberté & d'indépendance,
1°. Dans l'état de nature.

Quand on ajoute: *Les Citoyens n'en jouissent
pas (de la liberté & de l'indépendance) pleinement
& absolument dans l'Etat, parce qu'ils l'ont soumise en partie au Souverain: mais le Corps de la
Nation, l'Etat, demeure absolument libre & indépendant à l'égard de tous les autres hommes, des
Nations étrangères, tant qu'il ne se soumet pas volontairement à elles;* ibid. l'on ne distingue pas
assez les choses, & sous cette confusion l'erreur

2°. Dans l'état de société.

Tome I.   H

fe glifle & les faux principes fe perpétuent. Premierement, l'homme n'ayant jamais été dans l'indépendance, il eft faux que les Citoyens l'aient foumife en partie au Souverain. L'indépendance eft cet état où l'on n'a befoin de rien, où l'on ne craint rien : fur ce pied - là, nous dépendons tous les uns des autres. Il y a cependant une dépendance plus expreffe, & qui fe marque à des points convenus lors de la formation des Sociétés : mais qu'on y prenne garde, elle eft encore mutuelle, & n'eft autre que la foumiffion aux loix qui s'expliquent par la bouche du Prince, & elle rentre dans la liberté politique dont les Etats bien conftitués & bien réglés jouiffent plus ou moins, au grand bonheur des Citoyens. Et en fecond lieu, fi l'homme, comme nous l'avons obfervé, eft encore libre dans la Société, en fe foumettant à ces loix, de quelle forte de liberté entend-on parler, en difant d'elle auffi que les *Citoyens n'en jouiffent pas pleinement & abfolument dans l'Etat*, &c. ? La liberté qu'ils tenoient de la nature étoit affujettie aux regles de la néceffité & de la juftice; la liberté dont ils jouiffent dans l'Etat civil eft fubordonné aux loix : mais ces loix elles - mêmes font fondées, ou cenfées fondées fur la juftice ou la néceffité : cette liberté eft tout auffi entiere, puifque la loi fuppofe dans le Citoyen le *pouvoir* d'y obéir. Pourvu qu'on n'enfreigne en rien les Loix & les Réglemens du Prince, qui ont pour but le bien général de la Société & l'avantage commun des particuliers, ils font d'ailleurs les maîtres de gouverner comme ils veulent les affaires de leur maifon, leur famille, leurs terres, tous leurs biens; ils n'auroient jamais eu tant de liberté dans l'état de nature, c'eſt-à-dire, autant de *ſûreté ;* car qu'eſt-ce que la liberté ſans ſûreté ?

Ainſi l'homme, en entrant dans la Société, n'a point apporté d'*indépendance*, mais une *liberté naturelle*, à laquelle il n'a fait que donner de l'appui & de la force, en s'acquérant le droit de faire ſans riſque & ſans obſtacle ce qu'autrefois, en ſuivant ſimplement les regles intérieures de la conſcience, c'eſt-à-dire, la juſtice & la néceſſité, il n'étoit pas ſûr de faire impunément. Ainſi, encore une fois, de quoi s'eſt-il démis entre les mains du Souverain lors de la formation des Sociétés ? Il n'a pu ſe démettre que de ce qu'il avoit : le ſoin ou le droit de veiller à l'avantage commun de tous les contraćtans, pour toutes les affaires intérieures de la Nation, il ne l'avoit pas, la Nation n'étoit pas encore : le ſoin ou le droit de veiller à ſes affaires propres, ſous l'autorité des Loix & des Réglemens généraux de l'Etat, il ſe l'eſt réſervé. Il n'a donc pu céder que ſes rapports extérieurs, ou l'effet de ces rapports, c'eſt-à-dire, ſes droits & ſes obligations envers les autres hommes qui n'étoient pas de ſa Société ; encore les a-t-il tranſmis ſans les perdre : il reſte ſoumis à pratiquer envers eux tout ce que la néceſſité & la juſtice ordonnent dans les rencontres particulieres, tout comme il eſt fondé à le deſirer d'eux en pareil cas. Or, ces *obligations* & ces *droits* ſont ceux mêmes de la nature, c'eſt le Droit naturel ; la réunion en corps de peuple ne les augmente ni n'en change l'eſpece, ils n'en ſont ni plus nombreux ni moins ſacrés. D'où pourroient-ils recevoir de l'accroiſſement & un plus haut prix ? Les hommes qui ſont venus former la *Société* étoient tous *égaux* ; celui d'en-

De quoi s'eſt démis l'homme entre les mains du Souverain, lors de la formation des Sociétés ?

tr'eux à qui l'on a remis la Souveraineté, étoit leur égal. Si l'on n'a pu lui tranfmettre que ce qu'on avoit, il ne peut pareillement exercer que les pouvoirs qu'il a reçus, & comme il les a reçus. Comment donc le corps de la Nation, l'Etat, demeure-t-il abfolument libre & indépendant à l'égard de tous les autres hommes, des Nations étrangères, tant qu'il ne fe foumet pas volontairement à elles? Il n'eft pas plus indépendant que l'étoient les Sujets qui le compofent avant d'être réunis, & il eft tout auffi libre qu'ils l'étoient avant cette réunion.

Objection & réponfe.

Mais fi cette dépendance eft toute naturelle, & qu'on me dife qu'il faut y faire une différence d'avec celle qui eft *convenue*, *expreffe* & *d'inftitution*, je répondrai que tout de même que celle-ci, ne peut rien établir qui offenfe l'autre : ainfi la liberté dont jouit l'Etat, fuivant la nature des pouvoirs, elle eft reftreinte, comme eux, à la pratique des regles inviolables du Droit naturel, qui eft tout ce qu'on avoit, & ne peut être rien de plus; enforte que c'eft toujours à l'empire de la *néceffité* & de la *juftice*, prifes exactement comme je les ai définies, qu'il faut rapporter les Droits des Nations les unes envers les autres.

Il eft faux qu'un Etat foit un fujet bien different d'un individu humain, par rapport aux obligations qu'impofe

C'eft donc fans fondement qu'on avance qu'une Société-civile, un Etat, eft *un fujet bien différent d'un individu humain ; d'où réfultent, en vertu des Loix naturelles mêmes, des obligations & des droits bien différens en beaucoup de cas.* Prélim. §. 6. C'eft à la lettre qu'il faut prendre (& c'eft cela feul que peuvent les Nations entr'elles) tout ce qu'on dit au §. 5 des mêmes Préliminaires. « Les hommes » étant foumis aux Loix de la Nature, & leur

» union en Société civile n'ayant pu les fouftraire
» à l'obligation d'obferver ces Loix , puifque dans
» cette union ils ne ceffent pas d'être hommes; la
» Nation entiere, dont la volonté commune n'eft
» que le réfultat des volontés réunies des Ci-
» toyens, demeure foumife aux loix de la Nature,
» obligée à les refpecter dans toutes fes démar-
» ches. Et puifque le Droit naît de l'obligation ,
» comme nous venons de l'obferver §. 3 , la Na-
» tion a auffi les mêmes Droits que la Nature
» donne aux hommes pour s'acquitter de leurs de-
» voirs ». On tombe d'accord des mêmes obligations quant aux *Loix naturelles ;* mais l'on s'en
écarte bien vîte, en parlant des *Droits des Nations*
qu'on porte beaucoup plus loin que la nature ne
demande. Cette funefte erreur vient de la plus
grande de toutes, dont les hommes doctes même
ne fe font pas préfervés , qui eft de ne pas croire
que *le Droit des Gens foit précifément & par-tout*
le même que le Droit naturel. Ibid.

*la Loi Na-
turelle.*

S'il y a de la différence entre l'un & l'autre, ce
n'eft point par rapport aux Nations entr'elles, c'eft
feulement par rapport aux Sujets entr'eux d'un
même Etat. Des hommes qui n'étoient point liés
auparavant par des accords mutuels & exprimés ,
fe foumettent à faire caufe commune, à joindre leurs
forces, leurs facultés , leurs talens pour le plus
grand bien de tous. Ils marquent tous les cas, ceux
du moins qu'il eft poffible de prévoir pour le bon
ordre, où l'application des regles de la néceffité &
de la juftice devra fe faire. Ainfi font nées les Loix
civiles ; & comme tous en particulier ne peuvent
agir pour ces vues générales, il a fallu charger des
affaires publiques un ou plufieurs d'entr'eux, qui

La diffé-
rence n'eft
que par
rapport à
la maniere
d'être.

Comment
naiffent les
Loix civi-
les.

H iij

eft ce premier cas que nous avons rapporté, en recherchant ce dont les hommes s'étoient démis entre les mains du Souverain lors de la formation des Sociétés, & où nous n'avons rien trouvé de plus que les rapports extérieurs avec les hommes des autres Sociétés, puifque la Nation n'exiftoit pas encore. Il a fallu, dis-je, charger des affaires publiques un ou plufieurs d'entr'eux felon l'efpece de Gouvernement : & ainfi fe font formées les Loix qu'on appelle *Politiques.* Il eft donc vrai que l'homme naturel, devenu Citoyen, a pris de nouveaux rapports, mais ils fe renferment tous dans l'intérieur de la Société ; & les changemens qu'ils procurent ne regardent que lui & ceux de fa Société. Les rapports naturels & involontaires avec les hommes des autres Sociétés, qui eft tout ce dont il s'eft démis (exception faite des cas extrêmes de la preffante néceffité de fe défendre), fubfiftent dans tout leur entier ; & l'Etat que ces nouveaux hommes ont formé n'en ayant pas d'autres avec les autres Etats, que chacun d'eux en avoit en particulier avant d'être réuni, il fuit que ce qui bleffera ces rapports primitifs & *néceffaires* fera faux & funefte au genre humain.

Comment naiffent les Loix politiques.

Ainfi l'homme, dans l'état de nature, ne pouvant ufer de force que pour repouffer la violence, & l'ufage de la guerre pour lui n'ayant d'autre objet que la défenfe de fa perfonne & de fa famille, &c. dans le moment de l'attaque, il eft démontré & plus clair que le jour, que la Société & le Souverain qui la repréfente, à l'égard de tous ces hommes réunis, ne peut point avoir d'autres droits, ni de droits plus étendus, que n'en a eu le même homme dans l'état de nature. Cette vérité réprouve

Le Souverain ou la Société entiere n'a donc pas plus le droit de faire une Guerre offenfive, qu'en a l'homme naturel.

toute idée de *Guerre offensive*, avec laquelle il est
impossible que la *justice* & la *nécessité* s'allient. Ces
deux inestimables conditions ne peuvent compatir
qu'avec *l'état de défense;* car, quand personne actuellement ne nous fait violence, & ne nous pousse,
quelle grande raison, quel pressant besoin aurions-
nous d'employer les premiers *la force*, dont l'u-
sage est simplement destiné à *conserver* & non à
détruire? C'est le sens véritable & unique de cette
Loi sacrée de la nature à laquelle il faut toujours
revenir : « Que celui-là seul est en droit de faire
„ la guerre, celui-là seul peut attaquer son en-
» nemi, lui ôter la vie, lui enlever ses biens &
» ses possessions à qui la justice & la nécessité
» ont mis les armes à la main ». Tout ce qui n'est
pas marqué au coin de ces deux conditions essentielles, est souverainement injuste. Elles admises, l'emploi des forces entre les Nations, borné à la simple défense, ne sera plus si funeste ; du moins celles
qui oseront y contrevenir en les faisant servir à
l'attaque, c'est-à-dire, en devenant *aggresseurs*,
n'auront plus rien qui les justifie, & seront regardées avec indignation & traitées de même.

Mais il faut lever une difficulté qu'on regarde
comme insurmontable : *Comment faire valoir cette
regle*, (c'est-à-dire, du Droit des Gens nécessaire)
*dans les démêlés des Peuples & des Souverains qui
vivent ensemble dans l'état de nature? Ils ne reconnoissent point de Supérieur : qui jugera entr'eux pour
marquer à chacun ses Droits & ses obligations*,
&c.? Liv. III, Chap. XII, §. 188. Je réponds en
premier lieu que les cas de l'absolue nécessité &
du vrai besoin, qui constituent la justice dans les
actions humaines, étant simples & bien marqués,

*Derniere
difficulté à
lever : les
Nations
ne recon-
noissent
point de
juge sur la
terre.*

H iv

il ne fera pas fi difficile alors de reconnoître les *droits* & les *obligations* d'un chacun ; & puifque nous bornons à la défenfe le pouvoir d'ufer de la guerre, le tort fera certainement du côté de l'a-greffeur, & cette regle eft encore de la derniere évidence & fort courte. Mais je dirai en fecond lieu qu'il n'eft pas vrai abfolument que les Na-tions ne reconnoiffent point de juge fur la terre. Pour leurs affaires *intérieures*, tout ce qui fe paffe dans le fein de la Société entre les Citoyens eux-mêmes, ou entre les Sujets & le Prince, cela eft vrai, les Nations étrangeres n'ont point à s'en mêler, & elles ne peuvent être jugées dans ces points-là : mais pour les affaires *extérieures* qui intéreffent d'autres Etats, j'en penfe autrement. Je ne veux pas dire qu'il dépend d'un Etat neutre de s'ériger en juge fans qu'on l'appelle : mais ces Nations qui ont des démêlés avec d'autres, font entr'elles à cet égard comme feroient les uns à l'égard des autres les hommes qui les compofent, s'ils étoient encore dans l'état de nature. A quoi feroit fujet l'homme naturel, qui auroit une que-relle à vuider avec un autre ? Je traiterai de tout ce qui a trait à cette queftion dans la deuxieme Partie ; mais en attendant, je dirai que hors le cas de la légitime défenfe ; hors ce cas preffant du *vim vi repelle. licet*, la maxime du Droit que nul ne peut être juge en fa propre caufe, regarde indubitablement les Nations, puifqu'elles ne font compofées que d'hommes, & que la Loi natu-relle qui l'a dictée à ceux-ci en montre également la juftice & la néceffité aux autres. En effet, quels maux & quels défordres l'abandon de cette ma-xime n'a-t-il pas caufés dans le monde ? ou plutôt, il les a tous caufés ! L'homme feroit porté natu-

Les Na-tions fu-jettes auffi à la maxi-me, que nul ne peut être juge en fa pro-pre caufe.

réllement à remettre à un tiers la décifion de fes
Droits, quand il ne feroit pas actuellement contraint d'agir foi - même, comme étant un moyen
plus doux & plus afforti à fon état de fimplicité,
fi la multiplication des richeffes, l'immenfe étendue de la propriété, l'expérience qu'on a eue de
l'empire qu'a fur les hommes cette fource de divifions & d'injuftices, n'avoient pas décrédité cette
maniere de finir les difputes, de régler les prétentions entre les particuliers : d'où eft venue la néceffité & l'importance des Tribunaux établis pour
rendre la juftice, & mettre chacun en poffeffion
de ce qui lui appartient. Cet état dans lequel on
pourfuit fon Droit par la force comme on définit
la Guerre, Liv. III, Chap. 1, §. 1, eft une chimere. L'homme naturel n'y a jamais été ; comment
les Nations pourroient - elles y être ? Je n'y vois
de vrai fi ce n'eft qu'il s'accommode parfaitement
au fyftème de nos adverfaires. Il eft plus conforme,
difent-ils, à l'ufage, & plus convenable dans un
Traité du Droit de la Guerre, de prendre ce terme
dans le fens que nous lui donnons, *ibid.* Je le crois
bien : l'ufage eft mauvais, un Traité du *Droit de la
Guerre* ne peut pas contenir autre chofe, mais il
eft queftion d'un Traité du Droit des Gens, d'un
Corps de regles qui doit unir toutes les Nations.
L'on ne pourroit entendre par le mot de *Guerre*,
que l'acte même ou la maniere de pourfuivre fon
Droit par la force ; mais en ce fens qui fuppofe la
Guerre offenfive, elle eft odieufe, puifqu'elle eft
diamétralement oppofée à la maxime du Droit
que j'ai déja citée, que *nul ne peut être juge en fa
propre caufe ;* cette licence injurieufe à l'égalité &
à l'efpece humaine, eft le fruit d'un amour in-
confidéré de foi-même, qui ne craint pas de s'ex-

poser aux plus grands dangers en y mettant les autres, pour des demandes dont l'illusion de l'intérêt ou l'enivrement d'une trop grande puissance font souvent tout le mérite.

Vaines allégations contre cette maxime.

C'est en vain qu'on nous dit au §. 139 du Liv. 3, que " celui qui m'oppose ses armes, quand je ne » demande que ce qui m'est dû, devient le véri- » table aggresseur par son injuste résistance ». Il doit sans doute rendre ce qu'il détient, ou qu'il refuse d'accorder injustement ; mais ce n'est pas à moi de l'y contraindre, dans tous les cas où le *besoin* n'est pas si urgent, que je ne puisse bien attendre une décision amiable ou juridique entre Nations... Vous dites qu'il est alors le premier auteur de la violence, & qu'il m'oblige à user de force pour me garantir du tort qu'il veut me faire dans ma personne & dans mes biens. Que si les effets de cette force vont jusqu'à lui ôter la vie, lui seul est coupable de ce malheur : car si pour l'épargner j'étois obligé de souffrir l'injure, les bons seroient bientôt la proie des méchans. *Ibid.* Si telle est la source du droit de tuer les ennemis dans une Guerre juste, cette source n'est pas bien pure. Ecoutons la grande regle du *juste* & du *nécessaire*, d'où découlent tous nos devoirs, & qui forment notre liberté & notre puissance. Quand nous n'aurions pas les moyens pacifiques de la médiation & de l'arbitrage, votre principe seroit toujours destructeur & funeste. Il n'a de raisonnable application que dans les seuls cas extrêmes, où s'abstenir d'user de force, seroit encore pire que la Guerre. Comme tout doit tendre à la conservation, il faut éloigner tout ce qui va à détruire. L'on a beau distinguer la Guerre *offensive* en *juste* & en *injuste*, Liv. 3, chap. 3, §. 35 ; tout

est asservi à une regle. C'est la matiere des plus
grandes injustices, que d'y mettre cette distinction.
Il seroit trop dangereux de laisser ainsi les hommes
maîtres de leurs mouvemens : il en est de même
des Nations : je ne connois de moyen sûr, que de
leur défendre les voies de fait. Le bonheur de l'humanité en dépend, & c'est la décision du Droit
naturel, qui n'est autre que la nécessité & la justice
elles-mêmes, telles que je les ai définies. Le bien
général s'accorde ici avec le devoir. Il faut que les
Nations soient obligées de commettre la décision
de leurs droits à d'autres Nations, quand elles n'en
pourront pas convenir entr'elles amiablement : il
faut qu'elles se conduisent, comme feroient les Sujets même dont elles sont formées, s'ils n'étoient
pas unis en Société, ainsi que nous l'avons dit. La
grande Société des Nations n'est qu'un vaste Corps
dont chacune est comme les membres. Un Juge,
dans l'état civil, est un homme chargé par le
Souverain du pouvoir de connoître des différens
qui s'élevent entre les Particuliers, & de les juger :
ce pouvoir n'est que de convention. Les Sujets, il
est vrai, sont soumis aux décisions du Juge, & les
Nations n'en ont point d'établi. Mais nous avons vu
qu'elles ne sont pas bien indépendantes : elles
tiennent à la masse entiere ; elles se doivent à elles-
mêmes & à l'humanité l'égard de s'abstenir de juger
dans leur cause, quand ce ne seroit pas déja un
devoir sacré pour elles, que l'Auteur de la Nature
leur a imposé. Cette maniere de finir les contestations & les affaires, entre tellement dans les vues
du Créateur, & est si propre à l'état de l'homme,
que dans tous les Gouvernemens bien réglés, les
Sujets ont toujours la faculté de prendre cette voie
amiable, sans être obligés de porter leurs causes

aux Tribunaux ordinaires ; & il y a même des cas où le Souverain a voulu qu'ils n'en priffent pas d'autre que la médiation ou l'arbitrage.

Voies pacifiques que la Loi Naturelle prefcrit aux Nations, pour terminer leurs conteftations, de l'aveu de nos adverfaires.

Pourquoi donc une Nation auroit-elle le funefte avantage de ne reconnoître point de Juge ? Elles n'en ont point d'établi ! Mais elles doivent en établir un dans les occafions où cela eft néceffaire : la maniere eft indifférente, il y en a mille pour une. D'abord voici ce qu'on nous avoue au Liv. 2, chap. 17, §. 326, & je ne dis pas autre chofe. « Si aucune des Nations en différent ne trouve à » propos d'abandonner fon droit, ou fes prétentions ; » la Loi Naturelle, qui leur recommande la paix, la » concorde, la charité, les oblige à tenter les voies » les plus douces, pour terminer leurs conteftations.

L'accommodement amiable.

» Ces voies font, 1°. un accommodement amiable. » Que chacun examine tranquillement & de bonne » foi le fujet du différent, & qu'il rende juftice, » ou que celui dont le droit eft trop incertain y re- » nonce volontairement. Il eft même des occafions » où il peut convenir à celui dont le droit eft le » plus clair, de l'abandonner pour conferver la » paix.

La tranfaction.

» 2°. §. 327. La tranfaction eft un fecond moyen » de terminer paifiblement un différent. C'eft un » accord dans lequel, fans décider précifément de » la juftice des prétentions oppofées, on fe relâche » de part & d'autre, & l'on convient de la part » que chacun doit avoir à la chofe conteftée ; ou » l'on arrête de la donner toute entiere à l'une des » Parties, au moyen de certains dédommagemens » qu'elle accorde à l'autre.

» 3°. §. 328. La médiation dans laquelle un ami
» commun interpofe fes bons offices, eft un troi-
» fieme moyen qui fe trouve fouvent efficace pour
» engager les Parties contendantes à fe rapprocher,
» à s'entendre, à convenir, ou à tranfiger de leurs
» droits ; & s'il s'agit d'injure, à offrir & à ac-
» cepter une fatisfaction raifonnable.

La mé-
diation.

» 4°. §. 329. Quand les Souverains ne peuvent
» convenir fur leurs prétentions, & qu'ils defirent
» cependant de maintenir ou de rétablir la paix,
» ils confient quelquefois la décifion de leurs dif-
» férens à des arbitres ; elles s'y font engagées,
» & la foi des traités doit être gardée ».

L'arbitra-
ge.

Le premier moyen eft purement du reffort de la
raifon & de la volonté des Parties. La queftion que
nous traitons fuppofe que chacune tient ferme pour
fon droit ou fa prétention, & ne s'en départ pas.
Le deuxieme moyen en dépend encore : c'eft volontairement & par raifon qu'on fe décide mutuellement à prendre ce parti, fans trop infifter fur la
rigueur des demandes. Il feroit bien à fouhaiter que
les Nations s'arrangeaffent toujours de même, mais
il ne faut pas l'attendre de la condition humaine.
Il faut un moyen qui les contraigne. Il refte donc
la *médiation* & l'*arbitrage*. Dans celle-là, les Parties
font libres d'acquiefcer ou de refufer, & dans l'autre, elles ne le font pas. Si l'on ne manquoit jamais
de médiateur, fi celui-ci procédoit chaudement &
de bonne foi, fi toutes les Nations qui font à portée
de rendre ce bon office, l'offroient d'elles-mêmes
& courageufement, ce moyen, après les deux premiers, feroit le plus honorable à l'humanité & le

Les trois
premiers
moyens ne
font pas
les plus ef-
ficaces.

plus fûr. Aujourd'hui, dit-on, que les affaires de l'Europe font fi liées, que chacune a l'œil fur ce qui fe paffe entre les plus éloignées, la médiation eft un moyen de conciliation fort ufité. S'éleve-t-il un différent, les Puiffances amies, celles qui craignent de voir allumer le feu de la Guerre, offrent leur médiation, font des ouvertures de paix & d'accommodement. *Ibid.* §. 328. Mais l'on ne voit pas que les fruits de ces entremifes foient bien confolans. Ils arrivent ordinairement trop tard, & quand des ruiffeaux de fang ont teint la terre. Ce n'eft pas pour empêcher que la Guerre naiffe qu'on fe préfente, c'eft pour en arrêter les progrès, c'eft que l'on craint pour foi. Ainfi cette médiation ne vient point à notre but.

L'arbitrage eft le plus propre. Le grand & unique moyen, c'eft l'arbitrage, c'eft de fe conftituer des Juges, & de fe foumettre d'avance à leur décifion. Si l'on craint la partialité, l'ignorance, c'eft un malheur inévitable, c'eft une fuite de la néceffité ; les Citoyens eux-mêmes n'en font pas exempts dans les Etats les plus fages & les mieux réglés : il faut que tout finiffe. « L'arbitrage » eft un moyen très-raifonnable & très-conforme à » la Loi Naturelle pour terminer tout différent qui » n'intéreffe pas directement le falut de la Nation. » Si le bon droit peut être méconnu des arbitres, » il eft plus à craindre encore qu'il ne fuccombe » par le fort des armes. §. 329 ». L'on a raifon d'excepter le cas où *il s'agiroit du falut de la Nation.* Sans doute qu'on ne mettroit point en comprom·s, fi un Etat indépendant doit devenir Sujet d'un autre : fi un peuple libre doit déguerpir de fon pays pour le céder à un étranger, & telles autres queftions femblables, dont l'évidence eft manifefte & la né.

gative un devoir. Mais ces cas exceptés, & une fois que les arbitres font choifis, que le compromis eft figné, qu'on a déterminé exactement les fujets de la conteftation, les prétentions refpectives & oppofées, les demandes de l'un & les oppofitions de l'autre, alors fi leur Sentence demeure dans ces bornes précifes, il faut s'y foumettre. *Ibid.* Mais pourquoi joindre ce qui fuit ? « Pour fe fouftraire » à une pareille Sentence, il faudroit prouver par » des faits indubitables qu'elle eft l'ouvrage de la » corruption, ou d'une partialité ouverte ». Permettre d'en appeller, même pour de pareils motifs, c'eft fournir matiere à de nouveaux procès, à une conteftation d'un genre qui eft capable d'éternifer celles qui exiftent. Il faut des moyens fûrs & décififs. Dès que, fuivant mon fyftême, l'injuftice ne peut être que de petite conféquence, il faut la fouffrir pour le bien de la paix. Et fi elle n'eft pas abfolument évidente, on doit la fupporter de même comme un mal (non pas auquel on a bien voulu s'expofer), mais inévitable. Car s'il falloit être convaincu de la juftice d'une Sentence pour s'y foumettre, il feroit fort inutile de prendre des arbitres. *Ibid.* Et toutefois il en faut prendre pour remplir l'intention de la Loi Naturelle, feule regle que les Nations aient à fuivre dans leurs démêlés.

L'on nous cite un exemple des Suiffes : les Suiffes ont eu la précaution, dans toutes leurs alliances entr'eux, & même dans celles qu'ils ont contractées avec les Puiffances voifines, de convenir d'avance de la maniere en laquelle les différens devront être foumis à des arbitres, au cas qu'ils ne puiffent s'ajufter à l'amiable. Cette fage précaution, qu'on dit n'avoir pas peu contribué à maintenir la Ré-

L'exemple des Suiffes, dans cette partie, bon à fuivre.

publique Helvétique dans cet état floriſſant, qui aſſure ſa liberté, & qui la rend reſpeċtable dans l'Europe (*Ibid.* §. 329.), eſt un modele à ſuivre pour toutes les Nations qui ont des affaires enſemble, ou qui pourront en avoir. Rien n'approche plus de la douceur du Droit naturel & des mœurs convenables à des Peuples policés, & à des êtres raiſonnables, que de ſe préparer d'avance des moyens de conciliation. Il faut travailler dans la paix à s'aſſurer de quoi éloigner la Guerre. C'eſt comme quand on jouit d'une pleine ſanté, que l'on doit mettre de l'ordre à ſes affaires, & ne point attendre qu'on ſoit malade.

Autre méthode à propoſer.
Qu'il me ſoit permis de propoſer une autre méthode, dans tous les cas où il ne ſeroit pas queſtion de ſe défendre actuellement ſoi-même, c'eſt-à-dire, du ſalut de la Patrie, ni de garantir pour le moment les Citoyens d'inſulte, mais ſeulement de prétentions & de droits qui pourroient ſouffrir des délais, & dont le gain ou la perte ne ſauroient influer ſenſiblement à leur bonheur; je voudrois que dans chaque Etat, il y eût un Corps établi de reſpectables Citoyens, conſommés par l'âge & par l'expérience, chargés par état du ſoin de terminer les querelles nationales. Les deux Corps s'aſſembleroient pour juger définitivement leurs Nations. Ils n'auroient pas d'autres fonctions publiques dans l'Etat. Ils pourroient s'aſſembler en un lieu neutre, & on leur marqueroit un tems précis pour rendre leur jugement, paſſé lequel, ils ſeroient ſoumis à une peine. Mais une fois rendu, ce jugement ſeroit un Arrêt ſouverain, & une regle inviolable de conduite. Quand les Nations prendroient cet eſprit de concorde & de paix, quand les vertus guerrieres
ne

ne feroient plus eftimables qu'autant qu'un infracteur de cet établiffement, ou de tout autre femblable qui voudroit fe faire juftice foi-même par
la force, les rendroit néceffaires ; l'expédient que
je propofe ne paroîtroit point fi étrange. On fe fait
aux idées d'habitude, fur-tout aux falutaires ufages
dont on éprouve tous les jours les bons effets.

Enfin, je le répete, la maniere eft indifférente ;
il ne s'agit que de fe nommer des Juges ou des arbitres (comme on voudra les appeller), & que
leurs Sentences foient definitives & *exécutoires* : il
s'agit d'en établir la néceffité & le devoir, comme
une regle dont la violation couvriroit d'infamie.
C'eft le droit *néceffaire*, c'eft la Loi fupérieure de
la nature qui le dicte & qui l'ordonne aux Nations,
fuivant tout ce que nous venons de voir. Par elle
tous les obftacles font levés, & rien n'empêche qu'on
n'exécute à la lettre fes facrés commandemens. Par-
là le Droit des Gens volontaire tombe & demeure
chargé des mêmes maux qu'on a voulu éviter par
fon moyen; il fera facile de le déduire de tout ce
que nous avons dit jufqu'à préfent. Quelques exemples, que je vais rapporter, en feront la preuve
complette.

CHAPITRE II.

Combien le Droit des Gens volontaire, établi par les Auteurs Politiques, est pernicieux.

Le Droit des Gens volontaire permet de tomber brusquement sur une Nation, dans une cause douteuse (pour la forcer à une transaction), sans avoir tenté auparavant les voies pacifiques.

1°. L'ON établit (1) au Liv. 2, chap. 18, §. 333, *comment on a le droit de recourir à la force dans une cause douteuse,* & dans le paragraphe suivant (§. 334.), *qu'on le peut même sans tenter d'autres voies.* Il n'est pas toujours nécessaire, dit-on, pour l'autoriser (une Nation) à courir aux armes, que tous moyens de conciliations aient été rejettés expressément. Il suffit qu'elle ait tout lieu de croire que son ennemi ne les embrasseroit pas de bonne foi, que l'issue n'en pourroit pas être heureuse, & que le retardement n'aboutiroit qu'à la mettre dans un plus grand danger d'être accablée. Cette maxime, observe-t-on, est incontestable ; mais l'on convient qu'elle est fort délicate dans la pratique. Après cela, l'on commence le paragraphe 335 par les réflexions suivantes : « De tout temps la foi d'une Nation a » été suspecte à une autre, & une triste expérience » ne prouve que trop, que cette défiance n'est pas » mal fondée. L'indépendance & l'impunité sont » une pierre de touche qui découvre le faux or du » cœur humain : le particulier se pare de candeur, » de probité ; & au défaut de la réalité, souvent » sa dépendance l'oblige à montrer au moins dans

_____

(1) C'est toujours Wattel.

» fa conduite le fantôme de ces vertus. Le grand
» indépendant s'en vante encore plus dans fes dif-
» cours : mais dès qu'il fe voit le plus fort, s'il n'a
» pas un cœur d'une trempe malheureufement très-
» rare, à peine cherche-t-il à fauver les appa-
» rences : & fi de puiffans intérêts s'en mêlent, il
» fe permettra des procédés qui couvriroient un
» particulier de honte & d'infamie. Lors donc
» qu'une Nation prétend qu'il y auroit du danger
» pour elle à tenter les voies pacifiques, elle n'a
» que trop de quoi colorer fa précipitation à cou-
» rir aux armes ».

Voilà des aveux qui devroient faire trembler pour
le bonheur du genre humain, & rendre extrêmement circonfpects à accorder des droits aux Nations,
puifqu'elles font fi fujettes à en abufer. N'importe :
voici ce que le Droit des Gens volontaire veut en
» cette matiere : « Et comme, en vertu de la liberté
» naturelle des Nations, chacune doit juger en fa
» confcience de ce qu'elle a à faire, & eft en
» droit de régler, comme elle l'entend, fa con-
» duite fur fes devoirs, dans tout ce qui n'eft pas
» déterminé par les droits pofitifs d'un autre (Pré-
» lim. §. 20.). C'eft à chacun de juger fi elle eft
» dans le cas de tenter les voies pacifiques avant
» que d'en venir aux armes. Or, le droit des Gens
» volontaire ordonnant que, par ces raifons, on
» tienne pour légitime ce qu'une Nation juge à
» propos de faire en vertu de fa liberté. (Prélim.
» §. 21.). Par ce même Droit volontaire, on doit
» tenir pour légitimes entre les Nations, les armes
» de celles qui, dans une caufe coûteufe, entre-
» prend *brufquement* de forcer fon ennemi à une tran-
» faction, fans avoir tenté auparavant les voies paci-
» fiques ». *Ibid.* Je voudrois faire quelques réflexions

fur les excès terribles où une pareille permiffion peut jeter ; montrer que, quand même elle feroit jufte, combien il la faudroit rejeter, comme étant extrêmement dangereufe par fes abus, &c. Mais le Lecteur fenfible & judicieux en comprendra encore plus que je n'en pourrois dire, & la chofe fe déclare affez d'elle-même.

Quoiqu'il foit très-difficile de juger toujours avec précifion de ce qu'exige le cas préfent, l'on peut faire la Guerre, fi on la croit néceffaire.

II. L'on marque, au Livre III, Chapitre VIII, §. 137, la différence de ce qu'on eft en droit de faire, & de ce qui eft feulement permis ou impuni entre ennemis. « La fin légitime ne donne » un véritable droit qu'aux feuls moyens pour » obtenir cette fin : tout ce qu'on fait au‑delà » eft réprouvé par la Loi Naturelle, vicieux & » condamnable au tribunal de la confcience. Delà » vient que le droit à tels ou tels actes d'hoftilité, » varie fuivant les circonftances. Ce qui eft jufte » & parfaitement innocent dans une Guerre, dans » une fituation particuliere, ne l'eft pas toujours » en d'autres occafions. Le Droit fuit pas à pas le » befoin, l'exigence du cas ; il n'en paffe point » les bornes ». Il y a donc là encore de quoi mettre l'efprit en inquiétude, pour difcerner avec juftelle ces occafions où l'exercice de tels ou tels droits, ailleurs légitime, ceffe de l'être. L'on nous l'avoue : *Il eft très-difficile de juger toujours avec précifion de ce qu'exige le cas préfent.* Ibid. Mais quoiqu'il y ait plus à parier que, dans ces fituations de la vie où l'on a à prendre un parti, entre ce que prefcrivent les Loix rigoureufes de la confcience, & ce que confeillent l'intérêt, la vaine gloire, l'efprit de domination & de puiffance, &c. l'on fe décidera pour le mauvais parti, c'eft-à-dire, pour ce qui flate les paffions, & eft contraire au bien

de l'humanité, l'on ne laisse pas que d'en faire
courir mille fois le risque, par le moyen du Droit
des Gens volontaire. « Comme il appartient à
» chaque Nation de juger de ce que lui permet
» sa situation particuliere (Prélim. §. 16.), il
» faut nécessairement que les Nations s'en tiennent
» entr'elles, sur cette matiere, à des regles géné-
» rales. Ainsi, dès qu'il est certain & bien reconnu
» que tel moyen, tel acte d'hostilité est nécessaire
» dans sa généralité, pour surmonter la résistance
» de l'ennemi & atteindre le but d'une Guerre
» légitime, ce moyen pris ainsi en général, passe
» pour légitime & honnête dans la Guerre, sui-
» vant le Droit des Gens, quoique celui qui l'em-
» ploie sans nécessité, lorsque des moyens plus
» doux pouvoient lui suffire, ne soit point inno-
» cent devant Dieu & dans sa conscience ». *Ibid.*

III. Voici encore des occasions où il est bien difficile de connoître avec précision jusqu'à quel point
on peut porter les hostilités ; & cependant, le
Droit des Gens *volontaire* laisse toujours la liberté,
par rapport aux hommes entr'eux, de se décider
comme on voudra. Il est question de cette regle
générale de modération sur le mal que l'on peut
faire à l'ennemi : « Tout le mal que l'on fait à
» l'ennemi, sans nécessité, toute hostilité qui ne tend
» point à amener la victoire & la fin de la Guerre,
» est une licence que la Loi Naturelle condamne.
» Livre III, Chapitre IX, §. 172 ». La regle du
Droit des Gens volontaire, sur le même sujet,
s'explique ainsi : « Mais cette licence est néces-
» sairement impunie & tolérée, jusqu'à un certain
» point, entre les Nations. Comment déterminer
» avec précision, dans les cas particuliers, jus-

Permis aussi de porter les hostilités au point qu'on croira nécessaire pour obtenir la fin de la Guerre, même de brûler & de saccager un pays, bien qu'il soit très-difficile de connoître ce point avec précision.

I iij

» qu'où il étoit néceſſaire de porter les hoſtilités,
» pour parvenir à une heureuſe fin de la Guerre?
» *Ibid.* §. 173 ». Mais voici quelque choſe de plus
fort : « Et quand on pourroit le marquer exacte-
» ment, les Nations ne reconnoiſſent point de
» juge commun ; chacun juge de ce qu'elle a à
» faire pour remplir ſes devoirs, *Ibid.* ». L'on ajoute
ce qui ſuit, pour juſtifier cet uſage : « Donnez lieu
» à de continuelles accuſations d'excès dans les hoſ-
» tilités, vous ne ferez que multiplier les plaintes,
» aigrir de plus en plus les eſprits : de nouvelles
» injures renaîtront continuellement , & l'on ne
» poſera pas les armes, juſqu'à ce que l'un des
» partis ſoit détruit ». Il eſt vrai que ces plaintes,
ces accuſations n'étant point reçues, il faut que la
Nation, à l'égard de qui l'ennemi a excédé ſes
juſtes Droits, ſubiſſe cette Loi commune des armes, ſelon le Droit des Gens volontaire, & qu'il
ſemble par-là que l'on coupe court aux ſuites funeſtes de la Guerre, qui, ſans cela, n'auroit point
de fin; mais c'eſt une erreur groſſiere : le bien
qu'il en naît n'eſt rien ; on ne ceſſe pas tant de
faire la Guerre, par acquieſcement à ce Droit,
que par impuiſſance, par laſſitude, ou pour ſe
donner le temps de ſe refaire, & attendre une
meilleure conjoncture pour reprendre les armes :
les avantages acquis de cette ſorte ne juſtifiant point
dans la conſcience ; le Souverain qui a abuſé de
cette liberté, eſt toujours regardé de mauvais œil
par la partie léſée, qui ſe croira fondée, dans une
autre occaſion, à l'attaquer ſous divers prétextes,
dès qu'elle le pourra, pour humilier ce vainqueur,
& ravoir du moins ce que la néceſſité l'avoit obligée
d'abandonner ; *elle n'aura que trop de quoi colorer
ſa conduite*, comme on nous a dit. C'eſt la cauſe

elle-même qu'il faut détruire, pour ôter le mal.
A la faveur des facilités & des complaifances meurtrieres du Droit des Gens volontaire, les Nations
s'engagent plus témérairement à des Guerres. Rien
n'eft fi commode que de pouvoir acquérir par la
force & la violence ; que de ne pouvoir être recherché pour des démarches injuftes, pourvu qu'on
ait fauvé les dehors, & rempli les formalités. Ainfi,
d'un côté, le Droit volontaire n'offre qu'un bien
idéal, en voulant fermer la porte aux réclamations ;
& de l'autre, il met toutes les Nations en droit &
dans la difpofition d'effayer de la Guerre & de
tous fes moyens, quand & comment, & auffi
long-temps qu'elles le jugeront à propos, puifqu'elles font fûres de l'impunité, en pratiquant les
mêmes regles de conduite que ce même Droit leur
prefcrit.

» Il faudra donc s'en tenir, nous dit-on, de
» Nation en Nation, à des regles générales, indé-
» pendantes des circonftances, d'une application
» fûre & aifée..... Ainfi il n'eft pas en général
» contre les loix de la Guerre de brûler & de
» faccager un pays. *Ibid.* On y porte le fer & le
» feu. Terribles extrémités quand on y eft forcé !
» Excès barbares & monftrueux quand on s'y aban-
» donne fans néceffité. » *Ibid.* §. 167. Il faut pourtant fe déterminer entre *ces terribles extrémités &
ces excès berbares :* le point qui les fépare eft difficile à appercevoir : *comment déterminer avec précifion jufqu'où il eft néceffaire de porter les hoftilités ?*
Ibid. §. 173. Allez toujours, dit le Droit volontaire,
vous êtes fûr de l'impunité, pourvu que vous ayiez
une apparence de raifon. » Je promets ou tolere
» tout acte, qui, en foi-même & de fa nature, eft
» propre au but de la Guerre, fans m'arrêter à

» confiderer fi telle hoftilité étoit peu néceffaire,
» inutile ou fuperflue dans le cas particulier. Je
» n'en excepte que les cas de la derniere évidence;
» car là où l'évidence regne, la liberté des juge-
» mens ne fubfifte plus. *Ibid.* §. 173. Le moyen
» eft dur, il eft vrai; mais pourquoi n'en pour-
» roit-on ufer aux dépens de l'ennemi, puifqu'on
» fe détermine bien, dans les mêmes vues, à
» ruiner fes propres provinces. Le Czar Pierre-le-
» Grand, fuyant devant le terrible Charles XII,
» ravagea plus de quatre-vingts lieues de pays,
» dans fon propre empire, pour arrêter l'impé-
» tuofité d'un torrent devant lequel il ne pouvoit
» tenir ». *Ibid.* §. 167. Voilà comme le Droit des
Gens volontaire raifonne. N'ai-je pas raifon de
dire qu'en tolérant de pareilles licences, il fe rend
auteur & feul coupable des abus que les hommes
en font? Car enfin, il leur ouvre une voie des
plus périlleufes, il leur fournit des moyens horribles, dont la jufte application, s'il en eft une, eft
très-délicate & difficile à faire, & dont la fauffe
rend celui qui les emploie le fléau de l'humanité. Ibid.

Indigne &
étonnant
contrafte
entre l'hu-
manité
qu'on té-
moigne
pour des
chofes in-
animées,
comme les
temples,
les bâti-
mens pu-
blics, tous
les ouvra-

IV. L'on remarque au même endroit & au paragraphe 168, du même Livre, ces paroles : Pour
quelque fujet que l'on ravage un pays, on doit
épargner les édifices qui font honneur à l'humanité, & qui ne contribuent point à rendre l'ennemi
plus puiffant; les temples, les tombeaux, les bâti-
mens publics, tous les ouvrages refpectables par
leur beauté. Leur deftruction eft condamnée abfolument, même par le Droit des Gens volontaire,
comme toujours inutile au but légitime de la Guerre.
Certainement l'on a raifon de profcrire de tels
excès, & de dire, que gagne-t-on à les détruire?

Mais, qu'on me permette cette réflexion, on fe fent des fentimens d'humanité pour des chofes in- animées ; *c'est fe déclarer l'ennemi du genre humain que de le priver de gaîté de cœur, de ces monumens des arts, de ces modeles de goût.* Ibid. §. 168. Et l'on ne fe fent que dureté pour les hommes mêmes ; on les moiffonne comme des épis fous la faulx tranchante ; on ravage les fruits de la terre qui font de premier befoin : les uns & les autres font les ouvrages immédiats de Dieu : il les faut tous facri- fier pour obtenir la fin de la Guerre, c'est-à-dire, fa fatisfaction. Les moyens & toutes les voies ne font point bonnes. Il eft très-difficile fouvent d'en connoître la néceffité ; mais le droit volontaire en tolere toujours l'ufage. Que *Bélifaire* ait repréfenté à *Totila*, Roi des Goths, ce qui eft très-vrai, *qu'on fe déclare l'ennemi du genre humain que de le priver de gaîté de cœur de ces monumens des arts, de ces modeles de goût.* Il n'eft pas moins étonnant qu'on foit touché de cette vérité, & qu'on ne le foit pas de l'autre. *Quand nous déteftons encore aujourd'hui ces barbares qui détruifirent tant de merveilles, quand ils inonderent l'Empire Romain,* Ibid. §. 168. N'eft-ce donc que pour avoir perdu *ces merveilles ?* N'eft-ce pas plutôt que leurs noms nous réveillent ceux de *fléaux de la terre,* d'hommes fanguinaires, d'impitoyables conquérans, de deftructeurs d'hom- mes, de villes, de campagne, &c. ? Car, la fage indignation de la nature s'arrête-t-elle à de petits objets, quand les plus grands & les plus fenfibles frappent fes yeux ? Il faut être de fang froid fur ceux-ci pour être ému des autres. Le fyftême du droit de la Guerre, l'adoption du Droit des Gens volontaire mettent dans cette fituation étonnante, dont on ne peut rendre raifon que par la force

ges de l'art, & les excès auxquels on permet de fe livrer dans la Guerre, contre les hommes & tout ce qui fert à les nourir, &c.

de l'habitude. Que penſer, en effet, d'une néceſſité comme celle du Czar Pierre, de ravager plus de quatre-vingts lieues de pays dans ſon propre empire? *Il recueillit, dit-on, à Pultowa les fruits de ſa circonſpection & de ſes ſacrifices.* C'eſt ainſi qu'on décore d'un beau nom des extrémités qui font frémir la nature. Véritablement il ne verſa point, dans ce grand dégât, le ſang de ſes ſujets; mais il porta le fer & la flamme ſur tout le reſte : il fit de tout cet immenſe pays, une immenſe ſolitude. Comment dédommager les ſujets réduits à la derniere miſere ? Comment les conſoler de tout ce qu'ils ont perdu ? Quelle compenſation ſuffiſante entre ce qu'on leur accorde, & ce qu'on leur enleve ? Ce ſont de nouvelles villes, de nouveaux villages, de nouvelles habitations à élever, de nouvelles plantations à faire, &c. Combien de maux irréparables ! Le Droit des Gens volontaire eſt-il donc bien l'ami des hommes, dans ce qu'il permet comme dans ce qu'il défend ? Une mauvaiſe cauſe ne ſauroit avoir de bons expédiens, c'eſt la racine même qu'il faut enlever.

Deſtruction de la Ville de Corinthe par les Romains : on la fonde ſur un mauvais principe.

V. On nous dit encore au paragraphe 173, en parlant du ſac & de la deſtruction des villes, de la déſolation des campagnes, des ravages, des incendies, que par le Droit des Gens naturel & volontaire, on ne peut punir de cette maniere que des attentats énormes contre le Droit des Gens. La ville de Corinthe avoit indignement traité les Ambaſſadeurs Romains, & c'étoit donc un de ces énormes attentats, dignes de ces horribles punitions. Cependant, Cicéron blâme la deſtruction de Corinthe; c'eſt, dit-on, que Rome étoit en état de faire reſpecter ſes miniſtres, ſans en venir à

ces voies d'une extrême rigueur. N'eſt-ce pas alléguer une raiſon qu'auroit déſapprouvé ce grand
homme ? Quoi ! Si Rome n'avoit pas été en état
de faire reſpecter ſes miniſtres, cette voie d'une
extrême rigueur eût été légitime. La légitimité d'une
action, ſe tire de ſa *néceſſité* & du *beſoin*, & par
rapport à une punition d'une *juſte proportion* entre
la *faute* & la *peine*. Or, le Droit des Gens volontaire trouvera-t-il qu'il ſoit jamais néceſſaire, dans
ce ſens-là, de ſe procurer une ſatisfaction auſſi
cruelle ? D'ailleurs, la ſuppoſition même détruit
le Droit. Il y auroit eu, dans ce cas, impoſſibilité
à la ville de Rome de ſe procurer une telle ſatiſ-
faction : ſa puiſſance eût été bornée. Ce ſont-là
de ces raiſonnemens ſans preuve, que la moindre
lumiere diſſipe. C'eſt que l'on tourne tout vers ſon
idole, & qu'il n'eſt pas poſſible, comme je l'ai
déja dit, de rien faire de bon de ce qui eſt mauvais. Les ravages, les incendies, &c. ne tirent
point leur funeſte qualité de l'abus. En exiſtant,
ils ſont meurtriers & deſtructeurs, & voilà pourquoi
ce ſont des moyens exécrables de leur nature, &
interdits rigoureuſement par le créateur. Cicéron
n'a point penſé, comme nos Auteurs du Droit des
Gens, ſur cette matiere. Il crut, à l'égard de Corinthe, que les Romains avoient eu leurs raiſons,
& que la ſituation avantageuſe de cette place avoit
pu leur faire craindre qu'elle ne fût un jour, à ceux
du pays, une occaſion de recommencer la Guerre.
*Sed credo aliquid ſecutos, opportunitatem loci ma-
ximè, ne poſſet aliquando, ad bellum faciendum,
locus ipſe adhortari.* De Offic. Lib. 1. cap. XI.

VI. Ce Droit des Gens volontaire ſe prête ſi
bien aux funeſtes effets d'une mauvaiſe cauſe, qu'il   Inconſé-
quence
même du

Droit des Gens volontaire, sur l'article des pirateries d'Alger, de Tunis, Tripoli, &c.

se relâche même, en certains cas, de ses propres regles, pour donner à des acquisitions faites par une espece de brigandage, la solidité & la valeur de celles qui sont faites dans une Guerre en forme. » Cette raison, (*de ne pas ouvrir la porte à une* » *infinité de discussions & de quereles*) est si puis- » sante, qu'elle a fait attribuer, au moins par » rapport aux biens mobiliers, les effets d'une » Guerre publique, à des expéditions qui ne mé- » ritoient que le nom de brigandage, mais qui » étoient faites par des armées en forme. Lorsque » les grandes compagnies, après les Guerres des » Anglois en France, couroient l'Europe & la » pilloient, personne ne s'avisa de revendiquer » le butin qu'elles avoient enlevé & vendu. Au- » jourd'hui on ne seroit point reçu à réclamer un » vaisseau pris par les corsaires de Barbarie, & » vendu à un tiers, ou repris sur eux, quoique les » pirateries de ces barbares ne puissent que très- » imparfaitement être considérées comme des » actes d'une Guerre en forme ». *Liv. III. chap. XIII. §. 196.* J'approuve fort qu'on n'intente pas querele à ceux entre les mains de qui passent en- suite ces injustes acquisitions, qu'on n'en fasse pas naître des occasions de disputes & de débats ; mais le sens commun résiste à ce que, ceux qui font ces pirateries trouvent des acheteurs parmi ces mêmes peuples policés, dont la conduite dans la Guerre passe pour être subordonnée à des regles. Si l'on ne doit pas » douter que le Roi d'Espagne, & les » Puissances d'Italie ne fussent très-fondées (1) à

_____

(1) Voilà une proposition qui est bien avancée sans preuve.

» détruire , jufques aux fondemens , ces villes ma-
» ritimes de l'Afrique , ces répaires de pirates
» qui troublent fans ceffe leur commerce , & dé-
» folent leurs fujets ». *Ibid.* §. 167. Pourquoi toutes les autres Nations chrétiennes , qui ont un commerce établi à Alger , Tunis , Tripoli , &c. où font
portées toutes fes pirateries , pourquoi , dis-je , elles
mêmes les font-elles valoir en les achetant , & y
mettant ordinairement une concurrence qui encourage encore plus ces *barbares ?* Vous voudriez les
détruire , les *exterminer :* il n'eft pas bien fûr que
vous le puffiez en droit : cette violence paffe les
bornes du befoin & de la néceffité ; mais il eft
très-certain qu'il vous eft permis de n'avoir aucun
commerce avec eux , de les abandonner à eux-mêmes , de ne leur fournir aucune de vos denrées &
marchandifes , de n'en prendre aucune des leurs ;
de les forcer , en un mot , par une féparation entiere , à vous rechercher & à fe mettre dans les
voies de l'ordre & de la juftice. Mais il leur en
faut donner l'exemple vous-mêmes , c'eft-à-dire ,
qu'il ne faut point faire la Guerre entre vous ; car
la Guerre *en forme* , quoi que vous en difiez , ne
differe point par fes ravages , par fes cruautés , par
fes injuftices , d'une Guerre *non en forme* , fans
regles & fans principes. Toutes ces regles qui conftituent la forme , ne fervent qu'à me déshabiller ,
fans que je puiffe me plaindre. C'eft ainfi que le
Droit des Gens volontaire eft fi utile au bonheur
des peuples !

VII. La matiere des Traités , entre les Nations ,
eft une des plus vaftes & des plus importantes , &
eft auffi une fource de quereles & de ruptures ,
comme nous le dirons ailleurs. Pour le préfent, *Prendre les armes pour un fujet nouveau ,* ce

n'eſt pas rompre le Traité de paix.

je n'ai que deux points à relever, par rapport au Droit volontaire. Il eſt dit au Liv. IV, chap. IV, §. 40, » que, prendre les armes pour un ſujet nou-
» veau, ce n'eſt pas rompre le traité de paix....
» Il faut ſe ſouvenir ici de ce que nous avons ob-
» ſervé plus d'une fois, ſavoir, que les Nations
» ne reconnoiſſent point de juge commun ſur la
» terre; qu'elles ne peuvent ſe condamner mutuel-
» lement ſans appel, & qu'elles ſont enfin obligées
» d'agir dans leurs quereles, comme ſi l'une &
» l'autre étoit également dans ſes droits. Sur ce
» pied-là, que le ſujet nouveau qui donne lieu à
» la guerre ſoit juſte ou qu'il ne le ſoit pas, ni
» celui qui en prend occaſion de courir aux ar-
» mes, ni celui qui refuſe ſatisfaction, n'eſt réputé
» rompre le traité de paix, pourvu que le ſujet
» de plainte & le refus de ſatisfaction aient de
» part & d'autre au moins quelque couleur, en-
» ſorte que la queſtion ſoit litigieuſe. Il ne reſte
» aux Nations d'autre voie que les armes, quand
» elles ne peuvent convenir de rien ſur une quef-
» tion de cette nature. C'eſt alors une guerre nou-
» velle qui ne touche point au traité ». Ce doux
& précieux nom de *paix*, cet état de tranquillité
& d'aſſurance dans lequel on trouve ſon bonheur,
n'eſt, comme l'on voit, par rapport aux effets
extérieurs du Droit parmi les hommes, qu'un vain
nom, une chimere. Elle ne tombe, cette paix, que
ſur les ſeuls articles convenus. Ils ne ſortent de
l'affreux état de guerre que pour des objets particuliers & arrêtés. En quittant les armes, ils ont toujours un bras levé pour les reprendre; car les points
convenus par le traité ſont très-bornés, & les ſujets
nouveaux qui, ſans le rompre, autoriſent à recommencer la guerre, ſont infinis. Les hoſtilités

peuvent renaître de toutes parts. Le Droit des Gens
volontaire n'eſt-il pas en cela fort ſalutaire au genre
humain !

Je conviens que, *bien que l'on ait promis de vivre*
en paix, on n'a pas promis pour cela de ſouffrir
l'injure & toute ſorte d'injuſtice. Il eſt naturel de
vouloir que les autres ne nous faſſent point tort,
& que chacun jouiſſe de ce qui lui appartient. Le
Droit des Gens eſt appuyé ſur cette maxime ;
mais comme il conſidere le bonheur général des
hommes, la tranquillité des Nations, l'établiſſement
d'une paix durable & univerſelle, c'eſt aux moyens
de cette eſpece qu'il doit viſer ; c'eſt à de ſages
regles de conduite qu'il doit rapporter ſes leçons.
Ne ſommes-nous pas bienheureux, en liſant dans
les traités de nos maîtres, *qu'on n'a pas promis de*
ſouffrir l'injure & toute ſorte d'injuſtice, plutôt que
de s'en faire raiſon par la voie des armes ?

VIII. Voici pour la rupture du Traité lui-même. *La vio-*
Il eſt décidé au paragraphe 47 de ce IVe Livre, *lationd'un*
que » la violation d'un ſeul article le rompt en *ſeul arti-*
» entier. » *L'on nous renvoie pour la preuve, au* *Traité, le*
Livre II, §. 202. J'y trouve « qu'on ne peut envi- *rompt en*
» ſager, comme autant de Traités particuliers & in- *entier.*
» dépendans, les divers articles d'un même Traité.
» Quoiqu'on ne voie point de liaiſon immédiate
» entre quelques-uns de ces articles, ils ſont tous
» liés par ce rapport commun, que les contrac-
» tans les paſſent en vue les uns des autres, par
» maniere de compenſation. Je n'aurois peut-être
» jamais paſſé cet article, ſi mon allié n'en eût
» accordé un autre, qui, par ſa matiere, n'y a
» nul rapport. » *Quelques-uns penſent le contraire,*
& diſent que » ſi l'un des alliés manque à un arti-

» cle du Traité , l'autre n'eſt pas tout de ſuite en
» droit de rompre le Traité entier, mais qu'il peut ,
» ou refuſer à ſon tour ce qu'il avoit promis en vue
» de l'article violé , ou obliger ſon allié à remplir
» ſes promeſſes , ſi cela ſe peut encore , ſinon à
» réparer le dommage ; & qu'à cette fin , il lui eſt
» permis de menacer de renoncer au Traité entier ;
» menace qu'il effeƈtuera *légitimement* , ſi elle eſt
» mépriſée. Telle eſt , ſans doute , *nous obſerve-*
» *t-on* , la conduite que la prudence , la modé-
» ration , l'amour de la paix , & la charité pref-
» criront pour l'ordinaire aux Nations....... Mais
» (remarquez bien ceci) il s'agit ici du *droit* &
» non de la *marche* qu'on doit tenir pour ſe faire
» rendre juſtice ; & je trouve le principe ſur lequel
» on fonde une pareille déciſion abſolument inſou-
» tenable ». *Ibid.* Que devons-nous attendre de
cette morale aiſée , de cette funeſte facilité qu'on
accorde aux Nations , de rompre leurs Traités &
leurs engagemens ? C'eſt pourtant ce que décide le
Droit des Gens volontaire. Il veut arrêter la Guerre,
mais il veut toujours ſe battre. Ce n'eſt que pour
acquérir l'impunité qu'il ne veut pas qu'on puiſſe
réclamer de ſes injuſtices. L'on diſtingue entre le
droit & la *marche* qu'on doit tenir pour ſe faire
rendre juſtice. Quoi ! eſt-ce que la marche n'eſt
pas ſubordonnée au Droit , & pourroit-il y avoir
deux ſentiers dans le chemin de la Juſtice ? Toutes
ces diſtinƈtions ſont mortelles. Elles font oublier
les grands principes , les grandes obligations de la
nature. Ce Droit volontaire ne préſente que meurtres , incendies , ravages , déſolation univerſelle ,
pouvoir de reprendre les armes , &c. Ne voyons-
nous pas au §. 34 du IVᵉ Livre , au ſujet des droits
de la partie léſée , contre celle qui a violé le Traité,

» que

» que si elle se détermine à demander un juste
» dédommagement, & que la partie coupable le
» refuse, le traité se rompt alors de nécessité, &
» le contractant lésé a un très-juste sujet de re-
» prendre les armes? » *Et ne nous avoue-t-on pas*
» *que* c'est aussi ce qui arrive le plus souvent ; car
» il ne se trouve guère que le coupable veuille
» reconnoître sa faute en accordant une répara-
» tion ». Les traités ne sont-ils donc pas bien un
moyen solide d'éloigner la Guerre, quand on lui
laisse tant d'ouvertures pour revenir ? Et le droit
volontaire qui veut & autorise ces moyens, tandis
que ses partisans n'ignorent pas les abus infinis que
les Nations en peuvent faire, est-il donc bien digne
de figurer dans un traité du Droit des Gens, &
d'y être regardé comme une leçon & un précepte
même de la loi naturelle ?

CHAPITRE III.

Principes bien dangereux des Auteurs qui ont traité
du Droit des Gens.

Soutenir
sa gloire,
sa dignité:
Juste mo-
tif de faire
la Guerre.

I. V OYONS à préfent quelques principes bien
dangereux, qui le font encore plus par le Droit des
Gens volontaire. » Puifque la gloire d'une Nation
» eft un bien très-réel, elle eft en droit de la dé-
» fendre, tout comme fes autres avantages. Celui
» qui attaque fa gloire lui fait injure; elle eft fon-
» dée à exiger de lui, même par la force des
» armes, une jufte réparation. On ne peut donc
» condamner ces mefures que prennent quelquefois
» les Souverains, pour maintenir ou pour venger la
» dignité de leur couronne. Elles font également
» juftes & néceffaires. Lorfqu'elles ne procedent
» point de prétentions trop hautes, les attribuer à
» un vain orgueil, c'eft ignorer groffierement l'art
» de régner, & méprifer l'un des plus fermes ap-
» puis de la grandeur & de la fûreté d'un Etat.
» *Liv. I. chap. XV. §. 191.*
» Toute Nation, tout Souverain doit maintenir
» fa dignité (§. 35.) en fe faifant rendre ce qui
» lui eft dû, & fur-tout de ne pas fouffrir qu'on
» y donne atteinte. S'il eft donc des titres, des
» honneurs qui lui appartiennent, fuivant un ufage
» conftant, il peut les exiger; & il le doit dans les
» occafions où fa gloire fe trouve intéreffée. Mais il
» faut bien diftinguer entre la négligence ou l'omif-
» fion de ce qui auroit dû fe faire fuivant l'ufage

» communément reçu, & les actes positifs, con-
» traires au respect & à la confidération, les in-
» fultes. On peut fe plaindre d'une négligence, &
» fi elle n'eft pas réparée, la confidérer comme
» une marque de mauvaifes difpofitions. On eft en
» droit de pourfuivre, même par la force des ar-
» mes, la réparation d'une infulte. *Liv. II. chap. III.*
» §. 48. »

Quand on confidere la force des paffions, l'illufion même qui fe gliffe malgré nous dans tout
ce qui a trait à nos intérêts ; quand on réfléchit
fur l'impoffibilité où eft un Souverain, avec la
meilleure volonté, de bien diftinguer le point effentiel où fon honneur demande d'exiger des réparations, & de bien apprécier l'infulte ; quand on
penfe encore que ceux à qui il eft obligé de donner
fa confiance, agiffent fouvent par des motifs peu
louables, & que ceux même d'entr'eux qui font
les mieux intentionnés, font par fois induits, fans
s'en appercevoir, à donner des confeils, & à former des entreprifes condamnables ; quand on fait
enfin que les points fur lefquels on délibere font
fouvent obfcurs, ou féduifans, & que les peuples
mêmes, fur le chapitre de la gloire & de la dignité, font fufceptibles de cet efprit de vengeance,
que le Prince eft toujours tenté de fuivre, pour
entretenir le feu de leur zele : tout cela, dis-je,
confidéré, il eft moralement fûr qu'on abufera toujours des maximes pernicieufes des auteurs politiques. La gloire, la dignité font des noms qui offuf-
quent ; ils flatent trop l'amour-propre pour ne pas
échauffer l'imagination, & pour ne pas porter à
des actes conformes à leur nature.

II. Nous aurions bien le contre-poifon, dans ce   Ce qu'on

dit ailleurs de la véritable gloire, quoique vrai, ne sauroit servir de contre-poison.

qu'on nous dit ailleurs, de la maniere dont on acquiert la véritable gloire. « La véritable gloire consiste » dans le jugement avantageux des gens sages & » éclairés. Elle s'acquiert par les vertus, ou les » qualités de l'esprit & du cœur, & par les belles » actions qui font les fruits de ces vertus ». *Liv. I. chap. XV.* §. 187. Il résulte de là, qu'une nation ne sauroit nuire à la gloire & à la réputation d'une autre, si ce n'est auprès des Nations à qui celle-ci seroit entierement inconnue. Car la gloire s'acquiert par les œuvres, & les œuvres font du bruit, du moins celles des Nations. Il est facile, quand on s'est établi une haute réputation de sagesse & de probité, de dissiper des imputations qui ne font que le fruit de la malice & de l'imposture. Et ces mêmes Nations, à qui celle-là est inconnue, en croiroient-elles si légerement les premiers rapports? Dans le système présent de la politique, l'on n'est point si crédule. Elle regarde bien en général les hommes comme mauvais, & les Nations comme mauvaises ; mais elle ne se méfie pas moins des bonnes relations, & tout lui est suspect. Dans mon système, les hommes devenus plus sages, ou garantis d'une infinité d'occasions qui les empêchent aujourd'hui de l'être, n'auroient point de raison de tant appréhender la calomnie. Pour la médisance il n'en faut pas parler, puisqu'elle ne sauroit avoir lieu en faisant bien.

Mais quelque solide que soit ce que nous venons de rapporter de la véritable gloire, craignons les funestes maximes qui le contrarient. La voie de la licence a toujours été trop large ; les Nations ont agi depuis long-temps suivant un usage pervers ; la vérité a été défigurée ; le vrai bien est difficile à saisir. D'ailleurs, il est pénible d'aller chercher

dans un livre, des contradictions ; l'on n'aime point
à comparer des paſſages, à déterrer la vérité cachée ſous un tas immenſe de ſpécieuſes erreurs
qui donnent le ton dans le monde. Et ce ſeroit
une bien foible eſpérance que celle d'attendre la
guériſon d'un pareil remede, quand perſonne ne
s'aviſe de ſe croire malade.

III. Pourroit-on croire de rencontrer le mal
dans le bien même ? C'eſt dans la ſeptieme regle
d'interprétation, §. 317 *du Liv. III*, à laquelle
il n'y a certainement rien à dire ? « Quand deux
» devoirs ſe trouvent en concurrence, le plus con-
» ſidérable, celui qui comprend un plus haut degré
» d'honnêteté & d'utilité, mérite la préférence ».
Cette regle n'a pas beſoin de preuve. L'on a raiſon ;
mais il faut ici ſe méfier de tout ; toujours des
diſtinctions empeſtées. « Il faut prendre garde de
» n'en pas faire une fauſſe application à deux de-
» voirs, qui ne ſont pas véritablement en con-
» currence, mais dont l'un ne laiſſe pas de lieu à
» l'autre, l'obligation qui lie au premier, ôtant
» la liberté de remplir le ſecond. Par exemple,
» il eſt plus louable de défendre une Nation contre
» un injuſte aggreſſeur, que d'aider une autre dans
» une guerre offenſive. Mais ſi cette derniere eſt
» la plus ancienne alliée, on n'eſt pas libre de
» lui refuſer du ſecours, pour le donner à un autre.
» On eſt engagé. Il n'y a pas, à parler exacte-
» ment, de concurrence entre ces deux devoirs ;
» ils ne ſont pas à notre choix : le plus ancien
» engagement rend le ſecond devoir impraticable
» pour le préſent ».

La regle du plus haut degré d'honnêteté & d'utilité dans ces occaſions, eſt donc anéantie ou ſans

*Si entre deux Na-
tions en
Guerre,
l'injuſte a-
greſſeur
eſt notre
plus an-
cien allié,
nous ne
ſommes
pas libres
de lui re-
fuſer du
ſecours
pour le
donner à
l'autre.*

fruit ? Ce que nous avons à faire envers autrui, ne dépend plus du juste & de l'injuste, mais d'une date, d'une époque plus ancienne ? Il faudra se joindre à l'injuste aggreffeur, par cela seul qu'il eft notre allié depuis plus long-temps ? Quelle indignité! Terrible obligation! Voilà ce que produifent vos regles humaines, indéfiniffables Ecrivains fur le Droit des Gens : voilà ce à quoi menent les libertés outrées des Nations que vous avez tant favorifées. Que de germes, que de femences pour la Guerre!

Cependant l'on nous fait la grace, au même endroit, d'ajouter que « s'il s'agiffoit de préferver un » nouvel allié d'une ruine certaine, & que l'an- » cien ne fût pas dans la même extrémité, ce fe- » roit le cas de la regle précédente, c'eft-à-dire, » qu'il faudroit fuivre cette feptieme regle d'inter- » prétation ». Hors de ce cas unique, & dont l'évidence n'eft pas toujours affez fenfible pour fe décider de bonne heure, il faut être contre le moins ancien allié, quoiqu'attaqué injuftement, c'eft à-dire, qu'on ne fera plus en état de l'affifter, ou qu'on n'ofera le faire quand il fera néceffaire ; car la Guerre fe pouffe, les progrès rendent plus fier & plus intraitable l'aggreffeur injufte, fi la fortune l'a favorifé : tandis qu'il n'avoit remporté encore aucun avantage, l'on s'eft joint à lui ; l'abandonnera-t-on à préfent qu'il eft le plus fort, & l'autre le plus foible ? Eft-il ordinaire de fe tourner vers les malheureux, quand d'ailleurs l'on peut craindre pour foi-même ? L'on fuppofe toujours des cas métaphyfiques pour le bien, qui n'arrivent prefque jamais, & l'on en fournit au mal une infinité qui arrivent très-certainement. La condition des Peuples n'eft-elle pas à plaindre !

IV. Enfin, je viens au dernier exemple, qui est une décision bien dangereuse, & le fruit encore de la distinction : elle vient à la suite des moyens que la Loi Naturelle recommande aux Nations pour finir leurs différens, desquels nous avons déja parlé. Il s'agit de voir *comment & jusqu'à quel point une Nation est obligée de recourir, ou de se prêter à ces divers moyens, & auquel elle doit s'arrêter.* « Il » faut, avant toutes choses, distinguer les cas évi- » dens des cas douteux. S'agit-il d'un droit clair, » certain, incontestable ? un Souverain peut hau- » tement le poursuivre & le défendre, s'il a les » forces nécessaires, sans le mettre en compromis. » Ira-t-il composer, transiger, pour une chose qui » lui appartient manifestement, qu'on lui dispute » sans ombre de droit ? beaucoup moins la sou- » mettra-t-il à des Arbitres ». Liv. 2, chap. 18, §. 331. J'ai déja fait voir l'obligation naturelle où sont les Nations de prendre entr'elles des Juges pour terminer leurs quereles, régler leurs droits, leurs prétentions, sans en venir jamais à les poursuivre par la force, à moins de n'être actuellement pré- venu & attaqué : ce qui est le cas de la juste dé- fense. Mais l'obligation dont je parle étant générale, je ne vois point sur quoi pourroit s'appuyer ici la distinction qu'on fait des cas *évidens* & des cas *douteux.* Si on lui dispute une chose sans ombre de droit, & qui lui appartient manifestement, pourquoi ne la soumettroit-il pas à des Arbitres ? Ne sont-ils point faits pour juger avec équité & avec connoissance de cause ? Et puisqu'on s'en rapporte à leur probité & à leurs lumieres dans les choses qui ne sont point claires, n'est-il pas contre le bon sens de les suspecter & de les craindre dans

Que dans les cas évi- dens, une Nation ne doit point se prêter aux moyens que la Loi Natu- relle re- comman- de, pour finir les différens, & beau- coup moins se soumettre à des arbi- tres.

ce qui eſt évident & manifeſte ? Je ſais bien que vu
le ſyſtême du Droit de la Guerre , & les diſpoſi-
tions peu finceres où ſont aujourd'hui les Nations
les unes envers les autres , par un effet de cette liberté & de cette indépendance qu'elles ſe ſont at-
tribuées & qu'on leur accorde , d'où elles tirent
le droit de ſe faire juſtice les armes à la main : je
ſais bien, dis-je, qu'on pourra me répondre que ma
maxime elle-même eſt périlleuſe , & qu'elle pourroit tourner à la perte ou au dommage de la Nation , qui compromettroit une choſe non litigieuſe.
Mais je dis que la vérité & la juſtice ſont de tous
les temps ; que le bien ne ſauroit nuire ; & que,
par rapport à la regle de nos devoirs , ce qui eſt
mal d'une façon ſera mal d'une autre. L'idée du
bien ne ſe prend point, comme je crois de l'avoir
dit , de notre bonne ou mauvaiſe compoſition , de
nos bons ou mauvais établiſſemens. C'eſt nous qui
devons commencer à nous réformer , & nous nous
trouverons conformes à la regle. Si les Nations
avoient le bonheur d'être dans cet état , elles ne
trouveroient nul péril à ſe conduire par mes principes.

Vous me dites bien vous-même que ce Souverain, qui ne doit point mettre en compromis une
choſe inconteſtable , « ne doit point négliger les
» moyens de conciliation, qui, ſans comprometttre
» ſon droit, peuvent faire entendre raiſon à ſon
» adverſaire , comme la médiation, les conféren-
» ces. Ibid. » Mais enfin , fi ces moyens-ci ſont inutiles, vaudra-t-il donc mieux ſe battre , & ſoumettre
à l'aveugle ſort des armes la déciſion de notre droit,
que de la remettre à des Arbitres, quelqu'évidente
que ſoit la cauſe, & de ſe procurer ainſi ſa liberté
& ſa tranquillité ? « La nature, ajoutez-vous en ce

» même endroit, ne nous donne le droit de recourir
» à la force , que là où les moyens doux & paci-
» fiques font inefficaces ». Eh bien ! c'eſt ce que
je dis , & que dit la Loi de la nature. Vous devez,
dans tous les cas , vous ſoumettre à des Juges , en
prendre parmi les Nations , vos égales , & reſpecter
leurs déciſions. Celles-ci ſont obligées , de leur côté,
à vous juger , quand elles en feront requiſes , & à
vous juger avec intégrité. L'arbitrage n'eſt-il pas
au rang des *moyens doux & pacifiques ?* Vous ne
pouvez donc uſer de force qu'après les avoir tous
tentés , & que le rebelle à un jugement de cette
eſpece , ou celui qui ſe refuſeroit à ce moyen ,
viendroit ſur vous, & vous contraindroit à vous
défendre. Je ne connois pas d'autre néceſſité d'un
uſage auſſi dangereux que celui de ſe battre,

CHAPITRE IV.

Principes des Auteurs qui ont traité du Droit des Gens, décidément injustes.

Que le silence légitime, le droit de l'usurpateur sur une Nation protégée.

I. CE n'est pas assez que de trouver dans ces Auteurs, des principes bien dangereux ; ils en ont encore de décidément injustes. Nous n'en releverons que quelques-uns. L'on nous dit au Liv. 1, ch. 16, §. 199, comment le Droit de la Nation protégée se perd par son silence. « Mais si la Nation pro-» tégée ou soumise à certaines conditions, ne ré-» siste point aux entreprises de celle dont elle a » recherché l'appui ; si elle n'y fait aucune oppo-» sition ; si elle garde un profond silence, quand » elle devroit & pourroit parler, sa patience, après » un temps considérable, forme un consentement » tacite qui légitime le droit de l'usurpateur ». Je réponds que voilà deux mots, *Droit & Usurpateur*, qui ne sont pas faits pour aller ensemble ; une usurpation suppose une chose volée, une chose mal acquise, que rien ne sauroit légitimer. Qu'on n'a de *droit* que sur ce qui est véritablement à nous, & que violer le précepte de *rendre à chacun ce qui lui appartient*, qui constitue la justice, c'est attaquer le plus solide fondement de la tranquillité publique, c'est empêcher les hommes de vivre ensemble, rompre les nœuds qui les lient, &c. Et cette injustice-ci est d'autant plus grave, qu'elle part de la Nation même qui doit protéger, & de qui l'autre n'avoit que du bien à attendre.

Mais il n'y auroit rien de ftable parmi les hommes, & fur-tout entre les Nations, fi une longue
poffeffion, accompagnée du filence des intéreffés,
ne produifoit pas un droit certain. *Ibid.* Ce raifonnement eft captieux. Il faut bien qu'il y ait quelque
chofe de ftable parmi les hommes ; mais je ne vois
pas, dans la thefe préfente, que cela foit plus néceffaire entre les Nations, fur-tout dans le fyftême
de nos Auteurs ; la raifon de mettre des bornes aux
réclamations & aux procès dans les fociétés civiles,
a fait établir, en la plupart, qu'après un certain
nombre d'années, plus ou moins étendu, felon l'importance & les confidérations particulieres, il n'étoit
plus permis de recourir à fon droit : ce qu'on appelle *prefcription.*

Mais pouvons-nous dire la même chofe à l'égard
d'une Nation qui en protege une autre, & qui, au
lieu de s'acquitter envers elle de ce devoir, entreprend au contraire fur fa liberté, & veut fe la
foumettre, ou la protéger au-delà de ce dont on eft
convenu ? D'abord, la protection eft d'obligation
naturelle ; par conféquent, on ne fait rien de plus
en la ftipulant : j'en parlerai plus expreffément dans
la deuxieme Partie ; & en fecond lieu, l'objet de
l'ufurpation dont il s'agit ici, eft une autorité, un commandement, un empire, des droits en conféquence, &c. fur une Nation qui étoit libre & faifoit
corps à part. Or, rien ne fauroit profcrire contre
un droit comme celui de la liberté & de l'indépendance, qu'on reconnoît fi naturel aux Nations ; &
en effet, tout doit aboutir, dans la fcience que
nous traitons, à le leur conferver. Il n'en eft pas
de ce bien-là, comme de ceux des particuliers dans
les Etats civils, que la Loi de la Prefcription peut
leur faire perdre ; il n'eft entr'eux aucune forte de

comparaifon. Le filence d'ailleurs qu'on y oppofe-
roit eft un vrai prétexte. La diftinction eft toujours
amenée ici pour foutenir le vice : elle eft meurtriere quand il eft queftion de faire valoir la *force*,
les droits, c'eft-à-dire, les paffions des hommes ;
& les paffions des Nations font bien plus terribles :
elle eft auffi mauvaife alors qu'elle eft utile dans
la recherche de la vérité, & pour bien connoître
les actions réellement louables.

« Il faut bien obferver que le filence, pour mar-
» quer un confentement tacite, doit être volon-
» taire. Si la Nation inférieure prouve que la vio-
» lence & la crainte ont étouffé les témoignages de
» fon oppofition, on ne peut rien conclure de fon
» filence, & il ne donne aucun droit à l'ufurpa-
» teur. *Ibid.* ». Soumettre cette Nation inférieure à
la preuve qu'on lui demande, pour la rendre à fa
liberté entiere, n'eft-ce pas fe tirer évidemment de
la queftion ? De quoi s'agit-il entr'elles ? De chofes
convenues, de chofes écrites ou non écrites : fi elles
font écrites, qu'on apporte le contrat, qui, feul, doit
décider de la caufe ; & fi elles ne le font pas, la
préfomption eft pour celle des parties qui fe plaint
de ce qu'on empire fa condition, & qui réclame
fon état de liberté. Il eft naturel de l'en croire
plutôt que celle qui veut dominer. L'égalité eft un
attribut effentiel des Nations. C'eft un grand principe de nos Auteurs, & avoué par la raifon, mais
dont ils s'écartent fans ceffe. Ils difent auffi que les
foibles ne fauroient prendre trop de précautions
contre les puiffans habiles à colorer leurs entreprifes. *Ibid.* §. 198. Mais ce font encore de ces vérités qui, toutes folides qu'elles font, n'arrêtent
point. L'on va toujours à fon but. L'on moule les

regles fur la marche & les ufages des Nations,
quelque funeftes qu'ils foient aux hommes.

II. S'il y a des devoirs facrés pour eux, ce font
certainement ceux de l'humanité, auxquels les Nations font également foumifes par le même précepte
de la Loi Naturelle. Cependant vous allez voir
qu'on en arrête tout court l'exécution, au moyen
de la regle, *Qu'on ne peut rien accorder à un tiers
contre la teneur d'un traité.* « Dès qu'une Nation a
» pris des engagemens par un traité, elle n'eft plus
» en liberté de faire en faveur des autres contre la
» teneur du traité, ce que d'ailleurs elle leur eût
» accordé, conformément aux devoirs de l'huma-
» nité, ou à l'obligation générale de commercer
» enfemble. Car elle ne doit faire pour autrui que
» ce qui eft en fon pouvoir. Et lorfqu'elle s'eft ôtée
» la liberté de difpofer d'une chofe, cette chofe-là
» n'eft plus en fon pouvoir ». Liv. 11, ch. 11, §. 30.
Mais eft-on bien libre de s'ôter des pouvoirs de
cette efpece ? Ils ne font point à nous, dès que
c'eft une *obligation;* nous ne fommes pas les maîtres
d'en difpofer, & la raifon en eft fenfible, puifque
c'eft le tiers lui-même intéreffé à la chofe, qui
peut feul nous en décharger, foit en retirant fa demande, foit en fatisfaifant nous-mêmes à fon befoin. Bien loin donc de conclure, comme l'on fait,
que *lorfqu'une Nation s'eft engagée envers une autre
à lui vendre à elle feule certaines marchandifes ou
denrées, des blés, par exemple, elle ne peut les
vendre ailleurs;* je conclus qu'on ne peut point faire
de pareils traités, & qu'ils font nuls de leur nature,
parce qu'une Nation qui feroit actuellement dans le
befoin de ces blés, ou autres denrées indifpenfables à la vie, dont j'aurois de trop, a un droit

On ne peut rien accorder à un tiers (même de ce qui eft des devoirs de l'humanité), contre la teneur d'un Traité.

inconteſtable ſur mon excédent ; & que tout au plus pourrois-je, dans la concurrence, préférer celle avec qui je me ſerois déja lié, ſi elle étoit dans la même néceſſité : non pas à raiſon de mes accords, qui ſeroient nuls, mais parce que je ſuis libre, dans une telle circonſtance, de me déterminer pour celui des deux qui, à beſoin égal, a déja quelqu'affinité avec moi, ou pour qui je me ſens plus d'inclination.

Quant à ce qu'on ajoute, en finiſſant ce paragraphe, qu'*il en eſt de même, ſi elle eſt aſtreinte à n'acheter certaines choſes que de cette Nation ſeule;* comme cela n'intéreſſe point l'humanité, & qu'une Nation n'en eſt pas plus malheureuſe, pour ne pas vendre ſes denrées d'un côté plutôt que de l'autre, ou même pour ne les pas vendre du tout ; car cette poſition ſuppoſe l'abondance, qui eſt un état favorable, il eſt fort permis d'en convenir entre Nations. Mais je remarquerai qu'il eſt triſte, pour cette même humanité, que l'on confonde ainſi des choſes ſi différentes dans l'application des regles, & que l'on range ſous la même eſpece deux cas, qui ont des effets ſi oppoſés par rapport au bonheur du genre humain.

Les devoirs envers ſoi-même ſont toujours la grande regle pour anéantir les devoirs envers autrui.

III. Les raiſons qu'on nous donne de ſon ſentiment au §. 31 ſur la queſtion précédente, ne ſont pas meilleures. « Les devoirs envers ſoi-même pré-
» valant ſur les devoirs envers autrui ; ſi une Na-
» tion trouve ſon ſalut & un avantage ſolide dans
» un traité de cette nature, il lui eſt ſans doute
» permis de le faire, & d'autant plus que par-là
» elle ne rompt point le commerce général des
» Nations ; elle fait ſeulement paſſer une branche
» du ſien par d'autres mains, ou elle aſſure à un

» peuple en particulier des chofes dont il a befoin ».
Des befoins de cette efpece ne fe connoiffent que
quand ils fe montrent ; l'on ne les prévoit pas. L'on
fe doit indiftinctement à toutes les Nations ; &
l'on n'eft pas plus en droit de fe promettre d'avance
à l'une qu'à l'autre. Comme le befoin doit être
réel & preffant, il faut qu'il nous excite lui-même ;
il faut donc qu'il exifte & qu'il foit bien décidé.
Le motif d'un *avantage folide* n'autorife pas à contracter un tel engagement. Il y a mille chofes dont
on peut fe paffer. Il n'y auroit qu'un autre befoin
preffant & bien réel pour nous-mêmes qui pourroit
actuellement nous juftifier ; mais ce motif, qui eft
l'autre dont on parle, celui de *fon falut* eft encore
un être de raifon : il eft inutile de fuppofer des
extrémités pareilles qui n'ont jamais lieu. La grande
regle, c'eft la *néceffité*. Ainfi je n'admets pas même
ce qu'on ajoute : « Si un Etat qui manque de fel
» peut s'en affurer auprès d'un autre, en s'enga-
» geant à ne vendre qu'à lui feul fes blés ou fes
» beftiaux, eft-il douteux qu'il ne puiffe conclure
» un traité fi falutaire ? Ses blés ou fes beftiaux
» font alors des chofes dont il difpofe pour fatis-
» faire à fes propres befoins ». Le fel eft un bien
de la terre qui fe trouve même dans les endroits
les plus éloignés de la mer : la Providence a fu
répandre dans toutes les contrées ce principe du
goût & de la fécondité. Tout ce que la nature a
rendu néceffaire à l'homme, elle le lui a préparé,
pour ainfi dire, là où il eft, ou affez près de fa
demeure, pour qu'il puiffe l'aller chercher : ce
font ces mêmes chofes qui doivent entrer dans le
commerce, mais fans jamais le gêner ; les unes font
particulieres, mais les autres doivent être ouvertes
à tout le monde. Nous en parlerons dans la deu-

xieme Partie. Ainfi des engagemens qui vont à priver un tiers de celles-ci, manquent même de prétextes plaufibles, & font dénués de tout fondement.

L'on obferve pourtant qu'on a déja dit (§. 28) *Qu'on ne doit point prendre des engagemens de cette nature, fans de très-bonnes raifons.* Ibid. Le mal fe fent malgré qu'on faffe. Ce qui eft injufte nous bleffe en fe montrant. Mais pour des bonnes raifons, l'on n'en aura jamais, comme nous venons de le voir. Cependant, écoutons la conclufion, c'eft ce qu'il y a de pire : « Au refte, que les raifons » foient bonnes ou mauvaifes, le traité eft valide, » & les autres Nations ne font point en droit de » s'y oppofer (§. 27.) Ibid. ». Voilà encore le Droit des Gens volontaire, ce monftre de la raifon humaine & l'ennemi formel de la Loi Naturelle.

Qu'un Peuple chaffé de fa demeure, ou obligé par la trop grande multiplication, &c.

IV. Sans aller chercher de plus grands exemples de fentimens injuftes, je puis terminer par celui-ci : il eft queftion du *Droit d'habiter dans un pays étranger.* Liv. 11, chap. 9, §. 125. « L'on fuppofe un » Peuple chaffé de fa demeure, & qui eft en droit » de chercher une retraite ailleurs. L'on convient » que la Nation à laquelle il s'adreffe doit lui ac- » corder l'habitation, au moins pour un temps, fi » elle n'a des raifons très-graves de la refufer. » Mais fi le pays qu'elle habite eft à peine fuffifant » pour elle-même, rien ne peut l'obliger à y ad- » mettre pour toujours des étrangers. Et même » lorfqu'il ne lui convient pas de leur accorder l'ha- » bitation perpétuelle, elle peut les renvoyer ». Cela eft vrai, & ce n'eft pas ce que j'ai à reprendre. Comme ils ont la reffource de chercher un éta- bliffement ailleurs, ils ne peuvent s'autorifer du *Droit de Néceffité* pour demeurer malgré le maître du

du pays. « Mais il faut enfin que ces fugitifs trouvent
» une retraite ; & si tout le monde les refuse, ils
» pourront avec justice se fixer dans le premier pays
» où ils trouveront assez de terres sans en priver
» les habitans ». L'on ne peut rien dire de mieux
en leur faveur : cela est très-juste. Il semble donc
décidé que les voilà désormais les maîtres de s'arranger comme ils voudront, pourvu qu'ils ne
prennent pas des terres nécessaires à ceux du pays ?
Mais non : en ce cas même, « La nécessité ne leur
» donne que le droit d'habitation, & ils devront
» se soumettre à toutes les conditions supportables
» qui leur seront imposées par le maître du pays ;
» comme de lui payer un tribut, de devenir ses
» sujets, ou au moins de vivre sous sa protection
» & de dépendre de lui à certains égards ». L'on
finit cependant par dire que « Ce droit (d'habiter
» dans un pays étranger) est un reste de la com-
» munion primitive ». Cet aveu seul est une réfutation du sentiment injuste que je combats. Car
qu'est-ce que la *Communion primitive ?* Elle suppose une égalité de droits. Dans le premier âge du
monde, chaque famille se plaçoit où elle vouloit,
dans tous les lieux qui n'étoient pas encore occupés : les unes furent permanentes, les autres er-
rerent. Peu à peu les places les plus à portée ou
les plus convenables se trouverent prises : il fallut
faire des émigrations ; les familles sédentaires se
multiplierent trop ; mais la terre avoit pourtant
toujours de quoi loger ses habitans ; car encore aujourd'hui combien de vastes déserts, de forêts im-
menses, de terres incultes ? Qu'arriva-t-il de ce te
séparation du genre humain ? Il s'y forma des
troupes d'hommes, des corps de sociétés ambulans
ou à demeure : voilà les Nations. La communion

primitive fut ainſi partagée, & ſe retrouva parmi tous ceux qui vécurent enſemble ſous des Loix communes. Mais ce partage, quel droit donna-t-il à ces troupes, à ces corps d'hommes & de peuples jetés indiſtinctement çà & là ſur la ſurface du globe, par les révolutions du haſard & des circonſtances, ou bien du caprice ? Ils n'eurent d'autre droit chacun, que celui de prendre l'étendue de terre dont ils avoient beſoin pour ſubſiſter, le ſurplus n'étoit point à eux. Or, ce n'eſt pas être privé d'une choſe, que de ne l'avoir pas quand on n'en a pas beſoin : le mot de *privation* ſous-entend celui de *néceſſité.* Ainſi, par les propres termes que j'ai cités, ſi ce peuple chaſſé de ſa demeure, ou bien obligé par la grande population de chercher une retraite autre part, peut avec juſtice ſe fixer dans le premier pays où il trouvera aſſez de terres ſans en priver les habitans; quelle juſtice, d'un autre côté, y a-t-il de l'aſſervir, de lui impoſer des conditions, de le rendre tributaire, &c. ? Ces terres, où il peut ſe placer n'étant point néceſſaires à la Nation qui veut s'en prévaloir, elles ne ſont plus à elle : l'on n'a de véritable poſſeſſion, ſuivant l'eſprit de la nature, je le répete, que dans les choſes dont on ne peut abſolument ſe paſſer. En pareil cas donc, elle eſt obligée de laiſſer ce peuple libre & indépendant comme elle, maître d'habiter dans ces terres ſuperflues, & d'en uſer comme il lui plaira, ſi d'ailleurs il ſe contient dans les regles de la modération & de l'équité. Il eſt évident que tout ce qu'elle voudroit exiger au-delà, ſeroit ſans titre, & bleſſeroit la juſtice & l'humanité.

Exemples mal fon-

V. Cependant il faut tout dire. L'on nous obſerve au §. 136 du même Livre, « que les Em-

» pereurs Probus & Valens se trouverent mal d'a-
» voir reçu dans les terres de l'empire , des bandes
» nombreuses de Gepides , de Vandales , de Goths
» & d'autres barbares ». Et l'on ajoute que « si le
» Souverain y voit trop d'inconvénient & de dan-
» ger , il est en droit de refuser un établissement à
» ces peuples fugitifs , ou de prendre , en les re-
» cevant , toutes les précautions que lui dictera la
» prudence. L'une des plus sûres sera de ne point
» permettre que ces Etrangers habitent tous en-
» semble dans une même contrée , & s'y main-
» tiennent en forme de peuple ». La raison qu'on
nous en donne , c'est que « des gens qui n'ont pas su
» défendre leurs foyers , ne peuvent prétendre au-
» cun droit de s'établir dans le territoire d'autrui ,
» pour s'y maintenir en Corps de Nation ». Mais
cette raison , qui est la réponse même que fit César
aux Tencturiens & aux Usipetes , qui vouloient
garder les terres dont ils s'étoient emparés : *Neque*
verum esse , qui suos fines tueri non potuerint , alienos
occupari. De bello Gallico. Lib. 4, cap. 8. Cette
raison , dis-je , est vaine & injurieuse à l'état de ces
Peuples obligés d'aller chercher une autre habitation ; il est question là d'un Peuple chassé de sa demeure. Où est le tort de celui qui a eu le malheur
d'être contraint par la force à sortir de son pays ?
L'on ne présume pas qu'il ait fait cela de gaieté de
cœur ; & rien n'annonce dans cette nécessité un
défaut de courage , des sentimens bas & indignes
de gens d'honneur (1). Pourquoi donc leur en faire

dés qu'on apporte de cette né-cessité d'en user ainsi par le maî-tre du pays.

_____

(1) Les Tencturiens & les Usipetes dirent au contraire à
César , qu'ils n'étoient pas sortis de le-- pays volontairement : *Hoc tamen dicere , venisse invitos , ejectos domo. . .*
que du reste , ils ne le cédoient qu'aux Sueves , à qui même

un crime , & faire fervir contre eux-mêmes ce qui
devroit au contraire intéreffer davantage en leur
faveur ? Et à l'égard d'un Peuple que la trop grande
multiplication obligeroit de même à chercher de
nouvelles terres, s'ils font bien unis, fi c'eft un tout
qui veuille fubfifter en cet état de Corps & de Société , vous n'avez pas la moindre autorité fur lui.
Vous êtes obligé de lui défemparer les terres que
vous avez de trop , puifque vous ne pouvez prendre
du globe que ce qu'il vous faut pour votre befoin :
telle eft l'ordonnance de la nature. Je n'en connois
pas d'autre de fa main.

Toutefois la prudence peut s'accorder avec la
juftice : il eft dans l'ordre de travailler d'avance à
fe garantir de toute entreprife de la part d'un
peuple inconnu, fuppofé qu'il en fût capable ; mais
les précautions que nous avons à prendre , ne le
peuvent gêner en rien dans la qualité de Peuple ,
c'eft-à-dire , que nous ne pouvons nous-mêmes entreprendre fur lui. Il faut que nous prenions chez
nous les moyens que nous cherchons : ils confiftent
à redoubler l'ordre , ranimer les bonnes mœurs ,
exciter à l'amour de la Patrie par la pratique des
vertus , donner d'excellens exemples aux autres

---

les Dieux immortels ne pouvoient réfifter : *Sefe unis Suevis
concedere quibus ne Dii quidem immortales pares effe poffint.*
Et ils n'étoient point lâches ni déraifonnables ; car leurs
premieres paroles furent , que leur deffein n'étoit pas de
faire la Guerre au Peuple Romain ; mais que s'il les attaquoit, ils auroient plutôt recours aux armes qu'aux prieres,
à l'exemple de leurs ancêtres : *Germanos neque priores Po-
pulo Romano bellum inferre , neque tamen recufare , fi lacef-
fantur , quin armis contendant : quòd Germanorum confuetu-
do hæc fit majoribus tradita , quicumque bellum inferant refif-
tere , neque deprecari.*

Nations. Votre gloire s'étendra au loin, & ce nouveau
Peuple qui s'eft mis à côté de vous, en fera plus
porté à vous refpecter & à vous craindre. Soyez
toujours en état de défenfe, mais ne foyez que
dans cet état : chaque homme fera alors un lion
dans le combat, & un agneau dans le commerce
de la vie.

Toutes ces funeftes maximes, tous ces principes
dangereux, toutes ces opinions injuftes, font nées
infenfiblement du relâchement & de l'envie de commander. La force les a autorifées, & la complaifance a tâché de leur donner un voile honnête ;
mais la vérité, fupérieure à tous les déguifemens
& à la contrainte, les montre à nud, & les réprouve comme l'opprobre de l'efprit humain, &
le boute-feu de toutes les diffenfions & de toutes les
Guerres. En effet fi, d'une part, l'efprit de l'homme
eft tombé à cet égard dans des égaremens étranges ;
de l'autre, il en eft réfulté, pour les Nations, les
plus méchans effets. Il a fait tort à fon intelligence,
il a enfanté des monftres, des êtres chimériques,
fes écarts font comme incompréhenfibles ; mais
auffi, il a travaillé contre lui-même, il s'eft aveuglé dans fa propre caufe. Il a méconnu les véritables
intérêts de l'humanité. Il a plongé les Peuples dans
une infinité d'excès, dans des ratinemens de malice,
dans des furcroîts de vengeance, dans des gouffres
d'iniquités de toutes les efpeces, qui auroient peut-
être été méconnus fans lui : car le mal produit par
les fimples mouvemens de la nature, n'eft que mo-
mentanée & fans fuite ; au lieu que celui qui vient
des mauvaifes inftructions & des enfeignemens em-
poifonnés, a des effets d'autant plus terribles,
qu'étant le fruit de la réflexion, ils fe reproduifent
& s'accroiffent fans ceffe.

CHAPITRE V.

Des idées contraires à la probité naturelle, qu'on trouve dans les Auteurs qui ont traité du Droit des Gens.

Les écarts font encore ici plus révoltans.

MAIS que dirons-nous de ces idées amenées à la suite des erreurs que je viens de relever, & qui font contraires, non-feulement au deffein d'unir tous les hommes, mais encore à la probité naturelle qui doit être la bafe de toute Société Politique ? Rien ne marque mieux les dangers de l'illufion ou la force des préjugés, que la confiance avec laquelle on a ofé les produire. C'eft ici que les écarts font encore plus étonnans. Mais ils révoltent d'autant plus la nature. Comment avez-vous pu, hommes favans, avec tant de droiture & de fagacité, manquer fi fort à l'une & à l'autre ?

Stratagêmes & rufes de Guerre.

1°. Je vois d'abord que vous permettez les ftratagêmes & les rufes de Guerre, non-feulement comme des actes pratiqués dans tous les temps, mais comme compatibles avec la juftice, & convenables au but de l'humanité : « Lorfqu'en faifant » tomber l'ennemi dans l'erreur, foit par un dif- » cours dans lequel on n'eft point engagé à dire » la vérité, foit par quelque démarche fimulée, » on peut fe procurer un avantage dans la Guerre, » lequel il feroit permis de chercher à force ou- » verte : il n'y a nul doute que cette voie ne foit » permife. Liv. 3, chap. 10, §. 178 ». Je réponds

que fi ce n'eft point mentir 'que de parler contre
fa penfée , dans un difcours où l'on n'eft point
obligé de dire la vérité , c'eft fûrement mentir,
lorfqu'on pourroit fe difpenfer d'ouvrir la bouche ,
& qu'on ne parle ainfi que pour faire tomber dans
un piége. La parole eft le figne le plus éminent &
le plus refpectable des volontés des hommes. Elle
a pour objet de les réunir, de les lier, de les dé-
lier, de les déterminer, &c. La bonne foi eft donc
néceffairement fa compagne, & fon unique but, la
vérité. C'eft en pervertir l'ufage facré que de la
faire fervir au menfonge pour induire en erreur
l'ennemi même à qui elle parviendroit indirectement. Elle eft faite pour le bien de l'humanité &
non pas pour fa perte ; & c'eft par cette raifon
importante que, quoiqu'il ne faille jamais mentir,
il eft un cas néanmoins, où l'on peut dire le contraire de ce qui eft ; favoir, lorfqu'il s'agit de fe
fauver foi-même ou autrui, dans ces occafions
graves, mais rares, où nulle autorité fur la terre
n'a le droit de nous arracher notre fecret ; mais
hors de ce cas unique, & lorfqu'on eft libre de
parler ou de fe taire, c'eft une indigne trahifon que
d'employer la parole pour tromper même fon
ennemi.

La parole ne doit jamais fervir à tromper perfonne, pas même fon ennemi.

Les démarches font d'un autre genre. Si quelqu'un
vient m'attaquer, & que je me voye obligé de
repouffer des forces redoutables, je fais femblant
d'aller d'un côté pour aller de l'autre, où je pourrai
me procurer l'avantage du lieu, ou d'autres reffources capables de me feconder. C'eft à mon
ennemi à juger de ce que demande ma fituation &
à fe diriger en conféquence, s'il me fuppofe de
l'adreffe & du favoir ; ces fignes équivoques de

Différence de la parole d'avec les démarches.

mes intentions doivent lui être suspects, ils n'emportent pas par eux-mêmes la nécessité de dire vrai. Il faut qu'il me cherche là où je suis. Il est possible que j'aye changé de dessein, & qu'après avoir pris une telle route, j'aye voulu me tourner ailleurs. Il n'y a pas un effet lié entre une chose & une autre. Au lieu que quand je parle, la pensée que mes mots expriment ne peut être prise que pour ce qu'elle est ; c'est une monnoie marquée au coin de la vérité, tout comme la monnoie courante est marquée au coin du Prince. Il est certain, à l'égard de celle-ci, que je n'en puis pas donner de fausse, soit directement ou indirectement à mon ennemi ; il en doit être de même de l'autre.

Abus de la maxime, que l'humanité nous oblige à préférer les moyens les plus doux, dans la pourfuite de nos droits.

Vous continuez de cette forte. « Comme l'humanité nous oblige à préférer les moyens les plus » doux dans la poursuite de nos droits, si par une » ruse de Guerre, une finesse exempte de perfidie, » on peut s'emparer d'une place forte, surprendre » l'ennemi, & le réduire ; il vaut mieux, il est » réellement plus louable de réussir de cette ma- » niere, que par un siege meurtrier, ou par une » bataille sanglante. *Ibid.* » Vous voulez donc un autre mal pour remede. Pour épargner le sang humain, vous n'avez que le mensonge & la mauvaise foi, c'est à-dire, l'abus de la parole. Mais que n'allez-vous à la source du mal en défendant les Guerres mêmes ? En est-on moins coupable de se livrer aux excès du vin, pour se préserver de ceux des femmes, par la raison qu'on guérit d'une passion par une autre ? Vous n'êtes pas pour la *perfidie ;* mais n'est-ce pas être perfide envers la vérité que de la trahir de cette forte ? Et la foi naturelle que nous lui devons fera-t-elle moins pré-

cieufe que celle qui eft due à nos engagemens arbitraires ? Sera-ce toujours ainfi que nous décré-
diterons cette loi de la nature, en ne donnant de
valeur, pour ainfi dire, qu'aux actes qui émanent
de notre volonté ? Mais la confcience & la probité
refteront-elles muettes ? Voyons fi la confidération
de diminuer les maux de la Guerre, par l'ufage
des rufes & des ftratagêmes, n'eft pas vaine encore
& illufoire.

Les tromperies faites à l'ennemi fans perfidie,
foit par des paroles, foit par des actions, les piéges
qu'on lui tend en ufant des droits de la Guerre,
» font des *ftratagêmes* dont l'ufage a toujours été
» reconnu pour légitime, & a fait fouvent la gloire
» des plus grands Capitaines. *Ibid.* » *Les Romains
en penfoient bien différemment, puifque de votre
aveu,* » l'on a vu des Peuples & les Romains eux-
» mêmes, pendant long-temps, faire profeffion de
» méprifer à la Guerre toute efpece de furprife,
» de rufe, de ftratagême; & d'autres qui alloient
» jufqu'à marquer le temps & le lieu où ils fe pro-
» pofoient de donner bataille. *Ibid.* » Vous répon-
dez qu'il y avoit plus de générofité que de fageffe
dans une pareille conduite. Mais non ; elle eft dans
l'ordre & dans la nature de la chofe. Si pour me
contraindre à vous accorder ce que vous croyez
vous être dû, & que je crois pouvoir vous refufer,
vous employez un moyen auffi douteux que celui
de la force ; il faut bien que vous ayiez une certaine confiance en vous-même, & que vous vous
préfentiez à moi ? Cela fuppofe que vos démarches font ouvertes & connues. La franchife eft
l'ame de cette forte de combat; & le bon droit,
qui fe détermine à attaquer, marche en affurance

[marginal notes:] Propofition com-
battue par
l'exemple
des Ro-
mains, &
autresPeu-
ples, qui
mépri-
foient à la
Guerre,
toute forte
de furpri-
fe, de ru-
fe, de ftra-
tagême.

Ils con-
noiffoient
en cela la
vraie va-

leur & le
caractere
du bon
droit.

& dédaigne ces détours obscurs & captieux qui ne font bons que pour les ames foibles, & les cœurs coupables. La valeur d'Achille étoit la véritable ; & quoi que vous en difiez, vous êtes pourtant forcé de convenir que *lorfque la valeur fimple & ouverte peut affurer la victoire, il eft des occafions où elle eft préférable à la rufe, parce qu'elle procure à l'Etat un avantage plus grand & plus durable.* Ibid. D'où vient qu'elle procureroit un pareil avantage, fi ce n'eft que l'ennemi vaincu de cette forte, reconnoiffant la force & la fupériorité de l'autre Nation, eft porté naturellement à la refpecter ? Des fuccès, au contraire, qu'on ne doit qu'à la rufe, fuppofent de la foibleffe, & laiffent dans le parti vaincu l'efpérance de fe relever, & l'intention de reprendre les armes au premier moment favorable. D'autre part, fi les tromperies étoient bannies, la néceffité de fe montrer à découvert, & de n'avoir recours qu'à fes feules forces & à fon courage, rendroit les Peuples plus circonfpects avant de fe décider pour la Guerre, & l'on y penferoit à deux fois. Ainfi, de quel côté que l'on confidere les ftratagêmes & les rufes de Guerre, avouez, vous qui dites que *les moyens les plus fûrs & les plus doux font auffi les plus louables, pourvu qu'ils n'aient rien d'illicite & d'odieux en eux-mêmes ;* avouez, dis-je, qu'ils manquent de ces qualités effentielles, puifqu'ils ne vont que fort imparfaitement à l'épargne du fang humain, en entretenant au contraire l'efprit des Guerres, & qu'ils font un indice de vice & de lâcheté, toujours oppofé au caractere de l'honnête homme & de l'exacte probité, à laquelle l'abus de la parole fur-tout, donne vifiblement atteinte.

II. Je trouve une autre décifion bien moins conforme encore à cette même probité & à la nature
de la Guerre, quoi qu'en dife l'Auteur (1), avec un
ton plus affirmatif que bien foutenu, dans le §. 155
du Liv. 3, chap. 8, « qu'un foldat déterminé fe
» gliffe pendant la nuit dans le camp ennemi, qu'il
» pénetre jufqu'à la tente du Général & le poi-
» gnarde, il n'y a rien là de contraire aux Loix
» naturelles de la Guerre ; rien même que de
» louable dans une Guerre jufte & néceffaire ». Il
ajoute un peu plus bas : « Si quelqu'un a condamné
» abfolument ces coups hardis, ce n'eft que pour
» flater ceux d'entre les Grands qui voudroient
» laiffer aux foldats & aux fubalternes tout le dan-
» ger de la Guerre ». Cette réflexion eft bien ha-
fardée & bonne pour rire. Puifque vous dites fort
bien que « pour traiter folidement cette queftion,
» il faut d'abord ne point confondre l'affaffinat
» avec les furprifes très-permifes fans doute dans
» la Guerre ». Il étoit néceffaire de commencer
par bien définir l'*affaffinat*, & de diftinguer foi-
gneufement les furprifes que la Guerre autorife,
des trahifons que tout le monde détefte. Vous ap-
pellez *affaffinat*, « un meurtre commis par trahifon,
» foit qu'on y employe des traîtres, fujets de celui
» qu'on fait affaffiner, foit qu'il s'exécute par la
» main de tout autre émiffaire qui fera introduit
» comme fuppliant ou réfugié, ou comme tranf-
» fuge, ou enfin comme étranger ». Et vous dites :
« qu'un pareil attentat eft une action infâme & exé-
» crable dans celui qui l'exécute & dans celui qui

*L'affaffi-
nat.*

On au-
roit dû le
bien défi-
nir. Celui
qu'on en-
tend ren-
ferme
trois cri-
mes.

(1) C'eft toujours Wattel.

» la commande ». Je le crois bien, le crime eſt triple : on y eſt *traître*, *ingrat & meurtrier*, à la fois. Venir ſous des dehors trompeurs pour enlever la vie à ſon hôte, tandis qu'on eſt cenſé lui demander ſûreté pour ſoi-même, c'eſt pervertir l'uſage des bons offices, & les faire tourner à la perte de celui-là même qui les rend : rien ne peut être plus horrible & plus déteſtable. Mais il eſt encore un genre de trahiſon qui mérite la proſcription & l'indignation générale : on l'auroit penſé comme nous, ſi l'on avoit donné une bonne définition de l'*aſſaſſinat*, & qu'on eût pris garde qu'il y avoit auſſi telle ſurpriſe à la Guerre, qui pouvoit paſſer pour une véritable *trahiſon*, quoique moins révoltante que celle dont nous venons de parler : tâchons donc de mieux définir l'*aſſaſſinat*, & nous pourrons reconnoître que l'exemple propoſé ne câdre point avec les regles de l'*honnête*, inſéparables de celles de la Guerre, quelque droit que la bonne cauſe puiſſe donner ſur ſon ennemi ; mais auparavant,

Idée du mot *honnête* ou *honnêteté*.

donnons auſſi une idée de ce que nous entendons par le mot *honnête*. J'entends toute action, tout ſentiment ou toute penſée qui découle eſſentiellement de la nature de la choſe : je veux dire par rapport aux hommes entr'eux, de *cette égalité indeſtructible* qui doit laiſſer de la proportion entre les individus de la même eſpece dans la recherche des biens comme dans la fuite des maux, & qui eſt comme la ſauve-garde des droits innés d'un chacun : & par rapport aux objets de leurs deſirs ou de leurs craintes, de *la convenance ou de la diſconvenance* qui doit être entre ces objets & leurs véritables beſoins, ainſi qu'avec l'ordre établi : comme encore entre les moyens dont on uſe & ces mêmes objets ; de maniere que ſi un Prince, par exemple, porte

la Guerre, ou qu'on la lui faffe, il puiffe réellement agir, ou de corps à corps par un combat fingulier, comme cela arrivoit affez fouvent, dans
les temps anciens, ou en oppofant une armée à une
autre armée, ainfi qu'on l'a plus univerfellement
pratiqué : qui font les deux feules voies naturelles à
ufer de contrainte. Or, d'après cette idée, le cas
qu'on fuppofe eft un véritable *affaffinat*. Il répugne
aux loix féveres de l'honneur, qui n'eft, après tout,
que l'*honnête* lui-même. Ainfi, difons que l'*affaffinat*   Caracteres
confifte à ôter la vie à quelqu'un, par une action   de l'affaf-
dirigée fur lui à cette fin, fans que le foin d'une jufte   finat.
défenfe y oblige, comme à la Guerre, ou dans un
combat fingulier; ou fans y être commis par l'Etat,
comme font les Exécuteurs de la Haute-Juftice : car
faut-il bien parler de ceux-ci, puifqu'ils ôtent la
vie, quoiqu'ils ne foient pas *affaffins*? Ainfi le foldat
déterminé qui fe gliffe pendant la nuit dans le camp
ennemi, qui pénetre jufqu'à la tente du Général,
& le poignarde, n'eft dans aucun de ces cas-là. Il   bien déve-
ne fait point la Guerre. Il porte un coup meurtrier   loppés
fans qu'on l'attaque, fans qu'il puiffe même fe dé-   dans l'ac-
fendre après cet audacieux exploit. Il veut périr en   tion du
pure perte pour lui, puifqu'il n'a pas feulement   SoldatRo-
l'efpoir de revenir fauve : ceci eft trop peu naturel   main
pour être jufte; & par rapport au Général qu'il a   qu'on cite
privé de la vie, dira-t-on que la Nation lui a tranf-   en exem-
mis tous fes pouvoirs? Oui, fi c'eft en le combat-   ple.
tant, comme ont droit de faire tous les foldats à
l'armée quand elle donne; mais elle ne peut pas
tranfmettre ce qu'elle n'a point : fon droit à elle fe
borne à avoir les armes à la main, & à s'en fervir contre l'ennemi qui fe défend ou qui l'attaque.
Ici le Général ne fe défend point, il eft fans armes, il n'a pas le choix en ce moment de deman-

der la paix & de propofer des conditions ; car il
eſt bien à croire qu'il auroit mieux aimé finir la
Guerre que de ſuccomber ſi miſérablement. Toutefois ce Général dans ſa tente , & toute l'armée dans
ſon camp , peuvent être ſurpris & pouſſés vivement par l'armée ennemie (une fois le droit de la
Guerre admis), ſans que les mêmes raiſons ſubſiſtent : car une armée entiere , ou un gros parti
ne s'ébranle pas ſi facilement ; elle ne peut ſe gliſſer
comme fait un ſeul homme : ſon avenue ne peut
être entiérement ignorée ; il ſuffit , comme on dit ,
de faire bonne garde pour ſe garantir d'un pareil
coup de main. L'ennemi ſurpris alors ſe rallie tant
bien que mal ; il court aux armes , il ſe défend ou
il prend la fuite , ou bien il ſe rend. Les victimes
de ce choc inattendu n'ont ſubi que le ſort de la
Guerre ; ils ſont tombés ſous le fer de la Nation
même que ces troupes ſurvenues repréſentent. Un
homme en cette conjoncture n'en veut pas préciſément à tel homme ; il s'attaque indiſtinctement ,
& ſans les connoître , à tous ceux que le haſard lui
préſente. Au lieu que le ſoldat déterminé , dont
nous avons parlé , s'en vient furtivement , & ſans
que rien l'annonce , chercher le Général , qu'il diſtingue au milieu des ſiens , il le poignarde , ſans
pouvoir légitime , comme nous avons vu , & s'aſſure , par un déguiſement aſſez facile , le ſuccès de
ſon entrepriſe. N'eſt-ce pas-là une véritable trahiſon ? Car il eſt des trahiſons de plus d'une ſorte ,
ainſi que je l'ai déja obſervé. Il ne manque à cette
action que l'ingratitude pour la rendre auſſi odieuſe
que l'autre. Mais elle a tous les caracteres de l'aſſaſſinat.

Point d'aſ-
ſaſſinat

Diſons auſſi qu'il n'eſt point d'*aſſaſſinat* ſans

trahifon, puifque celui qui tue de cette maniere, trahit la foi publique ou particuliere, qui eft tacite ou exprimée, & dont les loix de la Guerre ne fauroient difpenfer : c'eft le cas de ce *Mucius Scevola* dont on nous parle avec éloge. L'on voit par la qualité qu'il fe donne d'ennemi (1), en parlant à *Porfenna*, qu'il avoit une fauffe idée de la Guerre. Et c'eft fur ce faux principe que tant de grands hommes de l'antiquité l'ont loué. Les Romains eux-mêmes ont contredit ce jugement dans une autre occafion femblable où ils étoient intéreffés. Si donc le Prince ou le Général attaqué de cette maniere, punit ordinairement le coupable par de rigoureux fupplices, ce n'eft pas feulement, comme on nous dit, pour ufer de fes droits, & pour travailler à fa fûreté, mais c'eft qu'on penfe qu'il convient à l'humanité entiere de contenir, par les plus terribles exemples, les audacieux de cette forte, & de bannir de deffus la terre des vices qui mineroient infenfiblement les fondemens de toute vertu. Vous dites bien vous-même : « Et quel fléau plus terrible à l'humanité » que la coutume de faire affaffiner fon ennemi par » un traître ? *Ibid.* » C'eft encore, comme vous l'obfervez, « parce qu'un acte eft pernicieux à la » fociété humaine, & que l'ufage en feroit funefte » aux hommes, que nous jugeons que cet acte eft » criminel, contraire à la Loi de la nature ». Mais vous ne le dites que de l'*affaffinat* tel que vous l'avez défini; & j'ai fait voir qu'un pareil meurtre eft effectivement le comble de la méchanceté, puifqu'il renferme trois crimes à la fois. Mais il eft encore

fans trahifon.

Il eft encore deux crimes dans l'action de *Mucius Scævola.*

(1) *Hoftis, hoftem occidere volui.* Tit.-Liv. Lib. 2, Cap. XII.

deux crimes dans l'action de *Mucius Scevola*. Et c'en
eſt bien aſſez pour le proſcrire , par les mêmes
raiſons qui vous décident contre l'autre. L'on ne
ſauroit trop réprimer des coups hardis , dont l'imitation , portée dans le ſein des ſociétés , & juſques
dans des Nations amies , peut avoir des ſuites ſi
funeſtes. Quoique vous en borniez l'uſage à la
Guerre , & contre un injuſte ennemi, les mauvaiſes
habitudes ſe contractent , les dangereux exemples
ſe communiquent (1) , & la pratique des forfaits
tombe , puis inſenſiblement dans l'arbitraire : les
hommes corrompus s'en autoriſent , & n'y voient
plus rien de terrible que la rigueur des Loix. Ils ſe
livreront à coup ſûr à les commettre quand ils

Objection
&réponſe. pourront ſe ſouſtraire à la punition. D'ailleurs, l'on
ne peut pas dire que ces coups extraordinaires ne
ſoient permis qu'en faveur du bon droit, c'eſt
l'objection que vous vous faites vous-même à l'é-
gard de l'*aſſaſſinat* pris dans votre ſens. Mais puiſque l'action de Mucius Scevola eſt un vrai aſſaſſinat, comme je l'ai aſſez expliqué, je me ſervirai
de votre même réponſe : tous prétendent dans leurs
Guerres avoir la juſtice de leur côté ; ainſi tous ſe
croiront permis la même choſe ; je dirai donc
comme vous, que « quiconque, par ſon exemple,
» contribue à l'introduction d'un uſage ſi funeſte,
» ſe déclare l'ennemi du genre humain, & mérite
» l'exécration de tous les ſiecles ».

Vous convenez pourtant , en parlant de l'action

---

(1) L'imitation eſt familiere au genre humain. On imite
quelquefois les vertus d'une Nation célebre, & plus ſouvent ſes vices & ſes travers. Wattel lui-même, ſur l'obligation aux Nations de ſe donner de bons exemples, Livre II, Chapitre I, §. 13.

de

de ce Mucius , « qu'il fera beaucoup plus louable
» de renoncer de part & d'autre à toute efpece
» d'hoftilité qui met l'ennemi dans la néceffité d'em-
» ployer les fupplices pour s'en défendre , & qu'au-
» jourd'hui les entreprifes de cette nature ne font
» point du goût de nos Généraux Guerriers , &
» qu'ils ne les tenteroient que dans ces occafions
» rares où elles deviendroient néceffaires au falut
» de la Patrie ». Votre aveu fe rapproche de mon
fentiment ; mais il eft fâcheux , braves Guerriers ,
qu'on vous mette encore dans l'obligation de commettre un crime. L'on eût bien dû fe difpenfer de
prévoir un cas qu'on peut dire métaphyfique. Car
il eft impoffible d'admettre que le falut de la Patrie
dépende jamais d'un pareil coup de main , en donnant au mot *falut* toute fon énergie. Concluons
donc que l'action de ce foldat déterminé , qui fe
glifferoit pendant la nuit dans le camp ennemi , qui
pénétreroit jufqu'à la tente du Général & le poignar-
deroit, feroit véritablement contraire aux Loix Naturelles de la Guerre , aux idées innées de l'honnête
& de la probité , à l'édification & à la fûreté du
genre humain ; enfin, qu'elle feroit un vrai *affaffinat*
digne de la réprobation univerfelle.

III. L'ufage des Efpions , qui eft une autre ef- Des Efpece de tromperie à la Guerre , ou de pratique fe- pions.
crete , & que nos Auteurs permettent auffi , eft
encore très-odieux & criminel , & dégrade l'honnêteté publique & celle des Nations. Ce font des
gens , comme on dit , qui s'introduifent chez l'ennemi pour découvrir l'état de fes affaires , pénétrer
fes deffeins , & en avertir celui qui les emploie.
L'on nous apprend que fi ceux qu'il (le Souverain)
« emploie viennent s'offrir d'eux-mêmes , ou s'il

» n'y engage que des gens qui ne font point fujets
» de l'ennemi, & qui ne tiennent à lui par aucun
» lien, il n'eſt pas douteux qu'il ne puiſſe légiti-
» mement & ſans honte, profiter de leurs ſervices.
Liv. 3, chap. 10, §. 179. Cependant l'on ajoute
ceci : « qu'un homme d'honneur, qui ne veut pas
» s'expoſer à périr par la main d'un bourreau, ne
» fait point le métier d'Eſpion, par la raiſon qu'on
» punit communément les Eſpions du dernier ſup-
» plice ». Mais l'on prétend toujours qu'on ne punit ainſi ces derniers, que parce que l'on n'a guere
d'autre moyen de ſe garantir du mal qu'ils peuvent
faire : c'eſt ce qu'on a avancé en parlant de ceux
qui ſe chargent d'aſſaſſiner un Général. Comme je
viens de réfuter cette raiſon dans l'article précédent,
qui a trait au §. 155, auquel ici l'on nous renvoie, je n'en dirai pas davantage à ce ſujet; mais

L'Eſpio-
nage eſt
eſſentiel-
lement
mauvais.

je ſoutiens que l'*Eſpionage* eſt eſſentiellement mauvais; qu'il eſt plein de malice & de mauvaiſe foi :
il engage celui qui fait ce rôle à tromper ſans ceſſe
la Nation chez laquelle il eſt. L'on dit communément que nous n'avons pas de pires ennemis que
nos domeſtiques (1). C'eſt qu'ils rapportent ce qui
ſe paſſe dans nos familles ; mais la plupart ne
tombent dans ce défaut que par inconſidération ou
par envie de parler, ou par bêtiſe : ils n'ont pas
le deſſein de nuire, & ils regardent même les
choſes qu'ils relevent comme n'intéreſſant point la
fortune ou la réputation de leurs maîtres. Au contraire, les Eſpions n'ignorent point que leurs avis

_____

(1) Je ſouſcris volontiers, dit l'Abbé **Dubos**, au Livre
qui a dit : *que les plus grands ennemis de la gloire des héros,*
étoient leurs Valets de chambre. Réflexions critiques ſur la
Poéſie & la Peinture.

& leurs démarches vont au défavantage ou à la perte de la Nation dont ils décelent les affaires. Pour tâcher de pénétrer dans tous les secrets, & d'avoir les accès libres, ils se revêtent de la qualité d'amis & se donnent pour gens qui s'intéressent à la Nation : ou bien ils profitent, comme habitans, de cette confiance naturelle & inévitable que tout Etat a en ses propres Sujets, sur-tout dans des opérations & des manœuvres qui ne peuvent se passer dans le silence : ils font servir ainsi la demeure qu'on leur laisse prendre, la sûreté dont ils jouissent, les avantages que le pays leur fournit pour la vie ou autrement, au préjudice même de cette Nation qui les souffre & qui ignore leur mauvais dessein. Est-il de caractere plus odieux, & n'est-ce pas la trahison même ? Cela est si clair, que la vérité perce, malgré qu'on en ait. Wattel est forcé de convenir que « Cet homme d'honneur qui refuse » de faire un pareil métier, le juge d'ailleurs indigne » de lui, parce que ce métier ne peut guere s'exer- » cer sans quelque espece de trahison ». Et il conclut par dire que « le Souverain n'est pas en droit » d'exiger un pareil service de ses Sujets, si ce n'est, » peut-être, dans quelque cas singulier & de la » plus grande importance ». Cette restriction-ci & l'adoucissement qu'on apporte à l'aveu qu'on a été forcé de faire, indiquent assez qu'on a senti tout le vice d'une telle pratique. Comment donc oser la permettre ? Et pourquoi dire qu'un Souverain *peut accepter légitimement & sans honte*, ce qu'on ne peut exécuter sans *infamie ?* Car tout métier de traître est infâme.

IV. « Mais est-il permis, est-il honnête de solli- » citer les Sujets de l'ennemi à le trahir, pour nous

Aveu des partisans de l'espionage, qui les condamne.

Des pratiques pour séduire

les gens de l'ennemi. » fervir d'Efpions » ? *Ibid.* Où autrement : « Eft-il » permis de féduire les gens de l'ennemi, pour les » engager à bleffer leur devoir par une honteufe » trahifon » ? *Ibid.* §. 180. Cette queftion, comme l'on voit, eft plus férieufe que celle que nous ve-nons de traiter, & femble, par cette raifon, ne devoir pas être douteufe. Cependant elle eft dé-cidée toujours à l'avantage du prétendu Droit de la Guerre, bien que l'on y faffe encore des aveux qui ne s'accordent point avec cette décifion. Voici comme on y répond. « Il faut diftinguer entre ce » qui eft dû à l'ennemi, malgré l'état de Guerre, » & ce qu'exigent les loix intérieures de la con-» fcience, les regles de l'honnêteté. Nous pouvons » travailler à affoiblir l'ennemi par tous moyens » poffibles (§. 138) , pourvu qu'ils ne bleffent » pas le falut commun de la fociété humaine, » comme font le poifon & l'affaffinat (§. 155). » Or, la féduction d'un Sujet pour fervir d'Efpion, » celle d'un Commandant pour livrer fa place, » n'attaquent point les fondemens du falut commun » des hommes, de leur fûreté. Des Sujets Efpions » de l'ennemi, ne font pas un mal mortel & in-» évitable; on peut fe garder d'eux jufqu'à un cer-» tain point : & quant à la fûreté des places fortes, » c'eft au Souverain de bien choifir ceux à qui il » les confie. Ces moyens ne font donc pas con-» traires au Droit des Gens externe dans la Guerre; » & l'ennemi n'eft point fondé à s'en plaindre, » comme d'un attentat odieux; auffi fe pratiquent-ils » dans toutes les Guerres. *Ibid.* §. 180 ». Il eft clair, par ce qu'on vient de lire, que le principe décifif qui fait rejeter dans la Guerre certains moyens pour affoiblir ou ruiner fon ennemi, *c'eft le falut commun de la fociété humaine* dont ils attaquent les

On dif-tingue mal-à-pro-pos entre ce qui eft dû à l'en-nemi mal-gré l'état de Guerre, & ce qu'e-xigent les loix intérieu-res de la confcien-ce, les re-gles de l'honnête-té.

Cette dif-tinction fe combat

fondemens, comme font le poifon & l'affaffinat ; par un principe même de nos Auteurs, qui eft inconteftable.
& l'on penfe que la féduction d'un Sujet pour trahir
fon Prince en fervant d'Efpion, ou autrement, n'eft
pas de ce genre. Si j'ai bien prouvé, dans le précédent article, que le métier d'Efpion, en tout
autre même qu'un Sujet de l'ennemi, eft infâme ;
fi l'on a été forcé de convenir qu'un homme d'honneur le juge indigne de lui, parce qu'il ne peut
guere s'exercer fans quelque efpece de trahifon,
& que par conféquent, il faille conclure de celui-là
qu'il eft odieux & très-contraire à la fûreté générale
des Nations : il faut bien avouer ici que c'eft attaquer
encore plus les fondemens de cette fûreté, que de
travailler à avoir pour Efpions des Sujets même de
l'ennemi, ou de les féduire pour toute autre trahifon.
Rien n'eft plus facré que la fidélité des Sujets envers Fidélité des Sujets envers leur Prince, combien facrée.
leur Souverain : c'eft elle qui fait proprement la
force des Etats. Il n'en eft point qui puiffe fubfifter
fans elle. Elle leur eft néceffaire, comme la vie
l'eft à l'homme ; c'eft une condition effentielle de
leur exiftence ; & rompre dans un Sujet ce lien qui
le tient intimement attaché à fon Prince ou à fa
Patrie, c'eft s'attaquer au fondement même des
Sociétés Politiques, & infulter, par un fi dangereux
exemple, à toutes les Nations. Introduifez cette licence, la vertu la plus pure dans un Souverain,
l'intégrité & la douceur les plus grandes dans des
Magiftrats & dans ceux qui commandent, ne feront
plus capables d'empêcher les Sujets ou les Citoyens
de manquer à leur devoir, & de les préferver des
piéges de la corruption. L'on fait combien celle-ci
eft habile à dreffer ces piéges & à les imaginer.

L'on dit « que des Sujets Efpions de l'ennemi ne vaine différence qu'on
» font pas un mal mortel & inévitable, qu'on peut

mettre (par rapport aux moyens de s'en garantir), entre l'usage des sujets espions, & l'assassinat & le poison.

» se garantir d'eux jusqu'à un certain point ». Je ne vois pas la différence qu'on y met à cet égard avec l'*assassinat & le poison*, contre lesquels on a raison de s'élever, & que je trouve aussi beaucoup plus funestes dans un autre sens ; mais c'est dans celui où ils vont à causer la mort de la personne contre qui on les emploie, ou plutôt, c'est parce qu'on en veut à la vie de celui qu'on attaque de cette maniere : car l'on conviendra que le fer & le poison, par eux-mêmes, ne sont point actifs, il faut une main pour les administrer ; & c'est cette main qui fait le crime. Ces sortes de trahisons aussi sont d'autant plus noires, qu'elles se trament en silence, qu'elles s'exécutent sans bruit, & que les occasions s'en présentent tout aussi souvent que les besoins de la vie reviennent, ou que la confiance naturelle de la part d'un Général envers ses troupes, ou d'un Souverain envers ses Sujets laisse les accès libres vers leurs personnes. Or, quelque grands que soient ces crimes, il faut un traître pour les commettre ; il faut une trahison dans un Sujet ou dans tout autre qui se chargera d'une commission si horrible. Il faut donc séduire la fidélité de ce Sujet, ou porter quelqu'un à violer la foi publique. Quand on se détermine à rompre les barrieres de la sûreté générale, les deux autres crimes ne coûtent rien. On va à la fin certainement, quand les moyens n'arrêtent point : qu'on y prenne donc garde : s'il est défendu d'employer la séduction, de se défaire de son ennemi par le poison ou l'assassinat, c'est bien moins à cause que ces deux crimes vont à faire périr quelqu'un, que parce qu'ils supposent la trahison, sans laquelle ils n'auroient pas lieu, & que c'est donc elle qui les procure, & qui doit être chargée de toute l'indignation générale & particuliere.

Plus la *trahison* d'un sujet envers son Prince, est un crime noir, & plus la *séduction* qui le tente est odieuse & exécrable.

Il en est de même (comme on s'en appercevra aisément après ce qui vient d'être dit) de l'action d'un Peuple envers un autre Peuple ; quand pour parvenir au but de la Guerre, qui est d'affoiblir son ennemi, il séduit les gens de celui-ci pour les engager à violer leur devoir, qu'il tente leur fidélité & la corrompt ; c'est attaquer les fondemens du salut commun, que de se tirer des voies naturelles & connuës qui tombent sous les sens, & d'en prendre contre lesquelles on ne peut se mettre en défense. Il est impossible de ne pas succomber à des attaques qui ne paroissent pas, à des manœuvres sourdes, & aux pratiques captieuses de la séduction. Ou la pauvreté, ou la bassesse d'ame, ou la cupidité, ou enfin des mécontentemens assez ordinaires, & mille autres causes, sont les portes par où elle s'introduit, & par lesquelles elle est comme assurée de réussir. Ces tentatives secrétes, comme j'ai dit, ne sont point apperçues ; les traîtres, que l'on veut engager au crime, sont des Sujets, en apparence, fideles ; rien n'annonce ni la séduction, ni ses succès. Comme ils sont dans le pays, ils peuvent, quand il leur plaît, exercer leur noire perfidie, & ils le peuvent impunément ; car les voies leur en sont ouvertes de par-tout, sur-tout depuis l'établissement des Postes dans toute l'Europe.

Quant aux effets résultans de leur trahison contre la Patrie, ils ne sont pas toujours aussi décidés & absolus que l'est, par exemple, celui du poison ; mais aussi, pour que ce dernier ait un tel effet, il faut que le poison soit donné & reçu ; au lieu que les effets dont je parle portent toujours leur coup plus ou moins ; & il y a cette différence encore, que si le poison & le fer sont accompagnés de la

Des effets de cette trahison, par comparaison celui du poison.

M iv

mort, & font tomber le Général ennemi ; la *trahison* d'un Sujet par l'*espionage* ou autrement, peut coûter la vie à une infinité de braves gens que le service de la Patrie aura fait marcher à une expédition concertée avec toutes les regles de la prudence, & dont le succès paroissoit infaillible : ou bien elle peut perdre pour toujours la Nation entiere & la soumettre à une autre.

Ainsi, que l'on considere ces divers moyens, soit dans leurs effets, soit dans leurs causes, ils heurtent tous de front la sûreté générale du genre humain, & les fondemens communs des sociétés politiques. C'est toujours au premier crime qui donne naissance aux autres, qu'il en faut venir, pour juger de la noirceur & de l'importance du forfait ; puisque c'est ce crime même qui est comme la boîte de Pandore, dont l'ouverture, dit la Fable, répandit tous les maux sur la terre. Je ne pense donc pas qu'il reste aucune raison solide pour se dispenser d'exclure l'usage de cette sorte d'Espions ou de traîtres, tandis qu'on rejette celui des empoisonneurs & des assassins : car dire, en parlant de la sûreté des places fortes, que *c'est au Souverain de bien choisir ceux à qui il les confie*, c'est dire ce qui a déja été combattu, c'est vouloir qu'on oppose la même raison à l'égard du poison & de l'assassinat, puisque l'on ne peut pas se garder plus des uns que des autres ; & que la confiance, qui est également nécessaire & inévitable de toute part, sera toujours le but où visera la trahison, quand cette voie sera permise.

Seconde partie de la *définition* de nos Au-

Nous n'avons vu jusqu'ici qu'une partie de la distinction à la faveur de laquelle l'on s'est permis de séduire un Sujet de l'ennemi pour servir d'Espion ou trahir autrement sa Patrie ; c'est-à-dire, que

nous avons vu *ce qui eſt dû*, ſuivant nos Auteurs, *à cet ennemi, malgré l'état de Guerre.* Et il reſte à rapporter ce qu'ils penſent *qu'exigent les loix intérieures de la conſcience, les regles de l'honnêteté*, c'eſt-à-dire pourtant, ſelon eux, *ce qui ne lui eſt pas dû*; car le droit *externe*, comme l'on ſait, ne reconnoît pas leur empire. C'eſt en vérité un vrai ſcandale que l'étrange contraſte qui ſe trouve entre ce que ce droit externe dans la Guerre permet, & ce que la conſcience & l'honnêteté défendent. Mais voyons : je montrerai dans peu que cette diſtinction eſt chimérique. « Mais ſont-ils honnêtes (diſent-ils en parlant de ces moyens qu'on dit n'être pas contraires au Droit des Gens externe dans la Guerre) » ſont-ils honnêtes & compatibles avec les loix » d'une conſcience pure ? Non ſans doute, & les » Généraux le ſentent eux-mêmes, puiſqu'ils ne ſe » vantent jamais de les avoir mis en uſage. Engager » un Sujet à trahir ſa Patrie, ſuborner un traître » pour mettre le feu à un magaſin, tenter la fidé- » lité d'un Commandant, le ſéduire, le porter » à livrer la place qui lui eſt confiée, c'eſt pouſſer » ces gens-là à commettre des crimes abominables. » *Ibid.* Corrompre quelqu'un (nous dit-on dans un autre endroit, en parlant de la conduite que doit tenir le Miniſtre étranger): « corrompre quelqu'un, » le ſéduire, l'engager par l'attrait puiſſant de l'or » à trahir ſon Prince & ſon devoir, c'eſt incon- » teſtablement une mauvaiſe action, ſelon tous les » principes certains de la morale.... La corruption » eſt un moyen contraire à toutes les regles de la » vertu & de l'honnêteté ; elle bleſſe évidemment » la Loi Naturelle. On ne peut rien concevoir de » plus déshonnête, de plus oppoſé aux devoirs » mutuels des hommes, que d'induire à faire le

teurs, pour ſe permettre la ſéduction d'un ſujet de l'ennemi : ce qu'exigent les loix intérieures de la conſcience, les regles de l'honnêteté.

Déciſions formelles de Wattel en faveur de l'honnêteté & de la conſcience.

» mal. Liv. 4, chap. 7, §. 93 ». Ces décisions font
bien formelles. Elles font dignes des plus beaux fiecles, & de gouverner invariablement les Nations
mais l'on craindroit, ce femble, de leur donner
trop d'empire, & de s'y livrer entierement : toujours quelque reftriction, toujours quelqu'occafion
extrême. « Eft-il honnête (dit-on encore au §. 180

Mais tou-
joursquel-
ques ref-
trictions.

du Liv. 3, chap. 10) « de corrompre, d'inviter au
» crime fon plus mortel ennemi » ? Voici ce qu'on
répond : « Tout au plus pourroit-on excufer ces
» pratiques dans une Guerre très-jufte, quand il
» s'agiroit de fauver la Patrie de la ruine dont elle
» feroit menacée par un injufte conquérant ». Et
dans ce même endroit déja cité du Liv. 4, §. 93 :
« Si jamais la corruption eft excufable, c'eft lorf-
» qu'elle fe trouve l'unique moyen de découvrir plei-
» nement & de déconcerter une trame odieufe, ca-
» pable de ruiner ou de mettre en grand péril l'Etat
» qu'on fert ». J'ai déja obfervé que ces prétendues
occafions font comme des cas métaphyfiques qui
n'arrivent jamais ; car comment pouvoir fuppofer
d'un côté, je le répete, que la Patrie foit précifément au point d'être perdue, fi l'on n'emploie
un moyen injufte pour la fauver, & de l'autre,
qu'on foit arrivé à ce degré de certitude que la
Patrie eft à ce point-là ? Je pafferois encore qu'on
juftifiât, dans ce cas, une Nation qui tenteroit
l'odieux moyen de la féduction : c'eft comme un
homme qui fe noie, dont le premier mouvement
le porte à fe tenir à tout ce qu'il trouve : il faifiroit
un fer embrâfé ou hériffé de pointes au défaut de
toute autre chofe ; mais je ne pardonne point qu'on
veuille juftifier celui qui fe laiffe féduire : « Il femble

Ici l'on fe
jete dans
d'horri-

» (dit-on) qu'alors le Sujet ou le Général qui
» trahiroit fon Prince dans une caufe manifeftement

» injuste, ne commettroit pas une faute si odieuse. bles maxi-
» Celui qui ne respecte lui-même, ni la justice, mes.
» ni l'honnêteté, mérite d'éprouver à son tour les
» effets de la méchanceté & de la perfidie ; & si
» jamais il est pardonnable de sortir des regles sé-
» veres de l'honnêteté, c'est contre un ennemi de
» ce caractere, & dans une extrémité pareille.
» *Ibid. §. 180* ». Et dans l'autre endroit : « **Celui**
» qui trahit un pareil secret, peut, selon les cir-
» constances, n'être pas condamnable. Le grand &
» légitime avantage qui découle de l'action qu'on
» lui fait faire, la nécessité d'y avoir recours,
» peuvent nous dispenser de nous arrêter trop scru-
» puleusement sur ce qu'elle peut avoir d'équivoque
» de sa part. Le gagner est un acte de simple &
» juste défense. Liv. 4, §. 93 ». Tout cela est horrible. Quoi ! parce qu'une Nation pourroit tenter,
dans une extrémité unique, de se sauver par un
crime, un Sujet pourroit de même sortir des bornes
de son devoir, rompre la foi & la fidélité qu'il
doit à son Souverain, devenir lui-même juge de
ses différens, & le vendre à son ennemi ? Quelle
porte à la licence & quels abus ! Tout ce que pourroit, à mon avis, un Sujet fidele en pareil cas,
seroit de faire des représentations au Prince, s'il
avoit assez de crédit pour être écouté ; & ne pouvant rien obtenir, de demander à se retirer du service : supposé encore qu'il ne fût pas actuellement
chargé d'une commission importante qu'il ne pourroit abandonner sans péril pour l'Etat, & par rapport au Prince lui-même, s'ensuivra-t-il aussi de
ce qu'il est méchant & injuste, qu'on puisse l'être
envers lui ? qu'il faille qu'il éprouve les effets de
la perfidie, parce qu'il ne respecte point les regles
de l'honnêteté : en un mot, qu'on lui crée un per-

fide? Quelle morale! & quel renverfement des principes! Mais quel contrafte, encore une fois, avec les paffages que nous avons rapportés, où les loix intérieures de la confcience, les regles de l'honnêteté brillent fouverainement, où l'on reconnoît fans nuages que *féduire un Sujet de l'ennemi pour trahir fa Patrie, c'eft le pouffer à commettre des crimes abominables*, & le refte. Le cœur fe dilate à la lecture de ces beaux préceptes, de ces falutaires leçons; mais qu'il fe refferre & qu'il gémit, en les voyant auffi-tôt abandonner!

L'on fe contredit ouvertement.

Tous ces changemens fi fubits de langage, ces variations de fentimens, viennent de ce qu'on n'a jamais pris de point fixe, ou plutôt, de ce qu'on n'a jamais bien connu ce que c'eft que l'*honnête* & ce que c'eft qui *bleffe le falut commun de la fociété humaine*. C'eft ici le temps & le lieu que je faffe voir fans réplique qu'on s'eft embrouillé dans ces idées : car n'eft-ce pas une chofe finguliere, & qui faute aux yeux, qu'*un attentat jugé odieux, fuivant les regles de l'honnêteté, ne le foit point du tout fuivant le droit externe, & que l'ennemi ne foit point fondé à s'en plaindre*? Il eft impoffible qu'une pareille diftinction ne foit pas mal conçue.

D'où viennent ces contradictions fi vifibles?

Rappellons-nous qu'on nous a dit qu'*il faut diftinguer entre ce qui eft dû à l'ennemi, malgré l'état de Guerre, & ce qu'exigent les loix intérieures de la confcience, les regles de l'honnêteté*. C'eft par le premier membre de cette diftinction, qu'on a jugé en faveur de la féduction d'un Sujet de l'ennemi qu'elle n'étoit pas contraire au Droit des Gens externe, quoique par l'autre elle foit très-condamnable. Souvenons-nous auffi qu'on a mis en principe que *nous*

Récapitulation des raifonnemens de l'Auteur fur cette matiere.

pouvons travailler à affoiblir l'ennemi par tous moyens possibles, pourvu qu'ils ne bleſſent pas le ſalut commun de la ſociété humaine, & qu'ils n'en attaquent pas les fondemens. Après cela, l'on a conclu que la ſéduction d'un Sujet pour ſervir d'Eſpion, celle d'un Commandant pour livrer la place, n'attaquent point ces fondemens de la ſûreté commune : l'on a donc jugé que ce qui choque *les regles de l'honnêteté n'intéreſſe point la ſûreté des Nations.* Mais c'eſt en quoi conſiſte l'erreur. Il n'y a certainement point de différence entre ces deux choſes, & qui violera les regles de l'honnête, attentera ſûrement au ſalut commun des hommes. J'en ai déja touché une partie des raiſons dans cet article & les précédens, en faiſant voir combien la trahiſon étoit infamante & contraire au bien général de l'humanité. Car ce qui eſt infâme eſt à coup ſûr déshonnête. Il ne me reſte donc qu'à bien développer l'idée de l'honnête ou de l'honnêteté, dont l'intelligence doit ſervir de preuve à ce que j'avance. Pour cela, rappellons la définition que j'en ai donnée en ce Chapitre, article 2 de l'*Aſſaſſinat.* « J'entends par honnête » toute action, tout ſentiment, ou toute penſée qui » découle eſſentiellement de la nature des choſes, » je veux dire, par rapport aux hommes entr'eux, » de cette égalité indeſtructible qui doit laiſſer de » la proportion entre les individus de la même eſ- » pece, dans la recherche des biens, comme dans » la fuite des maux, & qui eſt comme la ſauve- » garde des droits innés d'un chacun ; & par rap- » port aux objets de leurs deſirs ou de leurs craintes, » de cette convenance ou diſconvenance qui doit » être entre ces divers objets & leurs véritables » beſoins, ainſi qu'avec l'ordre établi ; de maniere » qu'en quelque état que l'on ſoit, l'on n'enfreigne

Violer les regles de *l'honnête*, c'eſt attenter au ſalut commun des hommes.

Ce que c'eſt que *l'honnête*. Rappel de la définition déja donnée.

» point les loix de ces deux rapports ». D'où il fuit que de Particulier à Particulier, de Nation à Nation, dans les démêlés comme dans les accords, l'on ne peut pas se servir, au préjudice l'un de l'autre, de voies qui ne sont point naturelles, de moyens détournés qui rendent les forces du corps & celles de l'esprit absolument nulles, qui sont les deux seules défenses dont la nature nous a armés. Se tirer de cette institution, c'est renverser l'état des choses, c'est aller contre leur essence, & s'attaquer à la Divinité même. Voilà pourquoi à la Guerre, qui est l'exemple que j'ai rapporté, soit que j'attaque ou que je sois attaqué, je ne dois craindre mon ennemi que par les moyens qui me sont prescrits à moi-même pour la défense, que par les armes & les actions que la nature m'a préparées ou indiquées. Ces armes & ces actions sont une dépendance de notre état & de notre constitution. La Guerre, comme je l'ai observé, ne peut se faire que de deux manieres, ou par un combat singulier, ou par des armées en forme. Ainsi, celui qui m'attaquera d'une autre sorte, ne pourra venir que sourdement & en traître; il emploiera les artifices de la mauvaise foi, les ruses de la malice, les stratagêmes de la fraude, les noirceurs de la perfidie; il voudra me faire tomber sans me vaincre, me combattre sans se montrer; il pourra me battre sans s'être exposé, sans que je me sois douté seulement du combat. Les conditions seront donc inégales; & les regles de l'*honnête*, ce droit commun à tous les hommes, à toutes les Nations, souffriront-elles cette disproportion étrange dans l'usage des pouvoirs? La Guerre ne pouvant changer la nature des choses, puisqu'au contraire ceux qui en soutiennent le droit ne manquent pas de dire qu'elle

Loi sacrée de la Nature, même dans la Guerre, quand la Guerre seroit permise.

La Guerre ne peut changer la

eft faite pour les conferver, ayant pour but la paix, & de faire jouir chacun de ce qui lui appartient : ceux qui ont le malheur de tomber dans cet état de divifion, où la contrainte & la violence deviennent, dit-on, néceffaires, font donc inconteftablement foumis, par cette mere commune des hommes, la Nature, à fuivre fes vues inviolables : or, l'idée de l'*honnête* les renferme toutes. Les Romains avoient réellement des idées bien pures & bien nobles fur les droits de la Guerre, quand ils n'eftimoient pas la victoire du Conful *Servilius Cæpio fur Viriatus, parce qu'elle avoit été achetée ; & quand on répondit au Prince des Cattes que le Peuple Romain fe vengeoit de fes ennemis à force ouverte, & non pas par des mauvaifes pratiques & de fecretes machinations.*

nature des chofes.

Vóyez, dans Wattel, Livre III, Chapitre X, §. 180.

- *Ibid.* Chapitre VIII, §. 155.

. Ainfi, en pleine paix, & dans le cours de la vie civile, il eft permis de procurer fon bien, pourvû que ce ne foit point en léfant perfonne. Il eft des routes ouvertes à la probité, à l'intelligence, à l'application, aux talens. Si l'on s'y rencontre avec d'autres, il faut éviter tout choc (car on peut toujours fe ranger un peu), ou bien il faut que chacun s'arrête pour ne rien faire qui fente le combat. Mais l'on doit fur-tout s'abftenir religieufement de toute rufe, de toute fineffe pour renverfer un concurrent. C'eft ce que dit précifément *Chryfippe* dans le beau mot que *Cicéron* en rapporte au Liv. 3, chap. 10 de fes Offices : « que comme dans la lice, » chacun doit faire de fon mieux pour emporter le » prix, mais qu'il n'eft pas permis de tendre la jambe » à fon concurrent, ni de le repouffer de la main : » de même dans la vie, chacun a droit de cher- » cher ce qui peut lui être utile, mais non pas de

Ce que demande l'*honnête*, entre Citoyens, dans les mouvemens de la vie civile.

Beau mot de Chryfippe à ce fujet.

» le prendre aux autres ». Je fuis étonné que Cicéron, lui qui, dans plufieurs de fes Ouvrages, &
dans celui-là fur-tout, a beaucoup difcouru fur
l'excellence de l'*honnête*, ne l'ait point défini. Il l'a
plus fait fentir qu'il ne l'a exprimé; mais il eft clair
à tout ce qu'il en dit, & par la célebre diftinction
de l'honnête & de l'utile, qu'il en avoit notre idée.
Il peut être utile à la Guerre de tendre des piéges
à fon ennemi, de le vaincre par trahifon. Il peut
être utile dans le monde d'attirer à foi ce qu'on
defire par des rufes, des avantages auxquels un
autre vife par les voies ordinaires, quoique (comme
le remarque le même Cicéron, d'après les Stoïciens,
qui entroient bien en cela dans le fentiment de So-
crate) *tout ce qui eft honnête eft utile*, & *il n'y a rien
d'utile que ce qui eft honnête*. Et la raifon en eft que
les voies pareilles que l'on prend pour arriver à fes
fins, ne font point dans le cours des chofes réglées;
qu'on dérobe ces avantages, & on ne les gagne
point; qu'on s'avance, non en marchant, mais en
faifant reculer les autres, & que les fuccès qu'on
remporte ne font point dûs à notre mérite; en un
mot, que l'on fe tire dès-lors de cette égalité naturelle, de cette proportion que la condition humaine
réclame dans tous les actes de la vie; & les moyens
qu'on prend n'ont plus de convenance, ni avec
l'objet lui-même, ni avec le befoin, ni avec l'ordre
établi dans la fociété. C'eft ainfi qu'il n'eft pas permis
de parier quand on fait pofitivement la chofe fur quoi
on parie; c'eft ainfi qu'il eft défendu de faire affurer,
dans le négoce, une marchandife, un bâtiment,
ou tel autre effet, quand on en a appris la perte;
c'eft ainfi qu'au jeu, c'eft une baffeffe indigne, &
un véritable vol, que de fe ménager, à des fignes
certains, la connoiffance de ce qui doit être ignoré

des

*Offic. Liv.
III, Chap.
III.*

des joueurs, ou de maîtriser, comme on dit, le fort par quelque friponnerie dans les jeux de hasard. Toutes ces pratiques sourdes sont des trahisons, sont des perfidies : c'est précisément ce que condamne *l'honnête.*

L'on peut voir, par-là, que les regles de *l'honnête* vont encore plus loin que celles de la Justice. Celles-ci semblent se renfermer dans la décision des cas particuliers : elles considerent un homme avec un autre homme, un peuple avec un autre peuple, tout corps quelconque avec un autre corps : elles ont pour objet de réprimer les grandes licences, les fautes, les délits, qui troublent l'intérieur des sociétés. Les regles de *l'honnête,* au contraire, ont une vue plus générale, & qui se porte au bien de l'humanité entiere : elles embrassent la Justice universelle : c'est relativement au bien commun des hommes qu'elles prononcent leurs décisions. Aussi ont-elles leur fondement dans la Loi Naturelle, ou plutôt, elles en sont la vraie & unique expression ; & leur intention est d'ailleurs si manifeste, que le Droit civil, les Loix positives, n'ont rien statué sur ce qui les regarde, quand la fraude, la mauvaise foi ne sont point suivies des crimes qu'elles répriment : elles s'en rapportent à la honte du coupable & à l'indignation qui la suit. La Justice humaine n'a pas cru devoir parler là où la nature s'explique avec tant de force dans le cœur de tous les hommes, outre que les menées de la mauvaise foi ne sont pas toujours susceptibles de preuves, & que l'information juridique en pareil cas, manqueroit souvent de cette clarté lumineuse, qui est si nécessaire dans la recherche des coupables pour la sûreté des Citoyens. Mais, ce qu'il y a de certain, c'est que

Les regles de l'honnête vont encore plus loin que celles de la justice. Différences entr'elles.

ces actes cachés de mauvaise foi, intéressent tant
l'humanité, qu'un homme d'honneur, qui ne se
défendra peut-être pas d'un crime punissable par
les Loix, se gardera bien d'une trahison. Il est telle
circonstance malheureuse qui peut, dans le premier
cas, sinon le justifier & l'absoudre, du moins l'excuser : on le plaindra encore plus qu'il ne sera coupable ; mais rien ne sauroit le faire supporter dans
l'autre. D'où vient qu'à la Guerre les Généraux,
qui font usage de ces pratiques sourdes pour séduire
les gens de l'ennemi, ne se vantent jamais de s'en
être servi ? C'est, comme on le dit, parce qu'ils
sentent eux-mêmes que ces moyens sont odieux &
incompatibles avec les regles de l'*honnête*. Aussi re-
marque-t-on que la honte est le partage d'un traître,
l'impudence, le plus souvent, celui d'un criminel :
l'un excite notre indignation, l'autre notre crainte ;
& cette indignation est *expansive*, si je puis me
servir de ce terme : nous voudrions la communiquer à tout le monde. Le récit qu'on nous fait d'une
perfidie, d'une trahison, dans quelque pays que la
scene se soit passée, nous affecte tout de même.
La crainte, au contraire, que nous cause le bruit
d'un crime commis, se resserre & agit d'autant plus
fortement sur nous, qu'il s'est passé plus près de
notre personne. Les crimes commis dans les pays
lointains ne nous troublent point de même, notre
repos n'en dépend pas ; ils ne nous touchent que
de pitié envers les misérables, & de déplaisir pour
les imperfections de la nature humaine.

L'indignation enfin qu'excitent la fraude, la ruse,
la mauvaise foi simples, vient aussi de ce qu'elles
supposent des dispositions pour les crimes, sans oser
risquer les dangers de les commettre. Au moins
peut-on faire quelque défense contre quelqu'un qui

se montre à découvert ; mais les traîtres, les per-
fides, se cachent. S'ils ne font point tout le mal
possible, c'est qu'ils n'en ont pas la force. Leur
malice est donc à-peu-près mauvaise, comme sont
les mauvaises exhalaisons de la terre qui frappent
sans qu'on sache bien précisément d'où partent les
coups ; c'est par-là qu'elles sont si funestes, &
qu'elles passent pour un des fléaux du genre humain.

Après tout ce que je viens de dire pour donner
une juste idée de l'*honnête* ou de l'*honnêteté*, je crois
qu'il est démontré que la distinction qu'on a faite
de ses regles, d'avec ce qui est dû à l'ennemi, malgré l'état de Guerre (dans la vue de prouver que
la séduction d'un Sujet de cet ennemi, pour servir
d'espion ou trahir autrement sa Patrie, n'est point
défendue par le Droit externe dans la Guerre), je
crois, dis-je, démontré que cette distinction est une
vraie chimere ; puisque tout ce qui blesse les regles
de l'*honnête*, blessant aussi le salut commun de la
société humaine, comme nous venons de voir, la
séduction d'un Sujet de l'ennemi, qui est si opposée
à ces regles, attaque donc les fondemens de ce salut commun des hommes, de leur sûreté, & est
par conséquent un moyen illégitime & odieux,
proscrit même par le principe dont on s'est servi
pour l'admettre.

*Conclu-
sion de cet
article.*

Et comme je n'ai rien dit des *loix intérieures de
la conscience*, qu'on a joint, dans cette distinction,
avec les *regles de l'honnête*, j'observerai que ces
loix de la conscience n'étant autre chose que la
Loi Naturelle qui est gravée dans tous les cœurs,
& dont ces regles de l'*honnête* sont, comme je l'ai

*Les loix
intérieures
de la cons-
cience pro-
noncent
comme les
regles de
l'honnête.*

remarqué, la vraie expreſſion, il réſulte que condamnant les mêmes attentats, leur condamnation
eſt un arrêt tout auſſi ſouverain qui doit obliger les
Nations à reſtreindre à cet égard le *Droit externe*
dans la Guerre, porté inconſidérément ſi loin par
nos Politiques.

De l'u-
ſage des
préſens.

Mais avant de finir cet article, je ne peux m'empêcher de faire quelques réflexions ſur l'uſage des
préſens, qui a quelque rapport avec la matiere
que nous venons de voir. « Je ne prétends pas,
» *dit-on*, condamner les ſoins, ni même les pré-
» ſens & les promeſſes qu'un Ambaſſadeur met en
» uſage, pour acquérir des amis à ſon maître. Ce
» n'eſt pas ſéduire les gens, & les pouſſer au crime,
» que de ſe concilier leur affection, & c'eſt à ces
» nouveaux amis à s'obſerver de façon que leur
» inclination pour un Prince étranger ne les dé-
» tourne jamais de la fidélité qu'ils doivent à leur
» Souverain ». *Liv.* 4, *chap.* 8, §. 93. Il faut noter
qu'on s'eſt plaint au commencement du paragraphe
« qu'il n'eſt que trop ordinaire aux Ambaſſadeurs
» de travailler à corrompre la fidélité des Miniſtres
» de la Cour où ils réſident, celle des Secrétaires
» & autres Employés dans les bureaux ». Et c'eſt
de-là que j'ai tiré quelques citations qui condamnent
hautement toutes démarches déclarées pour la corruption. J'avouerai auſſi à mon tour, que les préſens ne ſont point de ce genre, & que par eux-
mêmes ils n'ont rien de mauvais. Il n'eſt pas défendu de ſe concilier l'affection des gens; & ce
n'eſt pas les ſéduire, comme on dit fort bien, &
les pouſſer au crime, que de travailler à cette fin;
mais en tout, ce ſont les circonſtances qui décident;
& il eſt bien difficile d'avoir des vues bien pures,

quand on aura intérêt que ceux avec qui on en uſe
de cette ſorte, ne faſſent pas leur devoir. Un *ami*
indépendant d'un autre, ou toute autre perſonne à
l'égard de quelqu'un, qui, par ſes emplois, n'eſt
point expoſé à avoir des condeſcendances criminelles : cet ami, dis-je, ou cette perſonne, uſeront
ſans doute, en faiſant des préſens, d'une liberté
fort innocente & naturelle. Cet autre pourra leur
rendre la pareille, & ce commerce entr'eux d'amitié
& de généroſité reſſerre davantage leur union, &
les diſpoſe à ſe rendre mutuellement de plus grands
offices. Un *État* foible, & qui a beſoin de protection, un autre qui craint un voiſin redoutable, em-
ploieront la voie des préſens : l'un, pour s'attirer
la bienveillance & des ſecours de celui dont il deſire l'appui ; l'autre, pour écarter les dangers dont
le menace ou le trop de puiſſance, ou le trop d'ambition de ce même voiſin, en travaillant à s'en faire
aimer. Il n'y aura rien là que d'*honnête*. Le moyen
eſt bon, & la fin louable. Une *Nation* voiſine &
déja en liaiſon d'amitié avec une autre, ou bien qui
eſt aſſez éloignée d'elle par la diſtance des lieux,
pour vouloir ſe rapprocher en quelque ſorte par
des témoignages d'affection, lui enverra des préſens. Cette pratique n'aura rien que de très-permis.
Il en naîtra une plus grande diſpoſition à s'aimer.
Les dons ſuppoſent la généroſité ; ils font diſparoître
un peu ce qu'a de dur & de mauvais l'établiſſement
trop iſolé du *Domaine*. Un autre *État* prendra ce
moyen, & le renouvellera ſouvent envers un autre,
pour lui marquer ſa gratitude des ſervices ſignalés
qu'il en aura reçus ; enfin, cet uſage, du commencement volontaire, devient, par le laps du temps,
une ſervitude & une eſpece de tribut : je ne trouve
rien en tout cela de condamnable, finon la con-

*En quels
cas ils ſont
innocens.*

trainte dont on uſeroit envers celui-ci pour l'obliger à continuer ſon préſent s'il refuſoit. Ainſi donc,
les *préſens* ſont, ou des témoignages d'amitié, ou
des marques de reconnoiſſance, ou des ſignes de foibleſſe & de beſoin, ou des preuves de dépendance:
ajoutons que ce ſont auſſi des hommages & un
honneur qu'on rend à un Grand, à un homme en
place qui a de l'autorité ſur nous, la première fois
qu'il vient dans le pays où il commande.

Hors de-
là, les pré-
ſens ſont
une vraie
ſéduction.

Mais remarquez que dans tous ces cas-là, la ſéduction n'a point de lieu; elle ne peut s'introduire
avec l'uſage des préſens; les motifs qui les font
mettre en œuvre n'ont pas beſoin d'elle, ils ſont
légitimes. Si vous ſuppoſez, au contraire, tout autre
cas qui ſorte de la nature de ces exemples, ils ſor-
tiront auſſi de la pureté qui eſt requiſe dans les
actions de la vie; & les préſens qui, hors de-là,
ne ſont point condamnables, deviendront mauvais
& dangereux: ainſi, l'intégrité d'un Juge & l'intention d'un Client ſont fort ſuſpectes, ſi celui-ci donne
& que l'autre reçoive, ſoit avant ou après le Jugement. Et c'eſt pourquoi rien n'eſt plus fortement
défendu à des Magiſtrats que cette foibleſſe, &
que l'on regarde avec indignation un tel Client.
Ainſi la Juſtice réglée a voulu que des Arbitres ou
des Experts, qui ſont en commiſſion, ne puſſent
manger ſur les lieux ou dans la route avec les Parties. Ainſi encore, il eſt permis de récuſer un Juge
pour raiſon de parenté ou autrement, au degré de
l'Ordonnance: il n'eſt pas queſtion là de *préſent*;
mais la loi, qui va au-devant des piéges, regarde
comme une ſéduction ſecrete les liens du ſang ou
toute autre grande affinité: c'eſt que l'on ſait combien l'eſprit d'intérêt, la cupidité, ont de l'empire

fur les hommes. Quelle vue prêterons-nous à cet Ambaſſadeur qui fera des préſens aux Miniſtres de la Cour où il réſide, aux Secrétaires de ces Miniſtres, & aux Employés dans les Bureaux, &c. ? Sera-ce pour ſe concilier leur affection ? Mais c'eſt celle du Maître, du Souverain, qu'il faut gagner; & alors, c'eſt à lui qu'il faut adreſſer ces préſens, & les lui offrir de la part de ſon Prince. Ces actes publics d'Etat à Etat n'auront rien de ce qui marque la tentation & l'ombrage. Mais donner ſourdement à des Subalternes, à tout Officier qui gere pour le Souverain, ou pour ſes Miniſtres, c'eſt les induire viſiblement à mal, c'eſt les engager en douceur à trahir leur devoir, malgré qu'on en diſe; car l'on en exige ou des choſes juſtes, ou des choſes injuſtes : dans le premier cas, les préſens ſont inutiles, le Maître qu'ils ſervent les paye pour remplir leurs fonctions; & dans le ſecond, il eſt avoué que ce ſeroit un crime. Auſſi l'on ne pourroit légitimer cet uſage qu'autant qu'on en auroit l'agrément du Souverain auprès de qui l'on réſide; mais c'eſt ordinairement ce qu'on ne fait point, & c'eſt ce qui marque qu'on n'a pas des vues fort droites, en employant ce moyen de captiver la bienveillance. Il faut donc qu'on l'exclue, comme dangereux & déshonnête. Quand il ſeroit vrai qu'on n'auroit point eu intention de mal faire, l'on auroit toujours à ſe reprocher d'avoir agi comme ſi l'on avoit voulu détourner un Sujet de la fidélité qu'il doit à ſon Prince ou à ſon Etat. On doit reſpecter aſſez l'humanité pour ne rien mettre ſur la route qui puiſſe occaſionner des chûtes.

Dans ce même endroit où il eſt parlé des préſens, Wattel fait mention auſſi des *ſoins* & des *Des ſoins & des promeſſes.*

promeſſes, & il ne les condamne pas davantage. A l'égard des ſoins, ils ne ſauroient, je crois, rien avoir de criminel : ils appartiennent plus à la per‑ ſonne qu'au caractere dont elle eſt revêtue ; ce ſont des attentions, des manieres prévenantes, des té‑ moignages d'eſtime ; ils compoſent ce qu'on appelle *honnêteté*, *politeſſe*, l'objet eſt de plaire, & le but, d'applanir les voies. Mais pour les *promeſſes*, je n'en‑ tends pas trop ce qu'on veut dire : car promettre pour ne rien tenir, ſeroit un manque de foi, un leure ; & promettre ce qu'on voudroit tenir, ſeroit à l'inſtar des *préſens*, & par conſéquent, encore un moyen de ſéduction tout auſſi digne d'être rejeté par les gens délicats & qui ont de la probité.

Si l'on peut ac‑ cepter les offres d'un traître. V. La queſtion qui ſe préſente à préſent, offre un ſujet ſi odieux, qu'elle l'eſt autant que la choſe même. L'on demande *ſi l'on peut accepter les offres d'un traître ?* Et l'on eſt de cet avis : « Autre choſe » eſt (*dit Wattel*) d'accepter ſeulement les offres » d'un traître ; on ne le ſéduit point, & l'on peut » profiter de ſon crime en le déteſtant. Les tranſ‑ » fuges, les déſerteurs commettent un crime contre » leur Souverain : on les reçoit cependant par le » droit de la Guerre, comme le diſent les Juriſ‑ » conſultes Romains. Si un Gouverneur ſe vend » lui-même & offre de livrer ſa place pour de l'ar‑ » gent, ſe fera-t-on ſcrupule de profiter de ſon » crime, pour obtenir ſans péril ce qu'on eſt en » droit de prendre par force » ? *Liv.* 3, *chap.* 10, **La compa‑ raiſon des transfuges & des dé‑ ſerteurs avec les** §. 181. La comparaiſon des transfuges, des déſer‑ teurs, ne vaut pas. D'abord, ce droit de la Guerre, ſuivant les Juriſconſultes Romains, eſt une idée fort peu juſte ; & pour ces déſerteurs & ces transfuges, puiſqu'ils ſont infideles à leur Prince, à leur Etat, ils ne devroient être reçus nulle part. Rien ne favo-rife tant la défertion que cette coutume qui s'eſt in-troduite chez toutes les Nations de les accueillir. Auſſi a-t-on paſſé dans une extrémité contraire, comme pour mettre un contre-poids au penchant que cette grande facilité donne, c'eſt-à-dire, les *punir de mort*, fans que cela les contienne mieux, par la raiſon même que la peine eſt diſproportionnée (1) au crime. Mais les déferteurs, les transfuges, quoique coupables, ne rompent d'ordinaire leurs engage-mens que par légereté ou mécontentement, fans avoir intention de nuire à leur Patrie ; ils ne penſent qu'à ſe mettre mieux. Au lieu que les traîtres, ce *Gouverneur*, par exemple, qui offre de livrer ſa place pour de l'argent; ce *Médecin* qui propoſa aux Romains d'empoiſonner ſon Roi ; ce *Falifque*, qui avoit voulu leur livrer les enfans de ſon Souverain, penſent à commettre une action infâme, qu'ils ſavent être telle, & que rien ne ſauroit juſtifier. Ces fortes de crimes ſont abominables par-tout; ils révoltent l'humanité, la nature entiere. J'en ai dit aſſez les raiſons dans les articles précédens.

Mais, ajoute-t-on, *quand on ſe ſent en état de**réuſſir ſans le ſecours des traîtres, il eſt beau de té-moigner, en rejetant leurs offres, toute l'horreur**qu'ils inſpirent.* L'on ne fera pas un grand effort,& je ne vois pas d'ailleurs où eſt le beau de s'abſte-nir d'une méchante action. Admirer qu'on faſſe ſon devoir, c'eſt ſuppoſer les mœurs bien gâtées. Tou-jours l'on nous cite les Romains, & pourquoi eſt-ce

---

(1) On traitera amplement cette queſtion, & fur-tout la Peine de mort en elle-même, dans la Section deuxieme, Partie II.

qu'on ne les fuit pas ? *Les Romains , dans leurs fiecles héroïques , dans ces temps où ils donnoient de fi beaux exemples de grandeur d'ame & de vertu, rejeterent toujours avec indignation les avantages que leur préfentoit la trahifon de quelque Sujet des ennemis.* Cet aveu fait la condamnation de notre *Droit externe* à cet égard , & l'exemple des Romains notre honte. S'ils avoient de la grandeur d'ame, de la *vertu ;* fi leur conduite étoit belle , nous avons donc des fentimens bas & vicieux , en ne les imitant point ? Le *bien* & le *mal* n'ont point de milieu , il faut choifir. Leur conduite n'étoit fi belle , que parce qu'elle étoit bonne , & qu'elle fe rapportoit aux idées de l'*honnête* & au bien général de l'humanité.

Wattel acheve ce paragraphe par une autre décifion fort repréhenfible , à mon avis. *Mais lorfqu'il y a de la divifion ,* dit-il , *chez l'ennemi , on peut , fans fcrupule , entretenir des intelligences avec l'un des partis , & profiter du droit qu'il croit avoir de nuire au parti oppofé. On avance ainfi fes propres affaires , fans féduire perfonne , fans participer en aucune façon au crime d'autrui. Si l'on profite de fon erreur , cela eft permis fans doute contre un ennemi.* Si l'on fe repréfente les maux qui naiffent de la divifion & des différens partis dans un Etat , & toutes les horreurs des Guerres civiles , qui font ce qu'il y a de plus funefte aux Sociétés Politiques , puifqu'elles les portent à fe détruire elles-mêmes : fi l'on fe rappelle que la confervation des Sociétés eft fi importante au genre humain , qu'on a fait un devoir effentiel à chaque Nation de s'affifter mutuellement en ce point , & de travailler à fe conferver les unes les autres : fi l'on fe fouvient auffi

Autre décifion fort repréhenfible : entretenir des intelligences avec l'un des partis de l'ennemi.

qu'on a posé comme un principe incontestable que chaque Etat a le droit de s'arranger comme il lui plaît, & qu'il n'appartient à aucun autre de se mêler de ses affaires, si ce n'est pour lui rendre de bons offices, encore faut-il qu'il les réclame, ou qu'il y acquiesce : enfin, si l'on n'a pas oublié que la Guerre n'autorise point à employer des moyens indirects & déshonnêtes, qui seroient par eux-mêmes opposés à l'esprit de paix qu'on doit avoir pour but dans la Guerre, l'on conviendra certainement qu'on est dans l'erreur de vouloir se permettre d'entretenir des intelligences avec l'un des partis de l'ennemi, quand la division s'est mise chez lui ; l'on ne sait point de quel côté est le droit. Dans cette ignorance ou cette incertitude, l'on risque de favoriser la mauvaise cause, l'on empêche ou l'on retarde la réconciliation. Ceux de l'ennemi qui prêtent l'oreille à des insinuations du dehors, quand ils n'ont pas, sur-tout, la justice de leur côté, sont des traîtres & des ennemis de la Patrie, dignes de la plus grande punition. Avoir donc des intelligences avec eux, c'est participer à leur crime ; c'est séduire, en quelque sorte, que d'encourager à la trahison. Et quand on seroit sûr que ceux avec qui on auroit affaire, auroient pour eux la bonne cause, quel seroit donc le motif de part & d'autre à s'entendre ?

Dans la supposition que Wattel a faite, il est clair que la Nation qui entretient ou fomente cette division, n'en use ainsi que pour avancer ses propres affaires ; & de la part de l'autre Nation, quand ce ne seroit que par désespoir que l'un des partis s'entendroit avec la Nation étrangere, il est toujours certain qu'il commettroit une action criminelle indigne de braves & vertueux Citoyens, & qui sortiroit des regles de l'*honnête*. Il lui feroit tout au plus permis de fe féparer du mauvais parti, & de fe conftituer en un autre Etat, s'il étoit poffible, mais ouvertement & fans cacher leur réfolution, pour ne point paroître encore trahir ceux qui auroient la mauvaife caufe. Je fuppofe au refte que ce parti fût affez confidérable pour pouvoir entrer en parallele avec l'autre, & être regardé comme partageant l'Etat en deux ; car autrement, il ne dépendra jamais de quelques particuliers mécontens, quelque fondés qu'ils puiffent être, de faire, comme on dit, *fciffion*, & de rompre la République. Ainfi, dans quel fens que l'on confidere ces *intelligences* avec l'un des partis de l'ennemi pour profiter de leur divifion, c'eft attenter à leur liberté, augmenter le trouble, enhardir la trahifon, avoir commerce avec des coupables, enfreindre un point des plus importans, qui eft la confervation des fociétés, & faire fervir à la Guerre, un moyen qu'elle eft obligée elle-même de réprouver, parce qu'il bleffe les bonnes mœurs & la paix, comme on dit, fon unique fin.

Des *intelligences doubles.*

VI. Nous voici arrivés au dernier de ces odieux moyens, qui eft encore bien déteftable, & par l'examen duquel je terminerai cette premiere Section. Il s'agit des *intelligences doubles.* « On appelle » intelligence double, celle d'un homme qui fait » femblant de trahir fon parti pour attirer l'ennemi » dans le piège. C'eft une trahifon & un métier » infâme quand on le fait de propos délibéré & en » s'offrant le premier. Mais un Officier, un Com- » mandant de place, follicité par l'ennemi, peut » légitimement, en certaines occafions, feindre de » prêter l'oreille à la féduction pour attraper le

» fuborneur. Celui-ci lui fait injure en tentant fa
» fidélité ; il fe venge juftement en le faifant tom-
» ber dans le piége ; & par cette conduite, il ne
» nuit point à la foi des promeffes, au bonheur du
» genre humain ; car des engagemens criminels font
» abfolument nuls ; ils ne doivent jamais être rem-
» plis, & il feroit avantageux que perfonne ne pût
» compter fur les promeffes des traîtres, qu'elles
» fuffent de toutes parts environnées d'incertitudes
» & de dangers. C'eft pourquoi un Supérieur, s'il
» apprend que l'ennemi tente la fidélité de quel-
» qu'un de fes Officiers ou Soldats, ne fe fait point
» fcrupule d'ordonner à ce Subalterne de feindre
» qu'il fe laiffe gagner, & d'ajufter fa prétendue
» trahifon de maniere à attirer l'ennemi dans une
» embufcade. Le Subalterne eft obligé d'obéir ;
» mais quand la féduction s'adreffe directement au
» Commandant en chef, pour l'ordinaire, un
» homme d'honneur préfere & doit préférer le
» parti de rejeter hautement & avec indignation
» une propofition injurieufe ». *Liv.* 4, *chap.* 10,
§. 182. J'ai cité en entier le paragraphe, de peur
de l'affoiblir, & pour qu'on juge mieux de la qualité & de l'efprit du raifonnement. Il y a là quelque
chofe de bien étonnant & qui doit frapper naturellement tout homme fenfé. D'où vient que le
Commandant en chef ne doit point fe prêter à des
feintes pareilles, quand la féduction s'adreffe directement à lui, & que les Officiers ou Soldats le
peuvent, fi l'ennemi tente leur fidélité ? D'où vient
que cette fauffeté étant interdite à ce Commandant
pour lui, il peut l'ordonner aux autres, & que
ceux-ci font obligés d'obéir ? Je voudrois fort qu'on
m'expliquât cette différence, & pourquoi l'homme
d'honneur qui, dans le Supérieur, rejete & doit

rejeter avec indignation une propofition injurieufe, ne la rejete pas dans le Subalterne. C'eſt s'embrouiller dans les idées du *bien* & du *mal* que d'admettre de femblables diftinctions ; & c'eſt bien peu refpecter l'efpece humaine, que de n'impofer qu'au rang & à la dignité l'obligation de s'abftenir d'une baffeffe & d'une trahifon. Je foutiens que ce qui eſt mal dans le Chef, eſt mal dans ceux qui lui font foumis, en fait d'actions qui regardent autrui. Il eſt queftion ici de faire tomber dans un piége, de nuire à fon ennemi. Il eſt décidé, par tout ce que nous avons vu jufqu'à préfent fur cette matiere, qu'il n'eſt point permis à la Guerre d'ufer de moyens détournés, & qui font calqués fur la fraude & la mauvaife foi. L'ennemi vous fait injure en tentant votre fidélité, & vous voudriez vous venger par une autre trahifon ! Premierement, le tort qu'il vous fait en cette rencontre n'eſt rien, à le bien prendre ; il ne fe fait tort qu'à lui-même en fe couvrant d'infamie à vos yeux & aux yeux de tous ceux qui le favent. Un méchant ne fauroit offenfer par des propofitions conformes à fon caractere ; on a tant d'horreur de fon crime, qu'on regarde fa hardieffe comme une fuite de fon aveuglement : on le méprife trop. Ce feroit bien plutôt de la part d'un honnête homme que nous nous fentirions vivement bleffés, s'il étoit poffible qu'il nous fît quelque propofition déshonnête ; c'eſt que tandis que nous l'aurions en eftime, il nous fembleroit que nous aurions perdu la fienne, & que ne pouvant le croire capable de nous parler alors férieufement, nous croirions du moins, qu'il veut nous tenter & éprouver notre vertu, ce qui feroit fort humiliant, & une injure. Ainfi à l'égard du *fuborneur ennemi*, le reffentiment que nous devons avoir de fa dé-

Ce qui eſt mal dans le Chef, eſt mal en ceux qui lui font foumis.

Les propofitionsd'un méchant ne fauroient faire injure.

marche, par rapport à nous, est nul, & il ne peut y avoir lieu à la vengeance, quand la vengeance seroit permise. Mais quand le ressentiment seroit fondé, la vengeance ne sauroit jamais l'être ; la faute d'un Particulier ou du Général n'est pas celle de la Nation, à moins qu'il ne parût évidemment qu'elle y a donné les mains, ou qu'elle l'eût ordonnée. Elle n'a transmis, ou n'a pu transmettre que des pouvoirs légitimes & l'usage des moyens · honnêtes pour exercer ces pouvoirs, comme nous l'avons dit ci-devant (1). Quand elle-même auroit consenti à employer la voie de la séduction, ou qu'elle l'eût prescrite, l'on n'en seroit pas mieux autorisé à user d'une trahison pour la punir. Nous avons fait voir ailleurs (2) que ce prétendu droit de punir ne peut avoir pour objet que notre légitime défense & notre conservation. L'objet de la Justice universelle, cette obligation de la part de tous les hommes, de la respecter & cultiver, est pour nous-mêmes tout premierement ; pour nous porter, en chaque individu, au bien, & non pour nous engager à nous mêler de ce que font les autres, quand leurs actions ne dérangent en rien notre situation, notre état. Ici rien ne souffre, la séduction de la part de l'ennemi est connue, il suffit de la rejeter simplement. La vengeance n'est donc point permise ; & il en seroit de même, quand la simple proposition seroit préjudiciable. L'on peut bien réparer le mal qu'on nous cause, obvier aux inconvéniens qui pourroient naître de certaines tentations auprès des gens de notre parti ; mais tout

---

(1) Chap. V, Sect. III, Article II, de l'*Assassinat.*
(2) Chap. V, (Section I.).

cela ne va qu'à prévenir la fraude, & non à la commettre ; à éloigner les piéges, & non à en tendre foi-même. A moins des cas extraordinaires, & qui paroiffent impoffibles (tellement il eft difficile que le hafard raffemble de telles conditions), à moins, dis-je, que le falut de la Patrie n'en dépende, & qu'on ne voye évidemment qu'elle eft dans ce péril, c'eft une regle fouveraine, & que le bien de l'humanité prefcrit, *qu'on ne peut repouffer un crime par un autre crime* : nous l'avons vu auffi ci-devant. Les loix de la Guerre font obligées de refpecter en cela les loix de la paix, par le grand principe que j'ai allégué plufieurs fois, & dont les plus zélés partifans de la Guerre ne fauroient fe fouftraire, fans faire fufpecter leur probité.

Regle fouveraine; l'on ne peut repouffer un crime par un autre crime.

Mais quand on dit qu'en *fe vengeant de cette forte, l'on ne nuit point à la foi des promeffes, au bonheur du genre humain*, je ne fuis pas de leur avis. C'eft toujours fe moquer de la fainteté des engagemens, de ce qu'il y a de plus facré parmi les hommes, que de les employer dans cette occafion fi horrible, & pour une fin fi condamnable. A peine l'innocence des *jeux* permettroit-elle de les mettre en œuvre en badinant. Mais ici, on les fait fervir, à propos d'un crime, à la perte même de celui avec qui l'on traite, & de ceux de fon parti : tandis que la foi des promeffes n'a pour but que le bonheur du genre humain & la fûreté de ceux qui fe lient. Je fais bien que *des engagemens criminels font abfolument nuls, & qu'ils ne doivent jamais être remplis* ; mais encore fuppofe-t-on toujours que ceux qui forment ces engagemens font entr'eux de bonne foi ; ils font en regle parmi eux, ils ne péchent que dans le but commun. Je fais bien auffi

Les engagemens criminels. Mais c'eft toujours un crime d'ufer de cette voie

que

que *l'engagement du Soldat ou de l'Officier envers le* pour trom-
séducteur ne doit point tenir, soit qu'il se passe sé- per.
rieusement ou non ; ils entreprennent les uns les
autres sur les droits les plus importans de toute société politique, par l'emploi des moyens déshonnêtes ; mais pourquoi faire semblant de se laisser
séduire ? pourquoi accepter la proposition, si l'on
sait bien que l'on ne tiendra pas parole ? Il est évident qu'on n'a d'autre but que de tromper pour son
profit, que de faire tomber l'ennemi dans le piége,
sous l'apparence de la sincérité & de lui rendre
service. La bonne cause se servira-t-elle de ces
armes empoisonnées qui sont propres & affectées
au crime & à l'injustice ? Regle générale : *Ne pro-
mettez jamais, si vous ne voulez pas tenir, & ne pro-
mettez que des choses légitimes.*

« Il seroit avantageux, *dites-vous*, que personne
» ne pût compter sur les promesses des traîtres ;
» qu'elles fussent de toutes parts environnées d'in-
» certitudes & de dangers ». Mais pourquoi pas
plutôt proscrire ce qui engendre les traîtres, c'est-à-
dire, l'usage de la séduction? Pourquoi ne pas défendre aux Nations d'employer ce moyen odieux
dans la Guerre, qui est d'un très-pernicieux exemple ? Nous avons vu, en traitant cette matiere du
paragraphe 163, combien un tel moyen attaque
les fondemens du salut commun des hommes, &
viole les regles de l'*honnête.* Vous ouvrez la porte
aux trahisons, vous accordez au Droit *externe* la
faculté d'user de pratiques pour séduire les gens de
l'ennemi. Et puis vous pensez ici à en empêcher
les mauvais effets par un autre odieux moyen qui
est *la mauvaise foi & la tromperie.* Il est bien plus
nécessaire qu'il n'y ait pas des traîtres, qu'il ne l'est

Autre
vaine ex-
cuse : *que
les promes-
ses des
traîtres
fussent en-
vironnées
d'incerti-
tudes & de
dangers.*

de rendre incertaines & dangereuses leurs promesses. Fermons toutes les avenues au mal, & nous n'aurons point besoin de remede. D'ailleurs, il est impossible de guérir avec un méchant remede qui est encore pire que le mal, en ce qu'il apprend à être fourbe, méchant & cruel. Comment distinguerai-je l'honnête homme du fripon, s'il prend la même route & s'il s'arme de même, s'il a dans l'ame, comme lui, le dessein de me perdre en me caressant ? Les voies obliques sont criminelles, tant dans la bonne cause que dans la mauvaise. Mais elles le sont aussi pour tous les hommes. C'est pourquoi l'on n'a pu mettre de différence à cet égard entre un Commandant en chef, & ceux qui lui sont subordonnés. La qualité des gens ne peut que les rendre quelquefois un peu plus coupables, mais le crime existe de part & d'autre. La mauvaise action en ce genre tire son vice & son indignité de ce qu'elle blesse le salut commun de l'humanité, de ce qu'elle s'attaque à ses fondemens les plus chers, qui sont la *bonne foi*, la *droiture*, l'*exacte probité*. Voilà comme elle mérite l'horreur & l'indignation, & qu'un homme d'honneur s'en préserve en repoussant hautement & avec mépris toute proposition qui y conduiroit ; mais voilà encore la regle de tout le monde, puisque l'honneur est inséparable des conditions, & que depuis le sceptre jusqu'à la houlette, chacun est obligé de faire le bien & de s'abstenir du mal. Un Supérieur qui ne peut pas directement & par lui, à cause de la dignité de sa place, user d'un stratagême à la Guerre, ne le pourra donc pas davantage par ses Officiers ou Soldats, à qui il ne peut commander que ce qu'il a le droit de faire lui-même ; & par conséquent aussi, ils ne seroient pas tenus de lui obéir.

Ce remede pire que le mal.

L'honneur inséparable des conditions.

Tout ce que nous venons de voir eſt mauvais en ſoi, contraire à la nature du bien, & bleſſe la probité naturelle, qui eſt la baſe de toute vertu, & le lien le plus ſolide qui puiſſe unir les Nations entr'elles. Si je voulois récapituler les erreurs immenſes, & encore plus dangereuſes, que j'ai relevées dans cette premiere ſection, pour montrer combien l'uſage où ſont les Peuples de diſputer leurs droits à force ouverte, paſſe leur puiſſance & eſt dénué de fondement ; & combien ceux qui ont écrit ſur cette matiere, en donnant à cet uſage pervers des droits & de l'autorité, quoique chimériques, l'ont rendu encore plus redoutable, par l'illuſion naturelle où l'on eſt de croire bon ce que l'on fait ; quand d'ailleurs, des Maîtres & des Précepteurs du monde l'approuvent & le tournent même en principes : ſi je voulois, dis-je, récapituler toutes ces erreurs, il me faudroit preſque recopier tout entier. Mais je dirai qu'ils ont méconnu le véritable état de l'homme, le vrai point de ſon bonheur ; qu'ils ont manqué le but d'un Traité du Droit des Gens ; que ſous l'apparence d'honorer & de reſpecter la Loi Naturelle, ils lui ont donné un démenti en toute occaſion, en lui prêtant les imaginations creuſes d'un cerveau malade, en la faiſant parler préciſément contre ce qu'elle ordonne : je dirai que, pour accorder des choſes ſi incompatibles, il n'eſt rien qu'on n'ait avancé pour la deſtruction de l'eſpece humaine, & qu'on a été en cela d'autant plus criminel, qu'on s'eſt permis les choſes les plus odieuſes en ſe couvrant du manteau de *l'honnéteté & de la juſtice.* Mais il étoit impoſſible qu'on ne tombât pas dans des contradictions & des inconſéquences ſans nombre, en jouant un rôle si périlleux. Il étoit impossible qu'en soutenant ce *Droit de Guerre* (qu'on traite de *l'une des parties les plus importantes du souverain pouvoir*) & en recommandant en même temps *de ne pas dépouiller envers son ennemi la charité qui nous lie à tout le genre humain*, l'on ne donnât pas prise mille fois sur soi-même, & l'on ne fournît pas des titres pour renverser tout leur système. Je crois l'avoir assez montré jusqu'ici. Voyons maintenant si ce même Droit, ou cet usage de la Guerre pourra tenir contre le langage de la simple raison.

Wattel.
§. 175 du
Livre 2.
Ibid.
§. 158,
Livre 3.

SECTION SECONDE.

Les simples lumieres de la Raison s'élevent contre l'usage & la Doctrine du Droit de la Guerre.

CHAPITRE PREMIER.

Des Devoirs de l'homme en général, par rapport à ce que la Raison lui prescrit d'abord, & à la maniere défectueuse dont on a envisagé ces Devoirs.

IL est incontestable que la faculté de raisonner, qui éleve si fort l'homme au-dessus de autres animaux, lui impose d'autant plus l'obligation d'en faire usage, suivant la fin pour laquelle elle lui a été donnée ; & il est clair que, pour arriver à cette fin, rien ne l'intéresse davantage que la connoissance de ses devoirs. Car, puisqu'il ne tient point son existence, ni rien de ce qu'il possede de lui-même ; que sa dépendance, à cet égard, envers l'Auteur suprême de son être, est plus que manifeste ; & que, d'un autre côté, n'étant point seul sur la terre, & obligé de vivre avec ses semblables, l'on ne sauroit dire qu'il soit indifférent qu'il se conduise comme il voudra, il est certainement astreint à des regles ; & c'est ce double rappor

Source de nos Devoirs.

O iij

qui lui offre des devoirs de deux especes à remplir, & lui en découvre la nécessité. Il est présentement question de ceux de la seconde espece, c'est-à-dire, de ses devoirs envers les autres hommes.

Division de nos Devoirs en trois classes, peu fondée.

Les moralistes, & après eux les politiques, ont fait une troisieme classe des *devoirs* sous cette dénomination *devoirs envers lui-même;* mais je ne sais si cette division(1) est bien fondée. Je la trouve plus propre à jeter de la confusion que de la lumiere. L'homme est placé entre Dieu & les créatures vivantes. Dieu n'a besoin de rien, mais les créatures vivantes ont besoin de ne se point nuire, de s'entr'aider, de s'assister, &c. Les créatures raisonnables, qui en cela, par une bonté admirable du Créateur, & par un effet de sa toute - puissance qu'on ne peut trop estimer, sont laissées libres, demeurent par ces motifs mêmes dans la plus étroite obligation de ne se point offenser les unes les autres, & de se rendre, au contraire, toutes sortes de bons offices. Mais à l'égard de Dieu, qui est au-dessus de tous les besoins & de toutes les nécessités, les devoirs de l'homme qui ont rapport à lui, sont d'un autre genre : Ils embrassent le bien même de l'homme, ils l'ont lui en vue. Cet Être infini, & d'où découlent tous les autres, ne considere dans le rapport de l'homme, avec sa divinité, que le bonheur & le salut de l'homme. Il est inutile de faire une classe à part des devoirs de l'homme envers son propre individu, puisqu'ils se confondent dans les autres,

(1) Voyez Section VI, Chapitre V de cette premiere Partie.

relativement à fon utilité, & qu'il ne fauroit y manquer fans déplaire également à Dieu, dont la grandeur & la majefté n'ayant rien à fouffrir de fes
égaremens & de fes vices, ne peut recevoir d'offenfe qu'à raifon de l'amour effentiel qu'il a de
l'ordre, étant l'ordre lui-même; lequel fe trouve
bleffé toutes les fois que les créatures raifonnables
abufent de leur liberté; ce qu'elles ne peuvent
faire qu'en fe nuifant à elles-mêmes ou aux autres.

En effet, à parler exactement, (1) l'homme ne fe
doit rien à lui-même. L'idée de rapport fuppofe
une relation extérieure, d'un être à l'autre, d'une
chofe à une autre chofe. L'on parle bien du rapport d'un tout à fes parties, des parties au tout.
Mais l'homme eft un être indivifible; fi vous le par-
tagez, ce n'eft plus lui. Et quant à l'idée de *devoir*,
elle ne renferme auffi que la direction de nos mouvemens & de nos difpofitions envers autrui, faite
conformément à la regle; & par *autrui*, l'on ne
peut entendre que le fupérieur ou l'égal. Le premier, c'eft l'Être fuprême; l'égal, ce font les hommes. Les devoirs, par rapport à ceux-ci, ne fubfiftent qu'à caufe du befoin où ils font les uns des
autres; & les devoirs, par rapport à Dieu, qui
eft la fource de tout bien, n'ont lieu que par cela
même que les êtres, qui font foumis à ces devoirs,
ne trouvent leur bonheur qu'à les accomplir. C'eft
pourquoi nous raifonnons mal, quand nous vou-

*Il n'en eft
véritable-
ment que
de deux
claffes.*

(1) *Nemo fibi debet........ hoc verbum debere non habet nifi
inter duos locum.* Senec. De Benefic. Lib. V, Cap. VIII.
Voyez Barbeyrac, dans Grot. de Jure, B. ac P. Livre I,
Chapitre I, §. X, note 4, (page 63 du Tome I.

lons juger des chofes par rapport à Dieu, felon
ce que nous trouvons de vrai & de raifonnable en
parlant des hommes. Les puiffances dé la terre méritent tous nos refpects & nos hommages ; les peuples doivent une foumiffion entiere à leurs fouverains : c'eft Dieu même qui les a établis pour
les gouverner. Mais tout élevés que font ces maîtres, ces conducteurs des Nations, ils font des hommes, ils ont befoin de leurs fujets. Sans eux que
feroit leur empire? Sans leurs fecours, que feroient
leurs forces, leurs revenus, &c.? La protection
même qu'ils accordent, dépend des volontés réunies
de ceux qui concourent à leurs pouvoirs : en un
mot, fi les fujets ne font parfaitement heureux que
par l'obéiffance, les fouverains ne font véritablement puiffans & élevés, qu'en gardant à leur égard
les loix de la Juftice & de la modération, qu'ils
n'ont point faites, & qui font au - deffus d'eux.
Mais Dieu, encore une fois, n'a pas befoin de
nos hommages ; c'eft nous qui avons befoin de les
lui rendre pour être ce que nous devons, c'eft-à-
dire, pour être heureux & fages. En vain voudroit-
on féparer l'utilité de l'amour, & n'admettre de
véritable culte que celui qui eft entierement défintéreffé : un pareil culte eft chimérique, & je ne le
trouve pas raifonnable. Il eft oppofé à la nature
de l'homme, & aux propriétés effentielles du Créateur, qui, en toutes chofes, & dans fes loix les
plus rigides à nos yeux, ne veut que le bien &
l'intérêt de fes créatures. Comment s'offenferoit-il
(fi l'on peut fe fervir de ce terme) que des êtres
qui ne fubfiftent que par fa bonté fouveraine, ne
ceffent pas de fe confidérer dans leurs prieres, dans
leurs adorations? C'eft en cela même qu'ils font
dép endans, & que l'Être des êtres, l'Être adoré,

Le culte, fans rapport à l'u-tilité, eft une chi-mere.

est le seul véritable maître, le seul véritable souverain, le seul véritable indépendant. Il est dans la nature de la chose que nous pensions à nos besoins en pensant à lui, tout comme nous pensons à lui en pensant à nos besoins, & que nous ne nous perdions pas de vue dans nos plus grandes humiliations, & dans nos plus profonds hommages, puisqu'il est la source des graces & de tout pouvoir sur la terre.

Ainsi cette troisieme classe des devoirs de l'homme (*le regardant lui-même*) est sans fondement; & je ferai voir, dans la sixieme Section de cette premiere Partie, qu'elle est entrée pour beaucoup, en favorisant l'illusion secrete de l'amour - propre, dans cette infinité de droits & de besoins que les Nations se sont attribués, d'où est venu le grand désordre. Le seul partage naturel des devoirs de l'homme, est *envers Dieu & envers les hommes;* quoiqu'à le bien prendre encore, ceux de cette derniere espece soient renfermés dans les autres; car tout se rapporte à Dieu, (1) l'auteur de tous les êtres. Mais on les distingue nécessairement, par la raison que j'ai déja dite, que les autres hommes ont besoin de nous, & que Dieu n'en a pas besoin.

Seul partage naturel des devoirs de l'homme.

----

(1) Il n'y a proprement qu'un seul fondement général d'obligation, auquel tous les autres se réduisent; c'est la dépendance naturelle de l'empire de Dieu, en tant qu'il nous a donné l'être, & qu'il peut, à cause de cela, exiger que nous fassions de nos facultés, l'usage auquel il les a manifestement destinés. Barbeyrac, dans Puffendorf, tome 1, page 121, note 2.

CHAPITRE II.

Que l'on ne doit point mettre sur le compte de la Raison, les écarts de l'homme.

La *Rai-*
son de
l'homme
n'est pas la
Raison.

L'HOMME a donc des devoirs à remplir ; mais pour les remplir, il faut les connoître ; & pour les connoître, il faut non-seulement se servir de la raison, mais encore en faire un bon usage. La raison de l'homme n'est pas proprement la raison : tous les jours on confond ces deux choses, & c'est pourquoi l'on fait de celle-ci des tableaux si désavantageux, en la chargeant de toutes nos imperfections. La premiere est la faculté de raisonner, dont Dieu a bien voulu gratifier notre espece. C'est un mystere que ce principe lumineux, qui est en nous, revêtu d'un corps ; mais nous le sentons, nous en éprouvons de merveilleux effets, & cela suffit pour nous convaincre de sa réalité, quand la religion ne nous donneroit pas là-dessus des idées bien sûres & bien sublimes. Un êtr penfant & actif, comme celui-là, devroit, ce semble, être toujours le maître de la route, voir toujours clair dans nos décisions & dans nos demandes, écarter les nuages & les embarras, appercevoir les seuls & vrais intérêts ; en un mot, nous conduire sûrement au port. Il est le pilote, il a les rênes en main. Mais il s'en faut bien que cela soit toujours de même ; la mer où nous sommes est trop orageuse ; les passions si

Des pas-
sions.

utiles à l'homme, quand elles sont dirigées à propos, sont des vents impétueux qui la troublent &

l'élevent jufqu'aux nues, quand elles ne font point réglées & qu'on leur a laiffé prendre de l'empire, empire qui fe forme par l'habitude , & qui devient d'autant plus fort qu'on n'y a jamais réfifté. C'eft un point des plus importans de l'économie admirable du Créateur, dans fes divins projets par rapport à l'homme, & dont la Théologie & la Métaphyfique fe font utilement occupées , que cette force ou cette foumiffion des paffions, que ce contrafte qu'il y a fouvent entr'elles & le bien de l'homme. Mais ce que j'ai à dire pour le fujet que je traite, c'eft qu'il ne faut point imputer à la *raifon* les éga-remens de la raifon humaine, c'eft-à-dire, les fruits amers de cette condefcendance criminelle que les hommes ont eue pour leurs penchans, leurs incli-nations, leurs appétits déréglés : laquelle eft caufe ou qu'on n'a pas raifonné du tout, ou qu'on a mal raifonné. C'eft ainfi que les opinions font fi diverfes, que l'on dit que chacun a fon fentiment ; *tot capita*, *tot fenfus ;* que tout le monde fe fait une morale & une religion à fa mode. C'eft ainfi qu'on s'eft livré aveuglément aux actions & aux idées les plus révoltantes ; qu'on a été jufqu'à vouloir les con-vertir en bien, en les étayant de la raifon même : telles les Nations en pourfuivant leurs prétentions, en vuidant leurs querelles par la force : tels les auteurs en érigeant cette pratique en principes, & la revêtant du droit & de la Juftice.

La raifon proprement dite, qui eft cette lumiere que Dieu jete en nous en toute occafion, nous montrant la vérité & nos devoirs, fubfifte indé-pendamment de nos abus ou de nos mépris. Elle a fes principes fûrs, fes axiômes, fes maximes in-conteftables. Le *fcepticifme* eft ici obligé de recon-

Il eft des vérités cer-taines pour la Raifon propre-ment dite.

noître qu'il eſt des vérités certaines, des points fixes auxquels il eſt impoſſible de refuſer ſon acquieſcement. J'en ai poſé de tels, ſans doute, dans la premiere Section dont j'aurai occaſion de me ſervir encore avec avantage dans là derniere. Le mal pour l'homme eſt de ne pas appercevoir ſouvent cette lumiere, ou de la regarder à travers des corps qui la défigurent, & preſque toujours de faire de fauſſes applications de ſes reglés : car il eſt rare que les grands principes ne ſe faſſent pas ſentir dans le cœur de tous les hommes, le Créateur les y a gravés d'une maniere ineffaçable. Mais

D'où vient que la vérité nous é- chappe ſi ſouvent dans nos jugemens ? c'eſt dans les choſes plus compliquées, plus éloignées de l'état naturel de l'homme : c'eſt à meſure que nous perdons de vue la ſimplicité des premiers temps, & que nous nous enfonçons dans ces progrès ſucceſſifs, mais immenſes, des arts & de toutes les profeſſions de la vie, que nous ne ſommes plus ſi ſaiſis de l'évidence, & que l'innocence des mœurs diſparoît : innocence qui gît principalement à ignorer tout ce qui eſt inutile. En conſidérant les changemens extrèmes que l'homme a ſoufferts dans ſa maniere de vivre, de s'habiller, de ſe nourrir, de s'inſtruire, de commercer avec ſes ſemblables ; combien de ſortes de beſoins ont accablé ſon corps & ſon eſprit : combien d'inventions & de recherches & pour la Paix & pour la Guerre ; d'entrepriſes hardies & difficiles ; de goûts & de modes, même pour l'utile comme pour le ſuperflu, ſont nées au milieu des villes & des plus petites habitations : En conſidérant, dis-je, tout ce qu'on entend ſous l'idée de *peuples civiliſés*, comme ſont les Nations Européennes, & voulant diſcerner le mal du bien, affigner à chaque choſe ſon degré d'utilité ou d'inutilité, marquer les points où il falloit s'arrêter, ceux qu'il falloit étendre ou bien refferrer, &c. Les objets de nos jugemens nous éblouiffent ; les motits de décider nous échappent où nous féduifent ; nous ne voyons plus clair dans les idees ; de nouveaux principes s'élevent avec tout ce corps étranger qui nous entoure. Ainfi l'on naît, ainfi l'on meurt. L'on fe figure que tout eft bien, hors les crimes qui troublent l'intérieur des fociétés, & que les Nations elles-mêmes, par rapport au Droit de la Guerre & à tous leurs autres Droits, font telles qu'elles doivent être.

Ainfi, nous trouvons des efforts de génie, un travail immenfe de l'efprit, des progrès étonnans de la faculté de raifonner ; mais nous trouvons encore plus les abus de la raifon. Qui voudroit fuivre cette hiftoire rencontreroit à chaque pas des chofes affligeantes, & ne pourroit affez déplorer que l'homme, pourvu d'une intelligence, qui le rapproche en quelque forte de fon Créateur, en ait fi peu profité pour lui-même ; qu'il l'ait, au contraire, fait fervir à fortifier fes vices & fes erreurs, au point que cet aveuglement paffant jufqu'aux Nations, elles aient été encore moins foigneufes de pefer aux poids de la raifon leurs droits, leurs intérêts, leurs prétentions, & plus enivrées de la fatale opinion qu'elles peuvent fe faire juftice elles-mêmes par la force.

On voit avec des progrès immenfes de l'efprit, encore plus les abus de la raifon.

Cette faculté de raifonner eft agiffante, & s'étend par-tout ; mais c'eft dans le calme feulement qu'elle peut agir convenablement à fa nature & à notre bonheur. Ce calme eft un repos de l'ame qui ne s'acquiert que par le filence des paffions. Or, les paffions n'ont jamais été plus redoutables que de-

Ce n'eft que dans le calme & le repos de l'ame, que la vérité fe montre.

puis ces immenfes progrès dont nous venons de parler : ce font tout autant d'alimens qui les nourriffent, qui les enflamment. Un homme feul, avec l'attirail de la propriété, avec un corps de titres & de droits, avec un amas de vues & de projets, eft un objet redoutable dans la fociété civile, par rapport aux troubles qu'il peut caufer dans les familles. Que ne fera-ce pas des Nations, entr'elles, qui fe regardant comme des perfonnes formées de toutes celles qui les compofent, prennent des droits & des vues d'autant plus hautes, qu'elles fe font accrues en raifon de toutes ces valeurs particulieres réunies ? Le défordre eft ici extrême.

Ce que la *raifon* nous dit en traits lumineux.

Mais la Raifon n'a jamais confeillé ces excès : c'eft au contraire, pour ne l'avoir pas écoutée, ou confultée, ou pour avoir mal pris fes décifions, qu'on s'égare. Ce qu'elle dit aujourd'hui, elle l'a dit hier, elle l'a dit toujours. Tandis qu'elle nous montre que nous ne nous fommes point faits nous-mêmes; que notre vie n'eft qu'un court efpace & tient à un fil ; que pour nous entretenir durant ce peu de jours, il faut les trois quarts moins de nos peines & de nos poffeffions; & que, d'ailleurs, ces grandes acquifitions que l'on recherche avec tant d'envie, on ne les emporte point en mourant: outre que leur jouiffance ne nous dédommage pas des foucis & des traverfes qu'elles nous coûtent; tandis qu'une expérience journaliere nous convainc que nous avons tous une même origine & une même fin ; & que par conféquent, nos droits doivent être égaux comme nos obligations, & ne peuvent fe mefurer fur les befoins de fantaifie, fans allumer les guerres & incendier nos habitations; puifqu'alors il eft impoffible que chacun fe contente

là où tout le monde veut porter fon être & fon empire au-delà de fa place & de l'exacte néceffité.
Comment pourroit-on, après tout cela, reprocher
à la raifon qu'elle nous égare, ou du moins qu'elle
fort à nous égarer ? Ce n'eft jamais elle qui nous
trompe : c'eft nous qui ufons mal de notre liberté.
Dirons-nous auffi que cette derniere faculté n'eft
point en nous, ou qu'elle nous eft un mauvais préfent ? Ce feroit, d'une part, pouffer l'aveuglement,
ou plutôt l'ingratitude, au dernier période : ce
feroit méconnoître notre nobleffe, nos plus grandes
prérogatives, infulter à la dignité de notre être ;
& de l'autre, contredire groffierement ce fentiment
fecret de la confcience, qui nous crie que nous
fommes libres dans nos déterminations, comme
dans nos craintes, & toujours coupables, quand
nous faifons un mauvais choix, ou fans réflexion,
ou pour n'avoir pas pris les précautions requifes.
Tout nous avertit de nos devoirs. Il n'y a point de Tout nous avertit de nos de- voirs.
droits fans obligations, point de puiffance fans
foibleffe, point d'autorité fans foumiffion. A côté
de la grandeur marche la crainte, à côté de l'hu-
miliation l'efpérance ; il n'eft point d'état & de
condition dans la vie, qui ne nous rappelle à ce que
nous fommes véritablement, & qui ne nous indique
la voie fûre que nous aurions à prendre pour paffer
des jours heureux fur la terre, qui feroit de bannir
toute violence & toute contrainte, les grands ennemis de la paix & de la Juftice.

CHAPITRE III.

Combien les dons éminens de la Raison & de la Liberté imposent à l'homme l'obligation de vivre en paix & en frere avec ses semblables.

La liberté
de l'homme
se remarque à
ses propres
égaremens

L'HOMME est libre : c'est une vérité certaine, & que les seuls reproches de la conscience nous démontrent, malgré les doutes qu'on voudroit y répandre. Mais cette faculté même suppose l'exercice de la raison, sans lequel l'homme agiroit en véritable machine. Les animaux irraisonnables sont poussés par un mouvement aveugle, mais infaillible, qu'on appelle *instinct*, vers les choses qui leur sont utiles ou nécessaires, tout comme elles ont un éloignement & un rebut marqués pour celles qui leur sont nuisibles ou superflues. Cette différence essentielle, qui se trouve entre la maniere de leurs déterminations & la nôtre, est la preuve la plus sensible qu'ils n'ont point d'ame ; & que nous en avons une qui nous gouverne, quand nous l'ouvrons aux lumieres de la raison. C'est par cela même qu'ils vont tout droit, & sans broncher, à ce qui est convenable à leur nature, & ne s'en départent pas ; que nous avons raison de conclure que l'intelligence leur manque, ainsi que font les corps inanimés de la nature qui marchent invariablement, & toujours de même, dans la route qui leur est prescrite. L'on n'a jamais dit, sans doute, que les plantes connussent leur végétation, que les arbres sentissent leurs accroissemens, que les globes roulans sur nos têtes
pensassent

penſaſſent à ce qu'ils faiſoient. Nous regardons toutes ces choſes, tous ces ouvrages du Créateur, quelque merveilleux qu'ils ſoient, comme des êtres ſans connoiſſance & ſans ſentiment ; ils ſont pourtant parfaitement en regle. C'eſt leur rectitude, cette préciſion, cette juſteſſe avec leſquelles ils s'aquittent chacun de leurs fonctions, qui nous font juger que la main inviſible de Dieu les conduit plus immédiatement à leur fin, & qu'ils ne participent en rien du monde à ce bel ordre.

Mais, quoique l'homme libre dépende toujours du Créateur, & qu'il ne ſauroit lever un cheveu de deſſus ſa tête, ſans qu'il lui en donne la force, il eſt de la nature d'un être raiſonnable d'avoir des volontés, des deſirs, de ſe déterminer par des motifs, de connoître le rapport des choſes, de réfléchir ſur leurs propriétés & les ſiennes propres, en un mot, de ſavoir ce qu'il fait, & de concourir ainſi aux vues du moteur de tout. Sa liberté conſiſte à donner ſon aquieſcement aux idées du bien qui frappent ſon eſprit, quand il ſe rend attentif à leur préſence, ou qu'il eſt ſoigneux de les chercher, & à y conformer ſa conduite ; ainſi qu'à refuſer ſon aquieſcement aux idées du mal, qui lui ſont toujours offertes, quand il agit ſincerement & de bonne foi, & à ne les jamais prendre pour regle de ſes actions. Dieu a mis en nous un penchant ſecret, un attrait ſuprême pour la vérité & la vertu ; il eſt de l'eſſence de l'eſprit d'y être ainſi porté, comme malgré lui : en quoi nous jouiſſons d'une eſpece d'inſtinct ; mais avec cette différence notable, que là même, l'homme reconnoît cet attrait, & eſt le maître de s'y refuſer : enſorte que quand il ſe trompe, c'eſt bien toujours volontairement & par

Un être raiſonnable devoit être libre.

En quoi conſiſte ſa liberté ?

Tome I.   P

fa faute , foit qu'il croye que l'objet pour lequel il s'affectionne ou fe décide, mérite fon empreffement & fes foins, foit que le plus fouvent, fans rien difcuter , il fe contente de le croire bon, ou par pareffe, ou par ignorance, ou par trop de préfomption en fa capacité , qui font les trois principales fources de fes égaremens.

Trois principales fources de nos égaremens.

Ce que je viens de dire eft une affaire de fentiment, chacun l'éprouve. Il eft en nous un certain figne , une certaine indication qui nous le dit : c'eft le *fens moral*, auffi fûr & plus fûr encore que les fens extérieurs de l'homme, duquel des Philofophes modernes ont conftaté l'exiftence. L'homme eft libre très-certainement, & il l'eft parce qu'il eft raifonnable, c'eft à-dire , parce qu'il a la faculté de raifonner; car l'ufage veut auffi qu'on ne donne pas ce nom de *raifonnable* à celui qui n'entend pas raifon , ou qui raifonne de travers. Ces deux éminens privileges, la *liberté* & la *raifon*, marchent donc enfemble, & font de l'homme un être important, un être confidérable dans la nature. Mais il ne conferve fon rang & fa dignité qu'autant que la raifon l'éclaire, & qu'il s'y rend avec docilité. Autrement il eft plus bête & plus miférable que les autres animaux. Ceux-ci font privés d'intelligence : le malheur n'eft pas dans la privation de ce qu'on ignore ; mais ils ont un inftinct fûr qui les porte, comme j'ai dit , à faire tout ce qui eft néceffaire à leur efpece : tout fe rapporte à leur corps , & cela s'exécute avec la derniere fidélité. Au lieu que l'homme qui a une ame & un corps , & qui eft fait pour agir avec connoiffance, fe trouve, pour ainfi dire, livré à lui-même; Dieu le charge , en un fens, de fa propre conduite ; il n'a que fa raifon pour

Sens moral : efpece d'inftinct que nous avons pour la vérité & la vertu.

La différence de l'homme aux animaux, eft en faveur de ceux-ci, quand il ufe mal de fa raifon & de fa liberté.

guide. Mille périls, cependant, l'entourent : c'eſt un mal s'il ne raiſonne pas ; c'en eſt un autre s'il raiſonne, ou s'il raiſonne trop. Il faut qu'il ſache diſtinguer les cas où la raiſon elle-même veut qu'il faſſe uſage de ſa raiſon, de ceux où elle le lui interdit ou bien de ceux où elle lui impoſe des bornes. Les fonctions, par exemple, purement animales, & celles qui regardent les opérations de l'eſprit, ſe font ſans nous ; c'eſt les déranger, au contraire, que de vouloir les ſuivre ou les diriger. Les myſteres inconcevables de la nature & ceux de la religion, ne permettent l'uſage de la Raiſon & du diſcours, que juſqu'à un certain point ; l'on s'égare quand les idées manquent, & c'eſt la raiſon même qui nous en fait voir le danger. Il n'en eſt pas de même dans toutes les autres occaſions où il s'agit de nos devoirs envers Dieu & envers les hommes, où il faut prendre un parti relativement à ces deux objets ; alors la vérité eſt notre domaine, elle ſe laiſſe pénétrer, & nous ſommes mên.. ..bligés de pouſſer juſqu'à l'évidence. Alors c'eſt le .egne de l'eſprit & de la liberté : l'homme joue un des plus beaux rôles, il eſt dans ſes plus belles fonctions ; mais malheur s'il s'égare, s'il ne fait pas un juſte diſcernement du bon, du mauvais, s'il ne conſulte pas les lumieres de la Raiſon, ou qu'il applique mal ſes regles ; il eſt le fléau de la terre & ſon propre bourreau ; au lieu qu'il en fait les délices, & qu'il jouit lui-même d'un paradis anticipé, s'il agit conformément à ſa nature & à ſes obligations.

Combien l'homme doit être en garde par rapport à l'erreur, & comment il doit gouverner ſa raiſon.

CHAPITRE IV.

Que la Raison nous crie qu'elle n'est jamais plus nécessaire qué dans les démêlés des Nations, pour les appaiser aussi-tôt, & les terminer.

La raison jamais plus nécessaire, que dans les démêlés des Nations.

PUISQUE la raison est donnée à l'homme pour lui servir de guide dans tous les temps & dans toutes les circonstances de la vie ; puisqu'elle le met en état de faire un bon usage de sa liberté, & que d'ailleurs elle n'est jamais plus nécessaire, que dans les occasions essentielles, où les écarts sont de la derniere conséquence : quand est-ce donc qu'il a plus besoin de l'appeller à son secours, que lors des querelles & des démêlés des Nations, qui sont ce qu'il y a de plus terrible sur la terre ? S'il est d'un être raisonnable de prendre dans les rencontres particulieres où il s'agit de son intérêt, la voie droite & sûre, toutes les précautions possibles pour arriver à une juste fin, à combien plus forte raison un Etat, un corps souverain de peuple doit-il procéder avec poids & mesure, & n'employer pour le maintien de ses affaires & la poursuite de ses droits, que des moyens justes & avoués par la Raison ? Si jamais le rayon d'intelligence, qui nous éclaire, doit avoir son efficacité & son usage, c'est alors qu'il y va de tout, pour les hommes qui composent les Nations, à ne se pas tromper & à se déterminer avec sagesse ; puisqu'en se conduisant en aveugles ou en téméraires, elles se jetent dans les plus grands maux, & y plongent

les autres. De toutes les caufes qui ont excité les
Guerres dans le monde, de tous les fuccès brillans qu'on y a eus, de tous les avantages qu'on
en a remportés, en eft-il qui équivalent les foucis,
les peines, les inquiétudes du Souverain, des généraux, des officiers, du foldat, de tous les bons &
généreux citoyens ? En eft-il qu'on puiffe mettre
en comparaifon avec la perte du temps, des hommes, de l'argent, de la tranquillité ? avec l'inter-
ruption de plufieurs branches de commerce, &
l'affoibliffement toujours certain, ou l'abandon de
la culture des terres ? Si nous entrons dans le détail
des fuites inévitables de toutes ces pertes, pour la
Nation feulement qui déclare la Guerre, l'œil ne
pourra foutenir d'horreur l'afpect de tant de maux.
Eft-il rien de plus précieux pour un Etat que fon
repos, qu'un utile emploi du temps, pendant lequel
les arts s'exercent & fe perfectionnent ; la juftice fe
rend aux fujets, les loix s'épurent, de fages établiffemens fe forment, des réglemens néceffaires
fe concertent, toutes les parties du Gouvernement
font bien fuivies & fe concilient ? Eft-il rien de plus
précieux pour un Etat que la confervation des fujets,
qu'une jufte diftribution des finances, qu'un retour
prompt & aifé de protection & de foutien, qui les
encourage & les met toujours plus en état de fournir à de nouveaux fubfides & aux impofitions
courantes ? De quoi font compofées les armées, fi
ce n'eft de gens de tous métiers & de laboureurs,
qui manquent à la terre & aux profeffions utiles,
fouvent néceffaires, dont la privation ou la mort
intéreffe encore moins l'Etat, à raifon des fervices
journaliers qu'ils rendoient, qu'à caufe de ceux qu'ils
auroient pu rendre en qualité d'hommes & de défenfeurs de la patrie, en les réfervant pour les occa-

Les plus brillans avantages de la Guerre, ne valent pas ce qu'il en coûte pour les acquérir.

Maux pour l'Etat qui déclare la Guerre.

P iij

fions *forcées* de la jufte défenfe ? Quand de tels malheurs arrivent, comment entretient-on ces armées,
fi ce n'eft à force d'argent & de dépenfes, & en
jetant tout de ce côté, la fubfiftance, qui, en temps
de paix, eft plus généralement & plus également
répandue ? La Guerre eft un gouffre où les hommes
& les biens vont s'engloutir.

Maux
pour les
Su ets eux-
mêmes.

Si nous confidérons les fujets eux-mêmes, qu'eft-
ce qu'ils ont de plus cher que la vie de ceux qui leur
appartiennent, que la profpérité de leur famille,
que l'aifance & le repos dans lequel ils vivent, que
les talens & les profeffions qui les font fubfifter, que
le loifir & le moyen de cultiver leurs champs & de
payer au Prince les droits & les tributs, dont on
ne s'acquitte jamais mieux & plus volontiers, que
quand on eft laiffé libre & dans la poffibilité de les
acquitter ? Après une Guerre, ou tant qu'elle dure,
combien de terres ravagées, de terres abandonnées
ou négligées, fi c'eft dans fon propre pays ? Combien de veuves & d'orphelins, combien de gens
plongés dans la plus profonde douleur pour les
cruelles pertes qu'ils ont faites en tout genre ? Pour
quelques-uns qui s'enrichiffent & améliorent leur
fortune dans ces calamités publiques, il y en a cent
mille qui s'en trouvent mal ; & l'Etat n'eft jamais
affez riche, ni affez bien informé, ou encore affez
fecondé pour accorder les indemnités & les dédommagemens qui feroient de droit. L'on ne paye pas
le plus fouvent, ou l'on paye très-mal les chofes les
plus juftes, comme des terrains pris, des arbres
coupés, des maifons abattues, que la néceffité, l'opinion quelquefois oblige de détruire. Ceux qui font
le plus près du théâtre de la Guerre, font les plus à
plaindre, & fouffrent des maux fans nombre ; mai

les plus éloignés s'en ressentent aussi par contre-coup ; la douleur & le chagrin pénetrent jusques dans les Provinces les plus reculées : on charge davantage celles qui ont été le moins exposées, & l'on ne sauroit exempter les unes sans faire retomber sur les autres tout le fardeau. En un mot, il n'est point de lieux & de cantons qui n'aient à gémir pendant long-temps des plaies profondes que la Guerre a faites.

Voilà pour l'Etat qui se décide à employer un moyen si funeste ; mais les mêmes maux, & de plus grands encore, se préparent pour celui qu'on attaque. Il a ceux qui naissent de la nécessité de sa condition, & ceux que l'ennemi lui porte, sur-tout quand il est victorieux. O Nations vaincues, Peuples conquis, Villes assiégées & prises d'assaut, dites-nous tous ce que le fer & le feu, la brutalité & la fureur du soldat, vous ont fait souffrir ? Combien vos entrailles ont été émues, déchirées dans toutes leurs parties ? & si vous n'auriez pas préféré une mort certaine, & de périr comme ceux qui ont eu ce sort, à être les témoins & l'objet de tant d'affreux spectacles ?

Maux pour l'Etat à qui on fait la Guerre.

Il est inconcevable que des sociétés d'hommes, qui ne s'unissent ensemble en Corps Politiques que pour leur bonheur & le bonheur de tous ceux qui les composent, aient si peu connu la raison, ou en aient tenu si peu de compte, que de ne la pas rendre l'arbitre souveraine de toutes leurs contestations, de tous leurs différens ; que de ne pas soumettre à ses lumieres leurs prétentions & leurs demandes, & ne pas faire, à ses yeux, une juste discussion de ce que l'on peut gagner par la force, & de ce que l'on perd infailliblement par ce moyen :

Réflexion.

P iv

elles n'ont pas connu la raifon ; car le moindre
effort d'efprit, la moindre attention, leur auroit
découvert que *le moyen eft injufte :* elles en ont
tenu peu de compte ; car nonobftant tout ce qu'elle
dit *qu'il eft encore très-dangereux & incertain*, elles
s'y font livrées avec le dernier aveuglement, bien
décidées à y revenir en toute occafion : leur propre expérience n'a pu les défabufer.

CHAPITRE V.

La Raison se révolte de ce qu'on emploie un moyen
aveugle, là où l'on a besoin de lumiere ; un moyen
de violence & de fureur, là où l'on ne doit re-
chercher que la justice, dont le regne est doux &
tranquille, & n'a rien de plus opposé que la
Guerre.

Q u e ce moyen soit injuste, après tout ce que
nous en avons dit dans notre premiere Section ,
je crois que cette vérité n'a plus besoin de preuve :
elle se déduit des voies que nous avons prises pour
manifester dans le plus grand jour le faux de la
doctrine du Droit de la Guerre , & de tous les
raisonnemens dont on l'appuie. Mais si ce moyen
est injuste, de quels reproches les Nations ne doivent-elles pas être chargées, de commettre déja
une injustice dans la maniere de faire valoir leurs
droits & leurs prétentions, & de se rendre coupables là même où elles ont une bonne cause ?
« La justice est la base (*dit Wattel*) de toute so-
» ciété. . . . Elle est plus nécessaire encore entre
» les Nations qu'entre les Particuliers ; parce que
» l'injustice a des suites plus terribles dans les dé-
» mêlés de ces puissans Corps Politiques, & qu'il
» est plus difficile d'en avoir raison ». *Liv.* 11 ,
chap. 5 , §. 63. Cela est vrai. Mais quelle justice
attendre, au fond, de ceux qui manquent aussi
essentiellement à la forme, qui s'arrogent le droit

Quelle
justice
pour la
cause,
quand le
moyen lui-
même est
injuste ?

de punir, & qui penſent ou agiſſent comme s'ils penſoient, que tout moyen eſt légitime, non-ſeulement pour une fin juſte & louable, mais encore pour venir à bout de tout ce qu'on deſire, qui a quelque trait à l'honneur, la gloire, la proſpérité, la puiſſance, &c. d'un Etat ? Il faut bien le penſer de même, quand on veut ſe faire juſtice ſoi-même, quand on veut que la force en décide, quand on ſe perſuade qu'il y a de la néceſſité à prendre les armes contre une Nation qui nous refuſe ſeulement une choſe juſte ; & qu'on ne s'aviſe jamais de croire qu'on puiſſe pourtant bien avoir tort d'employer un tel moyen ? d'autant que la *force* eſt aveugle, qu'elle eſt ennemie du Droit ; qu'elle n'eſt donnée que pour les beſoins du corps, & pour ſatisfaire à une légitime défenſe ; en un mot, pour être oppoſée à la *force*, ſa ſeule & vraie deſtination.

Si l'obligation impoſée à tous les hommes d'être juſtes eſt plus ſacrée encore pour les Nations, par l'importance de ſes ſuites, elle n'eſt jamais plus violée que quand elles s'érigent en Juges de leurs propres cauſes, & qu'elles ſe mettent en marche pour contraindre une autre Nation à leur accorder ce qu'elles demandent. La lumiere naturelle nous dicte, qu'entre des êtres tous égaux, indépendans de volonté, mais dépendans de nature, dont l'un peut faire ce que l'autre fait, & qui ſe peuvent nuire réciproquement (je parle du pouvoir de fait), il n'y a pas à mettre le droit dans la force, ou à le ſoutenir par la force ; puiſque, comme j'ai déja dit, la force eſt aveugle, & qu'elle eſt d'ailleurs un moyen commun à tous : au lieu que le *Droit* ne peut être que d'un côté. C'eſt le comble de l'in-

juſtice que de vouloir commencer par avoir raiſon
à tout prix ; que de porter le trouble où la vérité
doit paroître au clair ; que de regarder la violence
comme l'interprete de la juſtice & la protectrice
du Droit ; que de mettre à feu & à ſang, pour
des querelles & des débats, qui n'en valent ſouvent pas la peine ; enfin, de ſe déchirer mutuellement pour tâcher d'avoir ce qu'on n'eſt pas ſûr
même d'obtenir par ce moyen.

Il n'y a que ce qui eſt juſte qui peut conduire
ſûrement au but. Cette vérité, extrêmement ſenſible dans la ſociété civile, devroit ſe ſentir tout
de même dans la ſociété univerſelle des Nations.
Elles n'ont point entr'elles, naturellement d'accords
particuliers & exprimés, comme en ont, entr'eux,
les hommes qui ont formé une ſociété ; mais leurs
liens & leurs engagemens ſont ſous-entendus ; ils
ſont ceux de la nature & de la néceſſité : ils ſont
mille fois plus forts, plus juſtes, mieux autoriſés
que ceux de leur propre inſtitution. S'il a été inévitable, en tout Etat, de contenir la force parmi
les Sujets, & de la rendre abſolument nulle, quant
à la déciſion de leurs différens, il eſt inévitable auſſi
& encore plus, que les Etats, entr'eux, com-
priment (1) ce reſſort terrible, & qu'ils prennent
des Juges pour régler les leurs. Qui ne voit que
c'eſt la raiſon qui doit préſider dans les Jugemens ?
Le trouve-t-on dans ces expéditions militaires, dans
ces fougues tumultueuſes, dans ces excès de toutes
les ſortes ? Elle demande le calme & le repos pour

Ce qui eſt juſte ſeul, peut conduire au but.

La Nature oblige autant les Etats que les Particuliers, à comprimer entre eux le reſſort de la force.

---

(1) Cette queſtion a été traitée dans la premiere Section,
N°. III, Chapitre I.

examiner, comparer, réfoudre les fujets de divifion, & puis prononcer pour celui qui a le bon droit. D'ailleurs, il eft rare qu'une juftice trop exacte ne foit pas une injuftice, *fummum jus, fumma injuria*, nous l'avons déja dit. Les droits des Nations, comme ceux des Particuliers, hors les cas abfolus des befoins preffans de la vie, ne font plus fufceptibles d'une décifion fi précife; ils n'intéreffent plus tant l'humanité & la confervation des êtres, qui eft la fource de tous droits. Plus l'on s'éloigne de ces premiers befoins, ainfi que je l'ai obfervé une fois, moins l'on fe fent en état de rendre des Jugemens impartiaux & équitables; nos Tribunaux de Juftice font, le plus fouvent, occupés de fujets douteux, obfcurs, compliqués; la Jurifprudence varie; les Loix ont befoin d'être commentées; la fcience du Droit eft un champ immenfe & rempli d'épines. Si l'on eft fûr du principe, l'on ne voit plus clair dans l'application; le fujet change avec les circonftances; mais le plus fouvent encore, l'on manque d'appui & de fondement : l'on ne fait fur quoi établir folidement fes preuves. Tel eft l'état où chaque Nation fe trouve, par rapport à fes membres, à caufe des progrès de la *fociabilité*, ainfi qu'on nomme, le prodigieux amas de vues & d'intérêts que les hommes fe font formés par tous les objets de leurs defirs, & ce chaos immenfe de combinaifons dans lequel ils roulent. Mais cependant il faut les juger; & c'eft pourquoi les Tribunaux procedent avec ordre & lenteur; & que par fois auffi, malgré toutes les précautions & la meilleure volonté, il en fort des Arrêts contradictoires, fur des caufes entierement femblables, non-feulement jugées par d'autres, mais par eux-mêmes.

La confervation des êtres, fource de tous droits.

Lenteur de la Juftice ordinaire. D'où elle procede.

Mais les Nations, entr'elles, fe trouvent du plus au moins, dans les mêmes circonftances. Elles font fi liées par des traités, par des accords de leur volonté, par des mariages, par une infinité d'objets de commerce, & des vues d'agrandiffement où elles tendent toutes ; enfin, elles dépendent tant, fans le vouloir, les unes des autres, à caufe de leurs pofitions & des befoins imaginaires qu'elles fe font faits, qu'il n'y a pas moyen de connoître d'un coup-d'œil, tout le vrai & l'effentiel de leurs droits, & moins encore, de les leur accorder entierement, fans rifquer de nuire à celles qui les leur conteftent, & fans bleffer la juftice.

Les cau-
fes qui agi-
tent les
Nations
entr'elles
pas plus
claires que
celles
qu'on dé-
bat dans
nos Tribu-
naux.

Or, fi dans tous démêlés regardant les Particuliers, il faut pouvoir raifonner avec tranquillité, & pefer au poids du fanctuaire les griefs des Parties, puifque la vérité eft ordinairement fi cachée, & fi la force feroit alors un moyen injufte de décider, en ce qu'elle empêcheroit la raifon d'agir ; comment ce moyen deviendra-t-il légitime entre les mains des Nations, pour qui la raifon eft encore plus néceffaire, & l'obligation de s'inftruire plus grande ? Ce raifonnement eft fimple, & il eft fi fort, que je doute qu'on puiffe jamais le renverfer ; toutefois il n'a point fait d'impreffion ; c'eft qu'on ne l'a jamais fait, ou qu'on ne s'y eft peut-être jamais arrêté. Trifte condition des hommes ! malheureux partage de l'humanité ! La raifon les abandonne, ou ils ne l'écoutent point, lorfqu'ils ont le plus befoin de fes confeils ; lorfqu'ils ont le plus befoin de la rappeller, & de ne rien entre-prendre que par fes ordres ! Mais ils font plus coupables, difons-le hardiment, que dignes de pitié :

Raifonne-
ment fim-
ple & bien
concluant,
auquel
toutefois
les Nations
font infen-
fibles.

il dépend d'eux de reconnoître que le Droit de la Guerre est sans fondement, & que toute Guerre offensive est injuste ; ils n'ont besoin que d'un peu de bonne foi & d'application pour cela.

CHAPITRE VI.

La raison nous montre encore, qu'il est tout-à-fait
absurde & contre le bon sens, d'user d'un moyen
aussi dangereux que la Guerre, pour obtenir
justice.

Rien de bon ne sauroit sortir d'un mauvais principe ; & un moyen injuste ne produira que des
injustices. Tout ce qu'il y a d'heureux & de béni
par le Ciel sur la terre, se présente sous le nom
de *paix*. C'est elle qui nous donne l'idée de la félicité humaine, & de cet état tranquille, où chacun, à l'abri des loix, peut élever sa famille, se
soutenir dans sa condition, & remplir sans contrainte ce qu'il doit à Dieu & aux hommes. *C'est*
dans la paix, dit Wattel, *que les hommes se res-*
pectent, qu'ils s'entre-secourent, qu'ils s'aiment. Liv.
4, §. 1. Ne soyons donc pas surpris que la Guerre
soit si détestable, puisqu'elle renverse tous ces biens,
& qu'elle est l'ennemie déclarée de la paix ; mais
soyons surpris que toutes les horreurs de la Guerre,
toutes ses fureurs, les maux cruels qu'elle cause, ne
désabusent point les Nations d'un moyen si dangereux.

    Encore si, quoiqu'injuste, il pouvoit mener à
quelque chose d'utile, l'entreprise seroit toujours
indigne d'un être raisonnable, puisque la probité,
inséparable de la justice, est le vrai aliment de la
raison ; mais l'illusion naturelle aux hommes, pour-

Idée de
la *Paix.*

roit du moins leur fournir quelque excufe & en diminuer le blâme.

La *Guerre*, incapable d'aucun bien. Mais de quel bien la Guerre eft-elle capable ? Ecoutons toujours Wattel. « Elle eft funefte même
» aux Peuples qui n'y font point impliqués : elle
» trouble le commerce ; elle détruit la fubfiftance
» des hommes ; elle fait hauffer le prix des chofes
» les plus néceffaires : elle répand de juftes alar-
» mes, & oblige toutes les Nations à fe mettre
» fur leurs gardes, à fe tenir armées. *Liv.* 4, §. 5.

Aveux qu'on fait encore. Voici ce qu'on avoue encore : « Les voies de la
» force font une trifte & malheureufe reffource
» contre ceux qui méprifent la juftice, & qui re-
» fufent d'écouter la raifon. *Liv.* 3, §. 25. Ce re-
» mede eft fi terrible dans fes effets, fi funefte à
» l'humanité, fi fâcheux même à celui qui l'em-
» ploie, que la Loi Naturelle ne le permet fans
» doute, *dit Wattel*, qu'à la derniere extrémité ».
Ibid. §. 51.

Tableau de la Guerre & de fes horreurs, fait par Wattel lui-même. Voyons le tableau qu'il nous en fait au §. 24
du même Livre, & qu'on me permette de le rap-
porter en entier. « Quiconque aura une idée de la
» Guerre, quiconque réfléchira à fes effets ter-
» ribles, aux fuites funeftes qu'elle entraîne après
» elle, conviendra aifément qu'elle ne doit point
» être entreprife fans les plus fortes raifons. L'hu-
» manité fe révolte contre un Souverain qui pro-
» digue le fang de fes plus fideles Sujets, fans
» néceffité & fans raifons preffantes ; qui expofe
» fon Peuple aux calamités de la Guerre, lorfqu'il
» pourroit le faire jouir d'une paix glorieufe &
» falutaire. Que fi à l'imprudence, au manque
» d'amour

» d'amour pour fon Peuple , il joint l'injuftice envers
» ceux qu'il attaque ; de quel crime , ou plutôt de
» qu'elle effroyable fuite de crimes ne fe rend-il
» pas coupable ? Chargé de tous les maux qu'il
» attire à fes Sujets , il eft coupable encore de tous
» ceux qu'il porte chez un Peuple innocent : le
» fang verfé , les Villes faccagées , les Provinces
» ruinées , voilà fes forfaits. On ne tue pas un
» homme , on ne brûle pas une chaumiere , dont
» il ne foit refponfable devant Dieu & comptable
» à l'humanité. Les violences , les crimes , les dé-
» fordres de toute efpece , qu'entraînent le tumulte
» & la licence des armées , fouillent fa confcience
» & font mis fur fon compte , parce qu'il en eft
» le premier auteur. Puiffe (*ajoute Wattel*) ce foible
» tableau toucher les conducteurs des Nations , &
» leur infpirer , dans les entreprifes guerrieres une
» circonfpection proportionnée à l'importance du
» fujet » !

Ce fouhait eft louable , mais inutile & peu réfléchi dans la bouche de nos Auteurs , qui admettent , avec tout cela , des raifons *juftificatives*
& des motifs de faire la Guerre , lefquels , comme
nous avons vu , ils étendent fi loin. L'on fe portera
toujours à une chofe que l'on croit permife , quelque périlleufe qu'elle foit ; ce ne fera plus qu'une
affaire de prudence , pour favoir fi on ne la ten-
tera pas avec trop de rifque , quand on fera perfuadé , au fond , qu'on a raifon de prendre les
armes.

Il eft évident par ce que nous venons de voir ,
que les fuites funeftes , les terribles effets que l'on
reproche à une Guerre injufte ne tiennent point
leur nature perverfe , leur mauvaife qualité , de

Toutes
ces hor-
reurs font
telles , indé-
pendam.

Tome I. Q

ment de la
bonne ou
mauvaise
caufe en
foi.

l'injuftice de la caufe : ils font tels indépendamment des droits du Guerrier ; & les Peuples n'en
font pas moins malheureux de part & d'autre, pour
y en avoir un des deux qui aura la juftice de fon
côté.

Cette prudence donc, qui doit marcher avec la
juftice, cette circonfpection qui devroit être infé-
parable des vues humaines, cette attention que
l'on devroit toujours avoir, dans tout ce que l'on
fait, pour comparer les avantages avec les périls ;
eft-il poffible qu'elle ne dife rien ici, ou qu'elle
agiffe fi foiblement fur l'efprit des hommes & des
Nations, que de ne pas les engager à faire, avant
tout, une jufte eftimation des maux de la Guerre
& de fes fuccès, quand il eft queftion de droits
conteftés, mais légitimes, & qui n'intéreffent pourtant point effentiellement le falut de l'Etat ?

Autres
périls aux-
quels on
s'expofe.

Elles pourroient fe dire alors, que *leurs paffions,*
leurs intérêts propres, leurs vues particulieres, in-
fluent trop fouvent dans leurs réfolutions quand il
s'agit d'entreprendre la Guerre. Liv. 18, chap. 11,
§. 10. Elles confidéreroient d'ailleurs qu'il n'eft pas
toujours fi facile de ne fe pas tromper dans l'opinion où l'on eft d'avoir le droit pour foi ; & que
l'on peut bien entreprendre une Guerre injufte,
tandis qu'on la croira fondée : les raifons de décider étant fi éloignées de leur fource, comme nous
l'avons dit, qu'il eft comme impoffible de ne pas
prendre le change dans fa propre caufe.

Il faut pourtant « rendre ce qu'on a pris injuf-
» tement (*c'eft encore* W *attel qui le dit*), rembour-
» fer les frais de la Guerre, réparer les dommages.
» Et comment faire une jufte eftimation de tous
» les dommages ? A quoi taxera-t-on le fang

» répandu, la perte d'un grand nombre de Citoyens,
» la désolation des familles ? Ce n'est pas tout en-
» core : la justice rigoureuse exigeroit de plus que
» l'auteur d'une Guerre injuste fût soumis à une
» peine proportionnée aux injures, dont il doit
» une satisfaction, & capable de pourvoir à la sû-
» reté future de celui qu'il a attaqué. Comment
» déterminer la nature de cette peine, en marquer
» précisément le degré ? Enfin, celui-là même de
» qui les armes sont justes, peut avoir passé les
» bornes d'une juste défense, porté à l'excès des
» hostilités dont le but étoit légitime ; autant de
» torts dont la justice rigoureuse demanderoit la
» réparation. Il peut avoir fait des conquêtes &
» un butin qui excedent la valeur de ce qu'il avoit
» à prétendre : qui en fera le calcul exact, la juste
» estimation » ? *Liv.* 4, *chap.* 11, **§.** 18. Voyez
aussi le **§.** 185 *du Liv.* 3.

Ces Nations seroient effrayées en pensant aux
difficultés de réparer les maux de la Guerre. « Mais
» comment réparer tant de maux ? Plusieurs sont
» irréparables de leur nature. Et quant à ceux qui
» peuvent être compensés par un équivalent, où
» puisera le Guerrier injuste pour racheter ses vio-
» lences ? Les biens particuliers du Prince n'y sau-
» roient suffire. Donnera-t-il ceux de ses Sujets ?
» Ils ne lui appartiennent pas. Sacrifiera-t-il les
» terres de la Nation ? une partie de l'Etat ? Mais
» l'Etat n'est pas son patrimoine (*Liv.* 1, **§.** 61);
» il ne peut en disposer à son gré ; & bien que
» la Nation soit tenue, jusqu'à un certain point,
» des faits de son conducteur, outre qu'il seroit in-
» juste de la punir directement, pour des fautes
» dont elle n'est pas coupable, si elle est tenue des
» faits du Souverain, c'est seulement envers les

Q ij

» autres Nations qui ont leur recours contre elle
» (*Liv.* 1 , §. 40 , & *Liv.* 11 , §§. 81 , 82) ; le
» Souverain ne peut lui renvoyer la peine de fes
» injuſtices , ni la dépouiller pour les réparer. Et
» quand il le pourroit , fera-t-il lavé de tout, &
» pur dans fa conſcience ? Acquitté envers l'en-
» nemi, le fera-t-il auprès de fon Peuple ? C'eſt
» une étrange juſtice que celle d'un homme qui
» répare fes torts aux dépens d'un tiers ; il ne fait
» que changer l'objet de fon injuſtice. Peſez toutes
» ces choſes (*ajoute Waſtel lui-même*), ô con-
» ducteurs des Nations ? Et quand vous aurez vu
» clairement qu'une guerre injuſte vous entraîne
» dans une multitude d'iniquités dont la réparation
» eſt au-deſſus de toute votre puiſſance , peut-être
» ſerez-vous moins prompts à l'entreprendre ».
Ibid. §. 186 *du Liv.* 3.

L'Auteur s'adreſſe-là aux conducteurs des Nations : il a raiſon ; mais moi, je l'applique aux Nations mêmes , puiſqu'ils ne ſont que leurs repré-
ſentans , leurs guides, & qu'ils commandent à des
êtres raiſonnables , dont une bonne partie du moins,
voit ordinairement clair dans les affaires de l'Etat.
D'ailleurs les Rois ne ſe décident pas ſeuls ; ils ont
leur conſeil ; c'eſt ce conſeil qui eſt le plus coupable, en cas d'erreur. L'on demande ſi une Nation
& les Gens de Guerre ſont tenus à quelque choſe ?
Et l'on répond que la Nation , en corps, & les Particuliers, connoiſſant l'injuſtice de leur poſſeſſion ,
doivent ſe deſſaiſir & reſtituer tout ce qui eſt mal
acquis. Mais quant à la réparation du dommage ,
& ſur la quéſtion ſi les Gens de Guerre , Généraux,
Officiers & Soldats, ſont obligés en conſcience à
réparer des maux qu'ils ont faits , non par leur vo-

Grotius n'a pas tort de dé-cider, qu'une Na-tion entie-re eſt obli-gée, non-ſeulement à reſtituer, mais à ré-parer le

lenté propre, mais comme des inftrumens dans la dommage,
main du Souverain ; l'on (1) eft furpris que le judi- envers une
cieux Grotius prenne fans diftinction l'affirmative (2). autre Na-
Cette décifion, nous dit-on, *ne peut fe foutenir que* tion atta-
dans le cas d'une Guerre fi manifeftement & fi indu- tement.
bitablement injufte, qu'on ne puiffe y fuppofer au-
cune raifon d'Etat, fecrete & capable de la juftifier :
c'eft prefque impoffible en politique. Ibid. Liv. III.
§. 187. Il faut convenir avec cet auteur, qui n'eft
pas en cela de l'avis de Grotius, que *vu la maniere*
dont font montés les Etats aujourd'hui, & l'efprit fyf-
tématique de Guerre qui les occupe, différent de ce qu'il
étoit anciennement, le gouvernement devient impoffi-
ble, fi chacun de fes miniftres veut pefer & connoître
à fond la Juftice des commandemens avant que de les
exécuter ; & que s'ils doivent, pour le falut de l'Etat,
préfumer juftes les ordres du Souverain, ils n'en font
pas refponfables. Ibid.

Mais la néceffité d'où l'on tire cette raifon, n'étant
qu'accidentelle, & ne venant point de la nature de
la chofe, il n'eft pas trop clair que Grotius fe foit
trompé. Aux yeux d'une nation attaquée injuftement, l'Etat & le Souverain ne font qu'un. C'eft le
corps entier qui lui répond des injuftices du Prince ;
&, en effet, comment féparer dans la penfée, ce
qui eft dans ce rapport-là indivifible ? Si le Prince
n'eft que le conducteur, il eft cenfé que c'eft l'Etat
qui l'a mis en place, ou qu'il s'eft foumis à lui : il en
veut donc courir les rifques; & bien qu'il faille lui
obéir, quand il commande, il eft entendu que c'eft
toujours par rapport à autrui, avec la condition de

---

(1) Wattel.
(2) Droit de la Guerre & de la Paix. Livre III, Chapitre X.

répondre de ses fautes. La justice la plus exacte ne répugne point à cette explication. Ainsi, il reste, pour le moins, toujours douteux, si même sur le pied où sont les Gouvernemens d'aujourd'hui, les gens de Guerre & le reste de la Nation ne sont pas obligés à réparer tout le dommage causé à un ennemi, attaqué injustement.

Or, en regardant sous ce point de vue les dangers infinis où la Guerre expose, il y a de quoi frémir à l'idée seule d'embrasser un tel moyen. En supposant même qu'on ait de justes raisons de faire la Guerre, au sens de nos Auteurs, il faut commencer par se mettre d'abord soi-même dans des dangers, des pertes, des embarras sans nombre & certains, dont la prudence ne manqueroit pas de nous éloigner si l'on consultoit la raison : & si l'on se trompe, & qu'on ait le malheur de porter la Guerre injustement, comme cela peut bien arriver par toutes les raisons que nous avons dites, à quels dangers aussi ne s'expose-ton pas envers l'ennemi même, ainsi qu'en conviennent ces Auteurs ?

Dans mon système, ces dangers que l'on court, par rapport à l'injustice des armes, toujours certains, que l'on soit fondé ou non.

Mais, dans mon système, ces dangers sont toujours existans : c'est-à-dire, que vous êtes responsables de tout envers l'ennemi, soit que vous soyiez fondé ou non dans vos prétentions, parce qu'il ne vous est point permis de prendre les armes pour l'*attaquer*, vous ne le pouvez que pour vous *défendre*. Il seroit étonnant que, tombant inévitablement dans ces dangers pour vous-même, il pût y avoir de la distinction quant à autrui, & que vous puissiez n'être pas coupable en lui portant les plus rudes coups. Il est de l'essence de l'humanité & de cette fraternité tant recommandée par la Nature, que nous ne sentions notre bien être, qu'autant que les autres ne fouffrent point & qu'ils ne nous repréfentent pas l'image de la douleur : de forte que nos intérêts, en un fens, ne font-pas différens de ceux du prochain ; mais que nous devenons coupables toutes les fois que nous fommes agreffeurs, là même où l'on nous à fait tort, pourvu qu'il foit fupportable.

Enfin, & ne confidérant que les regles de la prudence, je conclus qu'il eft contre le bon fens de fe livrer à tous les périls de la Guerre, lorfqu'on peut attaquer ou ne pas attaquer, & que ce que l'on fouffre par l'injuftice de fon ennemi, n'eft pas au point d'intéreffer le falut de la Nation. C'eft la plus grande des abfurdités que de courir à des maux plus grands que les avantages que l'on réclame, & toujours plus affurés que leur acquifition.

Conclu-fion.

CHAPITRE VII.

Enfin la raison ne trouve qu'à blâmer dans le parti que prennent les Nations de poursuivre une demande, même juste, par un moyen aussi incertain que la force, quand il est constant qu'il est injuste, ou tout au moins qu'il est si funeste à l'humanité, si fâcheux même à la Nation qui l'emploie.

Nous avons vu que *la Guerre est une mauvaise regle de décision, qu'elle ne détermine rien par elle-même sur les controverses entre ceux qui, comme les Nations, ne reconnoissent point de juge.* Droit des Gens, par Wattel, Livre III, §. 38.

Le fort des armes incertain.

Cela n'est vrai que parce que le fort des armes est incertain, & que *la victoire suit d'ordinaire la force & la prudence, plutôt que le bon droit.* Ibid. En effet, ce qui décide des batailles, des sieges, &c. ainsi que nous l'avons observé nous-mêmes, n'a rien de commun avec la justice de la cause ; & l'expérience montre tous les jours que l'ennemi injuste est très-souvent couronné par le succès.

Si celui qui demande une restitution ou une réparation légitime, étoit sûr, en prenant les armes, d'y contraindre la Nation qui la lui refuse, *encore ne seroit-il pas si déraisonnable d'appeller ce moyen efficace,* Ibid, & de penser *qu'enfin il faut bien y venir quand tout autre est inutile.* Ibid. §. 25. Il paroîtroit même naturel qu'ayant le droit pour soi, l'on en

voulût avoir les effets, par un moyen dont on ne
feroit pas en doute.

Mais l'on est tout convaincu du contraire. Il n'y a
point de Potentat, point de Souverain sur la terre
qui puisse compter d'avance sur le succès. Il n'est
point d'entreprise si bien concertée qui n'échoue;
d'armée formidable qui ne soit battue; de flotte *invincible* (1) qui ne soit dissipée & perdue. Les événemens du Ciel, les calamités, les cas fortuits, sont au-
dessus de la prudence humaine; & l'ennemi attaqué,
harcelé, a souvent des ressources qui étonnent les
plus audacieux.

C'est le fort des choses du monde d'être fragiles
& incertaines. Depuis les premiers arts de la vie,
comme la chasse, la pêche, l'agriculture, &c. jusqu'aux nobles fonctions de la Royauté, l'homme n'a
point d'assurance que ses œuvres, & ses travaux réus-
siront au gré de ses desirs : la prudence, qui est d'un
usage si universel, ne s'exerce que sur des objets dont
l'événement ne dépend point d'elle : elle disparoît là
où il y a certitude.

[marginal note: Sort commun à toutes les choses du monde.]

Il faut pourtant que l'homme agisse : ses besoins
toujours renaissans, l'obligent à tenter fortune, & à
courir des hasards inséparables de sa condition,
jusques dans les choses les plus nécessaires : il seme,
il jete des filets, il tend des pieges, ou poursuit des
animaux; il garde & fait multiplier les especes les
plus utiles; il établit des manufactures, il jete les
plus grandes valeurs dans le fonds incertain de l'espé-
rance : en un mot, il entre dans une infinité d'objets

---

(1) C'est le nom que Philippe II, Roi d'Espagne,
donna à sa Flotte, en 1588, contre l'Angleterre; laquelle
périt ou fut fondue entierement par la tempête.

de commerce, où il faut néceſſairement s'en remettre à la providence & à ſes ſoins à lui.

Mais ſi jamais l'incertitude l'entoure, s'il s'expoſe aux périls, à la fragilité de ſes deſſeins, c'eſt dans les entrepriſes de mer, c'eſt dans la navigation où tout eſt flottant, ſujet à manquer & plein de révolutions effrayantes. Toutefois il s'y livre en vue de l'utilité réelle & des grands biens que cette voie peut lui procurer. Il y eſt venu d'ailleurs par degrés inſenſibles ; & la navigation, ſi parfaite aujourd'hui & ſi étendue, ainſi que les ſujets de ſpéculations qu'elle forme ou favoriſe, n'étoit preſque rien dans le principe : l'expérience, avec le développement des connoiſſances, nous raſſure contre un état que l'on ſait n'être point mauvais par ſoi-même. Les tempêtes, les écueils, le feu, une voie d'eau, des pirates, &c. qui ſont les périls qui le menacent, tout cela peut arriver, mais n'arrive pas infailliblement, ni toujours, ni à la fois ; & en ſomme, il eſt plus de navigateurs heureux que de malheureux. C'eſt que ces accidents funeſtes, qui nous pourſuivent auſſi dans nos demeures & dans toutes nos entrepriſes ſur terre, ne ſont point inſéparablement attachés à la qualité d'homme de mer. Et voilà pourquoi auſſi tant de gens s'adonnent à cette profeſſion, & reviennent ſur un élément qu'on appelle *perfide*, bien qu'ils en aient pluſieurs fois éprouvé les rigueurs.

Dangers de la Guerre certains, & ſes ſuccès douteux.

Mais la Guerre eſt un métier eſſentiellement dangereux. L'on n'eſt point ſûr de remporter la victoire & l'on eſt ſûr de s'incommoder ; de faire des pertes. Le moyen qu'il ne ſoit pas mauvais par nature, il eſt deſtructeur ! Il faut abattre ou être abattu, & toujours l'un & l'autre arrivent du plus au moins : c'eſt-à-dire, que les plus grands ſuccès coûtent le

plus, & qu'on ne sauroit réduire un ennemi aux dernieres extrémités qu'il ne le faille acheter par bien
du sang, des dépenses & des fatigues incroyables.

Combien de fois aussi ne paye-t-on pas chere-
ment les plus petits avantages ? « Les anciens com-
» battoient presque toujours pour leur salut, (*dit*
» *Wattel, Liv. III. §. 159.*) Il étoit difficile que leur
» dispute finît autrement que par la ruine entiere de
» l'un des partis, & l'exemple des Guerres anciennes
» le prouve de reste : on peut se rappeller les premie-
» res Guerres de Rome contre les Républiques popu-
» laires qui l'environnoient. *Ibid. §. 226.* Il n'est
» point surprenant que telle fût la coutume des pre-
» miers siecles de Rome : c'étoient des Républiques
» populaires, des communautés qui se faisoient la
» Guerre : l'Etat possédoit peu de chose, & la
» querelle étoit véritablement la cause commune de
» tous les citoyens. *Ibid. 200.* Mais aujourd'hui
» l'Europe fait un système politique, un corps où
» tout est lié par les relations & les intérêts des Na-
» tions qui habitent cette partie du monde. Ce n'est
» plus, comme autrefois, un amas confus de pieces
» isolées, dont chacune se croyoit peu intéressée au
» sort des autres, & se mettoit rarement en peine
» de ce qui ne la touchoit pas immédiatement. L'at-
» tention continuelle des Souverains à tout ce qui
» se passe, les Ministres toujours résidens, les négo-
» ciations toujours perpétuelles font de l'Europe
» moderne une espece de république, dont les mem-
» bres indépendans, mais liés par l'intérêt commun,
» se réunissent pour y maintenir l'ordre & la liberté.
» C'est ce qui a donné naissance à cette fameuse
» idée de la balance politique, ou de l'équilibre du
» pouvoir. *Ibid. §. 47.* Afin de maintenir cet équi-

Ses suc-
cés beau-
coup moin-
dres au-
jourd'hui,
& ses maux
toujours les
mêmes.

» libre, les Souverains de l'Europe forment des con-
» fédérations, pour faire tête au plus puiſſant, &
» l'empêcher de donner la loi. Ils conſiderent les
» deux principales Puiſſances, qui, par-là même,
» ſont naturellement rivales, comme deſtinées à
» ſe contenir réciproquement, & ils ſe joignent à
» la plus foible, comme autant de poids que l'on
» jete dans le baſſin le moins chargé, pour le tenir
» en équilibre avec l'autre. » *Ibid.* §. 48. De-là il arrive, (*je repondrai*) non que la Guerre ſoit moins terrible pour ceux qui la font, & que les choſes ſe
paſſent avec plus d'humanité : car l'humanité n'habite point avec un homme qui a le fer en main ;
& ſi on l'avoit préſente devant les yeux, alors qu'on
combat, on n'abattroit aucun homme, aucune chaumiere, &c. Mais il arrive que la Guerre eſt encore
moins déciſive, plus balancée, & qu'on gagne
ſouvent très-peu avec beaucoup de préparatifs, de
marches, d'effuſion de ſang, & de pertes de toutes
les eſpeces.

« Souvent auſſi deux Nations, également laſſes
» de la Guerre, ne laiſſent pas de la continuer,
» par la ſeule raiſon que chacun craint de faire des
» avances qui pourroient être imputées à foibleſſe ;
» ou elles s'y opiniâtrent par animoſité, & contre
» leurs véritables intérêts. *Ibid. Liv. IV.* §. 17. Ce-
Etat où » pendant ou des amis interpoſent leurs bons offi-
l'on ſe » ces, en s'offrant pour médiateurs, ou bien l'on
trouve a- » ſe laſſe, & l'on trouveroit trop affreux de pouſſer
près la » là Guerre juſqu'à la ruine entiere de l'un des partis
Guerre. » ou des deux enſemble ; l'on tranſige donc, & la
» fin de tout cela eſt que l'on ſe rend mutuellement
» d'ordinaire la plupart des choſes qu'on s'eſt pris,
» ou l'on convient de ce que chacun doit avoir, en
» extinction de toutes ſes prétentions. *Ibid.* §. 18.

» chacun refte à-peu-près comme il étoit aupara-
» vant, avec cette différence, pour les uns & les au-
» tres, qu'ils fe font appauvris, épuifés d'hommes &
» d'argent, & que ces plaïes ne font pas encore guéries
» quand la Guerre recommence. *Mais* (remarquez
bien) *la tranfaction, qui anéantit tous les différens,
ne décide point la caufe même de la Guerre, ni les
controverfes que les divers actes d'hoftilités pourroient
exciter ; ni l'une ni l'autre des parties n'y eft condamnée comme injufte ; il n'en eft guere qui voulût
le fouffrir.* Ibid.

L'on fe tue donc, l'on fe maffacre fouvent pour
des fujets légers, & toujours pour une fin inutile.
O Nations, qui vous fervez d'un moyen auffi incertain que la Guerre, quand il eft injufte en tout
temps, & que vous favez, par votre propre expérience, qu'il eft fi dangereux, comment pafferez-
vous pour raifonnables & pour connoître vos vrais
intérêts ? *La prudence eft un devoir pour tous les hommes, & très-particulierement pour les conducteurs
des Nations, chargés de veiller au falut de tout un
peuple.* Liv. III. §. 42. Elle eft ici bleffée en toutes
fes parties, dans l'objet même qui nous regarde de
plus près. Vous ne favez point prendre le parti le
plus fage, le plus fûr & le plus aifé, qui eft de ne
jamais vous battre que quand vous ferez attaquées
en votre vie, votre fubfiftance & vos biens les
plus précieux.

Nous avons déja remarqué que ces prétendus
légitimes fujets de Guerre ne font fouvent pas réels,
quoiqu'on les croye véritable. L'on nous dit, au
Liv. III, §. 38, que *dans une caufe douteufe, là où
il s'agit de droits incertains, obfcurs, litigieux, tout
ce que l'on peut exiger raifonnablement, c'eft que la
queftion foit difcutée.* (Liv. II. §. 331.) *Et s'il eft*

pas poſſible de la mettre en évidence, que le différent ſoit terminé par une tranſaction équitable. Mais l'on ajoute que *ſi l'une des parties ſe refuſe à ces moyens d'accommodement, l'autre ſera en droit de prendre les armes, pour la forcer à une tranſaction.* Ibid. Et l'on convient cependant que *l'indépendance des Nations n'empêche point non plus que l'auteur d'une Guerre injuſte ne ſoit très-coupable en ſa conſcience.* Ibid. §. 40.

Quand les
ſuccès de
la Guerre
ſeroient
certains,
ils ſeroient
de nou-
veaux en-
nemis.

D'autre part, l'on nous obſerve avec juſte raiſon, qu'il n'eſt jamais véritablement avantageux de violer la juſtice, quand même celui qui prend les armes pourroit compter ſur des ſuccès brillans ; *ſi une Guerre injuſte enrichit l'État pour un temps ; ſi elle recule ſes frontieres, elle le rend odieux aux autres Nations, & l'expoſe aux dangers d'en être accablé.* Ibid. §. 30. L'on parle là ſans doute d'une Guerre viſiblement injuſte ; mais les mêmes effets ſont à craindre, & arrivent tout également dans une Guerre dont l'injuſtice n'eſt point manifeſte, mais dont les progrès trop conſidérables frapperoient de crainte les Nations voiſines. Il eſt bien dit, au §. 43 du même Livre, que *c'eſt une loi ſacrée du Droit des Gens, que l'accroiſſement de puiſſance ne peut ſeul, & par lui-même, donner à qui que ce ſoit le droit de prendre les armes pour s'y oppoſer ;* mais il eſt (*dans le paragraphe ſuivant*) des apparences du danger, qui donnent ce droit ; & ſur-tout quand c'eſt contre une Nation qui eſt actuellement en armes, & dans le fort de ſes conquêtes.

Ainſi, de quelque côté que l'on enviſage le moyen de la Guerre, il n'y a que craintes & ſoucis, incertitudes & périls, pertes & plaies profondes. Les avantages, en les ſuppoſant réels en un ſens, par

les progrès de la victoire & l'agrandiffement (1)
de l'Etat, tels qu'on voudra fe l'imaginer, font-ils
comparables à tout ce qu'il en a coûté ? La perte
d'un feul homme, hors les cas de l'abfolue néceffité,
eft un crime énorme pour la Nation qui le rifque.
Ils ne fe doivent tous enfemble qu'à fon vrai falut.
Et puis, font-ce toujours les richeffes & l'étendue
des domaines qui font le bonheur des Etats ? On
pourroit citer bien des exemples ; bornons-nous à
celui des Romains. « La République Romaine fe
» perdit par fes triomphes , par l'excès de fes
» conquêtes & de fa puiffance. Rome, la maîtreffe
» du monde, affervie à des Tyrans, opprimée fous
» le gouvernement militaire, avoit fujet de dé-
» plorer les fuccès de fes armes, de regretter les
» temps heureux où fa puiffance ne s'étendoit pas
» au-dehors de l'Italie, ceux-là même où fa do-
» mination étoit prefque renfermée dans l'enceinte
» de fes murailles. » *Ibid.* §. 30.

D'ailleurs les richef-fes & l'é-tendue des domaines ne font pas toujours le bonheur des Etats.

Le judicieux Polybe n'avoit pas tant de tort
d'appeller *caufes de la Guerre* les motifs qui portent
à l'entreprendre , & *prétexte* les raifons juftificatives dont on s'autorife. *Ibid.* 31. Quand il difoit

Sentiment de Polybe.

---

(1) Plutarque parlant du Roi Numa, qui tourna toutes
fes vues du côté de la paix, fe fait cette objection : N'eft-
ce pas par la Guerre que Rome s'eft agrandie ? Sur quoi
il dit, qu'il faudroit bien des difcours pour répondre à la
queftion, lorfqu'on a affaire à des gens qui font confifter
les profpérités dans les richeffes, dans les plaifirs & dans la
domination, plutôt que dans la fûreté publiques, dans la
douceur & la clémence, dans un efprit content de fon
fort, & inviolablement attaché à la juftice. Voyez dans
Grotius, Livre II, Chapitre XXIV, §. X, A 3, p. 189,
du Tome II, édition *in-*4°. de la traduction de Barbeyrac.

que « la caufe de la Guerre des Grécs contre les
» Perfes fut l'expérience qu'on avoit faite de leur
» foibleffe, & que Philippe, ou Alexandre après
» lui, prit pour prétexte de venger les injures que
» la Grece avoit fi fouvent reçues, & de pourvoir
» à fa fûreté pour l'avenir ». *Ibid.* C'eft qu'il avoit
une affez jufte idée de la Guerre en général, les
regardant toutes comme injuftes & dépourvues de
raifons folides. Il favoit fans doute que *le pouvoir*
fuprême n'eft confié au Souverain que pour le bien de
la Nation ; qu'il n'en doit faire ufage que dans cette
unique vue ; que c'eft le but preferit à fes moindres dé-
marches ; & que toujours l'on fe porte à la plus im-
portante, à la plus dangereufe, à la moins fûre, par
des motifs étrangers ou contraires à cette grande fin.
Ibid. §. 31.

Les prétextes font, dit-on, *au moins, un hommage*
que les injuftes rendent à la Juftice. Ibid. §. 32. Cette
penfée eft une imitation de celle de la Rochefou-
cault, que *l'hypocrifie eft un hommage que le vice*
rend à la vertu ; mais il y a cette différence que,
dans la morale, les vices font proferits & ouvertement condamnés, au lieu que la politique des Nations & la doctrine des Auteurs, qui ont traité du
Droit des Gens, fourniffent eux-mêmes ces prétextes, ou les favorifent (bien qu'ils paroiffent les
blâmer), non-feulement par l'opinion qu'*il eft de*
juftes caufes de Guerre, de véritables raifons jufti-
ficatives, mais par l'admiffion d'une infinité *de mo-*
tifs raifonnables de prendre les armes, defquels nous
avons montré le peu de folidité dans cet Ouvrage.

Exemple
remarqua-
ble de l'in-
certitude
Finiffons ce chapitre & les plaintes ameres de la
raifon touchant la fauffe doctrine du Droit de la
Guerre par un trait bien fenfible, de l'incertitude
d'un

d'un tel moyen. Il est question de Jacques II déposé
par la Nation Angloise , & dont Louis XIV soutint
les intérêts. L'Angleterre déclara la Guerre à la
France pour cela en 1688 , & la lui déclara une
seconde fois au commencement du siecle , parce
que Louis XIV reconnut , sous le nom de Jacques III,
le fils du Roi déposé. *Dans ces cas douteux* (dit
Wattel), *& lorsque le Corps de la Nation n'a pas
prononcé , ou n'a pu prononcer librement , on doit naturellement soutenir & défendre un allié ; & c'est alors
que le Droit des Gens volontaire regne entre les Nations. Le parti qui a chassé le Roi , prétend avoir le
droit de son côté ; ce Roi malheureux & ses alliés se
flatent du même avantage...... Ils se font une Guerre
en forme.* Liv. 11 , §. 196. Voilà donc pour le
Droit (1). Voyons l'effet.

   *Enfin , lorsque la Puissance étrangere a rempli de
bonne foi ses engagemens envers un Monarque in-
fortuné , lorsqu'elle a fait pour sa défense , ou pour
son rétablissement , tout ce à quoi elle étoit obligée en
vertu de l'alliance ; si ses efforts sont infructueux ,
le Prince dépouillé ne peut exiger qu'elle soutienne en
sa faveur une Guerre sans fin , qu'elle demeure éter-
nellement ennemie de la Nation ou du Souverain
qui l'a privé du trône. Il faut un jour penser à la
paix , abandonner un allié , & le considérer comme
ayant lui-même abandonné son droit par nécessité.
Ainsi Louis XIV fut obligé d'abandonner Jacques II ,
& de reconnoître le Roi Guillaume , quoiqu'il l'eût
d'abord traité d'usurpateur.* Ibidem. Cet exemple

de la Guer-
re , & du
peu de
fond qu'on
y doit fai-
re.

;

---

(1) Je sais que l'Auteur pense que Louis XIV n'étoit point
obligé d'assister Jacques II , par la raison , dit-il, qu'il avoit
été déposé dans les formes; mais cela ne fait rien à la question dont il s'agit.

feul fourniroit une foule de réflexions qui vien-
droient à l'appui de mon fentiment ; mais le lecteur
les fera de lui même, & conviendra que la raifon
réfifte de toutes parts à l'ufage d'un moyen auffi
injufte, auffi funefte & auffi incertain que celui de
la Guerre, quand il n'eft pas employé pour le vrai
bien de la Nation, pour fon bonheur, au fens qu'il
faut donner à ces mots, ainfi que nous le verrons
mieux dans la fuite. Paffons maintenant à la loi des
Juifs, qu'on a crue favorable au Droit de la Guerre,

SECTION TROISIEME.

Qu'on trouve la condamnation du Droit de la Guerre dans la Loi des Juifs.

CHAPITRE PREMIER.

De la Religion en général. Ses caractères distinctifs & supérieurs, par comparaison à ceux de la Raison, dans le rapport avec notre félicité & avec nos devoirs sur la terre.

SI la raison condamne la doctrine du Droit de la Guerre, non-seulement comme dépourvue de titre, & attentatoire à la Justice même, avec qui la force est incompatible, mais encore comme insensée & contraire aux regles de la seule prudence humaine, à plus forte raison, la religion la réprouve-t-elle avec la derniere sévérité : car à ne considérer celle-ci qu'en général, qu'est-elle, sinon une raison plus épurée, plus sage, mieux soutenue, & guidée par des vérités révélées qu'elle n'auroit jamais pu trouver par ses seuls efforts ?

La Religion est le commerce propre & immédiat de l'homme avec Dieu, dans l'exercice duquel tous ses devoirs se déploient, & par lequel il s'en acquitte.

La raison lui découvre le rapport des choses

Ce que c'est que la Religion en général.

R ij

entr'elles, leurs diverſes propriétés ; elle lui en explique la nature & les bons & mauvais effets ; elle
le conduit, comme par la main, dans la recherche
des biens néceſſaires à ſon état durant ſon ſéjour
ſur la terre. Le bien d'un individu fait le bien de
l'autre ; & la Juſtice, qui ne fait abſtraction de perſonne, ne comporte pas qu'on puiſſe rencontrer
ſon repos, ſa ſûreté, ſon plaiſir, dans le trouble
& l'infortune d'autrui.

Mais la Religion, avec des vues plus ſublimes,
en énonçant ces mêmes vérités par des témoignages
ſenſibles & très-frappans, le porte comme juſqu'au
centre de ſa vraie deſtination, c'eſt-à-dire, le
tourne vers le Ciel, ſa future demeure, & modere
en lui, pendant ſa courte durée ici-bas, l'uſage
permis des biens les plus néceſſaires ; ainſi que des
plaiſirs les plus innocens : loin qu'il puiſſe s'occuper, ou dans les uns, ou dans les autres, de ceux
qui ſont inutiles ou ſuperflus.

Par la raiſon, il marche dans des ſentiers battus
& certains, afin de ne ſe pas égarer, comme fait
un voyageur prudent, qui, en des terres étrangeres, ne va que dans les lieux & les routes que
quelqu'un du pays, ou une carte ſûre de Géogra-
phie lui indique. Tandis que chacun court où ſes
beſoins & ſes deſirs l'appellent, & qu'on ſe rencontre mille fois dans un petit & court eſpace, il
importe d'éviter les chocs & les aheurtemens ; &
la ſageſſe, comme l'on voit, conſiſte bien plus à
s'empêcher de faire du mal (1) qu'à opérer un bien
réel. *Il s'éleve*, dit Wattel, *un conflit entre nos de-*

_____

(1) On verra mieux comme je l'entends dans la derniere
Section.

voirs envers nous-mêmes, & ceux qui nous lient aux
autres hommes. Liv. 3 , §. 174. La perfection de la
raison humaine eft de favoir comment les accorder, ces devoirs ; c'eft en ne nuifant jamais à autrui : mais il ne fert de rien de le connoître, il faut
le pratiquer.

La Religion nous y mene tout droit ; en nous Ses puiffans
fixant fur notre origine , fur notre nature , fur notre effets & fes
fin, elle nous détache, pour ainfi parler, de cette merveil-
vie ; elle nous en montre les abus ; elle nous dé- leufes inf-
veloppe cette énigme incompréhenfible de grandeur tructions.
& de mifere qui eft dans l'homme : fes contrarié-
tés apparentes, comme les principes évidens de la
raifon humaine , capables de l'éclairer dans fes
penfées & dans fes actions, & ces mêmes actions
& ces mêmes penfées, oppofées toutefois fi fouvent
à ces principes : en un mot, elle nous inftruit &
nous fortifie ; elle nous humilie & nous confole ;
elle nous éleve & nous réprime. Elle donne à la
raifon une force invincible, aux paffions un empire doux & modéré, à l'efprit un ufage réglé des
talens, au génie des idées conformes à l'ordre, &
des images foumifes à la vertu ; enfin, elle fait de
l'homme un être vraiment fociable , un être véritablement grand & heureux : puifque les malheurs
mêmes, les traverfes auxquelles il eft expofé, par
la maniere dont il les fupporte , tournent à fa
gloire & à fon profit, ainfi qu'à l'utilité générale.

La raifon donc habite principalement avec lui
fur cette terre, pour exercer & perfectionner fes
organes, lui donner des connoiffances relatives à
fon état & aux circonftances , les étendre felon le
befoin, lui faire apprécier les chofes à leur valeur,
afin qu'il fache les diftinguer & les préférer les

unes aux autres ; elle lui fait juger, par fes befoins, de ceux des créatures faites à fon image, & comprendre qu'il ne peut s'accorder précifément que ce qu'il lui faut, quand il y a à peine de quoi fournir à tout le refte, & fe tenir exactement au néceffaire, quand il n'y en a pas autant pour tous. Enfin, elle l'avertit qu'il ne fe doit pas eftimer au-delà de ce qu'il vaut, puifque tous les hommes font de la même efpece & paîtris du même limon : les rangs & les dignités, les honneurs & les richeffes, le crédit & la réputation, n'étant, pour l'ordinaire, que les effets du hafard, & des avantages entiérement étrangers à la perfonne.

Ses regards perçans & fa tendance au *parfait*. La Religion, qui a fa racine dans le Ciel, prend l'homme dès cette vie, pour le préparer à une vie plus haute & plus durable. Elle contemple tout d'un autre œil : fes regards percent les apparences ; elle entre dans le fond des objets pour pefer leur utilité réelle, comparer enfemble chaque utilité, & abandonner toutes celles qui ne font pas dignes de la nobleffe de l'homme & de fa future deftination. Ce n'eft point affez qu'on fuive des regles établies, il faut faire le bien réel : ce n'eft point affez qu'on ne nuife point, fuivant les Loix Civiles, il faut aller à l'ordre & à la juftice par un principe d'humanité, & en vertu de la Loi Naturelle, fupérieure à toutes nos inftitutions. La Religion ne connoît point les complaifances de l'amour-propre, les tempéramens de l'ambition, les ménagemens de la politique, les rafinemens de la prudence, les réferves de la crainte, &c. Elle va droit au devoir, & par des motifs indépendans de toute confidération humaine. Ce que la raifon appelle fouvent *effets du hafard*, ou *une fuite des combinaifons*

résultantes des premieres Loix établies par le Créateur,
la Religion le nomme deffein concerté de la divine Providence, arrangemens du Très-Haut,
l'effet de fa volonté abfolue, & fes fouverains décrets. Elle nous ramene à lui par l'effet de fes perfections infinies, & par celle de notre néant : d'où
naît cet attrait puiffant, cette douce fatisfaction de
notre intérêt, qui ne fe trouve réellement que dans
l'accompliffement de fes préceptes. La tendreffe
d'un pere n'eft point égale à la fienne : l'homme,
à proprement parler, n'a point d'ouvrage qui foit
de lui ; au lieu que nous fommes les vrais enfans
de Dieu & fon ouvrage. La raifon peut nous
montrer cette vérité ; mais la Religion nous difpofe à l'aimer ; elle nous échauffe le cœur pour
elle, & nous fait faire des actes dignes de l'honorable qualité que nous portons.

C'eft ce defir de l'immortalité, qui eft dans tous
les hommes, & que la raifon juftifie par des principes affez forts pour réduire l'incrédulité au
filence ; c'eft ce defir de l'immortalité qui eft l'ame
de la Religion ; & c'eft la Religion auffi qui lui
donne toute fa force & fa fûreté. La raifon toute
feule feroit encore bien utile, dans ce monde-ci,
quand l'homme devroit rentrer dans le néant : il
lui feroit avantageux d'en écouter les fages confeils pour paffer du moins des jours fortunés fur
la terre, autant que fa condition peut le permettre,
en évitant toute occafion fâcheufe de difcorde &
de démêlés, & réduifant fes entreprifes à l'abfolu
néceffaire. Rien n'eft plus du reffort de la raifon
que la véritable prudence, qui porte l'homme à
rechercher fa félicité dans le retranchement des
chofes inutiles ou dangereufes : c'eft-là fon office

*Le defir
de l'im-
mortalité,
ame de la
Religion,
qui, à fon
tour, affu-
re & forti-
fie ce defir.*

naturel. Heureux fi nous tendions, du moins à la paix univerfelle, par cette confidération humaine !

La pru-
dence hu-
maine, in-
fuffifante
pour nous
porter à la
pratique
des gran-
des vérités.

Mais l'homme avoit befoin de quelque chofe de plus. Il ne s'égareroit pas moins, ou plutôt il s'éga-reroit bien davantage, quand il n'y auroit point d'autre vie après celle-ci ; puifque, malgré que nous en attendions une où les récompenfes & les punitions feront décernées, nous nous livrons im-prudemment à tout ce qui eft capable de troubler notre repos préfent, & de nous enlever notre bonheur à venir. La raifon, encore une fois, ne fait pas aimer ce qu'elle ordonne ; c'eft à la Reli-gion à opérer ce miracle, en nous élevant à une fin plus noble, & nous ramenant fans ceffe à cette immortalité defirée, dont la raifon nous découvre l'exiftence & la réalité.

Les ver-
tus hu-
maines,
d'un tout
autre prix
par la Re-
ligion.

Par la Religion, les vertus humaines prennent de la confiftance : l'homme fait, par plaifir & par amour de l'ordre, ce qu'il eft obligé de faire par devoir ; fes devoirs fe changent en fatisfaction ; l'amour mutuel devient charité, la modeftie fe tourne en humilité, la prudence en défintéreffe-ment, la politeffe en fincérité, la civilité en amour du bien public. La haine, la jaloufie, l'ambition, difparoiffent. La pitié eft forte, la crainte coura-geufe, la colere réglée & circonfpecte ; enfin, l'amour de foi-même fe confond dans l'amour du genre humain, dont on ne croit pas pouvoir fe féparer fans crime.

La Reli-
gion ache-
ve l'ouvra-
ge de la
raifon.

Ainfi la Religion acheve ce que la raifon com-mence. L'une eft pour la terre, & l'autre pour le ciel ; mais toutes deux, au fond, ne font qu'une,

& concourent au même but ; puifque , comme je
l'ai dit dès l'entrée de ce Chapitre , la Religion
n'eft que l'exercice de la raifon foutenue par des
vérités révélées , marchant fur des principes fûrs ,
& par les plus faines maximes ; joignant enfin à
l'activité & à la confiance qu'infpirent la fcience &
les lumieres , toute la foumiffion & la docilité des
perfonnes foibles & non éclairées : merveilleux effet de la Religion , quand elle eft vraiment infpirée !

CHAPITRE II.

Néceſſité d'une Religion, pour l'objet qui nous occupe ici. La Religion Naturelle inſuffiſante.

La vraie Religion eſt unique. Elle conſiſte en deux points eſſentiels.

J'AI tâché de caractériſer la vraie Religion. Un bien ſi ineſtimable, que n'eſt-il univerſellement connu & ſuivi! Chacun croit être dans la véritable, mais toutes ne le ſont pas & ne peuvent l'être : car la raiſon nous dit que comme il n'y a qu'une bonne maniere de concevoir & de bien rendre ſa penſée; de même, il ne peut y avoir qu'une Religion digne d'honorer le Créateur & de ſanctifier la créature; puiſqu'elle doit conſiſter en deux points eſſentiels: la créance ou les vérités révélées, & le culte ou les cérémonies publiques qui rendent ce culte viſible & uniforme; abandonner cette Religion à l'indiſcrétion & au caprice des hommes, ſi expoſés à méconnoître, d'ailleurs, leurs vrais intérêts, ce ſeroit prendre de la Divinité une idée bien peu digne de ſa gloire & de ſa ſageſſe infinie.

La raiſon humaine toute ſeule, foible ſecours pour les choſes de l'autre vie.

Les intérêts temporels étant hors de toute comparaiſon avec les intérêts de l'autre vie, il a fallu à la raiſon humaine un flambeau beaucoup plus ſûr que les lumieres naturelles, pour nous conduire invariablement au terme où nous devons tous aboutir. Les principes de notre raiſon, quand elle n'eſt point offuſquée par les préjugés & les paſſions, ſont clairs & indubitables, du moins dans les choſes de néceſſité & de pur beſoin; mais elle eſt trop volage ordinairement, & trop souvent assaillie par les objets sensibles, pour saisir cette même nécessité dans les choses spirituelles, & trouver en elle la force capable de donner à sa direction cette marche constante vers ce qu'il y a de plus utile & de plus conforme aux vues du Créateur.

D'ailleurs, l'homme avec sa faculté de raisonner, livré à lui-même, prendroit insensiblement ses imaginations pour les idées de la vérité ; & se croyant à lui-même sa propre regle, ne soupçonneroit pas qu'il dût sa raison à un être plus puissant que lui : il voudroit se gouverner en maître & en indépendant, & tomberoit, comme il est dit que cela est arrivé (1), dans cet orgueil insupportable, qui est la source de tous nos malheurs.

Il étoit inévitable, en effet, que l'orgueil se mêlât dans les pensées des hommes, parce qu'à mesure qu'elles naissent dans notre esprit, l'esprit ne voit point ce qui les lie à leur cause, ni comment elles sont produites : il sait seulement qu'elles viennent à lui, ou sans effort, ou avec quelque méditation, d'après sa volonté. Or, à cet égard, l'homme, à vrai dire, paroît un être admirable, un être excellent & fort au-dessus de la créature. Le corps seul pouvoit lui faire sentir sa misere : ses bornes, ses infirmités, ses besoins, l'empire qu'il prend si souvent sur l'esprit, sont une preuve de sa dépendance, & qu'il ne sauroit rien tirer de son fonds. Mais l'esprit étant subordonné au corps de tant de manieres, la faculté de raisonner, si

Avec elle seule, l'homme se feroit méconnu.

Comment l'orgueil s'est introduit naturellement.

Les infirmités, les besoins du corps ; seules marques de notre dépendance.

L'assujétissement de l'esprit envers ce même corps, a rendu la révélation

---

(1) La chûte d'Adam.

visiblement nécessaire.

active dans les chofes fenfibles, ou bien dans celles qui n'ont qu'une vaine curiofité en partage, n'étoit plus propre à le conduire dans fon commerce avec Dieu, à le faire entrer dans les profondeurs de fes deffeins, & à le contenir dans les voies de fimple créature, enfin, à lui faire remplir les obligations facrées que cette qualité lui impofe.

La Religion Naturelle n'étant que la raifon toute feule, elle n'a pas pu être d'un plus grand fecours.

En vain a-t-on voulu fe figurer une Religion Naturelle & lui attribuer le mérite de régler le cœur & l'efprit de l'homme. L'expérience, de tous les temps, ne montre que trop, que la fageffe & les lumieres n'habitent pas néceffairement enfemble dans les individus humains, & que les plus gens de bien & les plus pieux ne font pas toujours les plus éclairés. On a même reproché à la fcience d'être funefte (1) aux mœurs. Et qu'eft-ce que la Religion Naturelle ? finon la raifon elle-même livrée à fes propres clartés & à fes feules forces, ne raifonnant des chofes du ciel que par celles de la terre, tandis qu'il ne faudroit juger de celles-ci & ne s'y attacher qu'autant qu'elles menent aux

Les plus grandes vertus de l'antiquité, n'ont pas même fait le bonheur du genre humain fur la terre.

autres. L'antiquité profane a vu des vertus fublimes, & comme élevées au-deffus de l'humanité, demandant un courage & une conftance dont nous ne nous fentirions pas capables; mais les motifs en étoient tout humains; je veux dire que ces actions frappantes & ces nobles défintéreffemens, qui venoient de l'amour de la Patrie, n'étoient pas même propres à rendre l'homme heureux fur la terre; le fang & le carnage marchoient à côté de ces vertus aufteres, & l'efprit de domination qui fe répandoit

(1) Voyez le Difcours de Jean-Jacques Rouffeau.

par-tout, établiſſoit un regne à la cruauté. Comment l'Être ſuprême pouvoit-il être adoré par des principes ſi éloignés de la douceur qu'il nous commande ?

Le plus haut degré de la morale payenne a été d'enſeigner qu'*il ne faut point faire à autrui ce que nous ne voudrions pas qu'on nous fît.* C'eſt la baſe des *Offices* de Cicéron, ce beau (1) Traité des Devoirs de l'homme, & qui eſt, comme chacun ſait, un corps admirable de doctrine pour la perfection des mœurs ; mais ſur l'article de la Guerre, Cicéron s'égare comme tous les autres : il convient que *de deux manieres de vuider les différens, dont l'une conſiſte dans la diſcuſſion des droits & des raiſons, & l'autre dans la force ouverte, la premiere eſt particuliere à l'homme, & l'autre appartient aux bêtes ;* & toutefois il ne voit pas que cette diſtinction ſolide renferme une défenſe expreſſe aux Nations d'uſer de celle-ci, ſi ce n'eſt pour ſe garantir actuellement des coups qu'on leur porte. Il entend, au contraire, qu'on peut attaquer : en parlant des Loix *féciales*, il dit : *la maniere dont ces Loix ſont conçues fait aſſez voir qu'il n'y a de Guerre juſte, que celle que l'on a déclarée dans les formes avant de l'entreprendre.* Il paroît même ſi fort perſuadé que le moyen en ſoi n'eſt point illégitime, qu'il ſemble avoir penſé qu'on peut prendre les armes ſimplement pour ſe procurer une paix ſolide, puiſqu'il donne cette leçon ſi belle en apparence, que *toutes les fois qu'on ſe détermine pour la Guerre, il faut qu'il paroiſſe que ce n'eſt que pour parvenir à la paix.*

Cicéron, dans ſes Offices, s'égare comme tous les autres, ſur l'article de la Guerre.

Lib. I. Cap. XI.

Lib. I. Cap. XI.

Ibid. Cap. XXIII.

---

(1) J'en parle encore dans la derniere Partie.

Et ce qui acheve de confirmer cette opinion, c'eſt qu'il diſtingue *les Guerres qui ne ſont que pour la gloire de celles à qui s'exterminera l'un l'autre*, comme quelques-unes entrepriſes par les Romains, *& qui ſe faiſoient à feu & à ſang*, dont il rapporte des exemples ſans les condamner. Ces maximes étoient dans l'eſprit de tous les ſages, de tous les grands hommes qui avoient médité ſur les plus importans devoirs de la morale humaine. La Religion Naturelle, qui n'eſt que la raiſon toute ſeule, ſoutenue de quelque ſentiment de la conſcience, étoit donc un foible rempart contre des égaremens de cette eſpece.

Dieu y a pourvu, en donnant à la raiſon de l'homme un guide, un appui : c'eſt ſa loi écrite, ce ſont ſes vérités révélées qui câdrent tellement, & avec nos lumieres, & avec l'infirmité de notre état, que nous n'en ſommes que plus aſſurés & plus tranquilles dans tout ce que nous faiſons. Je trouve le commencement de cette Religion divine dans la loi des Juifs : c'eſt donc à celle-ci que nous devons d'abord recourir ſur le ſujet du prétendu Droit de la Guerre.

Ibid.
Cap. XII.

CHAPITRE III.

Qu'on en doit venir d'abord à la Loi des Juifs, pour y reconnoître l'intention divine sur le Droit de la Guerre.

Toutes les Religions imitent la vraie en beaucoup de chofes, & difent, comme elle, que c'eft Dieu qui les a fondées. Elles entendent toutes de rendre les hommes vertueux, & de les porter, dès cette vie, à la fource & au principe de tous les biens.

Mais, fans parler des preuves fupérieures qu'on leur oppofe, qui font du reffort des Savans & des perfonnes inftruites, comme de ne pouvoir montrer leur fucceffion depuis l'origine du monde, & de n'avoir que des moyens humains pour engager les hommes à bien faire : le plaifir fenfible & la gloire du fiecle étant chez elles, en même-temps, l'image & les motifs des biens fpirituels, je ne trouve rien qui marque mieux leur fauffeté (ce qui eft une preuve à la portée de toutes fortes d'efprits), que le reproche fondé qu'on leur peut faire de ne s'être introduites que par la force, ou qu'en en permettant l'ufage aux Nations. Il falloit à l'homme une perfection plus haute que celle que fa raifon toute fimple lui préfentoit : il falloit que le modele fût infiniment au-deffus de fes foibles pouvoirs pour l'engager à des efforts vraiment extraordinaires & fublimes, & y mettre un prix que

Boffuet, Hiftoire Univerfelle, p. 420.

Différence des fauffes Religions d'avec la vraie.

la nobleſſe ſeule du motif pouvoit donner : il falloit enfin des ſacrifices ſur ſoi-même , c'eſt-à-dire,
s'oublier & perdre de ſes droits pour le bonheur
de la terre.

Princi-
pal trait
qui carac-
tériſe la
vraie Reli-
gion.

C'eſt à ce noble trait que je reconnois la vraie
Religion ; ſon principal caractere eſt la douceur,
la charité , l'union, la paix fraternelle. Comment
arriver à ce but , ſi ce n'eſt en ſe départant ſouvent de ſes droits, en diminuant de ſes prétentions,
& en penſant, pour ainſi dire, plus aux intérêts
d'autrui qu'aux ſiens propres ? Auſſi Dieu , qui
connoiſſoit à fond l'efficace & la néceſſité du moyen,
a-t-il renfermé toute ſa loi dans deux commandemens exprès, dont l'un eſt de *l'aimer de tout ſon*

Math.
XXII. 40.

cœur & de tout ſon eſprit, & l'autre , *d'aimer le prochain comme ſoi-même.* Cette meſure-ci exclut toute

Explica-
tion du
Comman-
dement
*d'aimer le
prochain
comme ſoi-
même.*

violence , toute rigueur , toute vengeance , tout
acte de fureur & de cruauté , toute réſolution ten-
dante au trouble & au déſordre, même pour pourſuivre des réclamations fondées en juſtice , & r'a-
voir ce qu'on nous a enlevé ; à moins que l'ur-
gente néceſſité & les beſoins phyſiques ne nous y
obligent : ce qui égale alors les premiers mouvemens d'une défenſe juſte , contre laquelle il n'y a
rien à répliquer.

De la dé-
fenſe que
Dieu fit *de
verſer le
ſang hu-
main.*

Mais remontons plus haut ; & mettant à part,
de la loi des Juifs, ce qui faiſoit loi particuliere &
uniquement propre à ce Peuple , de quoi nous
parlerons amplement en ſon lieu (1) , voyons
donc ce que Dieu prononça en faveur de Noé &

Geneſe,
IX , §. 6.

de ſa poſtérité, après le déluge, & qui convenoit

---

(1) Voyez la deuxieme Partie , Section deuxieme.

à

à tous les hommes généralement, combien il avoit en horreur, pour ufer de ce terme, les meurtres & l'effufion du fang : *je redemanderai votre fang de la main de toutes les bêtes, & de celles de tous les hommes qui auront répandu le fang humain, qui eft celui de leurs freres. Qui répandra le fang humain, fon fang fera répandu, parce que l'homme eft fait à l'image de Dieu.* Boffuet, fur cela, fait les ré-Réflexions de Boffuet fur cette défenfe.flexions fuivantes dans fa *Politique tirée des propres paroles de l'Ecriture-Sainte.* « Que Dieu à tant d'hor-
» reur des meurtres & de la cruelle effufion du Livre IX, Article II, Prop. II.
» fang humain, qu'il veut, en quelque façon, qu'on
» regarde comme coupables jufqu'aux bêtes qui le
» verfent (1). La raifon de cette défenfe, *dit-il*,
» eft admirable : c'eft que l'homme eft fait à l'image
» de Dieu. Cette belle reffemblance ne peut trop
» paroître fur la terre... Que fi ravir, *ajoute Boffuet*,
» à un feul homme le préfent divin de la vie,
» c'eft attenter contre Dieu, qui a mis fur l'homme
» l'empreinte de fon vifage ; combien plus font
» déteftables, à fes yeux, ceux qui facrifient
» tant de milliers d'hommes, & tant d'enfans in-
» nocens, à leur ambition » ? Cette derniere ré-Regrets qu'il n'ait pas entre-pris de combatt e le Droit de la Gue re.flexion ne porte que contre l'ambition armée; mais les autres femblent affez indiquer que tout ufage de la Guerre, hors le cas de l'abfolue défenfe, eft illégitime : & toutefois le fage, le favant Boffuet, dont les lumieres ont été fi grandes & fi utiles, n'a pas pris le parti d'établir cette vérité, & d'y employer fon éloquence mâle & la force de

---

(1) Il parle ainfi, dit-il ailleurs, (Livre I, Article I, Prop. II.), pour faire trembler les hommes fanguinaires.

Tome I. S

ſon raiſonnement, avec quoi il n'eût pas manqué de la rendre victorieuſe. Quel regret qu'un génie de cette trempe ne ſe ſoit pas chargé de cette entrepriſe ! Il étoit fait pour l'inſtruction du monde. Qui mieux que lui a connu les déſordres des Nations, & la ſource ſalutaire d'où j'ai à tirer mes preuves ? Donnons l'exemple, cependant, du courage ; & montrons que pour une ſi bonne cauſe, tout homme eſt orateur, tout homme eſt ſoldat, *omnis homo miles.*

CHAPITRE IV.

Que le passage de la Genese, qui défend de verser le sang humain, ne condamne pas la défense de soi-même.

Rien n'est si absurde que de penser que la loi divine se trouvât ici en contradiction avec le Droit naturel, en un point aussi important que celui de la conservation des êtres. Après la création, qui est l'ouvrage le plus grand & le plus merveilleux que l'on puisse concevoir, la conservation est sans doute l'acte de prudence le plus admirable. Dieu n'a pas, pour cela, été astreint à faire durer toujours ce qui a été l'effet de sa volonté libre & toute-puissante ; mais il a été de sa sagesse, en donnant des bornes à leur durée, de mettre dans les créatures, à proportion du terme accordé à chaque espece, de quoi les conduire suffisamment & sûrement à ce même terme.

Ce qui étoit de la Sagesse divine, dans la formation des êtres.

Or, dans les animaux irraisonnables, de même que dans l'homme, il est un penchant involontaire, qu'on remarque en eux dès le premier moment de leur vie, qui les porte à fuir ou à combattre tout ce qui peut les incommoder ou les détruire ; & c'est la raison pourquoi, ainsi que d'autres l'ont observé, la nature les a pourvus, mais diversement, & chacun selon son espece, de forces & de secours, dont ils usent admirablement bien dans les rencontres périlleuses, & même pour se

Instinct ou force invisible dans tous les animaux, qui les porte invinciblement à se conserver.

procurer les chofes dont leur exiftence dépend : d'où naiffent deux fortes de néceffités qui conftituent tous les droits poffibles.

Cet inftinct eft encore un vrai devoir pour l'homme qui eft raifonnable.

Je ne parle maintenant que de celle de fe défendre ; & je dis que ce qui eft *inftinct* & penchant aveugle dans les animaux privés de raifon, eft un devoir & une obligation aux hommes, qui, en vertu de leur intelligence, doivent, pour ainfi parler, concourir aux œuvres du Créateur, entrer dans les deffeins de fa fageffe, & faire, par amour de l'ordre, ce que les autres animaux font machinalement.

La défenfe de foi-même : Précepte dominant du Droit naturel.

Ainfi la *défenfe de foi-même* eft un précepte dominant du Droit naturel. Il permet, que dis-je ? il ordonne de repouffer actuellement la force par la force, & d'ôter la vie même à fon ennemi, s'il eft néceffaire, dans l'inftant préfent, pour conferver la fienne. Chacun fait ce beau paffage de Cicéron (1), où faifant valoir, en faveur d'un ami accufé, ce droit inconteftable de la nature, il s'écrie : « C'eft une loi qui

Grotius, p. 94.

» n'eft point écrite, mais qui eft née avec nous ;
» que nous n'avons ni apprife, ni reçue, ni lue,
» mais que nous tenons de la nature même : une
» loi à laquelle nous n'avons pas été formés, mais
» pour laquelle nous fommes faits, dont nous
» n'avons pas été inftruits, mais imbus : que quand
» notre vie eft attaquée par des embûches, ou à
» force ouverte, de la part d'un brigand, ou d'un
» ennemi, tout moyen de fe tirer d'affaires eft alors
» honnête ».

_____

(1) Orat. Pro Milone, Cap. IV. *Ibid.* Cap. XI.

Ce principe eſt ſi bien fondé qu'il a été reçu de toutes les Nations (1). Chez les anciens Romains, qui ſont encore nos maîtres, en fait de Droit, & parmi nous, où l'autorité ſouveraine ſouffre encore moins que les particuliers ſe faſſent juſtice eux-mêmes, le pardon a toujours été accordé a celui qui avoit eu le malheur de tuer ſon homme, à ſon corps défendant : il a ſuffi alors de juſtifier de ſon innocence, c'eſt-à-dire, de la néceſſité.

Chez toutes les Nations, il a été permis de tuer celui qui attentoit à notre vie. Grotius, p. 95.

Auſſi, ne doit-on pas s'étonner qu'il y ait eu des Auteurs qui ont regardé la Loi naturelle comme une Loi divine; car au fond, d'où nous viennent ces principes internes de l'homme, ſi ce n'eſt de Dieu même, qui, comme le dit Grotius, a voulu qu'il y eût en nous de tels principes ?

La Loi naturelle, regardée par quelques-uns, comme une Loi divine.

Or, quand Dieu a publié ſes volontés aux premiers hommes, il n'a fait que rendre ces principes plus clairs & plus ſenſibles, en les mettant à la portée de tout le monde : & s'ils ſont vrais & certains à l'égard des hommes entr'eux, à plus forte raiſon le ſont-ils à l'égard des Nations entr'elles : c'eſt-à-dire, qu'elles ſont obligées de ſe défendre quand on les attaque, mais d'une obligation étroite & indiſpenſable. La nature du bien eſt de telle ſorte que ſes effets doivent s'étendre, & ceux du mal, être reſtreints. Une maxime ſalutaire à un individu humain, l'eſt néceſſairement à toute l'eſpece humaine.

Ibid. page 14, note premiere, à la fin.

Les Nations indiſpenſablement obligées de ſe défendre, quand on les attaque.

---

(1) Grot. De Jure B. ac. P. Tom. I, p. 137, denieres lignes & ſuiv. p. 138.

Je ne fuis donc pas d'un autre fentiment que Wattel, quand il dit fur le Droit de la Guerre, §. 3, du Liv. III, que *la nature donne aux hommes le droit d'ufer de force, quand cela eft néceffaire pour leur défenfe & pour la confervation de leurs droits*, fi par le mot de *droits*, il n'entendoit pas, comme font tous nos autres Ecrivains Poliques, mille fois plus que le befoin ne demande : & hors de-là, je dirai bien volontiers comme lui, (en parlant de quelques fanatiques qui prenant à la lettre la modération recommandée dans l'Evangile, fe mettoient en fantaifie de fe laiffer égorger ou dépouiller, plutôt que d'oppofer la force à la violence), *qu'il n'eft pas à craindre que cette erreur faffe de grands progrès*. Ibid.

Mais je ne faurois croire avec Grotius, quelque perfuadé qu'il en paroiffe, que ceux (1) qui ont tiré du paffage de la Genefe que j'ai rapporté ci-devant, un argument pour prouver que toute forte de Guerre eft abfolument illicite, aient entendu d'y comprendre la Guerre défenfive dont l'objet eft la confervation. Je n'ai point le moyen ni le loifir de vérifier cela dans les fources; mais l'opinion que je leur prête, eft trop naturelle & trop raifonnable, pour que ce ne foit pas une injuftice de la leur refufer.

Et toutefois le grave Ecrivain dont je parle, ne fait pas difficulté de les en croire capables, à la maniere dont il s'y prend pour les réfuter : car ne

---

(1) Voyez ci-après, Section IV, Chapitre I.

diftinguant jamais entre la Guerre *défenfive* & la Guerre *offenfive*, de laquelle feule pourtant il s'agit, il ne leur oppofe par-tout que les raifonnemens & les autorités, qui vont à établir le droit que la Nature donne à tous les êtres fenfibles, de repouffer l'attaque & de travailler à fe conferver. Il étoit fuperflu de prouver cette vérité : la Loi divine, qui défend de verfer le fang humain, permet de le verfer pour garantir fa vie. C'eft précifément parce que Dieu ne veut pas qu'on le verfe, que celui qui entreprend un attentat fi horrible, doit lui-même éprouver ce fort de la part de l'attaqué, afin que le fang de celui-ci ne foit pas répandu, & que la Loi divine ait fon effet.

Voyez ci-après.

C'étoit à prouver la légitimité de la Guerre *offenfive* que le point confiftoit : Il falloit montrer que le paffage de la Genefe, en queftion, n'y eft pas contraire, & que ceux qui s'en autorifent pour le condamner ne l'entendent pas. Voyons comme on a traité cette matiere.

Il devoit prouver la légitimité de la Guerre offenfive.

CHAPITRE V.

Que le passage de la Genese, qui défend de verser le sang humain, condamne la Guerre offensive.

L'on a mal connu la juste défense de soi-même ; & l'on confond, dans l'Ecriture, deux cas bien différens ; par rapport à *l'effusion du sang.*

I. Nous venons de voir, suivant les paroles de Wattel, que la Nature donne aux hommes le droit d'user de force, quand cela est nécessaire pour leur défense & pour la conservation de leurs droits. Grotius, dans son même Traité du Droit de la Guerre & de la Paix, (*Liv. I, Chap.* 11, §. 1 & 5) dit, qu'on fait la guerre pour la conservation de sa vie ou de ses membres, & pour y maintenir ou acquérir la possession des choses utiles à la vie. Ce qui est conforme, ajoute-t-il, aux premiers mouvemens de la nature ; & il n'y a rien, continue cet Auteur, qui y soit contraire, à employer pour cet effet, s'il en est besoin, les voies mêmes de la force ; puisque la Nature n'a donné des forces à chaque animal, qu'afin qu'il s'en serve pour sa défense & pour son utilité.

C'est ainsi que ces Auteurs introduisent la Guerre offensive, qui n'est pas simplement, selon eux, pour attaquer & user de violence, mais pour conserver ses droits, ou autrement dit, pour maintenir ou acquérir la possession des choses utiles à la vie.

Il arrive de-là, qu'au sens de nos Auteurs, la Guerre offensive n'est au fond qu'une Guerre défensive ; & qu'il suffit, pour la rendre légitime, qu'on ait à alléguer en sa faveur le droit de conservation. « Si l'ennemi, dit Wattel, qui fait une Guerre offen-

» sive, a la Justice de son côté, on n'est point en
» droit de lui opposer la force; & la *défensive* alors
» est injuste. Car cet ennemi ne fait qu'user de son
» droit : il a pris les armes pour se procurer une
» justice qu'on lui refusoit, & c'est une injustice que
» de résister à celui qui use de son droit ». Grotius
dit qu'il est certain qu'il ne peut y avoir d'autre cause
légitime de la Guerre que quelque injure, ou quelque injustice de la part de celui contre qui on prend
les armes. Et il ajoute, dans ce même chapitre,
ces mots remarquables, mais bien effrayans : *Autant
qu'il y a de sources du procès, autant y a-t-il de causes
de Guerre.* Il a déja dit qu'il *y a des choses qui sont
mises au même rang que la vie, comme, par exemple, l'honneur, la réputation, &c.* Voyez comme
ce droit d'attaquer prend de terribles accroissemens ?

Droit des Gens, Livre III. §. 35.

Droit de la Guerre & de la Paix, Livre II, Chapitre I, §. 1, 4, 5. §. 11, N°. 1.

Livre I, Chap. II, §. 5, N°. 5.

Mais puisque, suivant ces maximes, le droit d'attaquer auroit sa source dans celui de se défendre,
il falloit donc commencer par bien connoître toute
l'étendue de ce droit, pour juger si la Loi donnée
à Noé & à tous ses descendans, par laquelle il
est défendu de tuer, ne peut pas regarder la Guerre
offensive.

Ce qu'au-roient dû faire nos Auteurs pour ne se pas trom-per.

Or, c'est ce que nos Auteurs n'ont point fait : ou
plutôt, ils ont étendu le droit de se défendre, bien
au-delà de ses justes bornes, par la même raison
qu'ils ont porté si loin le droit d'attaquer. Et c'est
pour cela que Wattel dit : *L'objet de la Guerre défensive est simple, la défense de soi-même : celui de la
Guerre offensive varie autant que les diverses affaires
des Nations.*

Liv. III, §. 5.

Mais il en sera tout autrement dans mes Principes : si nous resserrons le droit de se défendre

dans les bornes que lui prescrivent la Nature, la Raison & la Religion, l'on sera obligé de reconnoître qu'il s'en faut bien que l'objet de la Guerre offensive soit si varié qu'on le dit; & l'on comprendra que la Loi divine, qui défend de verser le sang humain, est plus praticable qu'on ne pense, & doit être entendue dans le sens auquel Grotius se refuse. Entrons dans le raisonnement de cet Auteur.

Livre I, Chap. II, §. 5, N°. 2. Raisonnemens de Grotius sur le sens qu'il donne à la Loi qui défend l'effusion du sang.

« La défense, dit-il, de répandre le sang n'est » pas plus étendue que le Commandement *Tu ne* » *tueras point.* Or, il est clair que ce Commande-» ment n'a rendu illicite ni la peine de mort, infligée » aux criminels, ni les Guerres entreprises par au-» torité publique. » D'abord, c'est ce qui est à prou-ver, (du moins pour ce qui concerne les Guerres) *que le Commandement, de ne pas tuer, ne les rendent* *pas illicites.* Et il n'est pas trop clair non plus que la peine de mort, infligée aux criminels, s'accorde avec ce Commandement. (1) Grotius a comme confondu ces deux questions, en les traitant à la fois, & faisant dépendre de celle-ci la solution de la première. Mais elles doivent être traitées séparément; & ce sera dans ma Deuxième Partie, en parlant des *Loix Pénales,* que j'examinerai celle qui concerne la peine de mort : car, quand l'effusion du sang, en ce dernier cas, seroit légitime, il ne s'en suit pas qu'elle le fût dans l'autre, c'est-à-dire, dans les Guerres offensives entre Nations.

Réponses à ces raisonnemens de Grotius.

Ce qu'il y a de certain pour le présent, c'est que la défense de répandre le sang portée par la Loi don-

(1) Voyez ci-après, Art. VI, & la Deuxième Partie, Sect. deuxième, N°. 1, Chapitre III.

née à Noé, eſt beaucoup plus étendue que le Commandement *Tu ne tueras point*. Il eſt viſible que les
Loix de Moïſe étoient dictées pour le peuple Juif,
& que celle donnée à Noé embraſſoit toute ſa poſtérité. Les premieres ſe renfermoient comme dans
l'Etat politique de cette Nation, en faveur de qui
elles étoient publiées, pour leur ſervir de guide;
encore que ce qu'elles défendent, comme ce qu'elles
ordonnent dans les points qui ne ſont pas exceptés
de la Loi naturelle, obligent également tous les
autres peuples; au lieu que la Loi divine, dont nous
parlons, fut donnée en même-temps à Noé & à
toute la race humaine dont il étoit le ſecond pere.
C'eſt une défenſe faite directement, en ſa perſonne,
non-ſeulement à tous les hommes en chaque ſociété,
d'attenter à la vie les uns des autres dans leurs démêlés particuliers, mais encore à toutes les Nations
dont les diſſenſions ſont plus terribles.

Je ne vois donc pas que *l'effuſion du ſang* défendue par la loi donnée à Noé, ne doive être entendue (1) que dans un ſens *qui emporte quelque choſe
de mauvais & de criminel*, comme ledit Grotius du
mot *homicide*, par lequel, ajoute-t-il, l'on entend,
non pas tout acte par lequel on ôte la vie à un
homme, mais *ſeulement celui que l'on commet lorſqu'on tue un innocent, & cela de propos délibéré.*
Elle eſt toujours mauvaiſe, cette effuſion du ſang &
criminelle, lorſqu'on ſe la permet dans tout autre
cas que celui de repouſſer la force par la force, ou
une ſuprême injuſtice, & qu'il ſeroit poſſible d'employer la voie de la conciliation & de la raiſon.

II. Mais les exemples qu'il apporte au ſoutien de Les paſſages de l'E-
criture,
que Gro-

(1) Livre I, Chapitre II, §. v. 2.

tius allegue, pour combattre le sens de la Loi, ne l'effleurent seulement pas, & ne regardent que les cas de la défense naturelle. Réponses à ces raisonnemens de Grotius.

son sentiment, seront-ils donc mieux fondés ? Ils sont tirés des Livres Saints. « J'ai un très-bon garant, » dit-il, (1) de l'explication que je viens de donner, » c'est le Patriarche Abraham. Ce saint homme » ignoroit pas la loi donnée à Noé ; il ne laissa » pourtant pas de prendre les armes contre quatre » Rois, (2) qui avoient saccagé la ville de Sodome. » Lorsqu'avec l'aide de ses gens & de ses alliés, il » les eut vaincus, Dieu, par la bouche de Melchi- » sedec, son Sacrificateur, approuva cet exploit. » Car, voici comment Melchisedec félicite le Pa- » triarche : (3) Béni soit le Dieu très - haut, qui » a livré tes ennemis en ta main. Or, Abraham, » comme il paroît par la suite de l'histoire, avoit » pris les armes sans aucun ordre de Dieu. Ainsi » ce personnage très-pieux & très-sage, au juge- » ment même des étrangers, comme de Berose & » d'Orphée, agissoit en cela uniquement, selon le » Droit Naturel...... Les Hébreux, (4) aussi sous la » conduite de Moïse & de Josué, ayant repoussé » par les armes les Amalécites qui les attaquoient, » (5) Dieu approuva la conduite de son peuple, » quoiqu'il ne leur eût rien prescrit là-dessus avant » l'action ».

Il y a ici deux réflexions à faire ; l'une que le premier exemple présente une Guerre entreprise pour la défense d'autrui, de quoi je parlerai plus bas (6), & l'autre pour la défense de soi-même.

---

(1) *Ibid.* §. IV. 4.
(2) *Ibid.* §. II. 1.
(3) Gen. XIV. 20.
(4) Livre I, Chapitre II, §. 11. 40, 1 & 4.
(5) Exode XVII. 9.
(6) Article IV, dans ce Chapitre.

Assurément il n'étoit pas besoin de montrer que
Dieu permet qu'on se défende lorsqu'on est attaqué. Ce Droit Naturel, ainsi que je l'ai déja observé,
est même une obligation pour tous les hommes,
puisqu'il est fondé sur la conservation de la vie,
qui est l'esprit même de la Loi prononcée à Noé &
à ses descendans. Aussi vainement nous objecte-
t-on encore (1) » que l'on trouve, dans le (2) |*Deu-*
» *teronome*, des Loix générales & perpétuelles que
» Dieu établit sur la maniere de faire la guerre ;
» par où il donne à entendre que la Guerre peut
» être juste, lors même qu'elle n'est point entre-
» prise par son ordre, &c. ». Sans doute elle peut
être juste ; mais ces Loix générales dont on nous
parle, Dieu ne les donna aux Israélites que pour
leur servir à détruire les Nations maudites qu'il leur
avoit commandé d'exterminer ; & hors de-là, il n'est
jamais question que de la juste & nécessaire défense.
Comme quand (3) Jephté (ce sont encore des
exemples de Grotius en ce même endroit) fit la
Guerre aux Ammonites pour défendre une partie
du pays que le peuple d'Israël possédoit, & qu'on
vouloit lui enlever; ou quand (4) David prit les
armes contre les mêmes Peuples, pour tirer raison
de l'outrage qu'ils avoient fait à ses Ambassadeurs, &c.
ce qui revient ou équivaut à une attaque réelle. (5)

_____

(1) Grotius. *Ibid.* N°. 2.

(2) Chapitre XX. 10 & suiv.

(3) Juges XI. Voyez dans la deuxieme Partie de cet Ouvrage, Section II, N°. II, Chapitre V.

(4) II, Sam. X. Voyez *Ibid.* Pages   & suiv.

(5) Voyez ci-après, Section IV, Chapitre IV, Article XIII.

On ne voit point, en effet, dans toute l'Ecriture, qu'aucun de ces grands & valeureux perfonnages du Peuple Juif, ait jamais pris les armes que pour repouffer l'attaque, ou délivrer la Nation de l'op-preffion, ou bien punir une injure atroce, tandis qu'il n'y avoit pas moyen d'en venir à bout autre-ment. Voilà pourquoi l'Auteur divin de (1) *l'Epître aux Hébreux*, dont s'appuie encore Grotius (2), dit, en parlant de Gédéon, de Barak, de Samfon, de Jephté, de David, de Samuel & de plufieurs autres, que *par la foi ils ont défait des Rois, mon-tré leur courage à la Guerre, mis en fuite les armées des étrangers.*

Le fens de la Loi fe vérifie par fes excep-tions.

III. Mais en même temps tous ces raifonnemens & ces exemples ne font rien à la queftion préfente : ils ne touchent pas même au fujet, puifqu'il ne s'agit pas de favoir s'il eft permis de repouffer la force par la force, & d'ôter la vie à quelqu'un pour conferver la fienne, mais bien de tuer hors du cas

Ibid. N°. I.

de la défenfe perfonnelle. *Je n'alléguerai point*, dit Grotius, *la défaite des fept Nations que Dieu livra aux Ifraélites pour être exterminées ; car il y avoit là un commandement particulier du Créateur, qui voulut fe fervir du miniftere des Ifraélites pour exé-cuter la Sentence de fa juftice, contre des peuples coupables des plus grands crimes.* Mais moi, je l'al-

Boffuet, *Polit. ti-rée de l'E-crit. fainte, in-4°.* pag. 436.

léguerai, cette défaite, pour montrer, 1°. que Dieu abhorre tellement le fang, pour me fervir de cette expreffion confacrée, que ce commandement ne paroît qu'une fois dans l'Ecriture : exception unique

(1) Hebr. IX, 32 & fuiv.
(2) Livre I, Chapitre II, §. 2, 3.

qui eft une preuve fans réplique de la force & de
l'étendue de la Loi ; 2°. Et, en fecond lieu, que la
vie de l'homme eft fi peu au pouvoir de l'homme,
qu'il ne faut pas moins qu'un ordre exprès du Créateur pour y attenter : d'où je conclus deux chofes
inconteftables ; la premiere, qu'il eft certain que
Dieu ne veut pas qu'on répande le fang humain ;
& la feconde, qu'il eft certain auffi qu'il veut qu'on
le verfe pour conferver fa vie, ou repouffer l'ini-
quité montée à fon comble : c'eft-là le Droit naturel, cette loi qu'il a lui-même gravée au fond de
nos cœurs, & qui n'a d'autre objet que la confervation de l'efpece & le maintien de l'ordre. Nous
en avons vu les exemples loués par l'Efprit Saint,
dans les paffages que Grotius rapporte ; or, dans
les idées éternelles, dans cette raifon divine, qui
eft la fource de tout droit, il eft impoffible que
deux vérités s'entre-détruifent : il faut néceffairement,
au contraire, qu'elles foient bien véritables, & en
ayent un plus grand poids ; parce que l'une fert
d'explication à l'autre, & que réciproquement,
en nous faifant fentir leurs différences, il en naît
pour nous un jour beaucoup plus capable de nous
éclairer.

C'eft ainfi que l'on dit que *l'exception de la Loi
confirme la Loi*, bien loin de la détruire ; puifque
l'exception elle-même eft une autre Loi qu'il faut
tout de même fuivre. Mais il y a ici cette remarque à faire & qui eft très-importante, c'eft qu'*il
eft de la nature de toute loi d'avoir peu d'exceptions,
pour n'en être pas étouffée ou anéantie* : vice qui in-
fecte les loix humaines. L'efprit de l'homme varie
trop dans fes goûts, & a trop peu de lumieres &
de confiftance. Les Loix de Dieu, au contraire,

Deux véri-
tés incon-
teftables,
fur ce que
Dieu veut,
par rapport
à *l'effufion
du fang
humain.*

L'excep-
tion de la
Loi, con-
firme la
Loi. Natu-
re de toute
Loi, d'a-
voir peu
d'excep-
tions.

Différen-
ce notable
entre les

font inaltérables & permanentes, parce qu'il voit tout & connoît tous les rapports à la fois ; mais nous les défigurons, nous les corrompons, si j'ose ainſi parler, en voulant les interpréter à notre manière. Nous ne voyons plus les choſes que par nos yeux faſcinés ; ce ſont nos établiſſemens & nos uſages qui nous dirigent.

Je poſe donc en fait que la Loi donnée à Noé, qui défend de verſer le ſang humain, eſt générale & abſolue, & n'a que peu d'exceptions. Or, ce ſont ces exceptions qu'il faut chercher à connoître. Les prendrons-nous dans nos uſages ? La Loi ſe trouvera dès-lors anéantie ; car pourvu que nous ne ſoyons ni voleurs, ni pirates, nous n'avons que faire de la craindre ; & ces cas où nous devons lui obéir étant infiniment rares, ou du moins, peu conſidérables, en comparaiſon de ceux où ſe mettent les Nations en faiſant la Guerre ſur le fondement de pourſuivre des droits légitimes, la Loi elle-même devient une exception : je veux dire, l'exception de la Loi que nous nous ſommes faite de vuider par le ſang, quand bon nous ſemble, nos querelles nationales. Nos Auteurs, en effet, nous apprennent (& c'eſt ce que nous pratiquons) que les peuples qui, les premiers, portent les armes contre d'autres, ne ſont pas toujours les agreſſeurs ; qu'il ſuffit d'avoir reçu quelque injure, ou une injuſtice, pour être autoriſé à cette démarche ; j'ai déja aſſez développé tout le dangereux de ce ſyſtême, & de combien de Guerres & de débats ſanglans il eſt la cauſe. L'uſage actuel des Nations, s'il étoit légitime, ſeroit donc la Loi par excellence ? Et cette Loi divine, dont nous parlons, ſeroit ſeulement pour nous défendre d'être des *forcenés* &

de.

des *monſtres* : qualifications que les peuples civiliſés ſe font gloire au moins d'avoir en horreur.

Ainſi , en conſidérant les vues du Créateur , qui
ne vont qu'au bonheur de l'homme & à ſa conſervation , il ne ſe peut que le ſens qu'on prête à
la Loi donnée à Noé , ſoit tel qu'on veut l'établir :
Il faut de néceſſité qu'elle regne ſouverainement
ſur ſes exceptions , & qu'on n'en reconnoiſſe pas
d'autres que celles que Dieu même a marquées. Ex-
pliquons l'intention du Légiſlateur par le Légiſlateur lui-même. Voici ce que je trouve de bien clair
& de bien précis d'après les Livres ſaints :

Trois ex-
ceptions
formelles
& uniques
de cette
Loi.

1°. L'on n'obéit plus à la Loi quand Dieu même
l'ordonne , c'eſt le cas des Iſraélites attaquant & ex-
terminant les Nations maudites.

2°. L'on n'y obéit pas non plus , quand il s'agit
de repouſſer l'attaque & les dangers qui menacent
notre vie & notre liberté ; c'eſt ce qu'a fait le peuple de Dieu dans les rencontres que nous venons
de voir , & où l'Eſprit Saint a donné ſon approbation.

3°. L'on n'obéit point à la Loi , dont nous parlons , quand il faut défendre des malheureux opprimés , ou tirer les ſiens d'eſclavitude ; c'eſt l'exemple du Patriarche Abraham , ſur lequel je m'arrêterai bientôt. Toute autre exception ſera fauſſe &
eſſentiellement mauvaiſe.

Or , dans l'admiſſion de la Loi , telle que je l'entends , & que je ſuis très-perſuadé qu'il faut l'entendre , toutes ces autres exceptions ſeront très-rares,
& la Loi étendra ſon empire auſſi loin que la ſûreté
de l'homme peut l'exiger : au lieu qu'en la reſtrei-
gnant à ce ſens particulier de nos adverſaires , qui

Inconvé-
niens de
reſtreindre
la Loi.

seul, à leur avis, emporte quelque chose de mauvais & de criminel, ainsi qu'on le dit du mot *homicide*, la vie de l'homme est sans cesse en péril, & le sang perpétuellement répandu par nos Guerres Nationales offensives. Le bien de l'humanité, motif dont j'ai parlé mille fois dans cet ouvrage, demande donc que la Loi soit prise dans un sens absolu & le plus général ; afin que les Nations ne puissent se faire justice elles-mêmes, que dans les cas forcés des trois exceptions que nous avons vues.

Combien cette Loi est honorable à la Loi des Juifs.

Que cette Loi est sainte, qui va si directement au bonheur de l'homme, qui va à établir la paix & la tranquillité dans le monde ; qui coupe jusqu'aux racines du mal, & ôte la source de tous les désordres ! Mais que cette Religion est belle ! qu'elle est divine ! qui peut se vanter de posséder cette Loi !

Ce que nous enseigne l'exemple d'Abraham, par rapport à la défense d'autrui, & encore pour nous-mêmes.

IV. Considérons à présent l'exemple du Patriarche Abraham, dont Dieu approuva l'action, sans l'avoir commandée. Il nous apprend qu'on peut encore faire la Guerre pour la défense d'autrui ; & par conséquent en venir à *l'effusion du sang*, si elle est nécessaire : mais remarquez que cette action tient de la nature de la défense personnelle & est sujette aux mêmes conditions : il seroit effectivement étrange qu'on pût faire pour nous plus que nous ne pourrions faire nous-mêmes ; la Loi seroit renversée, & l'on auroit trouvé l'art de la

La défense d'autrui, soumise aux mêmes conditions.

transgresser sans crime. Il faut donc, pour défendre autrui, des cas décidés & pressans ; il faut que la voix des malheureux nous appelle, & que la chose, comme on dit, crie vengeance. Voyons comment Abraham obéit à ce pressant commandement de

la Nature , & à l'invitation de la Raison. Voyons que la défenfe per-
fonnelle. l'efprit de défintéreffement qu'il y apporta , &
comment il ufa de la victoire. Raconter fon action ,
c'eft montrer à tous les Guerriers les feules conditions auxquelles il eft permis de prendre les armes.
Quatre Rois conjurés entrerent dans le pays du Roi Gen. XIV,
1 & fuiv. *de Sodome , du Roi de Gomorrhe , & de trois autres*
Rois voifins , dit l'Ecriture. *Les agreffeurs furent*
victorieux & fe retirerent chargés de butin & emme-
nant leurs captifs : parmi lefquels étoit Loth , neveu
d'Abraham , qui demeuroit dans Sodome. A cette
nouvelle , Abraham fe met à la tête de trois cens dix-
huit de fes ferviteurs , & d'autres fecours , va à la
pourfuite des Rois vainqueurs , les taille en pieces ,
& ramene Loth , les femmes captives , avec un peuple
innombrable & tout le butin. Boffuet , en nous par- Hift. Univerfelle ,
page 181. lant de ce fait mémorable , nous donne en peu de
mots , le caractere de ce grand homme , & du véritable guerrier : « Quoique fa vie , *dit-il* , fût fim- Caractere
du vérita-
ble Guer-
rier. » ple & pacifique , il favoit faire la Guerre , mais
» feulement pour défendre fes alliés opprimés ; il
» les défendit & les vengea par une victoire fignalée :
» il leur rendit toutes leurs richeffes reprifes fur
» leurs ennemis , fans recouvrer autre chofe que
» la dixme qu'il offrit à Dieu , & la part qui appar-
» tenoit aux troupes auxiliaires qu'il avoit menées
» au combat. Au refte , après un fi grand fervice ,
» il refufa les préfens des Rois avec une magna-
» nimité fans exemple , & ne put fouffrir qu'au-
» cun homme fe vantât d'avoir enrichi Abraham.
» Il ne vouloit rien devoir qu'à Dieu qui le proté-
» geoit , & qu'il fervoit feul , avec une foi & une
» obéiffance parfaite ».

V. Eft-il donc étrange que Dieu ait approuvé L'explication que
T ij

nous don-
nons à la
Loi dont il
s'agit, câ-
dre mer-
veilleufe-
ment avec
l'efprit de
paix & de
confèrva-
tion qui re-
gne dans
l'Écriture.

cette entreprife, fans l'avoir commandée ? Il n'avoit
pas à ordonner ce qui eft de devoir naturel à tous
les hommes ; lorfque l'occafion eft grave , le péril
imminent, l'attentat odieux , & que l'ennemi livré
à fa fureur , à fa groffiereté ou à fon arrogance,
eft hors d'état d'entendre Raifon , il faut recourir à
la force. Ce moyen, tout violent qu'il eft , figure
bien alors entre les mains de la bonne caufe & de
la néceffité : que dis-je ? il entre dans l'intention
de la Loi , comme je l'ai remarqué ; & le fang ,
dans ces trifte conjonctures, conferve le fang.
Mais , hors de-là, *l'effufion du fang* eft un crime
énorme, que la Loi condamne avec les Guerres
offenfives qui en font la caufe. Tout nous indique , dans *l'Écriture*, que c'eft-là l'efprit de fon
divin Fondateur ; qu'on le voye dans fa plus grande
colere, fi l'on peut parler de la forte , il lui répugne de détruire. Reprenons le fameux exemple où
Dieu , pour une fois unique , ordonne à fon peuple
de faire la Guerre , & d'exterminer les Nations
maudites qui habitoient le pays qu'il vouloit lui

Deut. VII,
1, 2.

donner. « Vous détruirez, *dit-il*, devant vous plu-
» fieurs Nations : le *Héthéen*, le *Gergeféen*, l'*Amor-*
» *rhéen* , le *Chananéen*, le *Phereféen* , le *Hevéen* , &
» le *Jébuféen* : fept Nations plus grandes & plus
» fortes que vous ; mais Dieu les a livrées entre
» vos mains , afin que vous les exterminiez de
» deffus la terre. Vous ne ferez jamais de traité
» avec elles , & vous n'en aurez aucune pitié. »

Ibid.
XXIII, 6.
Sap. XII,
3, 4 &
fuiv.

Et encore : « Vous ne ferez jamais de paix avec
» elles , & vous ne leur ferez aucun bien dans tous
» les jours de votre vie, dans toute l'éternité. *Elles*
» *étoient donc bien coupables* , s'écrie Boffuet (1),

_____

(1) Politique, pages 432 , 433.

» ces Nations ? Le Livre *de la Sageſſe* parle ainſi :
» Seigneur, vous les avez en horreur, parce que
» leurs actions étoient odieuſes, & leurs ſacrifices
» exécrables : ces peuples immoloient leurs propres
» enfans à leurs Dieux : ils n'épargnoient ni leurs
» hôtes, ni leurs amis ; & vous les avez perdus
» par la main de nos ancêtres, parce que leur
» malice étoit naturelle & incorrigible. Voilà, d'une
» part, une Guerre à toute outrance, à feu & à
» ſang, irréconciliable, commandée au peuple de
» Dieu : & de l'autre, des Nations abominables,
» & dès le commencement adonnées à toutes ſortes
» d'idolatrie, d'injuſtices, d'impiétés : cependant
» Dieu ſupporte ces peuples avec une patience
» admirable. *Les iniquités des Amorrhéens ne ſont*   Gen. XV,
» *pas encore accomplies*, dit le Seigneur à Abraham.   16.
» Il ſuſpend la punition par un conſeil de miſéri-   *Ibid. p. 12.*
» corde. Mais encore combien durera ce délai ?
» *Quatre cens ans*, dit-il, pendant leſquels il exerce
» la patience de ſon peuple, & attend ſes enne-
» mis à la pénitence. *En attendant*, dit-il, *tes en-*
» *fans ſeront affligés quatre cens ans.* Arbitre de
» l'univers, s'écrie Boſſuet, qui vous obligeoit à
» tant de ménagemens, vous qui ne craignez per-
» ſonne, comme il eſt marqué dans le même Livre
» *de la Sageſſe ?* Et qu'avoit-on à vous dire, quand
» vous euſſiez fait périr une des Nations que vous
» avez faites ? Mais c'eſt que vous voulez mon-
» trer, ajoute Boſſuet, que vous faites tout avec
» juſtice, & que plus vous êtes puiſſant, plus vous
» aimez à pardonner. Ce ſont encore les propres
» paroles de l'Eſprit Saint ».

VI. Je pourrois ajouter que Dieu défendit, après   Autre
le meurtre d'Abel, d'attenter à la vie de Caïn :   preuve que
                                                     Dieu n'eſt

point pour
l'*effusion
du sang.*
Grotius,
Tome I,
p. 98, 99.

qu'on voit ce ménagement pour le sang & la vie
des meurtriers dans les *Loix de la République*
de Platon, & que c'étoit un usage pratiqué dans
l'ancienne Grece de se contenter de bannir les homicides. Mais cela touche une autre question que
je traiterai, comme je l'ai promis, dans la Seconde
Partie de cet Ouvrage, en parlant des Loix *Pénales,*
qui se sont établies en chaque Société Politique.

Pourquoi
Dieu dé-
fendit, a-
près le
meurtre
d'Abel, de
punir de
mort les
criminels?
Grotius en
donne
deux mau-
vaises rai-
sons.

Ce que j'en puis dire ici & qui vient à mon sujet,
c'est que l'esprit de cette défense divine n'étoit
aucune des deux raisons que Grotius en donne,
savoir : *le petit nombre de gens auquel le genre humain étoit encore réduit, & qu'y ayant peu d'exemples d'homicide, il n'étoit pas tant nécessaire de le
punir ;* mais bien le défaut de nécessité dans la conservation de soi-même. En effet, quand un meurtre
est commis, il n'y a pas moyen de faire qu'il ne le
soit pas ; c'est en vain qu'on voudra mettre à mort
celui qui l'a donnée à un autre. Le but de la défense
personnelle manque ici entierement. Il est vrai que
l'intérêt général & particulier demande qu'on se
garantisse d'un homme capable de se laisser aller à
un tel excès ; mais l'on sent bien que ce n'est pas
la mort qui se présente ici naturellement pour premier moyen. Il en est de plus doux & de plus convenables : c'est pourquoi l'exil & le bannissement
avoient été dans les premiers temps la peine ordinaire à ce crime. Un homme peut avoir eu le
malheur d'attenter à la vie de son semblable : une
pareille action répugne trop à la Nature pour craindre qu'il y retourne. (1) Il suffit de l'éloigner de la

---

(1) J'entends avant la grande corruption qui a gagné
les Etats civils.

préfence de fes concitoyens, de fa femme, de fes enfans, de fes Dieux, &c. Si la mort, en punition de pareil crime & de plufieurs autres, a été enfuite jugée néceffaire dans les fociétés les mieux policées, c'eft par des motifs que je difcutorai en fon lieu ; toujours eft-il évident ici, d'après les idées de l'ordre, qui eft la pierre de touche de toute décifion, que la néceffité de fe défendre par l'effufion du fang, ne fauroit avoir lieu contre des meurtriers, une fois que le crime eft commis : tout de même qu'elle ne peut être requife en toute Guerre, qui n'entre point dans les trois exceptions que Dieu lui-même a marquées. Et de tout cela, il réfulte que le fens que nous donnons à la Loi, dont il s'agit, eft le feul conforme à la douceur de ce maître fouverain de la nature.

VII. Il s'appelle véritablement lui-même le *Dieu des armées*, & l'on peut dire qu'en prenant ce nom, il en donne une haute idée, & paroîtroit les fanc-tifier. Mais ce ne font que les armées employées aux Guerres défenfives, ces Guerres où la nécef-fité ou un ordre exprès de fa part y obligent : comme font celles que nous avons vues exceptées de la Loi, qui défend de verfer le fang humain. Boffuet, après avoir dit qu'*il y a des occafions, où la gloire de mourir vaut mieux que la victoire*, ob-ferve fort à propos, *qu'il faut toujours fe fouvenir que c'eft la gloire de défendre fon pays & fa liberté.* « Les Machabées s'étoient d'abord propofés, *dit-il*, » cette fin, lorfqu'ils difoient : mourons tous dans » notre fimplicité : le Ciel & la Terre feront témoins » que vous nous attaquez injuftement ; & *après* : » nous combattrons pour nos vies, pour nos femmes, » pour nos enfans, pour nos ames & pour nos Loix.

La dé-fenfe de foi-même, doit fe di-riger felon le même efprit, qui fit défen-dre d'at-tenter à la vie des meurtriers.

Dieu, dans l'E-criture, hait par-tout les conqué-rans & les ravageurs du monde. Il préfere les Rois pacifiques. Politique, Livre IX, Article V, P. I, pa-ge 482, *in-*4°.

I. Mach. II, 37. *Ibid.* III, 20, 21.

T iv

Ibid.
59, 60.

» *Et, encore :* ne vaut-il pas mieux mourir en com-
» battant, que de voir périr devant nos yeux notre
» Pays, & abolir nos faintes Loix ? *C'est en ce fens*
» *qu'il faut prendre ce que l'on dit que* Dieu forme
» les Princes Guerriers , & que David s'écrioit

Pfal cxliij.

» dans un tranfport de reconnoiffance : Béni foit
» le Seigneur mon Dieu, qui donne de la force à
» mes bras pour le combat, & forme mes mains
» à la Guerre ». Dieu, en effet, a toujours pris,
fous fa protection, les héros fages & vertueux,
amis des hommes & de la juftice, qui n'ont pris
les armes que pour les plus grands fujets, & pour
rétablir l'ordre & la juftice. Mais l'Ecriture nous défigne par-tout les *conquérans & les ravageurs du
monde* fous des traits de réprobation : autant y
voit-on la véritable valeur & le fage emploi des
forces loués & en recommandation , autant la
Guerre offenfive, proprement dite, y eft-elle con-

If. XIV,
12, 13 &
fuiv.

damnée & en horreur : témoin la fanglante dérifion
que Dieu même fait des conquérans par la bouche
du Prophete Ifaïe : *Comment êtes-vous tombé , bel*

Ibid. 6,
7 & fuiv.

aftre qui luifiez au Ciel comme l'étoile du matin ? &c.
Et un peu devant : *Quand vous êtes tombé à terre,
tout l'univers eft demeuré dans l'étonnement,* &c.

Ibid.
page 480.

" Auffi Dieu n'aime-t-il pas la Guerre, *con-*
» *tinue* Boffuet, & préfere les pacifiques aux guer-

Parolip.
Lib. XXII,
6, 7 & 8.
Et ——
XXVIII,
3.

» riers. David appelle fon fils Salomon, & lui
» parle en cette forte : Mon fils, je voulois bâtir
» une maifon au nom du Seigneur mon Dieu ;
» mais la parole du Seigneur me fut adreffée
» en ces termes : Vous avez répandu beaucoup

Ibid.
14, 15 &
16.

» de fang & vous avez entrepris beaucoup de
» Guerres : vous ne pourriez édifier une maifon
» à mon nom. Je n'ai pas laiffé de préparer pour

» la dépense de la maison du Seigneur, cent
» mille talens d'or & dix millions de talens
» d'argent, avec de l'airain & du fer sans nombre,
» & des bois & des pierres pour tout l'ouvrage,
» avec des ouvriers excellens pour mettre tout
» cela en œuvre. Prenez donc courage, exécutez
» l'entreprise, & le Seigneur sera avec vous.

» Dieu ne veut point recevoir de temple d'une   Politique;
» main sanglante (1) (*dit encore Bossuet*, de qui page 481,
» j'emprunte ces paroles :) David étoit un saint *in-4°.*
» Roi, & le modele des Princes; si agréable à
» Dieu, qu'il avoit daigné le nommer l'homme
» selon son cœur. Jamais il n'avoit répandu que
» du sang infidele dans les Guerres qu'on appel-
» loit Guerres du Seigneur, & s'il avoit répandu
» celui des Israélites, c'étoit celui des rebelles,
» qu'il avoit encore épargné autant qu'il avoit
» pu; mais il suffit que ce fût du sang humain
» (*c'est toujours Bossuet*), pour le faire juger in-
» digne de présenter un temple au Seigneur,
» auteur & protecteur de la vie humaine.

(1) Barbeyrac Commentateur & Traducteur du Puffen-
dorff, dans son Traité de la Nature & des Gens, Tome I,
Livre II, Chapitre V, §. 15, N°. 2, dit, sans fondement,
que la *raison pourquoi Dieu défendit à David de lui bâtir un
Temple, ce ne fut pas tant à cause que David s'étoit souillé
par le carnage de plusieurs Guerres, qu'afin que ce Prince,
qui avoit acquis tant de gloire par les armes, n'ôtât pas à
son fils Salomon une si belle occasion de se rendre célebre,
par la magnificence qui convient à un temps de paix.* Cette
explication est contraire même au texte. *Vous avez répandu beaucoup de sang, &c.* Il renvoye la-dessus à Leclerc,
qui en rend, dit-il, une autre raison plus apparente.
Voyez Grotius, Droit de la Guerre & de la Paix, Tome II,
p. 190, 3, N°. 8.

Ibid.
XXII, 9,
10.

» Telle fut, *continue cet Auteur*, l'exclusion
» que Dieu donne à David dans la premiere
» partie du discours prophétique ; mais la seconde
» n'est pas moins remarquable : c'est le choix
» de Salomon pour bâtir le temple. Le titre que
» Dieu lui donne est celui de *pacifique*. *Des mains*

Ibid. 5.12.

» *si pures de sang* sont les seules dignes d'élever
» le sanctuaire. Dieu n'en demeure pas là : il
» donne la gloire *d'affermir le trône à ce pacifique*,
» qu'il préfere aux guerriers par cet honneur. Bien
» plus (*ajoute enfin Bossuet*), il fait de ce *pacifique*,
» une des plus excellentes figures de son Fils in-
» carné ».

Le Peuple
de Dieu n'a
jamais eu
l'humeur
belliqueu-
se.
*Premiere
preuve par
le fait.*
Précis
historique
des divers
états de ce
Peuple.
Pluche,
*Spectacle
de la Na-
ture*, To-
me VIII,
premiere
Partie,
pages 197
& 202.

VIII. Enfin, & ce sera ma derniere remarque,
le Peuple de Dieu, ainsi qu'on le nomme, n'a
jamais eu l'humeur belliqueuse. Cette vérité conste
premierement par le fait. Dieu donne à Abraham
& à sa postérité, une terre appellée Chanaam,
pour y venir habiter avec ses enfans. Il faut en
chasser les habitans, dont Dieu a résolu la perte
à cause de leurs iniquités : que font les Israëlites ?
Cette terre, à laquelle ils prétendent, d'après une
promesse divine, ils sont quatre cens ans à la desirer,
sans rien faire de ce qui étoit nécessaire pour
s'en faciliter la conquête ; que dis-je ? en faisant
précisément tout le contraire : & quand ils auroient
dû en être détournés suivant les regles de la politique humaine, c'est alors qu'ils s'y laissent conduire. Est-ce donc là le caractere d'un Peuple que
l'esprit de conquête dirige ? Observons qu'il avoit
déja passé quarante ans dans une cruelle servitude en
Egypte, & quarante ans dans le désert où il avoit
fait essuyer les plus grandes contradictions à Moyse,

son libérateur, qui mourut même sans avoir eu la consolation d'achever l'entreprise.

Enfin, ils parviennent en la Terre Promise, & durant l'espace de plus de neuf cens ans, ils vivent en liberté dans leur pays, sans être sujets d'aucun autre Peuple ; ils éprouverent seulement quelques révolutions intérieures, & eurent aussi quelques occasions d'essayer leur goût pour la Guerre ; mais on ne vit jamais en eux la passion des armes, ni cet amour de domination si fatal à l'humanité. Il ont eu des juges, dit Pluche & quelques Rois capables, par une protection singuliere, de les défendre contre des agresseurs violens , mais ils n'ont pas poussé fort loin leurs conquêtes. Les Israélites ont toujours été plus laboureurs que guerriers. Josaphat & Salomon , les plus sages de leurs Princes, ont voulu les mettre dans l'usage du commerce de mer, l'unique supplément de la foiblesse d'un Etat; mais le luxe de Salomon épuisa à la fin le profit de ses plus belles entreprises, & donna lieu au Schisme, qui empêcha efficacement les Hébreux de parvenir à un état de grandeur, auquel Dieu ne les appeloit pas. Les tempêtes, qui ruinerent la flote de Josaphat dans les ports de la mer rouge, acheverent d'ôter aux Juifs le goût du commerce étranger. Ils furent toujours renfermés dans les bornes d'un pays étroit & d'une puissance modique.

Fleury, Mœurs des Israélites, page 14 & 128.

Spectacle de la Nature, Tome VIII, premiere Partie, page 203.

Ce Schisme, qui arriva après la mort de Salomon, par la division de son Royaume en celui d'Israël & de Juda, eut, en effet, les suites les plus funestes. En moins de deux cens cinquante ans, Samarie fut prise par les Assyriens, & les dix Tribus

Fleury, Mœurs des Israélites, p. 127.

Bossuet, Hist. Uni-

verselle, p. 23 & 221, 37 & 227. Schifmatiques transportées à Ninive & dispersées parmi les Gentils. Et un peu plus d'un siecle après, Jérusalem subit le même sort. La ville fut détruite, le temple brûlé, & tout le Peuple emmené captif à Babylone, où il demeura soixante - dix ans de suite, esclave du Roi & de ses enfans, comme dit l'Ecriture.

Dès cet événement, jusqu'à leur entiere dispersion, qui est un espace d'environ six cens soixante-dix années, l'on ne voit plus, dans la Nation Juive, qu'une extrême foibleffe & un afferviffement presque continuel : trop heureux de vivre sous la pro-Fleury, Ibid. page 128 à 132.tection des Perses. Et de retour dans leurs pays, par la permiffion de Cyrus, ils sont quatre - vingts ans, à relever les murailles de Jérusalem, & vingt ans à rétablir le temple. Ils jouirent, pendant ce temps-là & durant près de trois cens ans, d'une paix profonde ; mais en même temps, si obscurs & si ignorés, que l'Histoire, qui est curieuse des faits, comme dit Fleury, n'y a rien trouvé à nous trans-Ibid.mettre.

Ibid. page 134. De-là, ils pafferent sous la protection des Macédoniens, par la conquête d'Alexandre, & devinrent sujets des Grecs ; mais placés, comme ils étoient, entre les Rois de Syrie & les Rois d'Egypte, qui se faisoient une Guerre d'acharnement, ils fure... obligés, durant soixante ans, d'obéir tantôt au.. uns & tantôt aux autres, selon que ces Rois étoient les plus forts ; & ils en étoient bien ou mal traités, selon l'humeur ou l'intérêt des partis vainqueurs & le crédit de leurs ennemis.

Ibid. page 134. Cette cruelle position est suivie de la prise, encore une fois, de Jérusalem sous le premier des

Ptolomées, qui s'en empara par furprife, emme-
nant un grand nombre de Juifs en Egypte, & les
répandant jufques dans la Cyréanique.

Les Grecs en vinrent auffi aux violences contre Page 139.
eux. Les Juifs font fucceffivement, fous plufieurs
regnes, maltraités; & enfin, fous Antiochus Epi-
phane, commence la plus grande perfécution qu'ils
aient jamais foufferte, & qui ne le cede point, à
ce qu'on affure, à celles que fouffrirent depuis les
Chrétiens. Elle dura douze à quatorze ans.

Alors les Machabées parurent, & firent vérita- Page 141.
blement des prodiges de valeur; mais cette gloire
fut de courte durée. Les Juifs ne furent que quatre-
vingts ans en liberté. La puiffance Romaine, qui,
fous Pompée, envahit les Royaumes d'Egypte &
de Syrie, les foumit pareillement, & les rendit
tributaires.

Ils furent enfuite plus de vingt ans dans un mi- Page 142.
férable état, foit par les divifions inteftines, foit
par les extorfions énormes des Romains, & les
grands ravages que la Paleftine fouffrit de toutes
parts. Hérode vint cependant, qui la rétablit un peu;
mais les Juifs n'en étoient pas plus libres de fon
temps, puifqu'il ne l'étoit pas lui-même, & dépendoit entiérement des Empereurs Romains.

Nous touchons au terme : après fa mort, la Ju- P. 142.
dée eut des Gouverneurs Romains; & enfin, fous
Vefpafien & Tite, ce qui forme un efpace de
foixante-dix années, Jérufalem eft prife & brûlée,
& les Juifs bannis & réduits en l'état où ils font
encore.

Tel eſt donc le ſort du Peuple choiſi, de ce Peuple que Dieu, par une faveur ſinguliere, a diſtingué de tous les autres, & a voulu s'approprier plus particuliérement : certes, il eſt manifeſte qu'il n'avoit pas l'humeur belliqueuſe. Mais voyons s'il ne devoit pas être de même par des raiſons particulieres.

Deuxieme preuve par le Droit, que le Peuple de Dieu n'a jamais eu l'humeur belliqueuſe.

Ici, le *droit* vient à l'appui du *fait* ; & rien, à mon avis, ne dépoſe mieux en faveur de l'Hiſtoire de Moyſe & de la Révélation, que cet état même de foibleſſe & d'obſcurité où nous voyons le Peuple Juif, & l'incapacité, proprement dite, où il eſt toujours de s'agrandir par les conquêtes. S'il eſt véritablement le Peuple de Dieu, ce n'eſt point par la voie des armes qu'il a dû briller ſur la terre; il a été fait pour un tout autre deſſein. Comment concilier avec des idées de paix, d'ordre & de conſervation, avec cet eſprit de douceur & de miſéricorde, qui eſt le propre de l'Être bienfaiſant, les vertus deſtructives, injuſtes & barbares des Nations belliqueuſes ? Dieu a voulu un Peuple à lui, il n'a pu vouloir, j'oſe le dire, qu'un Peuple pacifique.

Quatre points, qui contiennent la preuve, par le Droit.

Cela ſe vérifie par la nature de ſon Gouvernement & de ſa loi ; par ſon caractere & ſes mœurs, par la maniere dont Dieu, pour ainſi dire, le ſuit pas à pas dans ſes divers égaremens & ſes viciſſitudes ; enfin, par les motifs que l'Ecriture nous enſeigne de ſon élection & de ſes ſuites.

Nature du Gouvernement & de

1. C'eſt Dieu lui-même qui le gouverne immédiatement par la loi qu'il lui a donnée : d'où vient que l'état des Juifs n'étoit qu'une Théocratie, comme

Joseph le nomme. Cette loi (1) renfermoit les premiers principes du culte divin & de la société humaine ; & le Légiſlateur y avoit ſi bien réglé toutes choſes, que jamais on n'a eu beſoin d'y rien charger. Les Rois étoient obligés de l'obſerver, comme les particuliers, & il n'y a point d'exemple qu'aucun d'eux ait fait une loi nouvelle.

Tout annonce auſſi que c'étoit un Peuple à part ; & abſolument unique dans ſa façon d'adorer & de vivre : le détail de leur police, celui de leur nourriture, la ſingularité de leurs fêtes, l'unité de leur ſanctuaire, la défenſe de ſe marier avec les infideles, &c. Dieu les avoit, pour ainſi parler, circonſcrits de toutes parts, & ce Peuple n'étoit pas fait comme tous les autres (2).

2. Voyons-le enſuite dans ſon caractere & ſes mœurs ; ce ſont ces mêmes ſingularités frappantes qui l'ont fait paſſer, d'une part, pour inſociable & haïſſant toutes les autres Nations ; & de l'autre, l'ont effectivement rendu un peu tel, comme Joſeph même le leur reproche (3). Mais ce défaut,

la Loi du Peuple Juif.

Fleury, *Mœurs des Iſraélites,* p. 108.

Boſſuet, *Hiſt. Un.* pages 18 & 201.

Fleury, *Mœurs des Iſraélites,* p. 66. *Ibid.* Fleury, p. 123.

Pluche, *Spectacle de la Nature,* Tome VIII, premiere Partie, p. 237.

Caractere & mœurs de ce Peuple.

Dans Grotius, *Droit de la Guerre & de la Paix,* Tome I, p. 548, aux notes.

_____

(1) On ne la conſidere ici, que relativement aux choſes communes & de devoir pour tous les hommes ; car du reſte, je montrerai, en ſon lieu, combien peu on devoit la prendre pour modele, dans tous les points qui excédoient les bornes du pouvoir humain, & qui n'étoient établis tels, que par rapport à la ſouveraineté même de Dieu, qui étoit le Prince immédiat de ce Peuple. Voyez les Numéros III & IV, Section deuxieme de la ſeconde Partie.

(2) Cela ſe verra mieux dans la Deuxieme Partie de cet Ouvrage, Section deuxieme.

(3) Ils vivoient ſéparés de tous les autres, diſoit un Philoſophe Grec, n'ayant rien de commun avec nous, ni

Vattel,
Droit des Gens,
Livre II,
Chapitre I,
§. 20.

Fleury,
Mœurs des Ifraélites,
p. 106.

Pluche,
ut fuprà,
p. 226.

Cicéron,
Orat. de Prov. conf.
dans Gro-
tius, pa-
ge 118,
Tome I,
N°. 8.

Comment
Dieu le
fuivoit,
pour ainfi
dire, pas à
pas.
Hift. Uni-verfelle,
page 199.
Mœurs des Ifraélites,
p. 101.

Ibid. p. 54.
Fleury,
Mœurs des Ifraélites,
p. 127.

Ibid.
p. 108.

qui ne venoit que d'un amour-propre mal entendu; & que de ce qu'on concevoit mal la loi & les promeffes divines, n'étoit rien moins que l'efprit de conquête & de domination. Au contraire, il renfermoit davantage ce Peuple en lui-même, quoique curieux d'ailleurs de tout ce qui n'étoit point Guerre & effufion de fang.

On le repréfente, en effet, comme groffier, volage, toujours enfant, toujours prêt à courir après les folies du dehors, très-enclin à l'idolatrie, & né pour l'efclavage.

3. Pour le contenir dans les bornes où Dieu le vouloit, il le chargea d'un grand nombre d'obfervances: elles étoient néceffaires, dit Boffuet, pour féparer le Peuple de Dieu des autres Peuples, & fervoient comme de barriere à l'idolatrie, de peur qu'elle n'entraînât ce Peuple choifi avec tous les autres. Un de leurs premiers foins, après leurs divers établiffemens, étoit de fe féparer des étrangers, & de faire obferver les défenfes de la loi touchant les mariages avec les infideles. Et cette féparation étoit encore utile pour les mœurs; la fréquentation avec les étrangers (c'est la remarque de Fleury) étant toujours pernicieufe au commun des hommes. Auffi a-t-on obfervé qu'ils vivoient en fûreté & en liberté, tant qu'ils étoient fideles à

---

la table, ni les libations, ni les prieres, ni les facrifices. Ils font plus éloignés de nous que les Surziens, les Bactriens & les Indiens. Ce Philofophe comptoit pour rien les reffemblances fur la peine de mort, fur le divorce, &c. qui, dans le Peuple Juif, étoient légitimes, & dans tous les autres, injuftes, comme je le montrerai dans la Deuxieme Partie.

obferver

obferver la loi ; & que fi-tôt qu'ils la violoient, *Hift. Un.*
pour faire leur volonté particuliere, ils tomboient *p. 208.*
dans l'anarchie & la confufion.

L'on peut dire que ce Peuple étoit fans ceffe ,
comme fous la main du fouverain Maître qui l'avoit
choifi ; & qu'il ne lui étoit réfervé que de paffer
par toutes les épreuves. Ecoutons la réflexion de   *Ibid.*
Boffuet : Dieu s'eft fervi des Affyriens & des Ma- *p. 429.*
cédoniens pour le châtier, des Perfes pour le rétablir, d'Alexandre & de fes premiers fucceffeurs
pour le protéger, d'Antiochus l'illuftre & de fes fucceffeurs pour l'exercer, & des Romains pour foutenir fa liberté contre les Rois de Syrie qui ne
fongeoient qu'à le détruire.

4. Tous ces traits ne préfentent pas un Peuple *La révé-*
guerrier & conquérant ; mais cela étoit dans l'ordre *lation ex-*
de la chofe. A quelle intention , dit Pluche , le *pliquetout.*
Tout-Puiffant s'étoit-il réfervé un Peuple à lui ?   *Ut fuprà,*
Et d'où vient qu'une protection comme la fienne   *pages 203,*
n'a conduit les Ifraélites à rien de grand , fuivant *205.*
l'objection commune ? Voici la révélation , qui ,
d'accord avec la faine raifon, va tout expliquer
& rendre fenfible : à la vocation d'Abraham (j'em- *Hiftoire*
prunte ces paroles de Boffuet), la corruption étoit *Univerfel-*
montée à fon comble, & les hommes oublioient celui *le, p. 13.*
qui les avoit faits. Dieu, pour arrêter le défordre,
choifit un homme jufte. Il lui promet une poftérité
auffi nombreufe que les étoiles du ciel, & que le
fable de la mer, & lui donne une terre qui eft
celle de Chanaám, pour venir l'habiter lui & fes
enfans, & y établir le culte par lequel il vouloit
être honoré ; en moins de deux cens cinquante ans, *Ibid. p. 15.*
la maifon de ce Patriarche devient un grand Peu-
ple. Mais la promeffe divine renfermoit un article

Tome I. V

Ibid.
p. 13 &
182.

Ibid.
p. 262.

bien plus important : c'étoit cette grande bénédic-
tion, qui devoit être répandue fur tous les Peuples
du monde en Jefus-Chrift, forti de fa race : c'étoit
le Meffie, fi long-temps attendu, & qui devoit fervir de médiateur entre Dieu & l'homme, & prêcher la doctrine qu'il avoit réfolu de faire annon-
cer à tout l'univers.

La Guer-
re & les
conquêtes,
incompati-
bles avec la
deftination
du Peuple
de Dieu.

Pluche,
ut fuprà,
p. 124.

Pourroit-on allier, avec de fi hautes & de fi falutaires intentions, les défordres & les malheurs
qu'attirent, fur le genre humain, les Guerres &
les combats ? Pourroit-on croire que Dieu eût voulu
faire de fon Peuple un Peuple puiffant & renommé
par les conquêtes, quand il le deftine à donner
naiffance, par la chair, à ce divin envoyé, & à
fervir de preuve fenfible & perpétuelle de la vérité
de fa venue, comme de la fidélité de toutes les
circonftances qui l'accompagnent ?

Méprife
des Juifs.

Les Juifs pourtant y prirent le change : dans leur
foibleffe & leur incapacité même, ils ont toujours
eu l'efpérance de fecouer le joug des Nations, &
de les réduire au contraire fous leur obéiffance :
non pas qu'ils s'en fentiffent la force ; mais accou-
tumés aux miracles, ils attendoient tout de celui qui
leur étoit promis ; & comptant fur lui, comme fur
un autre Jofué, ils penfoient n'avoir befoin que de
fa feule préfence pour foumettre tous les Peuples.

Fleury,
*Cathéchif-
me Hifto-
rique*,
p. 82 du
Tome II.

C'eft qu'ils croyoient que le Meffie feroit un Roi,
comme les Rois de la terre, plus grand Guerrier
& plus victorieux que David, plus riche & plus
heureux que Salomon, & que fon regne feroit tout
plein de profpérités temporelles ; prenant, au pied
de la lettre, les figures dont les Prophetes s'étoient
fervis pour repréfenter fa puiffance & fa grandeur,

& ne tenant point de compte de celles qui le repréſentoient dans la pauvreté & les ſouffrances. Et telle fut l'erreur fatale qui aveugla ce Peuple au point de méconnoître ſon Sauveur, & de lui faire perdre le fruit d'une vocation auſſi diſtinguée que la ſienne.

Le même,
Mœurs
des Iſraé-
lites, pa-
ge 151.

Certainement le plan de faire un Peuple amateur des combats & de la gloire des armes, ne pouvoit trouver ici ſa place ; & il doit être plus que prouvé, après tout ce que j'en ai dit, que Dieu a ſuffiſamment montré, par l'exemple de ſon Peuple, qu'il abhorre les Guerres & l'effuſion du ſang, quand elles ne ſont point amenées par la néceſſité, ni renfermées dans les bornes qu'il a lui-même marquées : par conſéquent, que la loi donnée à Noé & à ſes deſcendans, qui défend de verſer le ſang humain, doit être priſe à la rigueur & dans ſon ſens naturel ; & qu'elle réprouve abſolument la doctrine du Droit de la Guerre établie par tous les Auteurs Politiques. Nous allons voir que la loi Chrétienne la réprouve tout de même.

Conclu-
ſion.

SECTION QUATRIEME.

Que la Religion Chrétienne abhorre le Droit de la Guerre.

CHAPITRE PREMIER.

Caractères de la Doctrine du Droit de la Guerre, & ceux de la Loi Chrétienne. D'où vient que celle-ci n'a point prévalu sur l'autre.

Aveux de Grotius, du Droit la Guerre & de la Paix, Tome I, pag. 102. Ibid. p. 27.

MAIS, que fera-ce de la loi des Chrétiens, elle qui eſt ſi ſainte, ſi pure, ſi accomplie ? Grotius avoue que les raiſons priſes de l'Evangile eut quelque choſe de plus ſpécieux qui demande d'être examiné avec ſoin ; & qu'une des raiſons très-fortes qui l'ont déterminé à écrire là-deſſus, c'eſt qu'il a remarqué de tous côtés, dans le monde Chrétien, une licence ſi effrénée, par rapport à la Guerre, que les Nations les plus barbares en devroient rougir. On court aux armes, dit-il, ou ſans raiſon, ou pour de très-légers ſujets ; & quand une fois on les a en main, on foule aux pieds tout droit divin & humain, comme ſi dès-lors on étoit autoriſé & fermement réſolu à commettre toutes ſortes de crimes ſans retenue.

Ce dont il faut véritable-

Pour moi, ce n'eſt point tant de ces excès barbares auxquels les Nations Chrétiennes ſe ſont livrées en faiſant la Guerre, ou de ce qu'elles la

font fans raifon, ou pour de très-légers fujets ,   ment s'é-
que je fuis étonné ; je le fuis de ce qu'elles ne   tonner.
voyent pas qu'il n'y a que les Guerres *défenfives*,
proprement dites, qui foient légitimes ; & que le droit
de prendre les armes n' leur appartient que pour
repouffer actuellement la violence. & l'oppreffion.

Une Religion qui ne prêche que douceur, que
patience, que commifération, comment n'a-t-elle
pas porté, dans l'efprit de tous les Chrétiens, cette
diftinction effentielle & fenfible qui fait la bafe de
toute vérité fur cette matiere ? En effet, confondez
ces deux pouvoirs de s'armer les uns contre les
autres, c'eft-à-dire, livrez aux Nations le droit de
porter l'attaque, quand elles fe croiront offenfées
ou léfées dans leurs intérêts, dès-lors on fera fans
ceffe en armes, comme on le reconnoît ; les cruautés, les barbaries, les excès de toutes les fortes,
celles qui bleffent le plus l'humanité, s'éleveront
fur la terre : c'eft une fuite infaillible de l'erreur.   Méthode
Mais reftreignez le pouvoir de faire la Guerre,   fûre pour
aux cas particuliers dont j'ai parlé, & qui font les   juger du
feuls que la Religion Chrétienne permet : auffi-tôt   véritable
tout prend une face tranquille, la paix regne ; ou   pouvoir de
fi elle eft un moment troublée, l'agreffeur fera fur   prendre les
le champ reconnu à des traits fenfibles ; & il ne   armes.
pourra échapper ni aux reproches de fa confcience,
ni à ceux de tout l'univers ; c'eft une hydre d'illu-
fions, de faux-fuyans, de prétextes, de moyens
juftificatifs pour l'amour-propre que cette doctrine
du Droit de la Guerre, telle que nos Auteurs en
Droit des Gens nous l'enfeignent, comme je l'ai
expofé dans la premiere fection ; & il eft impoffible
que la Religion Chrétienne faffe jamais avec elle
le moindre accommodement : elle eft fimple dans   Combien
fa grandeur, claire & naïve dans fes réponfes, peu   font oppo-

fés entre
eux les ca-
racteres de
la Loi
Chrétien-
ne, & ceux
de la doc-
trine du
Droit de la
Guerre,

étendue dans fes commandemens & fes prétentions ; le coupable ne fauroit s'y fauver, quoi qu'il
faffe. Mais la doctrine du Droit de la Guerre offre
à l'ambitieux, au vindicatif, à l'avare, &c. de
nouveaux fujets de porter la Guerre : fon droit de
tirer fatisfaction d'une offenfe, de pourfuivre des
droits conteftés, de demander réparation d'une injure, &c. qu'on dérive du droit de fe défendre,
encore que ce ne foit là, dans le fait, qu'une vraie
Guerre offenfive, ainfi que je l'ai expliqué ci-devant, forme une pépiniere de juftes fujets, en
apparence, de prendre les armes. La Religion
Chrétienne ne connoît point ces détours : elle veut,
comme la raifon & comme la loi des Juifs, que
les Nations oppofent la force à la force quand on
les attaque ; & qu'elles prennent auffi la défenfe
de celle qui fera opprimée par les méchans, qui
font les deux feuls cas qui nous conviennent aujourd'hui par la Loi nouvelle ; car il n'y a plus
de commandement exprès de Dieu pour aller dépouiller & exterminer des Nations maudites, ainfi
que j'aurai occafion de le dire en fon lieu.

D'où peut
venir que
la Loi
Chrétienne
n'ait point
prévalu
jufqu'à ce
jour fur la
Doctrine
de la Guer-
re ?

Page 33.

Ainfi il n'y a rien de fi oppofé à la doctrine du
Droit de la Guerre que la loi des Chrétiens : elle la
condamne & dans l'efprit & dans la lettre ; & je fuis
toujours plus étonné, je le répete, qu'une vérité
de cette importance & de cette clarté, ou n'ait
pas été apperçue, ou n'ait été d'aucun poids jufqu'à ce jour. Seroit-ce, comme Grotius le releve
dans le paffage déja cité, que *ceux* (1) *qui ont
penfé que toute forte de Guerre étoit défendue à un
Chrétien, bien loin d'avoir avancé en cela quelqu*

(1) Voyez ci-devant, Section III, Chapitre IV.

chofe d'utile, ont, au contraire, par ce *fentiment ou-*
tré, décrédité ce qu'on a dit de plus raifonnable fur
cette matiere ? Ou bien eft-ce qu'on auroit cru
reéllement qu'*un Etat compofé de véritables Chré-*
tiens, ainfi qu'on a ofé le dire, *ne fauroit fubfifter ?*

Voyez dans l'Ef-prit des Loix, To-me II, p. 71, de la deuxie-me Partie.

1. Grotius, fur la premiere opinion, parlant de
Jean Férus & du fameux *Erafme*, qui, tous deux,
dit-il, avoient eu fort à cœur la paix civile & eccléfiaftique, & femblent quelquefois entrer dans
cette penfée, fe figure qu'*ils fe propofoient, en*
cela feulement, d'imiter ceux qui plient du fens con-
traire une chofe courbée d'un côté ; afin que par ce
moyen elle revienne au jufte milieu. Mais je fuis fermement perfuadé qu'il fe trompe dans cette penfée. Ces Auteurs ont entrevu fans doute la vérité ;
mais ils n'ont pas bien fu la démêler pour écarter
d'elle tous les nuages. Lui-même, Grotius, ignorant ou feignant d'ignorer la diftinction que nous
avons faite, ne leur attribue l'intention que nous
venons de voir, que parce qu'il n'apperçoit rien,
ou qu'il croit ne rien appercevoir, au-delà des
deux extrémités dont il lui a fallu, dit-il, s'éloigner
également pour défabufer ceux qui croient qu'il n'y
a rien d'innocent dans l'ufage de la Guerre, &
ceux qui s'imaginent que tout y eft permis fans
reftriction : il eft encore ce point important & dé-
cifif de connoître que *la force n'eft deftinée qu'à re-*
pouffer la force, & que *l'attaque ne fauroit être jufte*
en aucune maniere. Cela pofé, les deux extrémités
dont il parle, fe rendent fenfibles par la contradictoire : par exemple, 1°. que l'on dife qu'il n'y
a rien d'innocent dans l'ufage de la Guerre, l'on
répondra qu'il y a quelque chofe d'innocent :
c'eft la défenfe perfonnelle, actuelle & immé-

Droit de la Guerre & de la Paix, To-me I, p. 28.

Examen d'une opi-nion de Grotius, où il fe trompe.

Il a mé-connu le jufte mi-lieu des deux extré-mités qu'il a voulu é-viter.

V iv

diate. 2°. Si l'on avance encore que tout y est permis fans reftriction, l'on répondra aufli qu'il n'y eft permis que de fe défendre, c'eft-à-dire, que de *repouffer l'attaque immédiate & actuelle.* Le *droit de fe défendre*, comme l'on voit, eft toujours le correctif des deux extrémités oppofées. Otez ce point de partage, on ne voit plus en quoi elles different ; & vainement Grotius a fait un gros volume pour déterminer les *pouvoirs* & marquer les *abus*, il n'a fait qu'embrouiller davantage la chofe. Mettez, à la place de ma contradictoire, ce qu'il a répondu : il vous dira, en chaque endroit, qu'il eft permis de fe défendre & permis d'attaquer. Que la Guerre offenfive peut être innocente, & la Guerre défenfive coupable ; les deux extrémités ici fe confondent. Une même chofe eft tantôt bonne, tantôt mauvaife. La vérité fe fert-elle de propofitions fi difparates ? Et n'eft-ce pas infulter aux foibles lumieres des hommes, & à leurs néceffités naturelles, que de vouloir les y conduire par un chemin aufli obfcur & aufli difficile ?

Examen d'une autre opinion fondée fur un préjugé ; & aufli peu vraie que celle de Grotius. Quant à l'autre opinion, fondée fur le préjugé que *des véritables Chrétiens ne formeroient pas un État qui pût fubfifter ;* je ne fuis que trop perfuadé qu'elle a influé fur les Chrétiens eux-mêmes ; & qu'en cela, ils ont bien mal connu l'efprit de l'Evangile ; mais c'eft qu'en même-temps que nos Docteurs en politique ont mal difcerné les principes de la morale humaine, d'où dépendent aufli bien les fociétés civiles que les particulieres, ils fe font figuré qu'un Etat avoit de toutes autres loix à fuivre. C'eft cette primitive erreur qui a donné naiffance à l'autre, & qui en rend l'extirpation fi difficile. Nous en avons touché quelque chofe dans la pre-

miere section ; j'en dirai davantage dans la Seconde
Partie ; & pour le préfent, il fuffira d'ajouter que
j'ai pour moi le témoignage d'un grand homme,
qui vaut bien, fur cette matiere, l'autre grand
homme dont il réfute le fentiment. « M. Bayle,
» dit-il, après avoir infulté toutes les Religions,
» flétrit la Religion Chrétienne : il ofe avancer
» que des véritables Chrétiens ne formeroient pas
» un Etat qui pût fubfifter. Pourquoi non ? Ce fe-
» roient des Citoyens infiniment éclairés fur leurs
» devoirs, & qui auroient un très-grand zele pour
» les remplir ; ils fentiroient très-bien les droits de
» la défenfe naturelle ; plus ils croiroient devoir à
» la Religion, plus ils penferoient devoir à la Pa-
» trie. Les principes du Chriftianifme, bien gravés
» dans le cœur, feroient infiniment plus forts que
» ces faux honneurs des Monarchies, ces vertus
» humaines des Républiques, & cette crainte fer-
» vile des Etats defpotiques ». Nous nous convain-
crons mieux de cette vérité, à mefure que je ferai
entré dans le détail des raifonnemens que fait Grotius en faveur du Droit de la Guerre, pour détruire
les objections qu'on y oppofe tirées de l'Evangile ;
& pour en établir lui-même de contraires au fentiment qu'il combat, tirés de la même fource ; mais
nous verrons auffi que ces objections qu'on lui oppofe font beaucoup plus que fpécieufes ; car elles
font la plupart très-fondées, & déterminent le vrai
fens de la loi. Nous commencerons par examiner
les preuves directes qu'il apporte comme la loi
de Jefus-Chrift n'ôte pas entiérement le droit de
faire la Guerre ; après quoi, en fuivant fa marche,
nous peferons ce qu'il répondra aux objections de
ceux qui prétendent le contraire. Mais auparavant,
nous ferons, comme lui, quelques remarques utiles
au fujet dont il s'agit.

*Montef-
quieu la
combat
parfaite-
ment. Ef-
prit des
Loix, To-
me II,
Partie II,
p. 71.*

*Objet
des Chapi-
tres fui-
vans.*

CHAPITRE II.

Que le fond de la Loi de Moyse & de la Loi Chré-
tienne, est le Droit Naturel ; & que pour bien
entendre les paroles de Jesus - Christ, dans ses
préceptes, par rapport aux mœurs, il faut partir
de la Loi Naturelle, & considérer le Peuple à
qui il parloit.

Si la rai-
son con-
seille le
plus hon-
nête & le
plus beau,
la Religion
l'ordonne
sans doute.
Droit de la
Guerre &
de la Paix,
Tome I,
p. 102.

1. D'ABORD je serois assez du sentiment de ceux qui prétendent, qu'à la réserve des vérités proposées à notre foi, & de l'usage des Sacremens, il n'y a rien dans l'Evangile qui ne soit de Droit naturel. Cela n'est pas vrai, à mon avis, dit Gro-tius, au sens que l'entendent la plupart des Doc-teurs ; & il en donne pour raison, que ceux qui entrent dans cette pensée, sont étrangement em-barrassés à faire voir que certaines choses qui se trouvent défendues par l'Evangile, comme le con-cubinage, le divorce, la polygamie, sont aussi condamnées par le Droit naturel ; mais il avoue, en même temps, que ces sortes de choses sont de telle nature, qu'à consulter la raison toute seule, on juge plus honnête & plus beau de s'en abstenir que de se les permettre ; quoiqu'il ajoute immédia-tement ces paroles : *Mais non pas que sans la loi divine qui les défend, on y trouvât rien de criminel.* De sorte que, suivant lui, la raison nous éloigne-roit, d'une part, de ces actions, par le *principe du plus beau & du plus honnête* ; & de l'autre, ne nous

en éloigneroit pas , *parce qu'elle ne les regarderoit pas comme des crimes ?* Elle auroit donc ainfi deux inclinations oppofées , deux poids & deux mefures ? Elle feroit déterminée , en même temps à vouloir deux chofes contradictoires. Que la condition humaine feroit à plaindre , fi telle étoit l'inftitution du Créateur !

Mais qu'on nous dife ce que c'eft que l'*honnête* , ce fentiment intérieur qui nous porte à juger qu'il feroit *plus beau de s'abftenir d'une certaine action ?* Eft-ce qu'il y auroit un milieu entre le bien & le mal ? Si le *concubinage* , le *divorce* , la *polygamie* , ne font pas des crimes , ils ne font point un *mal ;* & par conféquent , pourquoi feroit-il déshonnête de fe les permettre ? Je ne vois de *déshonnête* que ce qui eft contre l'ordre & la juftice ; c'eft cela feul qui eft véritablement *mal.* Ne mêlons point ici nos idées fauffes du monde avec les idées véritables de l'entendement pur : c'eft ce mélange , ce font ces diftinctions frivoles qui ont tout gâté. Pour avoir le droit de commettre des actions mauvaifes , nous avons mis feulement à *honneur* de nous en abftenir ; & ce qui étoit un devoir impofé par la nature , nous voulons le tenir comme de notre générofité ou défintéreffement : par-là , nous nous égarons ; mais la regle fubfifte , & la chofe n'en eft pas moins telle que l'a inftituée le Créateur. Car , encore un coup , qu'eft-ce que l'*honnête* , ce mouvement involontaire , qui nous éloigne (de l'aveu de Grotius) des trois états ou difpofitions relevées ci-deffus , fi ce n'eft un principe intérieur que Dieu a mis en nous , pour être comme notre bouffole & notre guide ? Je fuis donc perfuadé que le concubinage , le divorce , la polygamie , font auffi condamnés par

Que feroit-ce donc que l'*honnête* fans cela ?

Le *concubinage* , le *divorce* ,

la *polyga-*
mie, con-
damnés
auſſi par le
Droit na-
turel.

le Droit naturel ; & je ne crois pas qu'il ſoit auſſi embarraſſant qu'on le dit, de le prouver : je me réſerve à le faire dans la ſeconde Partie (1) de cet Ouvrage. En attendant, je poſe comme un principe aſſuré que la *Loi Chrétienne* n'offre rien de plus aux humains (les articles de foi exceptés) que le Droit naturel ; mais tout pur & ſans mélange, & rendu ſi ſenſible, que toute perſonne ne peut s'y méprendre.

Grotius
combat ce
principe,
que *Jeſus-
Chriſt ne
fait qu'in-
terpréter
la Loi de
Moyſe,
dans les
préceptes
qu'il donne
aux Cha-
pitres V &
ſuivans de
S. Mat-
thieu.*

II. Grotius n'eſt pas non plus de l'avis de ceux qui, ſuppoſant, dit-il, un autre principe très-conſidérable, s'il étoit vrai, prétendent que Jeſus-Chriſt, dans les préceptes qu'il donne aux chapitres 5 & ſuivans de Saint Matthieu, ne fait qu'interpréter la loi de Moyſe : cette penſée, ſelon lui, eſt détruite par les paroles qu'on y voit ſi ſouvent répétées : vous avez appris qu'il a été dit aux anciens : *Mais moi je vous dis :* oppoſition, ajoute-t-il, qui montre que les termes de l'original doivent être traduits *aux anciens,* comme porte la verſion ſyriaque, & d'autres verſions ; & non pas *par les anciens,* &c. Et il obſerve que ces *anciens* ſont certainement ceux qui vivoient du temps de Moyſe : car, dit-il, les paroles que Notre Seigneur allegue comme ayant été adreſſées aux anciens, ne ſont pas des Docteurs de la loi, mais de Moyſe même, dans les Livres de qui elles ſe trouvent, ou mot pour mot, ou en ſubſtance ; & il en donne des exemples. Je ſuis à cet égard de ſon ſentiment ; mais je ne conviens point qu'il y ait oppoſition

dans les termes *ego autem dico vobis.* Ce n'eſt, de

_____

(1) Section II, N°. III, Chapitre VI.

part de *Jesus-Christ*, qu'une explication, qu'un sens plus développé de la loi : il a dit lui-même *Non veni solvere legem, sed adimplere.* Un examen succinct des préceptes va le faire voir.

Matth. V. 17. Jean, XV, n. 3.

1°. *Jesus-Christ*, dans le verset 21 de ce chapitre 5 de Saint Matthieu, rappellant le cinquieme Commandement du Décalogue, *Tu ne tueras point*, y ajoute l'obligation d'avoir pour son frere (c'est-à-dire pour son prochain) tous les sentimens de tendresse & d'amour, qui font le gage le plus sûr qu'on n'en viendra jamais à lui ôter la vie. Il veut qu'on n'entre jamais en colere contre lui ; & qu'au contraire, si l'on a eu quelque démêlé ensemble, l'on se réconcilie aussi-tôt. Les esprits du monde ne voient pas d'abord la liaison de toutes ces choses ; mais elle y est très-certainement, comme l'effet est dans sa cause.

Explication de tous ces préceptes, qui le prouve.
1°. Celui qui défend de tuer.

2°. Dans le verset 27, où il est question du sixieme Commandement, qui défend l'adultere, Jesus-Christ explique qu'il ne consiste pas seulement à le commettre, mais à le desirer : il veut qu'on fuie toutes les occasions, & qu'on ne se permette rien de ce qui peut y conduire.

2°. Celui qui défend l'adultere.

3°. Dans le trente-unieme verset, qui fait allusion au premier du chapitre 24 du Deutéronome, au sujet du divorce, où le mari, en quittant sa femme, étoit obligé de lui donner un écrit, par lequel il déclaroit qu'il la répudioit, *Jesus-Christ* ordonne de ne la répudier que pour cas d'adultere. La loi du Deutéronome accordoit cette permission au mari quand il se dégoûtoit de sa femme *pour quelque défaut honteux*, dit l'Ecriture, *propter ali-*

3°. Celui qui défend le divorce.

quam fœditatem : & Jefus-Chrift, qui paroiffoit ici faire un changement confidérable à la loi, explique cette efpece de contradiction dans le chapitre 19 du même Evangile, où ramenant à l'inftitution premiere du mariage, il répond aux Pharifiens (qui lui oppofoient précifément cet article du Deutéro-nome), que *Moyfe avoit eu cette condefcendance à caufe de la dureté de leur cœur, mais que la chofe n'avoit pas été ainfi dans le premier temps : ab initio autem non fuerat fic.* Il établiffoit en cet endroit l'in-diffolubilité du mariage, laquelle avoit été réglée de même, dès le commencement du monde. Et, comme l'on voit, *Jefus-Chrift* ne faifoit pas pro-prement ici de changement à la loi de Moyfe; puifque la loi de Moyfe, dans les points qui n'étoient pas exceptés de la Loi Naturelle, & la Loi de Dieu, étoient, au fond, la même chofe (1).

4°. Celui qui défend abfolu-ment de jurer.

4°. Dans le verfet 33, Jefus-Chrift femble atta-quer directement le fecond Commandement du Dé-calogue, c'eft-à-dire, que ce Commandement défend *de prendre le nom du Seigneur en vain,* ou ce qui eft le même, de *fe parjurer;* & Jefus-Chrift veut, au verfet 34, qu'on ne jure pas du tout; & il en donne les raifons. Il veut, au verfet 37, qu'on fe contente de dire : *Cela eft, cela eft,* ou *cela n'eft*

_____

(1) Quoiqu'il y ait quelque diverfité, dit Grotius, [Livre I, Chapitres II, VIII, V, page 109, du Droit de la Guerre & de la Paix], entre les préceptes de Jefus-Chrift, & certaines chofes permifes par la Loi de Moyfe, il n'y a pourtant aucune contrariété; car celui qui garde fa femme, & celui qui fe relâche du droit qu'il avoit de ti-rer vengeance d'une injure, ne font rien contre la Loi : bien loin de-là, il n'y a rien de plus conforme à l'inten-tion de la Loi. Voyez auffi la note 16, fur cet endroit.

pas , cela n'est pas ; car ce qui est de plus , dit-il , vient du mal. Il y auroit donc là une espece d'opposition , mais elle n'est qu'apparente : Jesus-Christ défend de jurer en aucune forte , mais il n'entend point d'y comprendre les cas où la nécessité de rendre la justice , ou de mettre comme le sceau à une action des plus importantes , oblige à cette formalité devant le Magistrat , ou devant le Prince , ou entre personnes élevées , qui ont un caractere , & font chargées de pouvoirs publics. C'est dans le particulier que cela est défendu ; & Dieu , dans le Décalogue , a permis de jurer , pourvu que ce ne fût pas faussement ; mais il a entendu que c'étoit sous l'autorité même de la loi , & que la puissance féculiere , chargée de connoître , ou de bien établir la vérité , rendît ces juremens nécessaires : voilà comme on concilie ces deux passages.

5°. Au verset 38 , il y a un précepte qui paroît outré , & qu'on pense ne devoir point être pris au pied de la lettre : *Jesus-Christ* parle du verset 24 , chap. 21 de l'Exode , où il s'agit des peines afflictives que les Réglemens de Moyse déterminoient fur le pied du *Talion* (1) : *oculum pro oculo , dentem pro dente , &c.* Ce Réglement politique avoit une apparence de justice , qui se faisoit sentir aux plus grossiers ; mais , encore que la peine ne fût décernée que juridiquement & par le Conseil qui en avoit l'autorité , l'on peut dire néanmoins que cette grande précision de la loi à punir le coupable

5°. Celui qui défend de tirer satisfaction des torts , &c. c'est-à-dire , contre la peine du talion.

_____

(1) Voyez la note 15 de Barbeyrac , page 45 , tome 1 , de Grotius , où l'on voit que cette peine du talion n'étoit pas au pied de la lettre. Voyez aussi Chap. III , N°. I , Sect. II , Seconde Partie de mon Ouvrage , vers le commencement du Chapitre.

au même degré & par un mal femblable en tout
à celui qu'il avoit caufé, pouvoit avoir ce méchant
effet d'accoutumer les Juifs à n'être point endurans,
& à porter les réparations ou leurs fatisfactions perfonnelles jufqu'aux minuties : difpofition peu favorable à la concorde & à l'union des cœurs. C'eft
cet excès, c'eft ce mauvais effet d'une bonne chofe,
que Jefus-Chrift a voulu éviter, en nous jetant,
pour ainfi dire, tout de l'autre côté. Tout de même
que depuis fa loi, il n'eft point défendu, devant
Dieu, de porter fa caufe en Juftice, quand cela
nous eft néceffaire ; pareillement Jefus-Chrift n'avoit
pas voulu condamner le Réglement de Moyfe (1).
Il n'entendoit, après tout, foit qu'il s'agiffe des
Juifs ou de nous, que de réprimer ces mouvemens
dangereux d'orgueil, de haine, d'intérêt, qui
rendent durs & intraitables dans les moindres torts
& pour les moindres chofes.

6°. Celui d'aimer fes enne- mis.

6°. Enfin, au verfet 43, Jefus-Chrift rappelle le
Commandement d'aimer fon prochain, que l'on
voit au Deutéronome, chap. 15, verf. 8. Et au
Lévitique, chap. 19, verf. 18 ; & il y joint ces
mots : *Et odio habebis inimicum tuum*, qui étoit l'interprétation reçue alors parmi les Juifs, du verfet
21, chap. 23 du Deutéronome : entendant par *ennemi* les fept Peuples avec qui il étoit défendu aux
Ifraélites d'entretenir amitié, & dont ils ne devoient pas même avoir compaffion, comme il paroît par ce qui eft dit dans l'Exode 34, 11 & 12,
& dans le Deutéronome 7, 1 & fuivans, à quoi il
faut ajouter les Amalécites, auxquels les Hébreux

---

(1) Voyez la note ci-devant, fur l'article III.

avoien

avoient ordre de déclarer une Guerre implacable, Exode 17, 16, Deut. 25, 19.

Or, quoique cette interprétation, dont parle le célebre Rabbin Abarbanel, fût juste à l'égard de ces Peuples particuliers que Dieu même avoit en horreur ; Jesus-Christ, pour remédier à ce mal, leur oppose, en apparence, le précepte d'aimer ses ennemis mêmes, de faire du bien à ceux qui nous haïffent, de prier pour nos perfécuteurs & ceux qui nous calomnient. Mais tout cela est renfermé dans le premier commandement d'aimer son prochain, que Moyfe leur avoit fait de la part de Dieu : ce mot de *prochain*, qu'on entendoit alors de tous ceux de la Nation Juive, a dû s'étendre néceffairement fur tous les autres hommes ; les mêmes raifons ne fubfiftant plus, & tous étant appellés à l'état de grace. Ainfi Jefus-Chrift n'a jamais rien dit de contraire aux loix de Moyfe, & qui n'en foit une fidele interprétation.

La Religion Juive, dit Pafcal, eft toute divine dans fon autorité, dans fa durée, dans fa perpétuité, dans fa morale, dans fa conduite, dans fa doctrine, dans fes effets, &c. *Penfées, tome* 1, *page* 87.

Elle a été formée fur la reffemblance de la vérité du Meffie ; & la vérité du Meffie a été connue par la révélation des Juifs, qui en étoit la figure. *Ibidem.*

Rapport intime entre la Loi de Moyfe & la Loi de Jefus-Chrift.

Auffi (c'eft la raifon qu'en donne Fleury dans fon Traité des mœurs des Ifraélites, pour ne pas s'étendre à expliquer leur créance au fujet de la Religion) *nous la devons favoir*, dit-il, *puifqu'elle*

Page 185.

Tome I.   X

eſt compriſe dans la nôtre (1). Il remarque ſeulement que certaines vérités leur étoient révélées
clairement, tandis que d'autres étoient encore obſcures, quoiqu'elles fuſſent déja révélées : & il les
rapporte, ces vérités, en fort grand nombre, tant
les unes que les autres, comme on peut le voir en
cet endroit.

Traité
de la vérité
de la Reli-
gion Chré-
tienne,
tome I,
in-12,
p. 405.
Mœurs des
Iſraélites,
p. 86.

III. Il eſt vrai que, ſuivant Abadie, la Religion
Judaïque ne manquoit point de beaux précepes &
d'exhortations à s'acquitter de ſes devoirs; mais que
les motifs lui manquoient en quelque ſorte, puiſqu'elle n'en avoit que d'humains & de temporels :
& d'autre part, *ces vérités plus obſcures*, que nous
avons dit être enſeignées dans les Ecritures de l'ancien Teſtament, au rapport de Fleury, ne l'étoient
pas ſi clairement que tout le Peuple les connût.

Meilleur
moyen que
celui de
Grotius,
pour en-
tendre les
paroles de
Jeſus-
Chriſt.

Cependant ces deux témoignages, à mon avis,
ſont beaucoup plus propres à nous faire entendre
les paroles de Jeſus-Chriſt, dans les paſſages qu'on
allégue, que les deux faces ſous leſquelles Grotius
voudroit qu'on enviſageât la Loi divine, ſavoir :
ou, *en ce qu'elle a de commun avec les loix purement humaines*, c'eſt-à-dire, en tant qu'elle tra-
vailloit à détourner les hommes des crimes les plus
groſſiers, par la crainte des peines ſenſibles, & à
maintenir, par ce moyen, l'ordre de la ſociété

_____

(1) Il faut ici toujours ſéparer, dans la Loi de Moyſe,
ce qui étoit uniquement propre à ce Peuple, & qui carac-
tériſoit ſon état politique, de ce qu'il y avoit de commun
& d'obligatoire pour tous les hommes : au moyen de quoi
ces vérités ſont ſenſibles & ont leur effet.

civile parmi les anciens Hébreux.... Ou bien , *en ce qu'elle a de particulier aux Loix divines* , je veux dire , en tant qu'elle demande de plus la pureté du cœur , & qu'elle exige certaines actions , dont on peut fe difpenfer fans craindre les peines temporelles.

· C'eft ainfi que s'explique Grotius ; mais quoiqu'il s'appuye , dans cette diftinction , de l'autorité de Saint Paul , & qu'elle foit vraie dans la bouche de ce grand Apôtre , dans les lieux & pour les cas où il l'employoit , il ne s'enfuit pas qu'elle foit néceffaire , ni même jufte pour le fujet que nous traitons.

1°. Car , en premier lieu , bien qu'il y ait des Loix politiques parmi celles qui font contenues dans les Livres de Moyfe , on fait (dit le même Aba- die) (1) qu'elles ne font que les premieres & plus juftes déterminations de la Loi Naturelle (2). — *Premiere raifon.*

2°. En fecond lieu , quand les Docteurs de la Loi & les Pharifiens fe font attirés tant de reproches de la part de Jefus-Chrift dans fon Evangile ; c'eft bien moins parce que , fe contentant de la pre- miere partie de la Loi de Moyfe , ainfi que l'enten- doit Grotius , ils méprifoient l'autre & négligeoient d'en inftruire le Peuple ; que parce qu'ils avoient , en plufieurs chofes , altéré la fainteté de la Loi : ils avoient joint au texte , dit Fleury , des traditions des Peres , qui s'étoient confervées fans écriture : & foutenant au fond la bonne doctrine , ils y mê- — *Deuxieme raifon.* *Pourquoi les Phari- fiens , fi fort répri- mandés par Jefus- Chrift ?* *Mœurs des Ifraéli- tes , pages 149 & fuiv.*

---

(1) Vérité de la Religion Chrétienne , Tome I, page 208.

(2) Il faut encore excepter les points particuliers de la Loi, qui , en tant qu'ils dérogeoient au Droit naturel , étoient uni- quement propres à ce Peuple.

X ij

loient quantité de fuperftitions. Mais de plus, en menant une vie fimple & févere au dehors, ils étoient la plupart attachés à leurs intérêts, ambitieux & avares. Ils féduifoient, par leurs beaux difcours, le Peuple ignorant, & les femmes, qui fe privoient de leurs biens pour les enrichir; & enfin, fous prétexte qu'ils étoient le Peuple de Dieu & les dépofitaires de la Loi, ils méprifoient toute la terre.

Ce qui les rendoit fi coupables, étoit fort facile à éviter; & la Loi de Moyfe y fuffifoit.

Fleury, Catéchifme Hiftorique, t. p. 66.

Mœurs des Ifraélites, p. 66.

Voilà des caracteres de réprobation qui ne viennent pas certainement de ce qu'on n'afpire point à une perfection plus haute que la Loi ne veut en apparence; mais de ce qu'on ne pratique pas effectivement la Loi, telle qu'elle eft : ne fe détourner des crimes les plus groffiers que par la crainte des peines fenfibles, c'eft s'avouer une fociété d'hommes pervers, pour qui la vertu n'a aucune forte d'attrait, & fuppofer en même temps que tous les principes de la Loi Naturelle font effacés de tous les cœurs. Ils étoient prefque abolis, il eft vrai, ces principes, par l'ignorance & la malice des hommes, quand Dieu voulut les renouveller, en dictant à Moyfe, devant fon Peuple, fes dix Commandemens; mais une fois qu'ils furent écrits fur la pierre, & que l'ordre s'établît de lire la Loi de Dieu, & de la méditer jour & nuit, étude qui devint même leur unique occupation le jour du Sabbat; les premieres notions de la Loi Naturelle reparurent, & ce n'étoit pas merveille à eux de reconnoître que, qui ne faifoit que s'abftenir des crimes étoit encore bien loin de la vertu : je veux dire, que s'ils n'afpiroient point à la fublimité des mœurs dont Jefus-Chrift feul devoit donner le modele, de laquelle, peut-être, ils n'avoient pas

d'idée ; ils favoient au moins, ou ils pouvoient favoir, qu'on ne doit être, *ni vain, ni intéreffé, ni
orgueilleux, ni avare :* défauts qui faifoient le caractere propre des Pharifiens, & que Jefus-Chrift
a affecté de relever en eux, avec indignation, dans
toutes les rencontres.

Il n'eft pas là queftion, comme l'on voit, de
cette grande pureté de cœur, de cette difpofition
toute divine, qui, en fuppofant l'obligation naturelle déja remplie, *de ne rien faire d'illicite envers
le prochain,* & au contraire, de lui faire du bien,
nous porte à travailler fur nous-mêmes, & à mettre
un frein à nos propres cupidités, indépendamment
de l'intérêt d'autrui.

Jefus-Chrift, en prêchant fa morale aux hommes, leur a bien préfenté dans fes actions, ce
précieux tableau ; mais je ne faurois croire qu'il
ait voulu, anticipant les temps, exiger d'eux, par
fes difcours, autre chofe pour l'ordre du monde,
& le bonheur des fociétés, que les deux points,
dont j'ai parlé, qui renferment toute vertu fur la
terre, favoir : *S'abftenir du mal & faire le bie.*

Or, pour en revenir à mon fujet, les Ifraélites
étoient affez bien inftruits de la Loi, & de tout ce
qu'ils étoient obligés de favoir pour le temps ; & fi
les Juifs, leurs fucceffeurs, n'ont pas entendu,
pour la plupart, tout le fens des difcours que Jefus-
Chrift leur a adreffés (je ne parle que de la partie
des mœurs), c'eft qu'ils n'étoient pas capables encore, comme Fleury le dit des Ifraélites, de porter des vérités fi relevées : ils entendoient bien la
morale jufqu'à un certain degré, & proportionnée
à la foibleffe humaine ; mais ils ne comprenoient

Ce qu'il
faut penfer
de la mo-
rale fubli-
me de Je-
fus-Chrift,
par rap-
port aux
Juifs de
fon temps.

Ils n'é-
toient pas
capables
de porter
des vérités
fi relevées,
quoiqu'af-
fez bien
inftruits
pour le
temps.

Mœurs
des Ifraéli-
tes, p. 86.

rien à l'autre, qui eſt ſi ſublime, & le partage des Saints dans le ciel, & encore moins aux myſteres, qui ne ſe concevoient pas. Les temps n'étoient pas encore entiérement accomplis; & la mort du Meſſie & ſa réſurrection, devoient tirer le voile qui cachoit ces grandes lumieres aux mortels.

Spectacle de la Nature, Tome VIII, Premiere Partie, p. 236.

C'eſt un mal pourtant de reſtreindre l'excellence de la Loi de Moyſe, par des vues trop bornées.

Hébr. 19.

Gardons-nous bien, dit Pluche, de reſtreindre l'excellence de la loi de Moyſe par des vues trop bornées : comme elle n'apporte pas, par elle-même, la grace qui réforme la volonté, & qu'elle ne fait pas diſtinctement l'annonce des biens éternels, on ne peut pas dire qu'elle conduiſe l'homme à la perfection & à ſon vrai bonheur, *nihil ad perfectum adduxit lex :* voilà ſon inſuffiſance réelle, mais à l'exception de ce privilége, qui étoit réſervé au Sauveur & à ſa grace, qui ſeule a établi la réalité d'une vraie juſtice dans les cœurs depuis ſa venue, & qui ſeule avoit formé pluſieurs véritables Juſtes dès avant ſa venue ; cette loi montre en tout la profonde ſageſſe & la divinité de l'eſprit qui en eſt Auteur (1).

Troiſieme raiſon. Jeſus-Chriſt, dans ſes inſtructions, a tout l'air de ne vouloir leur rien apprendre de nouveau.

Fleury, Mœurs des Chrétiens, p. 163.

3°. Enfin, je dirai en troiſieme lieu que l'air & la maniere dont Jeſus-Chriſt faiſoit ſes inſtructions aux Juifs, ſemblent nous faire entendre qu'il n'avoit pas intention de leur rien propoſer de nouveau :

---

(1) Je la conſidérerai, dans la Deuxieme Partie, relative-ment à la conſtitution politique des Juifs, & à la nature de leur Gouvernement tout particulier. J'entrerai, à cet égard, dans de grands détails. Ce qu'on dit ici de cette Loi eſt, toujours, abſtraction faite de tous les points qui ne pou-voient être permis aux autres hommes, parce qu'ils n'étoient pas Juifs.

il paroiſſoit étonné, le plus ſouvent, qu'on ne
l'entendît pas ; quelquefois auſſi, il les reprenoit
avec une ſainte indignation. Il lui arrivoit encore de
répondre plus par les actions que par les paroles.
S'il établiſſoit de grands principes, il ne ſe mettoit
pas en peine de les prouver, ni d'en tirer les con-
ſéquences ; c'eſt qu'ils étoient d'une évidence à laquelle les Juifs, déja préparés par la Loi ancienne,
ne pouvoient réſiſter que par un aveuglement volontaire ; & c'étoit pour punir cette mauvaiſe diſpoſition du cœur, ſuivant la penſée de Fleury,
qu'il leur parloit quelquefois par paraboles & par
énigmes. Or, tout cela tomboit ſur les erreurs &
les vices des Docteurs de la Loi & des Phariſiens,
qui la défiguroient, comme j'ai dit, de telle ſorte,
& la déshonoroient au point, qu'une vie réglée,
en apparence, n'avoit pas même la probité naturelle en partage. Quand Jeſus-Chriſt employoit des
preuves, il y joignoit le plus ſouvent les autorités
de la Loi & des Prophetes, pour montrer que ſa
doctrine venoit de la même ſageſſe, & ſes miracles,
de la même puiſſance. Dans cette vue, il employoit
preſque par-tout les anciennes écritures, ſoit par
des citations expreſſes, ſoit par des alluſions fré-
quentes, qu'il n'eſt pas difficile de remarquer à
ceux qui ſont verſés dans la lecture des Livres
ſaints. D'où, toutes ces circonſtances raſſemblées,
je conclus que ce divin Maître, non-ſeulement n'entendoit point de prêcher aux Juifs une morale nouvelle (1) ; mais que tout ſon objet étoit pour lors,

---

(1) Il faut toujours excepter ces points particuliers de la Loi
de Moyſe, qui n'étoient juſtes que par rapport à Dieu, Souverain & immédiat Conducteur du Peuple Juif, & dont l'établiſſement n'étoit pas permis dans les Gouvernemens civils,

par rapport à eux , de les rappeller à la pratique
des devoirs facrés de la nature , dont ils s'écar-
toient : de les rendre attentifs à fuivre ces impreffions falutaires que le Créateur a mifes en nous dès
le commencement de notre exiftence , pour nous
porter à la vertu , auxquelles ils fe refufoient fouvent : en un mot, non de les éloigner des crimes ,
ce qui eft un état d'efclaves & de gens perdus ,
mais de les amener à l'exercice des fimples vertus
humaines , dont l'affemblage formeroit encore une
perfection capable d'entretenir la paix & le bonheur
fur la terre.

**J. C. vou-
loit feule-
ment , en
parlant
aux Juifs ,
les rendre
vertueux ,
comme la
Loi de
Moyfe le
de man-
doit ; &
c'étoit af-
fez.**

IV. La loi de Moyfe (1) n'étoit donc autre (dans
les points non exceptés) que la Loi Naturelle ;
& bien que figurative de la Loi de grace, comme
elle n'avoit pas d'autre motif, pour les Juifs , en
ce qui concerne les mœurs , que de les rendre fages
& véritablement honnêtes gens , il ne peut être ici
queftion , par rapport aux paroles de Jefus-Chrift ,
de la confidérer fous une autre face que celle qui
leur convenoit : puifque l'Homme-Dieu n'exigeoit
pas d'eux de paffer à un état plus relevé en fait
de vertu, mais d'être tout auffi vertueux que la Loi
même le demandoit.

**Page 104.
Grotius
comme
obligé en-
fuite de le
reconnoî-
tre.**

Auffi Grotius, en ce même paragraphe , article
5 ; eft-il comme obligé de fe contredire. Voici fes

---

formés par les hommes. En ce fens , il eft très-certain que J. C.
ne prêchoit point aux Juifs une morale nouvelle.

(1) Tout ce raifonnement eft toujours appuyé fur cette diftinction néceffaire à faire , dans la Loi de Moyfe , de ce qui
étoit propre & particulier au Peuple Juif , comme une fuite de
l'empire *temporel* de Dieu , *leur Souverain* , *d'avec ce qui*
leur étoit prefcrit comme convenable à tous les hommes.

paroles : *Pour ce qui regarde même cette seconde partie de la Loi, il faut savoir qu'encore qu'elle prescrive ou qu'elle conseille aux Hébreux les mêmes vertus que l'Evangile demande des Chrétiens, ce n'est pas pourtant dans un si haut degré, ni avec tant d'étendue.* Il convient donc que les Juifs n'étoient pas obligés à une perfection si haute ? Mais cette perfection-là n'étoit rien d' plus que l'observation exacte de la Loi Naturelle, représentée par la plupart des points de celle de Moyse : & les Chrétiens ont eu depuis, non-seulement la même obligation à remplir, mais encore à tâcher de s'approcher, autant qu'il est en eux, & par la grace de leur divin Maître, de cette perfection sublime, qui est tant au-dessus de l'humanité (1), & dont on n'a vu de vrai exemple que dans sa personne.

De sorte que pour juger du vrai sens des paroles de Jesus-Christ dans son Evangile, quant aux principes de morale, c'est une regle sûre, qu'il faut partir des points avoués & incontestables de la Loi Naturelle. Le reste sera *à fortiori*, & un argument de plus à notre égard, pour exécuter au pied de la lettre ses divins commandemens. Il n'y aura donc point d'opposition dans ces paroles : *Vous avez appris qu'il a été dit aux anciens : mais moi, je vous dis ;* & la Loi de Jesus-Christ sera, par rapport aux Juifs (dans les préceptes qu'il donne aux chapitres 5 & suivans de Saint Matthieu), la vraie & seule interprétation de la Loi de Moyse, pour les points qui ne sont pas exceptés & dont il s'agit ici.

Conclusion.

----

(1) C'est sur-tout la grande & générale corruption des hommes & des Nations, qui oblige à parler de *l'humanité* en ces termes.

CHAPITRE III.

Où l'on examine les Preuves directes que Grotius donne, pour montrer que la Loi de Jesus-Christ n'ôte pas entièrement le Droit de faire la Guerre.

Premier argument de Grotius. S. Paul invite à prier pour les Rois, &c. I. LE premier & le plus fort argument qui se présente, dit-il, se tire de ce que dit Saint Paul dans sa premiere Epître à Timothée, chap. 11, vers. 1, 2, 3, où il exhorte à prier pour tous les hommes, pour les Rois & pour tous ceux qui sont élevés à quelque dignité ; afin que nous menions, dit-il, une vie paisible & tranquille, avec toute sorte de piété & d'honnêteté. Car cela est bon & agréable devant Dieu notre Sauveur, qui veut que tous les hommes soient sauvés, & qu'ils viennent à reconnoître la vérité.

Ici l'Auteur confond encore le Droit qu'ont les Rois & les Magistrats de punir dans leurs Etats les crimes des particuliers, avec le Droit prétendu de prendre les armes contre des Etrangers, & de faire ce qu'on appelle une Guerre offensive.

Nous conviendrons de trois choses que, selon lui, le passage de *Saint Paul* nous apprend, savoir : 1°. *Qu'il est agréable à Dieu que les Rois se fassent Chrétiens ; 2°. Qu'il approuve que les Rois convertis au Christianisme demeurent Rois. 3°. Enfin, qu'il prend plaisir à voir que les Rois Chrétiens procurent aux autres Chrétiens les moyens de vivre tranquillement.* Nous en conviendrons, dis-je, sans que cela fasse aucunement pour sa cause ; non plus que 'autre paſſage de *Saint Paul* dans ſon Epître aux Romains, chap. 13, verſ. 4, où il prétend trouver l'explication du premier. Il n'eſt queſtion, en l'un & l'autre endroit, que du Gouvernement civil & du bon ordre qu'on entretient dans tout Etat politique.

Son Commentateur, *Jean Barbeyrac*, ſe trompe auſſi bien lourdement (qu'on me permette cette expreſſion), quand, en ce même endroit, confondant tout de même les deux pouvoirs, il fait ce beau raiſonnement-ci, qu'il reproche, en quelque ſorte à *Grotius*, de n'avoir point fait : *Ceux qui condamnent abſolument la Guerre ne peuvent avoir d'autre fondement plauſible de leur opinion que l'incompatibilité qu'ils croyent trouver entre la douceur ou la clémence chrétienne, & le droit d'ôter la vie à un autre homme, ſur-tout quand il s'agit de quelque intérêt temporel. Or, ſi un Prince peut & doit faire mourir quelques-uns des Sujets, lorſqu'ils ſe ſont rendus coupables de certains crimes, qui ne ſont quelquefois nuiſibles que par rapport à quelque intérêt temporel, pourquoi ne pourroit-il pas innocemment prendre les armes contre des Etrangers ? pourquoi reſpecteroit-il la vie des Etrangers plutôt que celle de ſes Sujets ?* Il n'eſt pas poſſible de faire avec tant de bonne foi un ſi mauvais raiſonnement. On ne peut pas confondre de la ſorte des choſes ſi différentes (1).

Enfin, l'on remarquera que toutes les citations

Page 105, note 5. Grande bévue de Barbeyrac.

---

(1) On peut voir, ſur la Peine de mort, N°. I, Section II de la Seconde Partie.

de Grotius ne vont qu'à établir le droit de punir les Sujets.

Deuxieme argument de Grotius: S. Paul dit que les Puiffances fouverai-nes vien-nent de Dieu.

Verfets 1, 2, 3, 5.

II. Son fecond argument eft pris du même paffage, dont il a cité une partie; je veux dire, du chapitre 13 de l'Epître aux Romains, où il eft dit que *les Puiffances fouveraines, tels que les Rois, viennent de Dieu;* & où Saint Paul les appelle ainfi *un établiffement de Dieu.* Mais Grotius confond toujours ici les deux pouvoirs; & il prouve inutilement que l'établiffement des Puiffances fouveraines n'a rien de contraire à la volonté de Dieu révélée dans l'Evangile, & eft obligatoire pour tous les hommes. C'eft ce qu'on ne contefte point; non plus que ce qu'obferve enfuite Grotius, en parlant de Néron & d'Agrippa, dont l'un étoit Empereur & l'autre Roi; que *ces deux fortes de Puiffances ne fauroient être conçues fans le droit du glaive, & le pouvoir de faire la Guerre.* Oui, mais c'eft la Guerre défenfive qu'il faut entendre; & quant au glaive, nous verrons dans la fuite ce que cela fignifie (1).

Page 106.
4.

Troifieme argument de Grotius. *La réponfe que fit Jean-Baptifte à des foldats Juifs.*

Luc. III. 19.

III. Son troifieme argument eft tiré de la réponfe que fit Jean-Baptifte à des foldats Juifs, qui lui demandoient, fort férieufement, ce qu'ils devoient faire pour éviter les effets de la colere de Dieu (car l'on apprend, par Jofeph & par d'autres Ecrivains, qu'il y avoit plufieurs milliers de Juifs à la folde des Romains). Ce faint Précurfeur du Meffie leur recommande feulement *de n'ufer point d'ex-*

---

(1) Ci-après, Chap. IV, Art. VIII.

rfions ni de fraude, & de fe contenter de leur paye.
Par où il approuve, dit Grotius, l'exercice des
armes d'une maniere affez claire, quoique tacite.

Le Commentateur appuie ce fentiment de deux
paffages de Saint Auguftin, cités dans les notes de
Telmar, où ce Docteur de l'Eglife fe fert du même
exemple pour faire voir que l'Evangile ne condamne pas abfolument la Guerre : l'un eft dans fon
Epître 5, & l'autre dans l'Epître 105, où ce Pere
tire auffi un argument de l'exemple du Roi David
& des deux Centeniers.

Mais tout cela ne prouve pas mieux la queftion :
Saint Paul & Saint Auguftin entendent feulement
dire que le métier des armes n'a rien de criminel
par lui-même, & qu'il y a une Guerre jufte : nous
difons la même chofe ; mais je foutiens qu'ils ex-
cluent la Guerre *offenfive*, & n'admettent que celle
qu'un Etat eft obligé de faire pour fe défendre actuellement d'une attaque.

IV. Quatrieme argument, qui lui paroît très-fort
pour prouver fa thefe : s'il n'étoit pas permis de
punir de mort certains criminels, ni de défendre
les Citoyens par les armes contre les brigands &
les corfaires, il ne pourroit que naître de là un
horrible débordement de crimes, & un déluge de
maux ; puifqu'aujourd'hui même qu'il y a des Tribunaux établis, on a bien de la peine *à réprimer
la hardieffe des fcélérats.*

L'on confond encore ici le Droit de punir les
Citoyens, & celui de les défendre des oppreffions
du dehors ; & l'on ne démêle pas mieux ce Droit
légitime de fe défendre, quand on eft attaqué,
d'avec cet autre prétendu de faire une Guerre offenfive. C'eft toujours, à la vérité, dans le fens

*Quatrieme
argument
de Grotius:
Les dan-
gereufes
conféquen-
ees de ne
point pu-
nir de mort
certains
criminels,
ni de pou-
voir faire
la Guerre.*

de la défense naturelle, & en vertu de ce même Droit, qu'on veut fonder la justice de ce dernier. La note 13 du Commentateur sur cet article, le donne à entendre ; car il dit que *si l'Evangile condamnoit absolument la Guerre & l'usage du dernier supplice, les Chrétiens qui observeroient le plus exactement les préceptes de leur Religion, seroient, par-là, inévitablement exposés à être la proie des usurpateurs & des scélérats ; ce qui ne s'accorde pas*, ajoute-t-il, *avec la bonté & la sagesse de Dieu ;* mais l'Evangile ne condamne point, encore une fois, la Guerre défensive, proprement dite ; & nous avons vu plus haut (1), en citant Montesquieu, que plus une société seroit composée de véritables Chrétiens, plus elle croiroit devoir à la Patrie, & plus elle se défendroit vigoureusement dans les choses d'absolue nécessité.

Jesus-Christ, dit Grotius, n'a point entendu d'abolir le Droit de prononcer Sentence de mort contre aucun coupable, ni de porter les armes pour la défense des Citoyens : autrement, il l'auroit déclaré en termes exprès. Sans doute il ne l'a point entendu de même pour le second point ; & quant au premier, l'on verra assez, par ce que je dirai (2) contre l'usage établi d'ôter la vie aux criminels, ce qu'il en faut croire, par rapport à Jesus-Christ, &c. En tout cas, ce qu'il a voulu & ordonné en cette occasion, il l'a marqué assez clairement dans les passages qu'on trouve vagues ou obscurs, & qu'on ne juge tels que parce qu'on n'a jamais connu jusqu'où s'étend la nécessité de se défendre, & les bornes qu'on doit y mettre.

_____

(1) Chapitre I de cette Section.
(2) Partie II, Section II.

Ainſi la regle de Grotius, *non ſeulement de reſ-* *ferrer les termes généraux, & de donner une inter-* *prétation favorable à ceux qui ſont équivoques, mais* *encore de s'éloigner un peu de la propriété des termes* *& de l'uſage ordinaire, pour éviter un ſens qui en-* *traîneroit de très-fâcheux inconvéniens,* n'a point de lieu ici; & ces inconvéniens, qu'on pourroit craindre, ne ſont qu'imaginaires. Je trouve même que cette regle eſt très-dangereuſe, & je doute en- core qu'elle puiſſe jamais avoir ſon application, ſi l'on parle ſuivant ſa langue & comme tout le monde l'entend.

Grotius s'autoriſe d'une re- gle inutile & bien dangereu- ſe.

V. Je ne dirai rien du cinquieme argument, puiſque tout ce qu'il renferme regarde encore uni- quement la punition des criminels dans un Etat, de laquelle je ne traite point maintenant.

Page 108.

VI. L'exemple de Corneille, Centenier, fournit un ſixieme argument à Grotius. *Il ne quitta pas le* *ſervice après avoir été baptiſé, &c..... On ne trouve* *nulle part, d'une maniere claire & expreſſe, dans les* *préceptes de Jeſus-Chriſt, la défenſe de faire la Guerre.* Mais tout cela eſt encore inutile. Jeſus-Chriſt n'a point défendu le ſervice militaire qui a pour objet la défenſe de l'Etat, c'eſt-à-dire, de repouſſer la force par la force; & cette profeſſion n'a rien par elle-même que de louable, puiſqu'elle eſt utile & néceſſaire.

X. Act. X. Sixieme argument: L'exemple de Corneil- le, Cente- nier.

VII. Diſons la même choſe de l'exemple de Serge Paul que Grotius donne pour ſeptieme argument, & dont il a déja parlé à la page 106, 4, 11. *Dans* *l'Hiſtoire de ſa converſion,* dit-il, *il n'y a pas la*

Septieme argument de Grotius: L'exemple de Serge Paul.

moindre chofe qui donne lieu de croire qu'il ait quitté fon emploi, ou qu'il ait été exhorté de s'en démettre. A la bonne heure, mais cela ne prouve rien.

VIII. On donne pour huitieme argument ce que fit Saint Paul, lorfqu'apprenant que les Juifs lui dreffoient des embûches, il en avertit d'abord le Commandant de la garnifon Romaine, qui lui envoya une bonne efcorte pour le conduire à Céfarée, de laquelle il profita. Je répéterai que tout cela ne prouve pas mieux. La défenfe perfonnelle eft permife, & les Gens de Guerre établis & employés à cet effet, ont un état que Dieu approuve. Il ne fert de rien donc qu'on cite *le Concile d'Afrique*, & *Saint Auguftin*, comme faifant valoir cet exemple ; puifqu'ils ne s'en fervent que pour juftifier la réfolution d'implorer le fecours de l'autorité publique contre des factieux.

IX. Le neuvieme argument fe tire de *l'honnêteté & de l'obligation*, comme l'explique Saint Paul, *de payer les impôts* ; & de ce que *les impôts ont pour but, entr'autres, que les Puiffances aient de quoi fournir aux dépenfes néceffaires pour défendre les gens de bien & pour ranger les méchans.* On rapporte ce que Tacite met dans la bouche de Petilius Céréalis : *On ne fauroit ni maintenir le Peuple en repos, fans le fecours des armes, ni tenir des troupes fur pied, fans avoir de quoi payer les foldats, ni avoir de quoi payer les foldats, fans exiger des impôts.* Et l'on joint à cette citation une penfée de Saint Auguftin, qui eft toute femblable.

Mais tout cela ne doit s'entendre que relativement à l'Etat lui-même, c'eft-à-dire, de l'Etat aux Citoyens, quand il y en a qui vexent les autres ; & c'eft alors le cas de la punition des méchans, reduite réduite pourtant à ses justes bornes; ou bien relativement aux autres Etats qui attaquent leurs voisins; & c'est alors la Guerre défensive; mais il ne s'agit pas du premier cas, & l'autre n'est point contesté.

X. Le dixieme argument, Grotius le tire des paroles suivantes de Saint Paul, où il dit à Festus (1) : *Si j'ai fait du tort à quelqu'un, & que j'aie commis quelque chose digne de mort, je ne refuse pas de mourir :* d'où il conclut que cet Apôtre croyoit, que depuis même la publication de la Loi Evangélique, il y a des crimes que l'on peut innocemment, où que l'on doit même punir de mort, comme Saint Pierre le donne, dit-il, (2) aussi à entendre. Mais j'examinerai cela en son lieu; je conviendrai pourtant ici, qu'on peut faire la Guerre pour mettre à la raison un nombre de Sujets qui se seroient soulevés dans un Etat & auroient pris les armes, sans qu'on en puisse rien conclure en faveur de ce sentiment. On prouve seulement qu'*il est quelquefois permis de faire la Guerre a des Sujets rebelles :* c'est alors une Guerre défensive pour l'Etat. Mais il n'y a rien de commun entre une pareille Guerre, & les Guerres que se font les Nations, quand elles ne sont pas dans le cas de la défense absolue & nécessaire.

XI. En onzieme lieu, dit Grotius, *les Prophéties de l'Apocalypse prédisent quelques Guerres de personnes pieuses (3) d'une maniere qui emporte une*

Page 110.
Dixieme argument de Grotius. *Les paroles de S. Paul : Je ne refuse pas de mourir, si, &c.*

Page 111.
Onzieme argument de Grotius. *L'Apocalypse prédit quelques Guerres de per-*

_____

(1) Act. XXV, 11.
(2) I. Epître 11, 19, 20.
(3) Voyez Chapitre XVIII, 6 & ailleurs dans Grotius.

Tome I.　　　　　　　Y

fonnes pieuses.

approbation manifeste. Mais voilà tout ce que l'on dit ; & je ne crois pas que cela mérite une réponse ; quoiqu'on pourroit obferver fimplement que les Guerres qui font là prédites ne font point cenfées approuvées, en tant que *Guerres*, mais comme

Boffuet, Difcours fur l'Hiftoire Univerfelle, p. 230 & 473.

punitions. L'orgueilleufe Babylonne devoit éprouver à fon tour le même fort qu'elle avoit fait fubir à tant d'autres ; & le Royaume des Chaldéens devoit périr, lui qui avoit détruit tant d'autres Royaumes. L'efprit prophétique voit dans l'avenir ces terribles événemens & les défigne, mais fans nulle forte d'approbation. C'eft ainfi que la Providence divine fe fert de la malice des méchans pour punir les hommes, ou pour réveiller ceux qu'elle aime. Elle brife, puis le marteau, & rompt la verge dont elle avoit frappé tant de Peuples, pour me fervir des termes de *Jérémie* & d'*Ifaïe*.

Page 111. Douzieme & dernier argument de Grotius: S. Paul recommande de s'attacher à tout ce qui eft honnête & vertueux.

XII. Le douzieme & dernier argument qu'allegue ici Grotius, confifte en ce que la Loi de Jefus-Chrift n'a aboli la Loi de Moyfe, qu'à l'égard des chofes qui fervoient à féparer les Hébreux d'avec les Gentils. Mais pour celles qui font regardées comme *honnêtes*, ou felon le *Droit de nature*, ou *par un confentement tacite des peuples bien policés*, elles fe trouvent au contraire recommandées fortement dans l'Evangile, où elles font comprifes fous le précepte général de (1) s'attacher à tout ce qui eft *honnête* & *vertueux*. Or, conclut Grotius, « l'établiffement des peines décernées contre les » criminels, & l'ufage des armes pour empêcher » ou repouffer les injures, font des chofes qui » paffent pour être naturellement louables, & que

(1) Philip. IV, 8. Voyez I, Cor. XI, 14.

» l'on rapporte à l'exercice de deux excellentes
» vertus, *la Justice* & *la Bénéficence* ».

Tout cela demande bien des explications ; & le
mot de l'Apôtre est très-vrai, sans que notre Auteur ait raison ; si par *empêcher* ou *repousser les injures*, il entend de porter la Guerre.

1. D'abord, le consentement tacite des Peuples
bien policés ne me paroît pas une regle sûre pour
nous faire connoître les choses honnêtes que l'Evangile nous recommande fortement. L'abus énorme
que font les Peuples de leur liberté au sujet de la
Guerre, me rend ce consentement trop suspect. Il
n'en faut point, de consentement, pour les choses
légitimes, pour celles qui sont naturelles, comme
de repousser la force par la force, & de travailler
actuellement à éloigner les dangers. L'homme naît
avec ce pouvoir ; & en cela, toutes les Nations
seront d'accord, sans qu'il soit question de penser,
si elles y ont consenti ou non, ou que je suspecte
leur pratique. L'idée de *Dieu*, par exemple, &
celle de *culte*, qu'on a vues établies chez tous les
Peuples du monde, sont trop justes & trop bien
analogues avec notre bonheur & notre condition,
pour ne pas regarder cette espece de consentement
général comme une très-grande preuve de l'existence de cet Être suprême, & de la nécessité de
l'honorer ; mais il n'en est pas ainsi des choses
mauvaises, & qui sont la cause de tant de maux.
La Guerre *défensive*, qui s'arme pour conserver
son Roi, sa Patrie, ses Dieux, ses foyers, tout ce
qu'on a de plus cher au monde, est une Guerre de
justice, dont l'utilité & la nécessité se font sentir
du premier coup-d'œil : voilà ce que prescrit la nature, ce qu'approuve & recommande l'Evangile,

*Le consen-
tement ta-
cite des
Peuples
bien poli-
cés dans
les choses
visible-
ment fu-
nestes,
mauvaise
preuve.*

*La Guerre
vraiment
défensive
& juste,
quelle elle
est.*

Quelle la Guerre offensive & condamnable ?

ce qui est véritablement *honnête & vertueux*. Il s'en faut bien qu'on ressente en son cœur la même opinion pour la *Guerre offensive*, celle qui sort, pour ainsi parler, de son pays & passe dans d'autres, pour tirer satisfaction d'une injure, ou pour soutenir des prétentions quelconques : mettant ainsi, en la place de Juge, ses propres armes, & en celle de la nécessité, son caprice, son orgueil, son impatience & ses prétendus Droits.

Les choses honnêtes, telles indépendamment de toute convention.

2. En second lieu, il résulte de ce que je viens de dire que les *choses honnêtes* sont telles, indépendamment de toute convention humaine, soit tacite, soit exprimée ; & qu'il n'y a rien de plus sujet à erreur, que de joindre au Droit naturel ce *consentement prétendu* des Peuples, comme une seconde regle de décision : puisque, de tous les temps, les Peuples ont été adonnés à leurs passions, à l'amour désordonné de la gloire, à l'intérêt, &c. & qu'on ne peut pas dire que ces choses-là soient bonnes & conformes à la justice.

La défense personnelle ne se rapporte point à la bénéficence.

3. En troisieme lieu, ayant écarté du Droit naturel, ce qui en pouvoit brouiller l'idée ; & ce mot se trouvant réduit à signifier seulement la défense de soi-même, quand toutes les places, en quelque maniere, étant prises, l'on ne sauroit s'étendre au-delà de la sienne, sans se jeter comme sur autrui (ce qui n'est pas moins vrai des Nations que des Particuliers), j'en conclus, comme Grotius, que *l'usage des armes*, en ce sens, *pour empêcher ou repousser les injures*, est une des choses naturellement *louables* ; mais je ne sais si l'on peut dire comme lui : « qu'elle se rapporte à l'exercice de l'excel- » lente vertu, la *Bénéficence* ». Quand un Peuple

fe défend des attaques d'un autre Peuple, il ne fait que travailler à fa confervation, à fon propre bien, il n'eft occupé que de lui-même. Or, *la Bénéficence* s'occupe d'áutrui, elle eft toute officieufe pour les autres ; & cela fuppofe qu'elle a, au contraire, de quoi *répandre.*

4. Enfin, je dirai que le paffage de Saint Paul, de *s'attacher à tout ce qui eft honnête & vertueux*, bien loin d'autorifer la *Guerre offenfive*, & moins encore de la recommander, la condamne, au contraire, très-ouvertement, puifqu'il eft impoffible que l'Apôtre ait entendu comprendre, dans ce qui eft *honnête & vertueux*, une chofe non-feulement fi fatale au genre humain, mais encore fi injufte au fond, & fi dépourvue de raifons, comme je l'ai expofé en mille endroits de cet Ouvrage.

Rien de fi oppofé à ce qui eft *honnête & vertueux,* que la Guerre of-fenfive.

XIII. Avant de finir cet article, Grotius trouve bon de remarquer, en paffant : « Combien ceux-là » fe trompent, qui croyent que tout le droit qu'a- » voient les Ifraélites de faire la Guerre, venoit » de ce que Dieu leur avoit donné le pays de » Chanaan. C'étoit bien là, *dit-il*, une raifon qui » les autorifoit à prendre les armes contre les Peu- » ples de ce pays : mais ce n'eft pas la feule qui » pût rendre juftes & légitimes les Guerres entre- » prifes par eux ou par d'autres. Car il y avoit » déja eu alors des perfonnes pieufes qui avoient » fait la Guerre, en fuivant les lumieres de la » Raifon : & les Ifraélites eux-mêmes prirent depuis » les armes pour d'autres fujets; comme quand le » Roi David (1) voulut tirer fatisfaction de l'ou-

Réponfe à une re-marque de Grotius. Ses idées fort em-brouillées fur ces mots, *faire la Guer-re.*

(1) II. Sam. X.

» trage fait à ſes Ambaſſadeurs. D'ailleurs, ce que
» chacun poſſede en vertu des loix humaines, ne
» lui appartient pas moins que ſi Dieu le lui avoit
» donné : or, ce Droit n'eſt nullement aboli par
» l'Evangile ».

Ce qu'on peut dire de bien certain là-deſſus.

Je répondrai que les idées ſont toujours fort embrouillées ſur les mots de *faire la Guerre* ; & que dans ces raiſonnemens, tantôt l'on vous ſuppoſe comme *attaquant*, & tantôt comme *attaqué* ; de maniere qu'il n'eſt pas poſſible de donner rien de concluant. Pour dire quelque choſe de net & de plus diſtinct ſur cette matiere, nous pouvons poſer les principes ſuivans :

Premiere vérité : On peut chaſſer un Peuple de ſon pays, ſi Dieu le commande ; mais hors delà, c'eſt une ſuprême injuſtice.

1°. Le droit de chaſſer les Chananéens de leurs terres, les Iſraélites ne pouvoient l'avoir, que parce que cela leur étoit ordonné de Dieu même. Il ne leur fallut pas moins qu'un commandement tout exprès du Créateur pour les autoriſer à une action ſi contraire, hors de là, à toute juſtice.

Deuxieme vérité : On a le droit de repouſſer l'attaque, & celui auſſi de tirer quelqu'un de l'oppreſſion.

2°. Ils avoient naturellement le Droit de ſe défendre quand on les attaquoit : c'eſt le Droit commun à tous les hommes, à toutes les Nations. C'eſt ainſi que ces perſonnes pieuſes, dont on parle, avoient fait la Guerre : & encore pour défendre des voiſins opprimés, ce qui rentre dans le même Droit.

Troiſieme vérité : L'inſulte faite à des Ambaſſadeurs, c'eſt.

3°. L'exemple du Roi David, qui voulut tirer ſatisfaction de l'outrage fait à ſes Ambaſſadeurs, eſt un cas privilégié & abſolu. Ce n'étoient pas des Ambaſſadeurs réſidans dans une Cour, mais des Envoyés. Il ſemble qu'un outrage fait à ceux-ci eſt encore plus horrible ; puisqu'en en usant de la sorte, c'est vouloir ôter tout moyen à la réconciliation & à la paix, & se montrer les plus intraitables des hommes. C'est sans doute ce que l'Ecriture a voulu nous faire entendre, & que les Nations eussent donc à respecter de tels messagers. Mais je (1) parlerai pourtant ailleurs de l'excessive & trop rigoureuse vengeance que David voulut tirer en cette occasion ; & l'on jugera si cet exemple est bien amené.

à-dire, à des Envoyés, comme étoient ceux de David, équivaut à une attaque réelle, & mérite qu'on prenne les armes.

4°. Sans contredit, l'Evangile n'a point aboli le *Droit de posséder* en vertu des *loix humaines* ; mais il s'en faut bien que ce *Droit* soit aussi puissant & si bien réglé que celui qui vient d'une donation propre & immédiate de Dieu. De plus, la terre de Chanaan, une fois acquise en vertu du titre divin, appartenoit à tous les Israélites ensemble ; il y avoit encore à régler le partage, & ce partage pouvoit être mal fait : mais ce qu'il y a à dire, c'est qu'une possession pareille, dans tous les cas, doit être stable & aussi solide, pour chacun en particulier, que si Dieu même l'avoit réglée, tant que l'autorité publique ou le Souverain, n'ont rien déclaré, ni jugé au contraire : je veux dire qu'il ne dépend point des Sujets de se faire justice eux-mêmes, & que pareillement les Nations voisines ne font pas moins coupables de venir les y troubler.

Quatrieme vérité : Le partage des terres, bien ou mal fait en toute Nation, n'autorise ni les Sujets, ni les Peuples voisins à en prendre occasion de faire la Guerre.

(1) Deuxieme Partie, Section II, N°. II, Chap. V.

CHAPITRE IV.

*Réponses de Grotius, aux Objections tirées des Livres
même du Nouveau Testament. Jugement sur ces
Réponses & sur ces Objections.*

Page III. « V OYONS maintenant, *dit-il*, les raisons du
» sentiment opposé, afin qu'un Lecteur pieux puisse
» juger plus facilement laquelle des deux opinions
» est mieux fondée ».

Page 112. I. « On allegue premierement (ajoute-t-il) un
Premiere » oracle d'Isaïe où il est prédit (1) qu'un jour les
objection » Peuples changeront leurs épées en hoyaux, &
contre
Grotius, la- » leurs lances en serpes : qu'ils ne tireront plus
quelle en » l'épée l'un contre l'autre, & qu'ils n'apprendront
effet ne » plus à faire la Guerre ». Grotius répond que cet
vient point
à la ques- oracle peut être entendu conditionnellement, comme
tion. plusieurs autres ; ensorte qu'il marque l'état où seroient les choses, si tous les Peuples embrassoient
la Loi de Jesus-Christ, & l'observoient exactement.
Il a raison ; mais c'est que l'objection à laquelle il
répond ne vient point à la question : il ne s'agit
pas de savoir si le regne de Jesus-Christ doit faire
disparoître les Guerres de dessus la terre, mais si
sa Religion permet les *Guerres offensives.*

Comment Grotius s'enveloppe toujours dans l'ambiguité du
Grotius
s'envelop-
pe toujours
dans l'am= (1) Chap. II, 4.

terme ; & tandis qu'on le verra manifeſtement errer
d'un côté, il paroît en regle de l'autre. « De quel-
» que maniere, *dit-il*, qu'on entende les paroles
» d'Iſaïe, on n'en ſauroit rien conclure qui tende
» à perſuader que la Guerre ſoit abſolument illi-
» cite, tant qu'il y a au monde des gens qui ne
» veulent pas laiſſer vivre en repos les autres, &
» qui inſultent les amateurs de la paix ». Il a encore
ici raiſon ; mais c'eſt en ſuppoſant qu'on eſt entiérement dans le cas de la défenſive, & que la défenſe eſt néceſſaire.

biguité du mot, *faire la Guerre.*

Il ajoute enſuite que les partiſans de l'opinion
qu'il combat, tirent pluſieurs argumens du chapitre
5 de l'Evangile de Saint Matthieu : ſur quoi il a
grand ſoin, avant d'en venir aux paſſages, de rappeller à ſon Lecteur ſa remarque générale, *que ſi*
Notre-Seigneur Jeſus-Chriſt avoit eu deſſein d'abolir
tous les Jugemens à mort, & toute permiſſion de faire
la Guerre, il ſe ſeroit exprimé en termes auſſi formels
& auſſi précis qu'il auroit été poſſible, ainſi que l'im-
portance & la nouveauté de la choſe le demandoit.
Mais c'eſt là une précaution inutile, & s'entretenir
toujours de choſes dont il n'eſt pas queſtion. Je
dirai, moi, que ce ſilence de Jeſus-Chriſt eſt une
preuve que, regardant la Guerre défenſive comme
très-permiſe, bien loin de vouloir l'abolir, il n'a
point cru néceſſaire, par cette raiſon, de marquer
en termes formels qu'il réprouvoit l'autre ; puiſqu'une vérité ſe tire de ſon contraire : outre qu'il
nous a ſuffiſamment montré, dans les préceptes
que nous allons voir, & ſur leſquels nous avons
déja raiſonné dans le chapitre précédent, comment
nous pouvons nous gouverner envers les autres
hommes, par rapport à nos intérêts.

Page 112.

Si Jeſus-Chriſt ne s'eſt pas exprimé aſſez clai-rement là-deſſus ?

Deuxieme argument: *préfenter à l'autre joue, abandonner fon manteau, &c.*

II. Le fecond argument qu'on nous oppofe, dit Grotius, eft donc pris des paroles fuivantes du chapitre dont il s'agit : « Vous (1) avez entendu qu'il » a été dit : *Œil pour œil, dent pour dent*. Mais moi » je vous dis : Ne réfiftez point à celui qui vous fait » du mal : mais fi quelqu'un vous donne un fouflet » fur la joue droite, préfentez-lui encore l'autre : » fi quelqu'un veut vous intenter procès pour avoir » votre tunique, abandonnez-lui encore le manteau : » fi quelqu'un vous contraint de faire un mille de » chemin avec lui, faites-en deux : enfin, donnez » à celui qui vous demande, & ne renvoyez pas » celui qui veut emprunter de vous ». Grotius prétend qu'il ne faut point prendre à la rigueur ces paroles de l'Evangile ; & je fuis auffi de ce fentiment, comme je l'ai dit ci-devant (2) en examinant ce paffage : d'autant mieux que fi , fuivant Leclerc, fur l'Exode 21 , 24, & Deutéronome 19, 21 , comme le porte la note 15. En cet endroit de Grotius , l'expreffion *Œil pour œil , dent pour dent*, n'eft qu'une façon de parler proverbiale dont le fens fe réduit à ceci : *Que chacun feroit puni felon la gravité du fait ;* à plus forte raifon , les expreffions de Jefus-Chrift doivent-elles être entendues avec les reftrictions qui conviennent, & que le *Droit naturel* rend néceffaires. Tout ce que Jefus-Chrift ajoute après ces paroles , *Ne réfiftez point à celui qui vous fait du mal ,* ne font que des exemples & des comparaifons fenfibles pour nous faire mieux

Page 113.

Comment il faut entendre ces paroles de J.C.

_____

(1) Matth. V , 38 , 39.

(2) Chapitre II de cette Section , cinquieme précepte de Jéfus-Chrift.

connoître le grand défintéreffement qu'il exige de
nous en toutes chofes. Son but , comme le dit
Grotius , eft d'exercer notre patience , & d'exciter
notre bonté ; & fa penfée eft , qu'en matiere de
chofes qui ne doivent pas nous incommoder beaucoup , nous ne devons pas preffer notre Droit à la
rigueur , mais en céder plutôt , au-delà même de
ce qu'on nous demande. Les Payens ont reconnu
l'excellence de cette conduite : mais je ne fais pas
fi elle n'eft pas de juftice ; & fi notre Auteur a parlé
d'une maniere affez digne de Jefus-Chrift, en difant
de lui , au fujet du mot d'Ulpien (1) , que *ee que ce
Jurifconfulte témoigne là être louable , dans l'efprit
des gens de bien , Notre-Seigneur le commande expreffément , faifant ainfi la matiere de fes préceptes ,
des chofes les plus honnêtes & les plus approuvées.*
Quand Jefus-Chrift a érigé en précepte quelqu'une
de ces chofes-là , c'eft parce qu'elles étoient déja
juftes par effence , & que ce que les gens de bien
fentoient intérieurement être *honnête* , étoit précifément ce qu'ils devoient faire : c'eft-à-dire , la
voix fecrete de la nature & le langage que Dieu
parle à toutes les confciences , pour nous faire
pratiquer ce qui eft bien.

Ceci me porte donc à penfer qu'il n'y a pas non
plus trop de jufteffe dans la réflexion que fait Grotius (p. 114) , en parlant de la néceffité où l'on

Marginalia:
Page 114.

Grotius dit ici quelque chofe, qui n'eft pas affez digne du Sauveur,

Autre réflexion qui n'eft pas trop jufte : que les chofes morales en général ne confiftent pas dans un point indivifible.

---

(1) Ulpien dit que le Préteur ne défapprouve point l'action
d'un homme , qui a mieux aimé perdre fon bien , que de
plaider plufieurs fois pour le recouvrer ; car , ajoute-t-il ,
il ne faut pas blâmer une honnête averfion des Procès.
Digeft. Lib. IV , Tit. VII , *De alienat. judicii mutandi
cauſâ faſtâ.* Leg. IV , §. 1. Voyez auffi la note Y.

peut être de reſtreindre les commandemens de Jeſus-Chriſt, qu'*il faut appliquer ici ce que l'on dit ordinairement des choſes morales, en général, qu'elles ne conſiſtent pas dans un point indiviſible, mais qu'elles ont, à leur maniere, quelqu'étendue.* Je ſoutiens, & je l'ai déja dit, qu'il n'y a point de milieu entre le *bien* & le *mal :* ſi le *mieux* eſt néceſſaire, c'eſt un mal de le refuſer. Nos obligations ſont marquées par la nature à des points certains & non équivoques ; elles ont des termes auſſi peu ſuſceptibles de doute que ceux que l'on poſe pour la diviſion des terres & des Empires, pour peu que l'on veuille y faire attention, & rentrer en ſoi-même. Mais Jeſus-Chriſt, comme je l'ai obſervé pareillement, a rendu ces termes extrêmement ſenſibles dans ſes préceptes. La *défenſe de ſoi-même*, réduite à ſon pur néceſſaire, telle que je l'ai expoſée ſouvent, eſt la regle de cette déciſion. Le mot d'*égalité* dont ſe ſert Saint Paul, en exhortant les (1) Corinthiens à la charité envers les pauvres de Jéruſalem, exprime merveilleuſement bien cette idée : *Je ne veux pas*, dit-il, *que vous vous mettiez à l'étroit pour ſoulager les autres ; mais qu'il y ait de l'égalité, & que votre abondance ſupplée pour l'heure à leur diſette.* Et cette regle s'étend à tout : c'eſt par elle que, non-ſeulement les torts ſont jugés, mais encore les ſatisfactions qu'on veut en prendre. Il n'y a rien ici de vrai pour les particuliers, qui ne ſoit vrai auſſi pour les Nations ; & la patience que Jeſus-Chriſt veut être exercée parmi les Sujets d'un même Etat, il veut auſſi que les Etats, entr'eux, l'exercent : c'eſt-à-dire, qu'ils ne ſe faſſent point la

Le mot d'égalité, dont ſe ſert Saint Paul, exprime bien le ſens de la défenſe de ſoi-même, réduite à ſon pur néceſſaire.

_____

(1) II. Corinth. VIII, 13.

,uerre pour des chofes dont la privation ne doit pas ncommoder beaucoup , & que ce ne foit jamais que pour la défenfe , & lorfqu'il n'y a plus moyen d'endurer le mal qu'on nous fait , fans porter coup à cette égalité naturelle où tous les hommes doivent être.

Ce que Grotius ajoute enfuite , pour mieux comprendre le fens du précepte , me paroît fuperflu ; car fi , pour exercer notre patience & déployer notre bonté , il nous faut des actes d'un certain mérite & qui puiffent compter pour des facrifices ; à plus forte raifon devons-nous détourner la vue de deffus les manquemens légers & qui n'intéreffent pas abfolument notre exiftence. A la vérité , la diftinction (qu'on rapporte des (1) Sages du Paganifme) entre l'*injure* & l'*affront* eft jufte ; & , comme le dit Séneque , « les efprits font ordinai- » rement fi vains & fi foibles , qu'il y a des gens » qui ne trouvent rien de plus infupportable qu'un » affront. L'injure paffe pour être plus fâcheufe de » fa nature , & l'autre , pour bleffer directement » l'orgueil humain ». C'eft bien auffi ce que Jefus-Chrift entend de réprimer par fes préceptes , fi durs en apparence , & qui ne regardent que l'homme en foi , fans aucun rapport avec fes femblables , comme l'*abnégation de foi-même* , &c. Mais en confidérant la fociété entiere & le bien de l'humanité en général , il demande à plus forte raifon le refte. Quels plus redoutables ennemis du genre humain , que l'efprit d'intérêt & l'amour de la gloire dans ceux qui gouvernent les autres ?

Page 115.

A plus forte raifon abandonnera-t-en ce qui n'intéreffe pas notre exiftence. C'eft ici que J. C. prêche ce précepte fi dur en apparence , *l'abnégation de foi-même.*

---

(1) Comme Séneque , Pacuve , Cécile & Démofthene.

Il n'y a
point d'op-
position
dans le pré-
cepte de
Jesus-
Chrift.

Page 83,
4. 5.

Page 84,
4. 5.

Page 114,
n. 11.

Du refte, l'oppofition que Grotius trouve dans le précepte de Jefus-Chrift eft vaine, comme je l'ai déja remarqué, à propos du *divorce* & de la peine du *Talion*, qui font ici les deux exemples qu'il en donne, dans la vue, dit-il, de faire toujours mieux fentir le fens du précepte. Jefus-Chrift n'a fait qu'interprêter la Loi de Moyfe (1) dans l'un & l'autre cas, en fuivant l'efprit du Créateur & la Loi Naturelle, à laquelle il a voulu rendre toute fa perfection. Il demande de fes Difciples un plus haut degré de patience ; mais il n'exige de chacun, comme le dit Saint Chryfoftome, que felon les moyens que l'on a, & pas davantage ; or, il fait bien de quoi nous fommes capables quand il le demande. Quand il défend donc d'employer les voies de la force ou de la juftice réglée, pour prévenir certaines injures dont on fe voit menacé, ce ne font pas celles feulement, comme le penfe Grotius, que l'on peut aifément fupporter, mais celles que l'on peut fupporter ; & s'il eft louable, comme il ajoute, de fouffrir des injures atroces fans en demander fatisfaction, je foutiens que notre Seigneur ne fe contente pas d'un moindre degré de patience, & que nous devons fouffrir ces injures atroces, fi nous le pouvons. Il ne feroit pas louable, j'en conviens, de rien accorder qui pût nuire à notre exiftence ; l'on ne peut pas abandonner, par exemple,

_____

(1) Il faut toujours excepter les points de cette Loi, qui n'avoient été établis & ordonnés tels, qu'en vertu de l'empire fouverain du Maître éternel qui gouvernoit les Juifs, & qui, par cette raifon, ne pouvoient être permis aux hommes des autres Gouvernemens civils, comme je le montrerai amplement en fon lieu. Voyez la II Partie.

ce qui eſt néceſſaire pour ſon entretien & celui de ſes enfans ; mais tout ce qui eſt au-delà eſt la matiere des ſacrifices que Dieu exige de nous : en quoi Jeſus-Chriſt n'a rien fait que ſuivre la Loi Naturelle, qui met les hommes dans une parfaite égalité à l'égard des choſes dont leur exiſtence dépend.

Quant à la raiſon que l'on donne pour ſupporter plutôt une ſeconde injure que de repouſſer la premiere, laquelle eſt, que tout le mal qui en revient ne conſiſte que dans une fauſſe imagination ; & cela, pour parer à l'objection, dit-on, qu'on pourroit faire de ce mot commun, *qu'en ſouffrant une injure, on s'en attire une nouvelle :* je ne penſe pas qu'on le doive dire uniquement des affronts, ou de toute autre action déſobligeante : les biens & tous les avantages que l'on poſſede au-delà du pur néceſſaire, ne tirent auſſi leur mérite réel, par rapport à nous, que d'une fauſſe imagination, & Jeſus-Chriſt ne veut pas moins que nous les abandonnions, quand les autres en ont beſoin, ou que nous ne ſaurions les réclamer que par *l'effuſion du ſang,* & en mettant en combuſtion, pour ainſi dire, toute la nature.

Page 116. La même raiſon, qui doit faire ſupporter une ſeconde injure, plutôt que de repouſſer la premiere, a force auſſi pour les biens & les avantages que l'on poſſede au-delà du pur néceſſaire.

Deſorte qu'après toutes ces raiſons, il eſt prouvé qu'encore que le précepte de J. C., d'où l'on tire le ſecond argument contre l'opinion de Grotius, ne doive pas toujours être pris au pied de la lettre, il eſt néanmoins toujours déciſif pour condamner la doctrine du Droit de la Guerre, au ſens de nos Politiques.

Concluſion de cet article.

III. « Le troiſieme paſſage dont on ſe ſert ordi-

Troiſieme argument :

p. 116,
*Aimer ses
ennemis,
&c. leur
faire du
bien*, &c.
Matth. V,
43.

» nairement, *dit Grotius*, pour montrer que l'Evan-
» gile condamne abfolument la Guerre, c'eft celui
» qui fuit les paroles que nous venons d'exami-
» ner : *Vous avez entendu qu'il a été dit : Tu ai-*
» *meras ton prochain & haïras ton ennemi. Mais moi,*
» *je vous dis : Aimez vos ennemis, béniffez ceux qui*
» *vous maudiffent, priez pour ceux qui vous traitent*
» *injurieufement & qui vous perfécutent* ». Grotius,
après avoir obfervé qu'il y a des gens qui s'imaginent que la Guerre & le Droit de punir de mort
les criminels, font incompatibles avec ce devoir
d'aimer fes ennemis, & de leur faire du bien, ne
réfute pas mal cette penfée ; mais ils fe trompent,
& lui auffi : eux, s'ils ont cru réellement que la
Guerre *défenfive* n'étoit point permife ; & lui, en
penfant que la Guerre *offenfive* l'étoit. J'ai déja
montré ci-devant (1) qu'il n'y a point d'oppofition
entre la loi de Moyfe & le précepte de Jefus-Chrift ;

Les exem-
ples de
Guerres
que Gro-
tius rap-
porte, ne
prouvent
rien.

& je conviens volontiers qu'on a aujourd'hui la
même liberté de faire contre tous les hommes, ce
qui étoit anciennement permis contre les Ifraélites
(les points néceffairement exceptés, comme nous
le verrons dans la fuite). Mais les exemples qu'on
nous allegue font tous des Guerres *commandées de*
la part de Dieu, puifqu'elles font défignées même
fous ce nom dans l'Ecriture (2) ; & ceux qu'on
ne nous allegue pas, font des actes de vigueur
qu'exigeoit l'important devoir de la défenfe naturelle, ou bien l'obligation étroite de fecourir fes
alliés opprimés, comme nous l'avons déja remarqué.

J'ai dit auffi, plufieurs fois, qu'il n'y a point

_____

(1) Chapitre II de cette Section.
(2) Voyez Grotius, page 94.

d

dé parité entre le Droit de punir les criminels dans un Etat, & le prétendu Droit de faire la Guerre. Grotius traite toujours enfemble ces deux queftions, & veut les réfoudre par les mêmes raifons ; mais je ne vois pas qu'il donne entiérement au but, en expliquant, comme il fait, *l'amour du prochain.* La Loi Evangélique ne demande pas fûrement un plus haut degré d'amour (1) : il falloit, fous la Loi de nature, & fous la loi écrite, *aimer Dieu, & le prochain comme foi-même ;* & Jefus-Chrift n'a pu vouloir qu'on prît une autre regle dans la mefure de fes affections, fans démentir la conftitution de nôtre être, fans nous anéantir entiérement ; puifque d'un autre côté, il ne nous accorde que l'*abfolu nécef-faire,* ainfi que l'entendoient la Loi écrite & la Loi Naturelle. Je dirai dans la fuite tout ce que ce mot fignifie.

Il explique mal l'a-mour du prochain.

Or, fur ce principe, je ne puis reconnoître, avec Grotius, comme une chofe fi certaine, *que nous ne devions pas aimer également tous les hommes, & qu'il eft jufte aujourd'hui, comme autrefois, d'aimer fon pere, par exemple, plus qu'un étranger.* Le penchant de l'amour ne fe commande pas, c'eft la nature qui le donne ; auffi voyons-nous que nous portons en nous-mêmes une fecrete & douce inclination pour ceux qui nous ont donné le jour, comme pour toutes les perfonnes qui nous ont élevés ou nourris, ou de qui nous avons reçu du bien dans l'enfance ; & que d'un autre côté, les parens ont auffi une tendreffe qui eft encore plus vive pour

Page 117. Il n'eft pas fi fûr qu'il le dit, que nous ne devions pas aimer également tous les hommes.

----

(1) Cette Loi divine, donne feulement plus de goût pour la vertu à ceux qui la pratiquent ; & par-là, ils ne fentent que plus de difpofition à faire le bien.

leurs enfans. Ce ne font donc pas ces mouvemens involontaires que la Loi demande : elle les fuppofe. C'eft au contraire le plus fouvent à les régler que le *précepte de l'amour du prochain* s'applique. Cet amour eft un amour de choix, & un acte de la volonté, lequel a la réflexion pour guide. Il ne faut donc aimer fon pere plus qu'un étranger, qu'autant que toutes chofes font égales, & que les divers degrés de mérite ou de befoin font compenfés ; car un étranger qui fe noyeroit, par exemple, faute de fecours, doit avoir, dans l'inftant préfent, la préférence fur le pere qui feroit tombé fimplement de cheval : ce qui me fait dire que Grotius ne s'exprime pas affez bien, quand il dit que : *L'obligation d'aimer chacun en particulier, & de procurer fon utilité, fe doit toujours entendre avec cette reftriction, qu'il n'y ait pas quelque raifon d'un amour plus fort & plus jufte, qui en empêche ;* puifqu'il n'y a point alors d'amour plus fort, mais feulement une raifon de juftice à fecourir préférablement celui qui eft plus en danger. *L'obligation d'aimer également tous les hommes* fubfifte donc dans toute fa force par le *précepte de l'amour du prochain ;* & fon empire ne paroît jamais mieux que dans ces fortes d'occafions, où il faut, pour ainfi dire, étouffer ou arrêter un mouvement particulier, pour en prendre un autre qui nous eft moins naturel.

C'eft-là, à mon avis, la feule intelligence du précepte ; mais il eft fubordonné encore à l'amour de foi-même, puifque celui-ci en eft la mefure ; & Séneque avoit raifon dans ces paroles (1) : *Je don-*

(1) *Dabo egenti, fed ut ipfe non egeam. De Benefic.* Lib. II, Cap. XV, dans Grotius, page 114, Tome 1, N°. 12.

Le précepte de l'amour du prochain, entend un amour de choix & réfléchi ; & non le fimple penchant que la nature donne.

L'amour de foi-même, mefure de l'amour du prochain. Mais l'abfolu befoin, re-

herai à celui qui en a befoin, pourvu que je n'en aie gle de l'a-
pas befoin moi-même. Le point, c'eft de bien con- *mour de*
noître ce dernier befoin, & de ne lui accorder ab- *foi-même.*
folument que ce qu'il demande. C'eft là-deffus qu'eft
fondé le Droit de la défenfe perfonnelle ; & j'ob- Tel le
ferverai ici que Grotius fe trompe, de penfer que droit *de fe*
défendre.
l'ufage de la Guerre & celui du dernier fupplice
foient venus de l'amour qu'on avoit pour les innocens ; car, fans entrer maintenant dans la difcuf- P. 117.
fion de la *peine de mort*, ce fentiment, en général,
ne nous intéreffe guere qu'autant que nous voyons
l'innocent dans le péril ou dans les fouffrances ,
& que nous pourrions craindre le même fort. Le
proverbe de Salomon, qu'il cite en marge , pour
appuyer fa penfée , ne le prouve pas mieux : il
marque feulement, en général, *que les impies feront*
punis, & les Juftes récompenfés (1). Tout fe rapporte , comme il eft fenfible , à la juftice naturelle
de fe garantir foi-même des offenfes meurtrieres
ou trop nuifibles , à raifon de nos facultés corpo-
relles ou acquifes. C'eft ainfi, mais feulement ainfi, Tel auffi,
que l'on peut s'armer d'une fainte colere contre les il autorife
malfaiteurs & les agreffeurs violens ; laquelle l'Ecri- à *punir les*
coupables,
ture même attribue à Dieu contre les pécheurs
& à repouf-
obftinés , fans manquer pour cela de la douceur & *fer l'enne-*
de la patience qui font prefcrites aux Chrétiens ; *mi qui at-*
qu'en conféquence , l'on peut, d'une part , punir *taque.*
les coupables dans un Etat , ce qu'indique le mot
de Séneque, qu'*il y a autant de cruauté à avoir de*
l'indulgence pour tout le monde qu'à ne pardonner à
perfonne ; & de l'autre, repouffer la force par la

---

(1) *Domus impiorum delebitur ; tabernacula verò juftorum*
germinabunt. Prov. XIV, 11.

force, soit de Nation à Nation, ou de Particulier à Particulier, quand on est actuellement attaqué & nécessité à se défendre, qui est le cas dont je traite, lequel seul, par rapport à la Guerre, peut s'allier avec le précepte de l'amour du prochain, & l'obligation d'aimer indistinctement tous les hommes.

Page 118.

Quatrieme argument: Un passage de S. Paul, qui recommande *de vivre en paix avec tous les hommes, &c.*

Grotius l'entendend mal.

IV. « Le quatrieme passage, *dit Grotius*, qu'on » objecte, est celui de l'Epître de Saint Paul aux » Romains (1), où l'Apôtre dit : Ne rendez à per- » sonne le mal pour le mal, ayez soin de ne rien » faire que d'honnête devant tous les hommes : » s'il se peut, vivez en paix avec tous les hommes » autant qu'il dépend de vous. Ne vous vengez » pas vous-mêmes, mes bien-aimés, mais donnez » lieu à la colere ; car il est écrit, c'est à moi » qu'appartient la vengeance : je punirai, dit le » Seigneur. Si donc ton ennemi a faim, donne-lui » à manger ; s'il a soif, donne-lui à boire : car » en faisant cela, tu amasseras des charbons de » feu sur sa tête. Ne te laisse pas vaincre par le » mal, mais surmonte le mal par le bien ». Grotius observe que la même réponse qu'il a faite au sujet du passage précédent, se présente ici d'elle-même ; & moi aussi, je pourrois rappeller mes ré-

La Guerre défensive y est permise ; la Guerre offensive défendue. L'Apôtre ne condamne pas seulement la ven-

flexions. Mais il reste pour constant, que tous ces passages n'abolissent point la Guerre *défensive*, c'est-à-dire, le Droit naturel de se défendre quand on est attaqué ; & qu'ils prohibent la Guerre *offensive*, telle que Grotius & tous les autres Ecrivains Politiques l'établissent. D'une part, l'Apôtre entend

────────────────

(1) Rom. XII, 17 & suiv.

fi bien qu'on peut repouffer une *force* trop incom- modément, & fe trouver, malgré foi, en Guerre, que dans le verfet 18 de ce chapitre, où il leur prefcrit de vivre en paix aveo tous les hommes, il appuie fur cette condition, *s'il fe peut, autant qu'il dépond de vous*. Et en même temps, il eſt fi éloigné d'approu- ver les Guerres, que nos Auteurs nomment offen- fives, fans les croire aucunement illégitimes, qu'*il ne veut pas qu'on fe venge foi-même, mais bien de donner lieu à la colere* : de quoi il rend cette raifon, que *Dieu avoit dit* (verf. 35, chap. 32 du Deut.), *C'eſt à moi qu'appartient la vengeance, c'eſt moi qui punirai*. Saint Paul parle véritablement en cet en- droit de la vengeance particuliere, comme il le fait entendre, fuivant la remarque de Grotius, au chap. 13, verf. 4 ; mais je ne fuis point d'avis que cette vengeance ne foit autre que celle qui a pour but de fatisfaire le reſſentiment de l'offenſé. La vul- gate (1) fe fert du mot *defendentes* : & il ne fert de rien que chez les Auteurs Chrétiens on le prenne fouvent pour *fe venger*. L'Apôtre qui l'employoit, en parlant aux Romains, venoit de leur dire :
« qu'il falloit fe dégager de la vanité du fiecle pour
» fe donner tout à Dieu ; qu'ils ne devoient point
» s'enorgueillir des talens qu'ils avoient reçus, ni
» en paffer la mefure ; mais que femblables aux
» membres d'un même corps, ils devoient tous
» enfemble travailler à faire du bien aux amis,
» mais encore aux ennemis ». Or, l'on voit, au verfet 13, qu'il leur recommande l'*hofpitalité*, & *de faire part à leurs freres des chofes dont ils peuvent avoir befoin*. C'eſt pourquoi il ajoute, au verf. 20 :

geance qu'on tire d'une of- fenfe, mais celle qui a pour objet de pour- fuivre des droits & des pré- tentions qui ne re- gardent d'ordinaire que des biens fu- perflus & excedans le néceſſai- re.

Neceſſita- tibus fanc- torum com- munican- tes : hofpi- talitatem fectantes.

Si ton ennemi a faim, donne-lui à manger, s'il a foif, donne-lui à boire : figne qu'en parlant de *vengeance*, il n'a pas entendu feulement d'exclure tout acte de reffentiment, qui eft le fruit de l'amour-propre & de la vanité, mais auffi toutes les prétentions & les pourfuites qu'on en fait par les armes & la violence. Et bien qu'il ne s'adreffe d'abord qu'aux *fiens*, c'eft-à-dire, aux Romains qui avoient embraffé la foi de Jefus-Chrift ; & que le premier ufage qu'on devoit faire de fes leçons feroit vrai-femblablement parmi eux ; il veut néanmoins qu'ils vivent en paix avec tous les hommes : tandis qu'il n'en excepte aucun, l'on doit croire que fon précepte eft général, & qu'il y comprend toutes les Nations.

La condamnation de la *vengeance particuliere*, tombe encore plus fur *la vengeance publique* des Nations.

Et quant à ce qui eft de la vengeance particuliere dont parle Saint Paul, encore que fuivant la lettre on puiffe l'entendre de même, nous pouvons bien croire que ce n'eft pas s'éloigner de l'efprit de ce grand Apôtre, que de comprendre dans fon fens, la vengeance publique des Nations, puifqu'elles ont toutes deux les mêmes caufes & les mêmes alimens, & qu'elles font auffi peu fondées l'une que l'autre : à la différence encore, que les querelles des Nations font beaucoup plus funeftes à l'humanité.

Concluons donc que Saint Paul, dans les paroles que nous venons de voir, condamne les Guerres offenfives.

Page 119. Cinquieme argument. Un autre paffage de

V. Un cinquieme paffage, felon Grotius, que quelques-uns alleguent pour combattre fon fentiment, c'eft celui-ci, tiré de la 2ᵉ Epître aux Corinthiens : *Quoique nous marchions dans la chair, nous ne faisons pas la Guerre selon la chair ; car les armes de notre milice ne sont point charnelles, mais puissantes par la vertu de Dieu, pour renverser les forteresses, &c.* Il n'y a rien là, dit-il, qui fasse à notre sujet : il a raison en ce sens que Saint Paul entend par la *chair* l'état foible de son corps, tel qu'il paroissoit aux yeux du monde, & à cause duquel on le méprisoit ; mais il n'oppose pas seulement à cela les armes dont il étoit pourvu, c'est-à-dire, le pouvoir qu'il avoit reçu du ciel comme Apôtre, de punir les réfractaires : pouvoir dont il avoit usé contre *Elymas,* contre l'*incestueux de Corinthe,* contre *Hymenée* & *Alexandre :* il y oppose encore celui qui lui avoit été communiqué, d'abattre l'orgueil & la vaine présomption de la science humaine contre la science de Dieu, & de soumetre tous les esprits à l'obéissance de Jesus - Christ : ce qui suppose une conduite toute éloignée de la violence, & qui, au contraire, par les voies de la douceur, de la charité, du désintéressement & de toutes les vertus pacifiques du christianisme, répand les biens inestimables de l'Evangile par toute la terre. En ce sens-là, les paroles de Saint Paul réprouvent, non le Droit naturel de se défendre, mais la doctrine du Droit de la Guerre, telle que nous l'avons si souvent représentée dans cet Ouvrage.

Au surplus, Grotius fait une réflexion qui n'est pas trop juste, s'il l'applique également au Droit d'entreprendre la Guerre, comme il y paroît, suivant sa coutume de joindre ensemble cette question & celle du droit de punir de mort. Après avoir parlé du pouvoir de Saint Paul : « Que fait cela, » *dit-il,* au droit de punir de mort ou d'entre-

de S. Paul, sur ce que ses armes ne sont point charnelles, &c.

II. Corint. X, 3, 4.

Grotius n'en fait pas tirer l'instruction qui condamne visiblement son systême.

Grotius compare mal-à-propos le pouvoir miraculeux qu'avoient les Apôtres de pu-

Z iv

nir de mort certains crimes, avec le droit dont usent les Princes ou les Etats, d'infliger la peine du dernier supplice.

» prendre la Guerre ? Au contraire, c'est parce » que l'Eglise étoit alors privée du secours des Puis- » fances temporelles que Dieu avoit communiqué » à quelques Particuliers du Christianisme pour fa » défense, ce pouvoir miraculeux, qui commença » à cesser, dès que l'Eglise eut des Empereurs » Chrétiens : de même que la manne avoit discon- » tinué de tomber, aussi-tôt que les Israélites furent » entrés dans des pays cultivés ». Il peut y avoir quelque rapport entre la défense de l'Eglise com- mise à ceux qui avoient ordre de Dieu de la prê- cher aux quatre coins du monde, & le soin de défendre la tranquillité publique qui est confiée aux Princes de la terre ; mais tout cela est renfermé dans les limites respectives de leur Etat. Le Droit d'entreprendre la Guerre, ce Droit prétendu d'at- taquer est d'un autre genre, comme j'en ai fait fentir toutes les différences ailleurs, en en mon-

Mauvais effet de cette com- paraifon.

trant l'injustice & les mauvais effets. Il sembleroit, à entendre Grotius, que l'Eglise, au moment qu'elle eût acquis des Empereurs Chrétiens, n'auroit perdu les armes spirituelles dont parle Saint Paul, c'est-à- dire, le pouvoir de punir par miracle, que parce que ces Empereurs avoient déja eux-mêmes des armes bien plus fortes, c'est-à-dire, le droit non- feulement de punir leurs Sujets, mais encore de combatre toute la terre, s'ils croyoient d'en avoir lieu : ce qui est d'une trop dangereuse conséquence pour les Lecteurs, à qui il ne faut jamais rien offrir que de très-pur, & de bien digéré en toute ma- tiere, & principalement en celle dont il s'agit ici. D'ailleurs, le droit de punir de mort sera discuté en son lieu, comme j'ai dit auparavant, & cette discussion présentera bien d'autres idées.

VI. On objecte, en sixieme lieu, contre le sentiment de Grotius, ces paroles de l'Epître aux Ephésiens. *Revêtez-vous de toutes les armes de Dieu, pour pouvoir résister aux artifices du diable ; car nous n'avons pas à combatre contre le sang & la chair, mais contre les Puissances, &c.* Et cet Auteur y répond : *Qu'il s'agit-là des combats que les Chrétiens ont à soutenir, comme Chrétiens, & non pas de ceux qui peuvent leur être communs avec les autres hommes en certaines occasions.* En quoi je trouve qu'il a raison. Mais toujours est-il évident que ces *combats* même supposent l'état de la *défense naturelle*, qu'elle est pressante & légitime ; l'attaque, au contraire, des *démons* injuste & téméraire, bien qu'ils la fondent aussi sur des motifs : en un mot, que ces combats ont tous les caracteres réprouvés des *Guerres offensives* qui regnent par le monde.

Sixieme argument. Autre passage de S. Paul, Eph, VI, 11, 12.

VII. Le septieme passage qu'on allegue, contre le sentiment de Grotius, est de Saint Jacques : « D'où viennent les Guerres & les combats entre » vous ? N'est-ce pas de vos voluptés, qui com- » battent dans vos membres ? Vous desirez avec » ardeur, & vous n'avez pas ce que vous souhai- » tez : vous êtes envieux & jaloux, sans pouvoir » néanmoins obtenir ce que vous souhaitez ; vous » combattez & vous faites la guerre, mais vous » n'avez pas pour cela, ce pourquoi vous vous » querellez, parce que vous ne le demandez point : » vous demandez & vous ne recevez pas, parce » que vous le demandez mal, pour le dépenser en » vos voluptés ,». Là-dessus Grotius répond que *ces paroles ne renferment point de maxime générale, qui condamne absolument l'usage des armes ; qu'elles*

Septieme argument, tiré d'un passage de S. Jacques, Chap. IV, 1 & suiv.

Grotius fait des aveux ici tout-à-fait contre lui.

nous apprennent feulement que les Guerres & les com-
bats, par lefquels les Juifs difperfés fe déchiroient
alors miférablement les uns les autres, & dont on
peut voir une partie dans Jofeph, doivent leur ori-
gine à des principes honteux & criminels, comme
cela, dit-il, *n'arrive que trop aujourd'hui même, à*
notre grand regret ; & il termine fa réflexion & cet
article par plufieurs belles citations, qui, toutes,
prouvent qu'il n'y a point de guerres qui ne foient
infeétées des mêmes vues, & ne foient criminel-
nelles (1).

Antiq. Jud.
Lib.
XVIII,
Cap. XII,
& lib.
XIX.

Je crois qu'il en eft affez de dit, pour faire du
paffage de Saint Jacques une objeétion beaucoup
plus forte que ne penfe Grotius, contre la doétrine
du Droit de la Guerre. Nous avons fes aveux
mêmes, & les paroles de l'Apôtre. A la vérité,
ces paroles ne renferment pas de maxime générale
qui condamne abfolument l'ufage des armes ; mais
l'on conviendra du moins qu'elles condamnent
l'ufage que les Juifs en faifoient. Or, cet ufage
n'étoit pas différent du nôtre. Nous nous battons,
nous nous tuons, d'après les mêmes paffions & les
mêmes vices ; & nos Guerres doivent leur naiffance à des principes tout auffi honteux. Le Chriftianifme, qui eft une Religion fi fainte, n'a point
vu difparoître ces égaremens de la raifon humaine,
d'entre les mortels mêmes qui la profeffent ; ni n'a

*Le paffage
de S. Jac-
ques fait
une obje-
étion beau-
coup plus
forte qu'il
ne croit.*

*Les re-
proches
faits aux
Juifs tom-
bent égale-
ment fur
nous.*

(1) Plutarque. Il n'y a point de Guerre, qui ne vienne de
quelque principe vicieux ; car l'une eft produite par l'amour des
plaifirs ; l'autre, par l'avarice, l'autre, par l'ambition. *De
Stoïcor. contradiét. &c.* Voyez Grotius, Droit de la Guerre &
de la Paix, p. 121, 4, 43, Tome I.

réformé , à cet égard , la conftitution de notre être.

Seroit-ce donc que l'Apôtre Saint Jacques auroit fait des reproches mal fondés , ou qu'il auroit preferit quelque chofe d'impoffible à pratiquer ? S'il eft permis à un peuple de pourfuivre, par la voie des armes , fes prétentions & fes droits , pourquoi les Juifs , entr'eux , auroient-ils été privés de cette faculté , fi d'ailleurs chacun des partis croyoit d'avoir raifon ? Ce n'eft point comme à des fimples particuliers qu'il s'adreffe : il ne leur dit pas de remettre la décifion de leurs différens au Jugement des Puiffances conftituées fur eux : je veux dire, qu'il ne les blâme pas de fe fouftraire, à cet égard, à leur autorité : l'Apôtre les regarde comme des Corps libres, ainfi que font les Nations qui ont des affaires enfemble & des intérêts à difcuter, obligés à garder la modération & la juftice, qui conviennent, dans les procédés. Il ne condamne pas, non plus, les abus de la Guerre, qu'on y prenne garde; mais le moyen lui-même , c'eft-à-dire, *la Guerre offenfive.* Voyez comme il s'attache à leur remettre devant les yeux ces paroles remarquables & fouvent répétées , qu'il met en oppofition avec l'ufage de la force, à laquelle ils recouroient pour venir à leur fin : *Et vous n'avez pas , ou vous ne pouvez obtenir ce que vous fouhaitez.* Il leur en donne enfuite la raifon : *C'eft*, dit-il , *que vous ne demandez point , ou que fi vous demandez , vous demandez mal.*

S. Jacques ne condamne pas les abus de la Guerre , mais la Guerre ellé-même.

C'eft donc la maniere de foutenir leurs prétentions, autant que les paffions qui les font naître , que l'Apôtre blâme : il voudroit qu'ils réglaffent leurs defirs , & miffent un frein à leur cupidité ;

Quand on réprouve la chofe , on en réprouve le moyen.

mais il voudroit auſſi qu'ils n'en vinſſent point à

cette extrémité de *ſe faire la Guerre*, & de s'entre-
égorger (La verſion de Saint Jérôme ſe ſert du
mot *occiditis*). Et quand on réprouve la choſe,
on réprouve le moyen. Ainſi nous trouvons notre
condamnation dans celle des Juifs de ce temps-là:
& Saint Jacques nous a ſuffiſamment montré l'opinion qu'il faut prendre de la doctrine qui établit
la Guerre.

Huitieme
& derniere
Objection:
Ce que dit
J. C. à S.
Pierre,
quand il
eut tiré l'é-
pée, &c.

VIII. Grotius met ici pour huitieme & derniere
objection, contre ſon ſentiment, le paſſage où
Jeſus-Chriſt dit à Saint Pierre : *Ceux qui auront pris
l'épée, périront par l'épée*, & il obſerve que cela
regarde proprement l'uſage des armes de particulier à particulier, & non pas la Guerre en général : car, dit-il, notre Seigneur lui-même, lorſqu'il parle du deſſein qu'il avoit formé de ne pas
ſe défendre, & d'empêcher même que d'autres ne

vinſſent à ſon ſecours, en rend cette raiſon : *Que*

ſon regne n'eſt pas de ce monde ; & Grotius renvoie
la ſolution de la difficulté qu'on tire de ce paſſage
au chapitre ſuivant (chap. 3, §. 3), où il s'ex-

prime ainſi : « Pour ce que notre Seigneur dit à Saint
» Pierre, il y a là, je l'avoue, un ordre poſitif

» de ne pas ſe ſervir de l'épée ; mais cela ne re-
» garde point le cas dont il eſt queſtion ; car
» l'Apôtre n'avoit pas beſoin de ſe défendre...... à
» l'égard des paroles ſuivantes : *Tous ceux qui au-*
» *ront pris l'épée, périront par l'épée :* ou c'eſt un
» mot proverbial qui ſignifie que *le ſang fait verſer*
» *le ſang*, & qu'ainſi l'uſage des armes eſt toujours
» périlleux : ou bien, ſelon l'explication d'Origene,
» de Théophylacte, de Tite, & d'Euthymius,
» cela veut dire, qu'*il ne faut pas empiéter ſur*

, *les droits de Dieu en anticipant la vengeance,*
qu'il faura bien prendre lui-même en fon
, temps ».

Grotius ne paroît pas mettre de doute à la réponfe qu'il fait à cette objection. Cependant, dit
un bon Ecrivain (1) qui connoiſſoit bien l'Evangile : *C'eſt ici l'un des plus difficiles paſſages de l'Ecriture, & il ne faut point d'autre preuve de ſon obſcurité que les différentes explications que les interpretes
ont tâché de lui donner.* Mais d'où lui viendroit donc
cette obſcurité prétendue, ſi ce n'eſt du préjugé
général que *les Peuples & les Nations ont le Droit
de faire la Guerre quand elles le trouvent juſte & à
propos ?* Cette fatale perſuaſion, qui eſt la cauſe
de tant de déſordres, a mis ſur les yeux des plus
ſages un large bandeau qu'il eſt comme impoſſible
d'arracher. Grotius, ainſi que tous les autres, diviſe la Guerre en *publique* & *privée.* Il applique ici
à la Guerre privée les paroles de Jeſus-Chriſt, &
il ne ſe doute pas ſeulement qu'il y ait rien de commun, quant au *Droit*, entre l'une & l'autre ; mais
il ſe trompe très-certainement ; car il penſe & il
a établi (2) que *les Etats & les particuliers ont le
pouvoir de repouſſer la force par la force.* Or, Saint
Pierre, en tirant l'épée, n'étoit pas véritablement
dans le cas abſolu de la *défenſe perſonnelle* (3),
mais un mouvement involontaire, pour défendre

*Un habile Ecrivain ne
trouve pas
ce paſſage
auſſi aiſé à
comprendre, que
ſemble le
croire Grotius.*

*Cauſe de
cette prétendue obſcurité.*

*Si les paroles de J.
C. regardoient la
Guerre privée, on
peut les appliquer
auſſi à la
Guerre publique.*

---

(1) L'Abbé du Guet, *Traité de la Croix*, Tome VI,
p. 591, de l'édition de Paris, 1733, in-12.

(2) Livre I, Chap. III, §. 3, Tome I, p. 238.

(3) La troupe que Judas amena pour ſe ſaiſir de J. C., ne s'adreſſoit point à S. Pierre.

fon cher maître, pouvoit bien l'y avoir engagé ; autant que fon naturel ardent ; & il étoit d'ailleurs intéreffé, à en juger humairement, à la confervation de celui dont il étoit le difciple. Il pouvoit craindre encore pour foi, bien que fon action fût vifiblement téméraire, & en apparence injufte (1).

S. Pierre étoit dans le cas de la *défenfive.*   Mais la caufe de Jefus-Chrift étoit la fienne ; & il faut le regarder, en ce moment, comme ne connoiffant rien encore aux vues élevées de l'*Homme-Dieu*, & n'agiffant que par les impreffions de ce que fes yeux lui montroient : alors proprement, il étoit dans la *défenfive ;* & nos Auteurs doivent d'autant moins rejeter cette explication, qu'ils ne donnent pas eux-mêmes d'autre fondement à leur Guerre *offenfive.*

Explication des paroles de J. C., par rapport aux *particuliers* entr'eux ; & par rapport aux *Nations* entr'elles.   Cela étant, Jefus-Chrift n'a point commandé à Saint Pierre *de remettre l'épée au fourreau*, fans faire le même commandement aux Nations. Il ne défend point aux particuliers, non plus qu'aux Etats, de repouffer actuellement une violence meurtriere ; mais il prefcrit aux uns & aux autres de ne point tirer l'épée, ou pour fatisfaire un reffentiment, ou pour obtenir ce qu'on demande : aux *particuliers*, à caufe que hors de ces occafions uniques, dont nous avons parlé, ils doivent recourir à l'autorité du Prince ou des Magiftrats commis pour rendre la juftice (ce qui n'étoit pourtant point le cas de Saint Pierre (2)) : & aux *Etats* ou *Nations*, à caufe que l'une n'ayant point d'autorité

---

(1) Voyez fa juftification, dans l'Ouvrage de l'Abbé du Guet, cité plus haut. *Ibid.* p. 155 & fuivantes.

(2) Voyez du Guet, *loco citato.*

fur l'autre, le *glaive* qu'elles ont en main n'eſt deſtiné qu'à aſſurer la paix entre leurs Sujets par la
punition des coupables (1), ou qu'à les préſerver
des atteintes du dehors, quand on viendra les attaquer.

Et qu'on n'allegue point, pour fortifier l'opinion,
que cela ne regarde pas la Guerre en général, les
paroles que dit Jeſus-Chriſt à Pilate pour lui faire
entendre pourquoi il ne ſe défendoit pas : car ces
paroles : *Mon regne n'eſt pas de ce monde*, en ſi-
gnifiant qu'il a dédaigné de venir, comme les Princes
de la terre, avec tout l'attirail de leur grandeur &
les attributs de leur puiſſance, ſuppoſent bien qu'il
n'avoit pas voulu ſe défendre, quoiqu'il l'eût pu
tout de même ſans cela ; mais elles diſent encore
que les Puiſſances humaines n'ont que des armes
indignes de la bonne cauſe ; & que puiſqu'elles
ſont réellement mauvaiſes, le ſeul uſage raiſonnable
que les hommes, comme les Nations, en puiſſent
faire, vu l'infirmité de leur nature, c'eſt de les
employer encore, avec regret, à ſe défendre contre
tout dangereux agreſſeur (2).

Ce que ſignifient ces paroles de J. C. : Mon regne n'eſt pas de ce monde.

Jean, C. XVIII, Verſet 36.

---

(1) Je renvoye toujours, ſur la *punition de mort*, à ce que
j'en dirai en ſon lieu. Voyez la Deuxieme Partie, Sect. II.

(2) Saint Ambroiſe explique ainſi ce que J.C. diſoit, *qu'il faudroit vendre juſqu'à ſon habit pour acheter une épée.* « Seigneur,
» pourquoi m'ordonnez-vous d'acheter une épée, puiſque vous
» me défendez de frapper ? Pourquoi exigez-vous que je la
» tire ? C'eſt peut-être afin que j'aie là de quoi me défendre,
» & non pas afin que je me venge ». *O Domine, &c.* Voyez
le reſte, dans Grotius, Droit de la Guerre & de la Paix,
Tome I, page 142, note 13, le mot de *ſe venger*, oppoſé à
celui de *ſe défendre*, repréſente parfaitement la Guerre *offenſive* ; & c'eſt tout ce que nous diſons.

C'eft la conclufion que nous devons tirer, non-feulement de ce que je viens de dire, mais encore des paroles fuivantes, qui ont à-peu-près le même fens, & par lefquelles je terminerai ce chapitre; car pour l'interprétation de Grotius, rapportée ci-devant, je n'en dirai rien; puifqu'elle ne me paroît pas mériter attention. Quel eft donc, dit le fage Auteur que j'ai déja cité, le vrai fens de cette parole de Jefus-Chrift, qui ne peut être que très-importante : *Remettez votre épée dans le fourreau; car tous ceux qui fe ferviront de l'épée, périront par l'épée ?* Pour préparer à ce fens, & le rendre plus clair, il a befoin (ajoute-t-il) de deux obferva-tions : « 1°. Que quiconque prend l'épée pour at-» taquer, ou pour fe défendre, choifit un moyen » qui convient autant à fes ennemis qu'à lui-même; » que toutes les Nations fe font mutuellement dé-» truites par les mêmes armes; & qu'à mefure » qu'on en a inventé de nouvelles, elles ont été » employées contre leurs inventeurs. 2°. Qu'il n'y » a, par conféquent, aucune légitime efpérance » de pouvoir protéger l'innocence & la vertu par » l'épée ».

Après cela, il fait parler de cette forte Jefus-Chrift à Saint Pierre : « C'eft comme s'il lui difoit: » n'efpérez point de défendre ni ma juftice, ni la » vôtre par l'épée, qui convient plus à la violence » qu'à la vertu. Vous ne rendrez point les Juftes » invincibles, en ne leur donnant, pour fe défendre, » que les moyens que les injuftes prennent pour » les opprimer, & qu'ils emploient avec plus d'ar-» deur, plus de vigilance & plus de fuccès. Il » faut, pour rendre les Juftes invincibles & tou-» jours victorieux, ne leur donner que des armes, » dont

Marginal notes (left column):

P. 596, Tome VI, & fuiv.

Ibid. page 599. Langage que cet Au-teur fait te-nir à J. C. relatif à ce fens.

Vrai fens des mêmes paroles de J. C., fui-vant du Guet: *Re-mettez vo-tre épée dans le fourreau, &c.*

» dont leurs ennemis ne puiffent fe fervir, parce
» qu'ils ne peuvent les avoir, & qu'ils n'en con-
» noiffent, ni la force, ni l'ufage ; remettez donc
» votre épée dans le fourreau : vous pouvez être
» bleffé par celle des autres : vous pouvez même
» en être tué. Mais votre foi, votre patience,
» votre amour pour moi, pour la vérité & pour
» la juftice, vous rendront invulnérable. De telles
» armes affureront votre vie, &c. ».

Je fais bien que ces dernieres paroles renferment un fens plus haut, qu'elles figurent la vie éternelle ; mais rien n'empêche que nous ne les prenions au propre ; puifqu'en effet la patience, le définté-reffement, la douceur, le pardon des injures, font des vertus infiniment plus efficaces que les armes ; plus capables, avec le temps, de radoucir les na-turels les plus fauvages, & de faire, dès cette vie, la félicité des Peuples, en étouffant infenfiblement l'efprit de cupidité & d'ambition qui les divife.

Applica-tion de cela à ma con-clufion.

CHAPITRE V.

Observations de Grotius sur les objections qu'on tire de l'antiquité Eccléfiaftique contre fon fentiment. Jugement des unes & des autres.

<p. 122.)
L'anti-
quité Ec-
cléfiaftique
d'un grand
poids dans
ces matie-
res.

» COMME, *dit-il*, dans l'interprétation du fens
» d'un écrit, l'ufage reçu depuis, & l'autorité des
» perfonnes éclairées, eft ordinairement de grand
» poids, on ne peut fe difpenfer d'y avoir égard,
» lors même qu'il s'agit du fens des Auteurs facrés.
» Car il n'eft pas vraifemblable que les Eglifes
» fondées par les Apôtres, fe foient éloignées tout
» d'un coup, où toutes à la fois, des maximes que
» les Apôtres leur avoient données par écrit en peu
» de mots, mais qu'ils avoient expliquées plus au
» long de vive voix, ou dont ils avoient eux-
» mêmes introduit la pratique dans le Chriftianifme
» naiffant. Or, ceux qui condamnent (*ajoute-t-il*),
» toute forte de Guerre fans exception, alleguent
» quelques paffages des anciens Auteurs Chrétiens,
» fur lefquels voici ce que j'ai à dire ». C'eft ainfi
que parle Grotius.

Grotius
prétend
que l'opi-
nion, que
nous fou-
tenons,
n'étoit pas
l'opinion
commune
desEglifes.

I. Il remarque d'abord que tout ce qu'on peut
conclure de ces paffages, c'eft que quelques particuliers étoient dans le fentiment que nous foutenons; « mais qu'il ne s'enfuit point que ce fût l'opi-
» nion commune des Eglifes; qu'il faut ajouter à
» cela, que les Docteurs qu'on cite, font, la plu-
» part, des gens qui aimoient la fingularité, &

» qui fe plaifoient à propofer des idées plus fublimes
» que celle du commun des Chrétiens, comme,
» par exemple, *Origene* & *Tertullien* ; qu'enfin,
„ d'ailleurs, ils ne font pas toujours d'accord avec
» eux-mêmes, &c. ».

Pour moi, j'obferverai premierement fur cet article, comme je l'ai déja dit ailleurs (1), qu'il me paroît bien fort de croire que ces Peres condamnaffent toute forte de Guerre fans exception, c'eft-à-dire, celle où l'on ne prend les armes que pour repouffer actuellement la violence : car la *défenfe naturelle*, telle que je l'entends, a une juftice fi évidente, qu'il eft impoffible de s'y méprendre. Il n'étoit donné qu'aux Juifs, dans un temps où la trop grande ferveur de quelques-uns les faifoit mal interpréter la Loi du Sabbat, d'*aimer mieux fe laiffer égorger que de fe défendre ce jour-là :* il fallut que le Confeil, après s'être affemblé tout exprès, & avoir bien examiné la chofe, déclarât, par un décret, que la Loi du Sabbat n'obligeoit perfonne dans des cas de néceffité (2). Mais la Loi de Jefus-Chrift n'étant pas faite pour rien changer à la Loi écrite, ni à celle de nature, & étant feulement deftinée à les perfectionner, le Droit naturel eft refté dans toute fa force ; & à moins qu'on ne nous montre des paffages formels, tirés des Ouvrages des Peres dont nous parlons, qui nous marquent nettement leur penfée à cet égard, nous ne devons point leur imputer une opinion auffi étrange que celle qu'on leur attribue. Il faut chercher au

Mais s'il fe préfente un fens raifonnable à ce que difent certains Docteurs de l'Eglife quand ils fe déclarent tout-à-fait contre la Guerre ; pourquoi fe refufer à leur donner ce fens à

***

(1) Voyez ci-devant, Sect. III, Chap. III.
(2) Hiftoire des Juifs par Prideaux, Tome III, p. 300, où l'on cite le premier Liv. des Machabées, 11, 40, 41. Et Jofeph Antiq. 12, 8.

A a ij

contraire à concilier ce qu'ils difent, & à leur donner un fens raifonnable. J'ai déja (1) remarqué que s'ils paroiffent, par fois, fe contredire eux-mêmes, cela vient fans doute de ce qu'ils n'avoient pas faifi le vrai principe du Droit : ils voyoient les mauvais effets de la Guerre, & fon oppofition manifefte avec la douceur & la charité, tant recommandées par Jefus-Chrift & les Apôtres ; ils en fentoient toute l'injuftice ; mais ils n'apperce-voient pas ce point de féparation qui ôte toute équivoque, & qui, confervant au Droit naturel le pouvoir qu'il a de nous autorifer à nous défendre quand on nous attaque, laiffe le Droit de la Guerre dans tout ce qu'il a d'odieux, & avec les fauffes couleurs fous lefquelles on voudroit en vain le déguifer.

Ce que n'ont pas bien connu les premiers Docteurs de l'Eglife, au fujet de la Guerre.

En effet, la Guerre, en général, eft prife en mauvaife part : c'eft un fléau qui afflige l'humanité : les Poëtes l'ont repréfentée comme *une Déeffe malfaifante, qui ne refpire que la deftruction & le défordre, tenant un fléau ou une verge teinte de fang, les cheveux épars & le feu dans les yeux* (2).

Comment les Poëtes ont dépeint la Déeffe de la Guerre.

Auffi n'eft-elle précifément que la *Guerre offenfive*, celle à laquelle nos Auteurs fe font efforcés de donner un air d'équité & de juftice ; & c'eft très-improprement, au fond, qu'on appelle du même nom de *Guerre* (Guerre défenfive) cet état, où la violence des autres nous oblige à prendre les armes ; car l'on peut bien dire alors, *que l'on fe*

La Guerre défenfive porte improprement le nom de Guerre.

(1) Ci-devant, Ch. I de cette Section.
(2) Enéide, Liv. VII & IX.

défend, mais non *que l'on fait la Guerre* ; & il n'y a que celui qui la porte qui puiſſe être conſidéré ſous cette dénomination.

Ces diſtinctions n'ayant pas été ſuffiſamment remarquées par nos Auteurs, comme *Origene* & *Tertullien*, ce n'eſt pas merveille qu'ils aient donné priſe aux ennemis de leur ſentiment : c'eſt que, ſelon qu'ils conſidéroient la queſtion, & les différens ſujets qu'ils traitoient, ils énonçoient leur penſée : voilà pourquoi *Origene* dit, que *ce que font les abeilles, eſt un modele naturel que Dieu donne aux hommes, pour faire la Guerre, lorſqu'il en eſt beſoin ;* parce qu'effectivement les abeilles ne piquent que quand on les attaque, & qu'on va les interrompre dans leur travail & leur demeure : voilà pourquoi *Tertullien*, dans ſon *Traité de l'Idolatrie*, forme cette queſtion : *Si les fideles peuvent prendre le parti des armes ; & ſi les Gens de Guerre peuvent être admis au Chriſtianiſme ?* Sur quoi il penche pour la négative : tandis que dans le Livre, *touchant la couronne du ſoldat*, après avoir fait quelques réflexions contre la Guerre, il diſtingue entre *ceux qui exerçoient la profeſſion militaire avant leur baptéme, & ceux qui l'ont embraſſée depuis :* ce qui ſuppoſe effectivement que ceux qui, ayant pris les armes, continuoient dans cette profeſſion depuis leur baptême, ne croyoient pas, ſans doute, que l'Evangile défendît abſolument la Guerre ; puiſqu'autrement, ils ſe feroient retirés ; & que d'ailleurs, on ne leur auroit pas plus permis de faire toujours le même métier, qu'on ne le permettoit aux *Haruſpices*, aux *Magiciens*, & autres perſonnes qui exerçoient des arts illicites. Mais il faut dire ici, à la juſtification de *Tertullien*, qu'ayant pour objet, en compoſant ſon Traité de l'*Idolatrie*, de

Dans Grot. P. 123.

Comment il faut entendre les paſſages de *Tertullien* & d'*Origene.*

Dans Grot. pag. 124.

Leur juſtification.

A a iij

marquer d'une maniere fenfible tout ce qui pouvoit en avoir le caractere, & voulant en détourner
les Chrétiens; il lui paroiffoit, d'une part, que le
métier des armes, que les fideles alloient exercer
chez les Payens même, n'étoit guere compatible
avec la fainteté de leur état, expofés comme ils
étoient, en fe mêlant avec les infideles, à perdre
leur foi & leur vertu, comme on peut le voir dans
Grotius même (1); & d'un autre côté, que les Gens
de Guerre, réfolus à continuer leur métier, en demandant d'être admis au Chriftianifme, n'appor-
toient pas, ce femble, des difpofitions convenables
à une telle vocation; & par conféquent, de toutes
parts, Tertullien rencontroit des raifons de douter
que la Guerre fût une profeffion honnête à des
Chrétiens. Il n'avoit pas tort dans le fens de *la
Guerre offenfive*; mais il auroit dû favoir que la

Ils au-
roient dû
pourtant
ne pas con-
fondre
avec la
Guerre, la
profeffion
des armes,
qui eft
louable &
néceffaire.

profeffion des armes, par elle-même, n'eft point (2)
criminelle, qu'elle eft néceffaire; que les troupes,
dans un Etat, font deftinées à le défendre des attaques du dehors, & à maintenir dans l'intérieur
la paix & la juftice entre les Sujets; mais jamais
pour attaquer aucune Nation par quel motif que ce
puiffe être; que fur ce pied, les ames les plus ti-
morées & les plus chrétiennes, peuvent embraffer
cette profeffion, fans craindre de déplaire à Dieu.
Ce n'eft point aux troupes qu'eft confié le foin du
Gouvernement, & de connoître quand, ni comment il faut agir ou marcher: elles ne font faites
que pour l'obéiffance; & il faudroit bien que le

---

(1) *On faifoit jurer les Gens de Guerre par un Jupiter, par*
un Mars, & autres Divinités du Paganifme, dit Grotius,
page 125.

(2) Voyez ci-après, Chap. VII.

commandement fût fouverainement injufte , pour les rendre refponfables des fuites : tant pis pour le Prince ou les Magiftrats d'une République qui intervertiront l'ordre de leur deftination, en les employant à un ufage condamné. Et voilà en quoi feulement, la vérité n'a pas été bien connue de Tertullien & des autres Peres , fur l'article de la *Guerre;* quoique d'ailleurs ils en aient pris une affez jufte idée , quant à fes méchans effets & à fon injuftice , prife dans fon fens propre & naturel.

II. Grotius veut , dans fa feconde obfervation , « que les Chrétiens aient fouvent condamné ou fui » le métier de i Guerre, à caufe des circonftances » du temps, qui ne permettoient guere de porter » les armes, fans commettre des actions contraires » aux Loix du Chriftianifme : en quoi ils imi- » toient , *dit-il*, la conduite des Juifs , par rap- » port à la violation des Loix de Moyfe ». *Il parle* d'une lettre de Dolabella aux Ephéfiens, que Jofeph nous a confervée , dans laquelle on voit » que les Juifs demandoient d'être exemptés des » expéditions militaires, à caufe qu'y étant mêlés » avec les Etrangers , ils ne pouvoient pas bien » obferver les cérémonies de leur Loi , & parce » qu'ils étoient fouvent obligés d'exercer des fonc- » tions militaires, ou de faire de grandes journées » pendant le Sabbat. *Il ajoute que*, fuivant le même » Hiftorien , les Juifs obtinrent de L. Lentulus , » par les mêmes raifons, d'être difpenfés du fer- » vice ; & que cet Hiftorien dit ailleurs, que quand » on fit fortir les Juifs de Rome , on en en- » rôla quelques-uns, & on en punit d'autres, parce » qu'ils ne vouloient pas s'enrôler par refpect pour » les Loix de leurs ancêtres , c'eft-à-dire, *dit Gro-*

Motifs que Grotius prête aux Chré- tiens qui fuyoient le fervice mi- litaire, cu qui condam- noie t la Guerre.

A a iv

» *tius*, pour les deux raiſons dont nous venons de » parler ».

Ces mo-
tifs n'é-
toient pas
les ſeuls ;
& le plus
puiſſant, à
mon avis,
étoit l'op-
poſition
qu'ils trou-
voient en-
tre les
Guerres
offenſives
& la Loi
Chrétien-
ne.

Ces raiſons ne prouvent point que les Chrétiens, en condamnant ou fuyant le métier de la Guerre, ne l'aient pas conſidérée ſous le même point de vue que nous ; & qu'ils n'aient eu d'autres motifs de leur dégoût ou de leur blâme que ceux qu'on leur prête. J'en dirai autant des Juifs : ſoumis, les uns & les autres, à des Puiſſances étrangeres, & à des Payens, dont ils devoient reſpecter ou craindre la façon de penſer, il étoit naturel qu'ils ne leur alléguaſſent que ce qui pouvoit moins leur déplaire, je veux dire la difficulté ou l'impoſſibilité d'exercer leur Religion ; mais ils pouvoient avoir, dans l'ame, un motif ſupérieur qu'ils leur cachoient, & qui les eût aigris ; ſavoir, que cette même Religion condamne la Guerre. Diſons, ſi l'on veut, la *Guerre offenſive*, qui eſt pourtant la même choſe. Cette préſomption ne doit point paroître étrange, par rapport aux Chrétiens, eux à qui les maximes de *Jeſus-Chriſt*, & les enſeignemens des Apôtres, étoient encore tout préſens, & qui devoient avoir ſenti, mieux que nous, combien l'eſprit de l'Evangile étoit oppoſé à l'art de tuer les hommes.

C'eſt par une ſuite de cette conviction qu'ils devoient avoir auſſi, comme les Juifs, une troiſieme raiſon de s'abſtenir des Guerres, qui eſt, qu'en prenant les armes, il falloit s'en ſervir ſouvent contre ceux de leur Nation. Les Chrétiens, diſperſés en différens pays, avoient à craindre d'être obligés de s'entre-égorger les uns les autres ſans le vouloir : motif aſſurément aſſez digne d'une ame vertueuſe & chrétienne.

Or, juſques-là, je ne vois point qu'on ait prouvé

que les premiers fideles, qui étoient bien inftruits de leur Loi, ne regardoient point la Guerre comme défendue.

III. Pour la troifieme & derniere réflexion de Grotius, que *les Chrétiens des premiers fiecles afpi-roient avec tant d'ardeur au plus haut degré de per-fection, qu'ils ont fouvent pris les confeils divins pour des préceptes d'une obligation indifpenfable;* c'eft alléguer les excès d'un zele outré de la part de quelques-uns, fans que cela porte en rien contre le fentiment général que je fuppofe aux premiers Chrétiens au fujet de la Guerre.

En premier lieu, la diftinction des confeils & des préceptes ne fait rien ici contre-mon fentiment. Il s'agit de favoir, fi ceux qui ont penfé que la Guerre ne s'affortiffoit pas avec la fainteté de la morale de Jefus-Chrift, étoient fondés à le croire de même, & fi ce pouvoit être-là l'opinion commune des Eglifes: ou bien, fi les Docteurs qu'on cite, qui condamnent la Guerre, méconnoiffoient la vé-ritable mefure de la Loi Chrétienne, & en éten-doient trop les préceptes.

Pour expliquer cela, il fuffit de dire, que le fujet dont nous parlons, n'eft point de la na-ture de ceux où l'on pouvoit aller plus loin que la Loi: les fecondes noces, par exemple, le mariage, plaider, aller fur mer, font des chofes, qui, abfolument & par elles-mêmes, ne font pas mauvaife, & dont l'ufage ou l'abftinence dépen-dent de l'état & des circonftances où l'on fe trou-ve, & dont chacun eft laiffé juge pour foi-même; mais la Guerre, je l'ai dit fouvent, (& j'entends

Troifie-me & der-niere réfle-xion de Grotius: que les pre-miers Chré-tiens pre-noient fou-vent les confeils di-vins pour des précep-tes, &c.

Cette dif-tinction entre les confeils & les précep-tes ne fait rien contre mon fenti-ment. De quoi il eft feulement queftion ici?

La Guerre n'eft pas une chofe à compa-rer avec les fecondes noces, le mariage, le plaid en Juftice, l'aller fur mer, &c.

toujours la *Guerre offensive*), est mauvaise de sa nature ; elle ne produit que des malheurs aux deux partis qui se combatent ; l'on ne sauroit s'y déterminer sans penser déja à la destruction de ceux que nous attaquons. L'on à tort de lui comparer l'action de *plaider en justice*, & de vouloir la juger par les mêmes regles : les armes de la Justice Humaine, sont consacrées par les Tribunaux de la Nation ; elles ne sont faites que pour les sujets entr'eux, & ne sont point meurtrieres, bien que souvent elles aient un effet presque aussi funeste ; mais par un sort qui n'est pas dans la chose même. Au lieu que la *Guerre* met aux prises deux Nations entierement libres & indépendantes, & s'arroge elle-même le droit de juger & de punir, quand elle est victorieuse.

Cette comparaison, s'il y avoit quelque connexité entre ces choses, condamneroit visiblement la *Guerre.*

Dans Grot. pag. 116.

Toutefois, si l'on veut absolument qu'il y ait entr'elles quelque sorte de connexité, nous allons trouver sa condamnation décidée dans les paroles que je vais rapporter de *Barbeyrac*, au sujet des *Procès* ; il n'y a qu'à changer les noms : « Mais » pour ce qui est, dit-il, de ne pas plaider, & » d'aimer mieux perdre son bien, que de poursuivre en justice une personne qui nous l'a pris, » ou nous le retient injustement ; c'est une maxime » générale, que *l'on doit relâcher de son droit,* » *toutes les fois qu'on le peut, sans s'incommoder* » *beaucoup, & sans qu'il en résulte d'ailleurs quelque inconvénient* : le bien de la paix & la prudence le demandent également ». Ainsi, (dirai-je, en appliquant aux Guerres, ce que Barbeyrac dit des procès) ; les *Guerres*, étant une source funeste de haines, d'animosités, de divisions, de chagrins, d'embarras, de dépenses d'hommes

& d'argent, &c. il faut les fuir autant qu'on peut, & s'expofer à une perte fupportable, plutôt que de s'engager dans toutes ces fuites fâcheufes de la pourfuite des droits les plus légitimes. « Ce » n'eft point là, *dit Barbeyrac*, (*parlant toujours* » *des procès*), un confeil, mais *un vrai précepte* » *& de l'Evangile & de la Loi de Nature*; & fur- » tout, *ajoute-t-il*, lorfque certaines circonftances » particulieres exigent une telle modération, comme » au commencement du Chriftianifme, où il im- » portoit beaucoup, pour ne pas donner mauvaife » opinion de la Religion Chrétienne & de fes » fectateurs, que les Chrétiens n'allaffent point » plaider comme les Payens ». Qui ne voit que les Gueres font encore de plus grande importance que les procès? & que, fi les premiers Chrétiens refpectoient le précepte tel qu'on nous l'expofe, par rapport au devoir de s'éloigner des procès en ces circonftances, & à la néceffité de marquer, à cet égard, de la modération, pour l'honneur & l'avantage du Chriftianifme? qui ne voit, dis- je, que ces fentimens devoient leur être encore plus familiers au fujet de la Guerre, dont les vices & les dangers font beaucoup plus fenfibles, & à laquelle d'ailleurs, il n'étoit guere poffible que des gens, faits comme eux, priffent quelque part? Il eft donc naturel de penfer, que le rebut qu'ils témoignoient pour cette profeffion, n'étoit pas le fruit d'un *excès de zele*, & que ceux qui ont condamné abfolument la *Guerre*, avoient des in- tentions plus droites & plus éclairées que celles de fe fingularifer, & de propofer des idées plus fublimes que n'en avoit le commun des Chrétiens.

Je remarquerai enfin, en comdamnant le Tra-

Réflexions fur la jufte convenance de l'application des paroles de Barbeyrac (*fur les procès*) à la Guerre, par rapport à l'éloignement qu'en avoit le commun des Chrétiens.

Droit de

la Guerre
& de la
Paix, tom.
I, p. 127,
art. 11 de
la note 19.
L'objec-
tion que
fait ici
Barbeyrac
(tirée de la
diftinction
des *Con-
feils évan-
géliques* &
*des pré-
ceptes* qu'il
trouve
fauffe) eft
fans nul
fonde-
ment.

Voyez
ci-devant,
Sect. IV,
Chap. II,
& Ch. IV.

ducteur de *Grotius*, qui trouve fauffe la *diftinction
des confeils évangeliques & des préceptes*, que puifque, (fuivant fes paroles), les Apôtres n'ont
donné ce nom de *confeil*, qu'aux fimples exhortations qu'ils faifoient aux Chrétiens, en leur parlant de la conduite qu'ils avoient à tenir en certaines circonftances, par rapport à certaines chofes,
ou indifférentes en elles-mêmes, ou fur lefquelles
il n'y avoit aucun ordre particulier de *Jefus-Chrift*,
ni aucune Loi de l'Evangile qui impofât à chacun
une néceffité conftante & indifpenfable d'agir ou
de ne point agir de telle ou telle maniere : en quoi,
(ajoute-t-il), ils ne pouvoient que leur donner
certaines regles générales, dont chacun devoit enfuite fe faire application à foi-même, felon l'état
où il fe trouvoit : je remarquerai, dis-je, que
cette maniere de les inftruire, ne leur indiquoit rien
qui pût les porter à croire que le *bien*, relativement à nous & à notre état actuel, eût divers
degrés de perfection, & qu'ils fuffent ainfi les maîtres d'afpirer à une vertu plus haute & plus diftinguée : l'ordre des obligations reftoit le même ;
& ce qui étoit *excellent* & *agréable* à Dieu, les
Chrétiens devoient toujours le pratiquer, en raifon
de la poffibilité & du befoin, qui font précifément
ce qui conftitue cet *excellent* & cet *agréable* : car
Dieu ne demande que le *poffible*, & il veut
encore que le *poffible* foit *néceffaire*. Les *confeils*
ne font pas le *précepte* ; mais ils menent au *précepte* : tout eft lié dans la morale. Or, comment
fauroient-ils être plus grands & plus fublimes que
le *précepte* ? Le moyen feroit-il plus beau que la
fin ? Mais fi pour aller à cette fin, le moyen,
c'eft-à-dire, le *confeil* eft néceffaire à fuivre ;
alors le confeil eft comme un *précepte*, non pas

en tant que commandé, mais en tant que la feule voie propre & convenable à la fituation où nous nous trouvons, qui demande une telle obéiffance de notre part, comme créatures raifonnables. Je dis donc, que n'y ayant pas deux manieres d'être à la vertu, & l'accompliffement de la Loi, relativement à chaque individu humain, n'étant point fufceptible, foit directement ou indirectement, de plus & de moins, les Chrétiens, à qui les Apôtres ont communiqué le fel de la divine parole, & le goût des chofes folides, n'ont pu fe méprendre dans le rebut qu'ils témoignoient pour la Guerre ; ni s'imaginer en la condamnant, ou en demandant d'en être exemptés, de *s'élever à un degré de perfection extraordinaire* : ils croyoient, tout fimplement, faire leur devoir, puifque fon oppofition aux regles de l'Evangile, étoit d'ailleurs fi manifefte ; & il étoit moralement impoffible qu'ils apperçuffent différens degrés, là où la vertu chrétienne confifte uniquement à pratiquer la Loi, chacun felon fon pouvoir ; outre qu'en renonçant au métier des armes, c'étoit, non pas abdiquer une chofe évidemment mauvaife, mais en vouloir éviter les abus qui fe gliffent fous le nom de *Guerre*, laquelle, telle que nous l'avons fi fouvent décrite, n'offre rien qui la rende tant foit peu compatible avec les maximes de *Jefus-Chrift*, ni même, comme je l'ai montré en fon lieu, avec les regles de la *raifon* & les principes de la *Loi naturelle*.

Les Peres, comme *Origene* & *Tertullien*, qui l'ont enfuite condamnée abfolument, n'ont pas pu la confidérer avec d'autres yeux que nous, ni la préfenter fous une face différente. Il ne leur a manqué, comme j'ai dit, que de traiter cette

Voyez ci-devant, Sect. IV, Chap. I.

matiere méthodiquement, & de toucher le point
de la difficulté, qui est de connoître ce qui conftitue proprement la *Guerre* & le *Droit naturel;*
afin que les Lecteurs de bonne foi n'eussent point
à prendre le change; ni les ennemis déclarés de
leur sentiment, à se sauver par des équivoques.

Conclu-
sion.
Tout nous porte donc à conclure, que ce
qu'ils pensoient, étoit l'opinion commune des
Églises & des premiers Chrétiens; & que les
objections qu'on tire de l'antiquité ecclésiastique,
pour prouver que cela est ainsi, sont beaucoup
mieux fondées que les observations de *Grotius*, pour
les détruire.

CHAPITRE VI.

Des Preuves positives que Grotius puise aussi dans l'Antiquité Ecclésiastique, pour confirmer son opinion ; ce qu'il faut penser de ces Preuves.

» IL est certain d'abord, *dit-il*, que nous pou- » vons produire des Auteurs, & même des Au- » teurs plus anciens que ceux qu'on nous oppose, » qui ont cru, que l'usage de condamner à mort les » criminels, & celui de faire la Guerre, dont l'inno- » cence, (*ajoute-t-il*), dépend de la justice du pre- » mier, n'ont rien d'incompatible avec le Christia- » nisme ». J'ai déja remarqué plusieurs fois combien ces deux questions, qu'il joint ensemble, sont de nature différente, & ne peuvent se juger par les mêmes regles. Cependant, il s'ouvre ici un peu davantage, en nous disant, par réflexion, que *l'innocence* de l'usage de faire la Guerre, *dépend de la justice* de celui de condamner à mort les criminels. Mais c'est une chose qu'il n'a prouvée nulle part ; & je prie de voir, au contraire, ce que j'en ai dit ci-devant en plusieurs endroits (1). A l'égard de ces *Auteurs plus anciens*, qui sont, dit-il, de son sentiment, cela se borne à *Clément d'Alexandrie* & aux *Constitutions* qui portent le nom de *Clément Romain*, dont les citations qu'il rapporte, donnent seulement à connoître, ou qu'ils regardoient la punition à mort des criminels, comme légitime,

Grotius prétend avoir pour lui des Auteurs plus anciens que ceux qu'on lui oppose.

En quoi consistent ses autorités ? Il les entend mal.

_____
(1) Voyez Sect. III, Chap. V, Sect. IV, Ch. III, IV.

ou que la profeſſion des armes n'étoit pas ſoumiſe à toute la rigueur des vertus chrétiennes.

Il paſſe enſuite à l'autorité publique de l'Egliſe. Précis de ſes preuves, page 128, 129.

Enſuite, d'abord après, laiſſant là l'opinion des particuliers, il paſſe à l'autorité publique de l'Egliſe, laquelle il reconnoît être de très-grand poids. Il dit que l'on n'a jamais refuſé le Baptême aux Gens de Guerre, & qu'on ne les a non plus jamais excomuniés ; ce qu'on auroit dû faire néanmoins, (ajoute-t-il) & qu'on auroit fait ſans doute, ſi la profeſſion militaire étoit incompatible avec les conditions de la nouvelle alliance. Il cite encore les *Conſtitutions* dont il a parlé, à l'endroit où l'Auteur traite de ceux à qui l'on accordoit ou l'on refuſoit le Baptême ; il cite *Tertullien*, dans ſon *Apologétique*, & dans ſon Traité de la *Couronne*; enfin, il ajoute, que quelques ſoldats, dont il rapporte pluſieurs exemples, qui avoient ſouffert de cruels tourmens, juſqu'à la mort, pour le nom de *Chriſt*, ont été honorés, par l'Egliſe, de la même maniere que les autres Martyrs ; & il finit en diſant, qu'il *paroît aſſez de-là, quelle étoit l'opinion commune des premiers Chrétiens, au ſujet de la Guerre, avant même que les Empereurs fuſſent Chrétiens.*

Erreur de Grotius : tout ce qu'il rapporte ne regarde que la profeſſion des armes, & non la Guerre.

Je ne ſais, mais il me ſemble clair, à moi, que cette concluſion n'eſt point exacte ; qu'il ne s'agit point de la *Guerre*, dans tout ce que Grotius rapporte en cet article, mais ſeulement de la *Profeſſion Militaire*. Nous avons déja diſtingué (1) ailleurs, entre cette Profeſſion, qui eſt honnête & néceſſaire pour ſon objet & ſa fin, dans tout Etat

_____

(1) Ci-devant, Sect. IV, Chap. V.

quelconque,

quelconque, & la *Guerre*, proprement dite, qui est un emportement de la part des Nations les unes contre les autres, & un deffein formé de s'arroger, par les armes, le Droit de juger & de punir, en leur propre caufe. Les caractères particuliers que j'ai donnés de ces deux différentes idées, montrent evidemment qu'il n'y a aucune forte d'analogie entr'elles, & que l'on ne peut pas dire de l'une, ce que l'on affirme de l'autre ; ainfi, la conclufion de Grotius ne porte point du tout fur la queftion dont il s'agit.

Il allegue enfuite, que lorfque *Conftantin* eut embraffé la Religion Chrétienne, & commencé de travailler à fon avancement, (je paffe ici ce qu'il dit de l'ufage du dernier fupplice, qui ne fut point aboli pour cela, à ce qu'il obferve), il avoit dans fon armée un grand nombre de Chrétiens, comme il paroît par l'Hiftoire ; & qu'il fit mettre le nom de *Chrift* fur les étendards ; changeant auffi les termes du ferment de fidélité, que prêtoient les gens de guerre, en ceux que Vegèce rapporte : *Je jure par le nom de Dieu, par le nom de Jefus-Chrift, par le nom du Saint-Efprit & par la majefté de l'Empereur, qui, après Dieu, doit être aimée & refpectée du Genre humain.* Mais tout cela ne prouve pas que l'ufage de la Guerre *offenfive* foit bon ; & que quand *Conftantin* employoit fes armes, hors des cas de la néceffité & de la jufte défenfe de foi-même, il commît un acte légitime. Ce que l'on vient de rapporter a trait uniquement à la juftice, & au Droit naturel d'avoir, en chaque Etat, des défenfeurs de la patrie, dont la vraie fonction eft d'en repouffer les ennemis déclarés,

(P. 130.) Ceci a le même défaut.

Deftination des gens de Guerre.

Tome I.   B b

& de la garantir des attaques qui lui feroient véritablement funestes.

Ibid.
Ce qu'il
cite de S.
Ambroise,
comme un
indice que
les anciens
Evêques ne
condam-
noient pas
la Guerre,
prouve jus-
tement
tout le
contraire.

J'en dirai autant de l'autre raison que donne *Grotius*, que, « de tant d'Evêques qu'il y avoit alors, » dont plusieurs avoient souffert de violentes persécutions pour cause de Religion, on n'en trouve » pas un seul, dans toute l'Histoire Ecclésiastique, » qui ait exhorté *Constantin* à ne faire mourir aucun criminel, (jamais il ne sépare ces deux choses), » & à ne s'engager dans aucune Guerre ; ou qui » ait dissuadé les Chrétiens de servir, par la crainte » de la colere du Ciel ». Ce qu'il cite ici de *Saint Ambroise*, qui écrivoit du temps de *Théodose*, qu'il *n'y a point de mal à porter les armes ; mais que c'est un péché de le faire en vue de butin;* & ailleurs, *que la valeur n'a rien que de juste & d'équitable, lorsqu'elle tend, ou à défendre, par les armes, la patrie attaquée par des Barbares, ou à protéger au-dedans les foibles, ou à secourir des compagnons tombés entre les mains des brigands;* ce qu'il cite, dis-je, là, de Saint Ambroise, bien loin d'être une preuve si forte contre mon sentiment, prouveroit, selon moi, tout le contraire ; c'est-à-dire, que la primitive Eglise ne regardoit l'usage de la Guerre innocent, qu'autant qu'on la bornoit à défendre actuellement l'Etat attaqué; & non à attaquer, soi-même, un autre Etat, pour se faire justice de ses prétentions & de ses Droits (1). C'est justement parce que la plu-

Ibid.
p. 131, de
Grotius.

_____

(1) *Grotius* ici, sans le vouloir, feroit entendre la même chose, par les termes suivans dont il se sert, qui peuvent tout aussi bien nous convenir : *L'innocence de l'usage de la Guerre*

part de ces Evêques étoient très-rigides défenseurs
de la difcipline, & fort éloignés de rien diffimuler
de ce qui regardoit les devoirs, tant des Empereurs
que des autres hommes, qu'ils fe font exprimés de
même dans les occafions, fans cependant donner
des Traités en forme, ni penfer de marquer ou prefcrire jufqu'où s'étend le Droit de la *défenfe naturelle;* & comment la Guerre, qu'on appelle *offenfive*, ne peut être jufte. Mais il eft clair, par le
dernier paffage que nous venons de citer, que *Saint
Ambroife* a caractérifé cette *défenfe*, d'une maniere
à ne la pas faire méconnoître : il y indique les
trois cas qu'elle a pour objet, & que j'ai ci-devant,
moi-même, marqués : 1°. *de protéger au-dedans
les foibles*, cela regarde les fujets entr'eux; 2°. *de
défendre la patrie attaquée par des Barbares*, cela
fuppofe, que des ennemis de dehors viennent tomber fur elle, & lui faire une violence qu'il faut néceffairement repouffer; 3°. *de fecourir des compagnons tombés entre les mains des brigands*, c'eft la
défenfe qu'on accorde à une Nation opprimée, ou
prête à l'être, & qui réclame notre affiftance, ou
bien même, fans qu'elle la demande. Or, il ne faut
pas douter que ce *Pere* n'ait encore entendu, que
tous ces cas étoient déterminés par l'exacte néceffité
& le befoin. Que refteroit-il donc, pour imputer
aux premiers Evêques, qu'ils ne condamnoient point
la *Guerre offenfive ?*

Quand au XII. Canon du Concile de Nicée,

confidéré en lui-même; cat cet *ufage*, fous ce point de vue,
eft précifément le même que celui que la Loi Naturelle, la
Loi écrite, & la Loi de l'Evangile permettent.

Grotius
a raifon
ici; mais
cela ne fait
rien à fa
caufe.

que quelques-uns objectent en faveur de notre fentiment, & dont *Grotius* donne ici la traduction, il faut convenir que la maniere dont il l'interprete, est la plus raisonnable, & qu'il ne doit y être question que du crime *d'idolatrie* dont se rendoient coupables ceux qui retournoient au service; d'abord, qu'il est constant, au rapport *d'Eusebe*, que quelques Empereurs, comme *Licinius*, cassoient les gens de Guerre, s'ils refusoient de sacrifier aux Dieux; mais cela ne fait rien à mon sujet, non plus que ce que *Grotius* répond de bien à l'autre mauvaise objection, qu'on tire d'une Lettre du Pape *Léon*, où il est dit: *Que les regles de la discipline ecclésiastique ne permettent pas de se rengager dans la profession des armes, après avoir fait pénitence*, &c. Il s'agit effectivement d'une plus grande régularité de mœurs, dans laquelle on devoit être après la pénitence, à raison de ce qu'on avoit mené auparavant une vie plus dissolue, &c. De cela pourtant, on pourroit inférer qu'on regarde toujours la Guerre, en elle-même, comme une chose guere convenable à un vrai Chrétien; mais la Guerre *offensive* s'entend.

Grotius n'est pas si heureux dans ce qui suit, & il se fait illusion, de croire qu'il ait pour lui un jugement formel de *l'Eglise*, dans le premier Concile d'Arles, tenu sous *Constantin*. Voici, dit-il, ce que porte le troisieme Canon de ce Concile: *On a trouvé bon de suspendre de la Communion ceux qui jettent les armes en temps de paix, c'est-à-dire, qui quittent le service hors le temps de persécution.* Il ajoute à cela l'exemple des soldats qui servoient sous l'Empereur Julien, & de la vertu desquels *Saint*

Marginal notes:

Dans Grotius, page 133.

On peut pourtant n'en induire rien de bon en faveur de la Guerre.

Grotius se beloufe encore sur le troisieme Canon du *Concile d'Arles*; & sur les paroles qu'il rapporte de *Saint Ambroise*.

Ambroife fait l'éloge en ces mots : « L'Empereur
» Julien, quoiqu'Apoftat, avoit à fon fervice des
» Soldats Chrétiens. Lorfqu'il leur difoit, marchez
» au combat, pour la défenfe de l'Etat, ils lui
» obéiffoient auffi-tôt. Mais quand il leur difoit,
» prenez les armes contre les Chrétiens, ils ref-
» pectoient alors les ordres de l'Empereur célefte,
» préférablement à ceux de l'Empereur terrefte ».
Il eft vifible que, dans ce dernier exemple, l'on
entend la vraie défenfe de foi-même, puifque Saint
Ambroife parle en propres termes de la défenfe de
l'Etat, comme par oppofition à ce qui n'y avoit
point de rapport ; & en ce fens, c'eft ne nous rien
alléguer qui ne foit conforme à ce que je dis depuis le commencement de cet Ouvrage. Et pour
ce qui eft de l'autre exemple, tiré du Concile
d'Arles, il me femble qu'il ne dit abfolument rien
de ce qu'on veut lui faire fignifier : voici, felon
moi, fon veritable fens. Il faut penfer que ceux
qui étoient au fervice, dans le temps des perfécu-
tions, ou n'avoient rien à craindre de la perfécution
même, ce qui ne pouvoit fe faire qu'en déguifant
leur foi en Jefus-Chrift ; ou ne témoignoient pas
trop, en y reftant, un grand amour pour leurs
freres, qu'ils avoient laiffés feuls expofés à toutes
les violences & aux tourmens. Or, quand les per-
fécutions ayant ceffé, c'eft-à-dire, à la paix, ils
jetoient les armes ; l'on avoit grande raifon de
regarder leur foi comme fufpecte, & de les mettre
pour un temps à quartier. De forte que le Canon
du Concile, qui les fufpendoit de la Communion,
n'avoit point pour motif de leur indignité, qu'ils
euffent quitté une profeffion utile & néceffaire (en
cela même, on ne prouveroit rien pour la Guerre);

Ce que fignifient les paroles de ce Pere.

Vrai fens qu'il faut donner au troifieme Canon du Concile d'Arles.

B b iij

mais bien d'avoir trahi la caufe commune, & de
s'être mis, par une lâcheté honteufe, pour ainfi
dire, à l'abri de la perfécution même, en reftant
au fervice tout le temps qu'elle duroit. Peut-être
auffi, qu'on avoit vu de ces faux Chrétiens, qui,
au retour de la perfécution, reprenoient les armes,
pour fe garantir encore des maux qui alloient affié-
ger les autres.

Ce qu'il
allegue ici
des repré-
fentations
faites à
l'Empe-
reur par ces
illuftres
Confef-
feurs de la
Légion
Thébéen-
ne, &c.
fait bien
pour moi.

Grotius,
p. 134.

Enfin, *Grotius* acheve cette matiere en alléguant
quelques paroles de ces illuftres Confeffeurs de la
Légion *Thébéenne*, fi connue par l'exemple immortel
de conftance & de patience chrétienne qu'elle donna : paroles qui renferment, dit-il, exactement, &
en peu de mots, tout le devoir d'un Soldat Chrétien ; mais qui auffi, à mon avis, font comme le
réfultat des vérités que j'ai expofées dans cet Ouvrage, pour faire voir l'injuftice de la Guerre qu'on
nomme *offenfive*. « Nous vous offrons notre bras, *di-
» foient-ils à l'Empereur*, contre tout ennemi que vous
» aurez à combattre ; mais nous croirions commettre
» un grand crime, fi nous trempions nos mains
» dans le fang des innocens. Elles agiffent vigoureu-
» fement contre les impies & les ennemis de l'Etat ;
» mais elles n'ont pas de force, quand il eft quef-
» tion de maffacrer impitoyablement des gens pieux,
» nos concitoyens. Nous nous fouvenons que c'eft
» pour la défenfe des citoyens, & non pas contr'eux,
» que nous nous fommes engagés à prendre les armes.
» Nous avons toujours combattu pour la juftice, pour
» la piété, pour la confervation des innocens :
» c'eft, jufqu'ici, la récompenfe que nous avons
» eue, des dangers auxquels nous nous fommes ex-
» pofés. Nous avons combattu avec fidélité : com-

» ment vous la garderions-nous, Seigneur, si nous
» en manquions envers Dieu » ? Ces braves & Comment?
vertueux guerriers supposoient qu'ils n'avoient jamais pris les armes, que pour la bonne cause : ce
point-là ne dépendoit pas d'eux ; mais ils entendoient, du moins, que le Prince ou l'Etat ne pouvoient s'en servir que pour la défense des citoyens.
Or, en offrant leurs bras contre tout ennemi que
l'Empereur auroit à combattre , *in quemlibet ho-*
stem , ils vouloient signifier de véritables agresseurs ,
& gens qui portoient les premiers coups. Le mot
de *combattre* , en françois, comme celui de *hostis* ,
en latin, exprime qu'on a déja souffert une attaque de la part de celui avec qui l'on est aux prises.
Les Soldats Chrétiens de la Légion Thébéenne ,
rappellent le motif de l'institution des *Gens de Guerre* ,
qui est la conservation & la défense absolues. Ils
appuient sur ces mots *innocens* , *piété* , *justice* :
ils avoient donc des idées vraies , sur la nature
de la Guerre, & sur son usage ? Ce que disoit
Saint Basile , au sujet des anciens Chrétiens , est
du même genre, mais exprimé d'une maniere trop
vague : « Nos ancêtres n'ont pas regardé comme Grotius,
» vrais homicides, ceux qui se font à la Guerre : p. 135.
» c'est à mon avis , qu'ils ont cru devoir excuser
» toute personne qui n'ôte la vie alors à un autre,
» que pour la défense de la vertu & de la piété ».
Ce langage ne donne pas même à entendre que
ce Pere les crût entiérement sans reproche. C'est
mal justifier quelqu'un, que de ne pas établir positivement que son action est bonne. Or, c'est une
bonne action que de défendre sa vie, & pour cela,
de l'ôter à un autre, si l'on y est forcé. Abattre
ainsi ceux qui nous attaquent pour nous faire

périr, ce n'eſt point être *homicide*, & ce mot ne convient qu'à ceux qui, de leur autorité privée, donnent la mort à des innoçens.

Diſons donc que *Grotius* n'a rien tiré de l'antiquité eccléſiaſtique, qui faſſe pour ſon ſentiment; & qu'au contraire, cette même ſource condamne la doctrine du Droit de la Guerre qu'il a voulu établir.

CHAPITRE VII.

Enfin, que l'Eglise a toujours condamné, au fond, l'ufage des armes, qui ne fe rapportoit pas entiérement à la preffante néceffité de fe défendre.

QUAND on compare la Religion Chrétienne avec les autres Religions, & fur-tout avec la Mahométane, on ne peut qu'être frappé de l'extrême différence qui eft entr'elles : elle juftifie, par les faits, que fes armes ne font point celles des Nations : & que l'effufion du fang, dont l'autre s'eft nourrie, n'étoit, par rapport à elle, qu'un moyen d'éxalter la gloire de fes propres martyrs, loin d'en avoir ufé contre perfonne. Mahomet, « *dit Pafcal,* s'eft établi *en* » *tuant,* Jefus-Chrift *en faifant tuer les fiens.* Cela » eft fi contraire, *ajoute-t-il,* que fi Mahomet a » pris la voie de réuffir humainement, Jefus-Chrift » a pris celle de périr humainement; & au lieu » de conclure que, puifque Mahomet a réuffi, Jefus-» Chrift a bien pu réuffir; il faut dire, (*obferve* » *ce judicieux Auteur*), que puifque Mahomet a » réuffi, le Chriftianifme devoit périr, s'il n'eût » été foutenu par une force toute divine.

Différence fenfible de la Religion Chrétienne d'avec les autres Religions.

Penfées, Tome I, page 135.

Il eft vrai que ces belles difpofitions de la part des premiers Chrétiens, qui leur avoient fait braver la mort même, bien loin qu'ils fuffent portés à la donner aux autres, n'ont pas été trop bien imitées enfuite par beaucoup de ceux qui leur fuc-

Combien on dégénéra en fuite, de la vertu des premiersChrétiens, par

rapport à
l'horreur
pour la
Guerre.

céderent. On vit les Evêques aller à la Guerre à raison de leurs fiefs, & y mener leurs vassaux. On vit des Guerres entreprises pour la conquête de la Terre-Sainte, dont l'entreprise étoit des plus folles ; & depuis que l'usage des troupes réglées a mis fin au service féodal, on a vu encore des Prélats Guerriers, ambitionner le commandement des armées, & endosser la cuirasse, comme s'exprime

Droit des
Gens, Tome II, page 445.

Wattel; qui convient, néanmoins, que c'est un abus auquel l'Eglise s'oppose avec raison; mais il entend bien mal l'Esprit de cette même Eglise, quand il avance, *que cette Loi, qui défend aux Ecclésiastiques de verser le sang, n'est qu'une invention commode pour se dispenser d'aller aux coups :* cette Loi naît de la nature de la chose, c'est-à-dire, de la sainteté de la Religion, dont l'Auteur est auteur en même-temps de la vie humaine, & de l'état de ceux qui la professent, ou qui en sont les ministres : de qui les mœurs & la conduite doivent conséquemment égaler la pureté de la Religion même.

Disons que l'ignorance eut la plus grande part à des entreprises aussi extravagantes, & à des desseins si peu conformes au caractere de ces Ecclésiastiques guerriers. Que penser, en effet, de ces armées de croisés (1) que les Papes mêmes excitoient, & de cet Evêque de Beauvais, entr'autres, qui, sous Philippe Auguste, combattit, à la bataille de Bouvines, avec une massue, assomant les ennemis, afin de ne pas encourir l'irrégularité, en répandant leur sang ?

Comment
cela arriva.

Un Auteur fort estimable, dont j'ai déja fait

(1) J'aurai occasion d'en parler dans la Deuxieme Partie.

uſage (1), me fournit ici de quoi expliquer ces déplo-
rables égaremens de la Raiſon humaine; ou plutôt,
les relâchemens que l'on voit ſuccéder aux triomphes
de l'Egliſe, mais qui n'ont pourtant jamais porté atteinte, ni à ſes Loix, ni à ſes maximes. Le paſſage
eſt un peu long, mais l'on me permettra de le rapporter en entier, en faveur du bon ſens & de la
ſincérité qui y regnent : « Lorſque l'Egliſe naiſſante
» étoit ſéparée des Nations Infidelles, elle étoit
» comme hors du monde, & la diſtance entr'elle &
» le monde, étoit preſqu'auſſi ſenſible, que
» celle qui étoit entre la foi & l'idolatrie. Mais
» lorſque la croix de Jeſus-Chriſt fut placée au
» milieu du diadême des Empereurs, & que le
» monde trouva ſes avantages à paroître Chrétien,
» il ne fut plus ſi facile de le diſtinguer de la ſo-
» ciété des Saints, dont il imita l'extérieur, en
» participant aux mêmes ſacremens, & dont il
» remplit, non-ſeulement les aſſemblées, mais les
» emplois & le miniſtere, en s'ingérant dans le
» Sacerdoce, & en faiſant entrer, juſques dans le
» ſanctuaire, le faſte, l'ambition, l'amour des ri-
» cheſſes, & de toutes les choſes dont l'argent peut
» être le prix. La ſainteté de l'Evangile fut alors
» un peu obſcurcie, par le grand nombre de ceux
» qui n'en ſuivoient pas les regles, & par les in-
» terprétations qu'ils donnoient à ſes Loix, qui les
» auroient trop clairement condamnés, ſi elles
» avoient été entendues d'une maniere auſſi ſim-
» ple & auſſi littérale, que par les premiers fideles.
» On s'accoutuma ainſi à voir, dans l'Egliſe, beau-
» coup de perſonnes plus indifférentes, plus mitigées,

*Jeſus cru-
cifié*, page
146.

_____

(1) L'Abbé du Guet, ci-devant Chap. IV, Art. VIII de cette
Section.

» plus mondaines, que n'avoient été les anciens.
» On apprit, à leur exemple, à efpérer le falut,
» quoiqu'on s'éloignât de la premiere fainteté; &
» l'on chercha des tempéramens, qui réduififfent
» l'Evangile & fes maximes à une efpece de com-
» patibilité avec les maximes & les ufages du monde.
» La multitude, qui paroiffoit rendre ce tempé-
» rament néceffaire, afin de ne pas exclure du falut
» une infinité de Chrétiens, fervit enfuite à les auto-
» rifer; & excepté un petit nombre qui demeura
» fidele aux anciennes regles, & qui fera, dans tous
» les fiecles, le fel & la lumiere de l'Eglife, pref-
» que tous les autres comprirent que le falut ne
» feroit pas poffible, fi l'Evangile demeuroit rigou-
» reufement inflexible; & que ce feroit, par con-
» féquent, un excès de ne pas l'amollir, & de ne
» le pas mettre plus à la portée des gens du monde,
» dont les engagemens, les coutumes, les bien-
» féances, ne pouvoient s'allier avec fa roideur &
» fa févérité. Voilà, (ajoute cet Auteur), l'une
» des fources de ces mitigations funeftes, qui ont
» appris aux fideles à boiter, comme dit l'Ecriture,
» entre Jefus-Chrift & le monde, & à partager leur
» culte & leurs attentions, entre l'unique Seigneur,
» & l'ufurpateur de fa gloire ».

La doc-
trine de Je-
fus-Chrift
a pourtant
toujours
refté in-
tacte.

Mais, d'un autre côté, nous fommes fûrs que l'Efprit qui dirige l'Eglife Univerfelle, & qui eft chargé de maintenir les maximes de Jefus-Chrift, dans toute leur intégrité, quant à la Doctrine, ne s'eft jamais reffenti des erreurs ou des vices auxquels ont été fujets la plupart des Chrétiens ou de fes Miniftres. L'on eft forcé de rendre cette juftice aux dépofitaires de la Loi Chrétienne, qu'ils nous l'ont confervée intacte & fans mélange d'aucune

erreur. *Dans l'ancienne Eglise Grecque*, dit Grotius, *on observa, pendant long-temps, un Canon, par lequel ceux qui avoient tué quelque ennemi, dans quelle Guerre que ce fût, étoient excommuniés pour trois ans.* Wattel s'écrie là-dessus : « Belle récompense dé-
» cernée à des héros, défenseurs de la patrie, au
» lieu des couronnes & des triomphes dont Rome
» Payenne les décoroit ! Rome Payenne devint
» la maîtresse du monde ; elle couronnoit ses plus
» braves Guerriers. L'Empire devenu Chrétien, fut
» bientôt la proie des Barbares ; ses sujets gagnoient,
» en la défendant, une humiliante excommunica-
» tion : en se vouant à une vie oisive, ils crurent
» tenir le chemin du Ciel, & se virent, en effet,
» dans celui des grandeurs & des richesses ». Mais cette réflexion, qui est peu solide, est une preuve, du moins, que l'esprit de *l'Evangile*, tel qu'il se rapporte à mon sentiment, n'étoit pas éteint ; & nous sommes assurés aussi, que cette chûte de l'Empire, devenu Chrétien, eut toute une autre cause, qu'il n'est pas de mon sujet de développer, & que l'on peut voir dans une multitude de bons Ouvrages (1). C'est bien plutôt parce qu'on ne pratiquoit pas à la lettre le Christianisme, que les Barbares s'emparerent de l'Empire ; car, suivant que nous l'avons dit (2), il n'y auroit rien de si fort qu'une société de vrais Chrétiens.

Tome II, p. 190, 191, il cite Basil. *ad* Amphiloch. n. 13, Zonar. *in* Niceph. Phoc. *Tome III.* Livre I, Chap. XII, §. 157, ou bien page 256 du premier tome. Réflexion peu solide de *Wattel.*

---

(1) Voyez dans les *Mœurs des Chrétiens*, p. 221, ce qui est dit là de la chûte de l'Empire, & que *Saint Augustin* composa son grand Ouvrage de la Cité de Dieu, pour répondre aux calomnies que les Payens débitoient à cette occasion. Voyez aussi *ibid.* pag. 339, où *Fleury*, après avoir donné les vraies raisons de cette chûte de l'Empire Romain, s'écrie : *Voilà quelles en sont les vraies causes, non pas l'établissement, &c.*

(2) Ci-devant, Chap. I de cette Sect.

Tome II, p. 212. *Grotius* convient encore que l'on a exigé, pendant long-temps, sous le Christianisme, des Ecclésiastiques & des pénitens, & recommandé à tous les autres Chrétiens, en différentes manieres, de *s'abstenir de la Guerre*, quand on pourroit la faire innocemment ; *Ibid.* Page 211. & il est d'avis que, lors même que la justice d'une Guerre est claire comme le jour, il ne semble pourtant pas juste de contraindre un Chrétien à prendre les armes. Il cite ce qu'*Origene* répond à l'objection que *Celse* lui faisoit, sur ce que les Chrétiens refusoient d'aller à la Guerre : « Les Prê-
» tres de vos Idoles, les Sacristains de ceux que
» vous croyez être Dieux, gardent leurs mains pu-
» res, & ne versent point le sang humain, afin de
» pouvoir offrir, à ces prétendues Divinités, des
» sacrifices qui ne soient souillés d'aucun meurtre :
» on n'enrôle point ces Ministres publics de votre
» Religion, quand il s'éleve quelque Guerre ; &
» ce n'est pas sans raison que vous les dispensez
» de servir. Combien plus donc nous qui, en gar-
» dant aussi nos mains pures, combattons auprès
» de Dieu par nos prieres, en faveur des autres
» qui font justement la Guerre, & de celui qui
» regne légitimement, devons-nous être regardés
» comme des soldats à notre maniere, en qualité
de Prêtres & d'adorateurs de Dieu ». *Grotius* observe qu'*Origene* donne-là à tous les Chrétiens le nom de *Prêtres*, suivant le style (1) des Ecrivains sacrés.

Erreur aussi de *Grotius*. Mais ce en quoi il mérite d'être relevé, c'est d'appeller, comme il fait, le refus des Chrétiens

_____

(1) I. Pierre, 11, 5, Apocal. 1, 6.

d'aller à la Guerre, *un acte de sainteté extraordinaire*, & de croire que l'Eglife le regardât du même œil. Nous avons déja (1) fait voir qu'on ne peut nous oppofer ici la *diftinction des Confeils Evangéliques & des Préceptes*, laquelle ne change pas l'état des chofes; & il ne refte donc plus douteux que l'*Eglife*, par fes Canons & par fes Loix, tels que nous venons de les rapporter, n'a jamais entendu exiger autre chofe, que ce que prefcrivoit la Loi même de *Jefus-Chrift*. Une autre erreur de *Grotius* (& c'eft la dominante) c'eft de parler toujours en homme qui croit qu'on peut faire la Guerre *innocemment ;* & *Origene*, dans le paffage que je viens de citer, fembleroit le penfer de même, fi nous n'étions d'ailleurs bien perfuadés, par tout ce que nous avons vu de lui & de *Tertullien*, qu'il entendoit toujours les cas de l'abfolue défenfe.

Or, quand l'intention de l'Eglife a été une fois bien marquée à des Loix conformes à celles de Jefus-Chrift, il doit être plus que certain que ces Loix font encore toutes vivantes, bien qu'elles foient tombées en défuétude. C'eft une queftion que le fameux *Nicole* a traitée fort favamment dans une differtation qui eft à la fuite de la fixieme Lettre des *Provinciales*. Il y attaque puiffamment cette maxime de *Mafcarenhas*, que *s'il y a eu fur certains points quelques Loix anciennes, elles font abrogées par la coutume commune & univerfelle de toute la terre :* maxime à laquelle, lui *Nicole*, attribue la plus grande partie des relâchemens des Cafuiftes, ou plutôt la mauvaife interprétation qu'ils y donnent ; & c'eft pour préferver de fes

Principe inconteftable : Que l'Eglife de J. C. n'a jamais varié fur fes Loix. Tiré d'une Differtation du fameux *Nicole*, laquelle on rapporte en partie, contre ce fentiment erronné *que les Loix s'abrogent par le non ufage.*

_____

(1) Ci-devant, Chap. V, Réflex. III de Grot.

dangers, que traitant cette matiere dans toute son étendue, il marque les précautions avec lesquelles on doit l'entendre, & sans lesquelles, dit-il, elle est fausse & pernicieuse. Je crois ne pouvoir rien faire de mieux que de rapporter en entier les paroles de ce savant homme, quelque long que soit le passage, parce qu'il en naîtra évidemment cette vérité essentielle, que le *non-usage*, à l'égard des Canons qui défendoient d'aller à la Guerre, est une preuve lui-même de leur vérité, & exclut tacitement la doctrine de nos adversaires. Il est indubitable, en effet, comme on le verra encore mieux, après avoir lu ce passage, que l'*Eglise* ayant condamné dans un temps ceux qui alloient à la Guerre, elle les condamne encore ; & que telle étoit l'obéissance qu'elle rendoit alors aux Loix de son divin Fondateur. Voici donc comme parle *Nicole* : « Il y a plusieurs sortes de préceptes Ecclé-
» siastiques. Les uns regardent certaines prati-
» ques, ou certaines cérémonies ; les autres ont
» pour but de régler les mœurs & de réprimer les
» vices. Il y en a qui sont purement positifs, c'est-
» à-dire, qui imposent quelque obligation nou-
» velle. Il y en a d'autres qui ne font que renou-
» veller ou déterminer ce qui étoit déja recom-
» mandé par le Droit divin ou naturel ; à l'égard
» des premiers, c'est-à-dire, de ceux qui regar-
» dent les cérémonies, comme il y auroit de l'im-
» piété à les mépriser quand ils sont en usage,
» il y auroit aussi du danger à vouloir trop opiniâ-
» trément les rétablir quand ils sont abolis. Ainsi
» c'est proprement de ces préceptes que doit s'en-
» tendre la maxime des Jurisconsultes, dont abu-
» sent les Jésuites, que *les Loix s'abrogent par le*
» *non-usage*.

« Mais

» Mais il n'en eft pas de même des faints Ca-
» nons que l'*Eglife* a faits pour régler la difcipline
» & les mœurs de fes enfans, & fur-tout celle de
» fes miniftres, pour s'oppofer aux défordres
» naiffans, & pour réprimer les fideles. Et préten-
» dre que tous ces Canons ceffent d'obliger, quand
» on ceffe de les obferver, c'eft-à-dire, qu'ils
» s'aboliffent par la hardieffe qu'on fe donne de
» les violer, c'eft ne point connoître l'*efprit* de
» l'Eglife, & être tout-à-fait étranger dans fa
» doctrine.

» Car il faut bien remarquer ici que, quoique
» le changement des temps puiffe faire changer
» la difcipline extérieure de l'Eglife, fon *efprit*
» néanmoins demeure toujours le même, & que
» les fentimens intérieurs qu'elle a fur les mœurs
» & fur la conduite que doivent garder fes en-
» fans, font immuables & invariables. Car, cet
» efprit intérieur qui l'anime, étant le *Saint-Efprit*
» même, l'efprit de *Jefus-Chrift* qui habite dans
» les membres vivans de l'Eglife, il ne peut fouf-
» frir aucune altération, ni aucun changement par
» la fucceffion des temps. Ainfi l'Eglife ne détefte
» pas moins les crimes aujourd'hui, qu'elle les
» déteftoit autrefois....

» Or, *continue-t-il*, cet efprit immuable de
» l'Eglife ne paroît mieux nulle part que dans les
» *Canons* qu'elle a faits dans ces temps heureux où
» elle étoit libre & floriffante, où cette nuée de
» vices, qui la défigurent aujourd'hui, ne l'obfcur-
» ciffoit pas encore; dans ces Canons, dis-je,
» que les Conciles ont fouvent qualifiés de *Canons*
» *divins;* que *Saint Léon*(1) appelle *Canons faits par*

----

(1) Ep. 24.

Tome I. C c

» l'esprit de Dieu, & consacrés par le respect de
» tout l'univers ; & le Concile d'Attigny, des Canons
» établis par l'esprit de Dieu.

    » Ainsi, puisque l'Eglise d'aujourd'hui n'est pas
» une autre Eglise que celle qui étoit du temps de
» *Saint Augustin*, *de Saint Léon*, *de Saint Gré-*
» *goire*, & que ce n'est pas un autre Esprit qui la
» conduit, il faut nécessairement qu'elle approuve
» maintenant ce qu'elle a approuvé autrefois;
» qu'elle conserve, comme gravés intérieurement
» dans son cœur, ces Canons qui font la regle de
» ses mœurs; & qu'elle les observe encore aujour-
» d'hui, autant qu'il lui est possible, ou du moins
» qu'elle s'afflige & qu'elle gémisse de ce que la
» difficulté des temps l'empêche de les observer.

    » Ce doit être là notre disposition, si nous som-
» mes membres vivans de l'Eglise : disposition qui
» ne doit pas seulement consister dans des desirs
» stériles & hypocrites, mais dans une affection
» véritable du cœur, & dans une préparation sin-
» cere de l'ame qui se fait connoître au-dehors,
» & qui se répand dans les actions extérieures selon
» les occasions qui se présentent. Car nous ne pou-
» vons être dans ces sentimens & regarder ces loix
» de l'Eglise comme celles de Lacédémone ou
» d'Athenes, qui sont abolies & éteintes il y a déja
» long-temps; mais nous les révérons comme des
» *Loix divines*, établies pour régler les mœurs des
» chrétiens dans tous les temps. Et ce respect nous
» portera nécessairement à avoir une vive douleur
» de voir qu'on foule aux pieds des regles si néces-
» saires ; à desirer ardemment de les voir réta-
» blies ; à employer tous nos soins & tout notre
» zele pour faire observer fidelement celles qui
» sont encore en vigueur, pour maintenir celles

» qui s'abolissent, & pour renouveller celles qui
» font entierêment abolies ; en gardant néanmoins
» la modération que la prudence chrétienne veut
» qu'on apporte, de peur de troubler, par un
» zele indifcret, la paix de l'Eglise, & l'union des
» fideles.

» Ce qui fait, (*obferve-t-il*) que ces décrets
» des Conciles touchant les mœurs, ne peuvent
» jamais être tellement hors d'ufage qu'on puiffe
» les confidérer comme entiérement abrogés. Car
» ils doivent toujours demeurer imprimés dans
» l'ame des Prêtres & vivre dans leur cœur. Et
» tous les Chrétiens doivent faire leurs efforts pour
» atteindre à la perfection qui nous y eft tracée,
» & entrer dans une fainte colere contre eux-
» mêmes, en voyant qu'ils en font fi éloignés. »

Enfuite le même Auteur, traitant fon fujet fous *Ib. p. 14;*
ce point de vue, *que les Canons de l'Eglife confer-* Tom. II.
vent toujours leur autorité en ce qu'ils contiennent
du Droit divin ; & parlant des peines canoniques *Ib. p. 16.*
impofées autrefois pour certains crimes, il ajoute:
« Et fi l'on peut aujourd'hui relâcher quelque
» chofe de la rigueur de ces peines, on ne peut
» jamais les abolir entiérement. Car fi elles ne
» fubfiftent plus en vertu de la Loi pofitive, elles
» fubfifteront en vertu du Droit divin.

» Il ne faut donc pas s'imaginer (*continue*
» *Nicole*) qu'une loi de l'Evangile foit abrogée
» auffi-tôt que par la négligence des hommes elle
» ceffe d'être obfervée. Car *tout ce qu'elle renferme*
» *du Droit divin & naturel, conferve toujours fon*
» *autorité & fa force* ».

Après quoi, ayant rapporté un paffage tout
au long de *Saint Thomas*, qui exprime admirable-

ment, dit-il, cette vérité, il conclut de cette forte:

Ib. p. 30. « Cette décifion de *Saint Thomas* nous apprend
» qu'on ne doit pas croire qu'un Canon de l'Eglife
» foit entiérement abrogé, dès qu'il eft comme
» foulé aux pieds par un ufage contraire. Car la
» raifon, qui a porté l'Eglife à faire ce Canon,
» fubfifte toujours. Le Droit naturel & divin, dont
» il eft émané, demeure toujours dans fa force;
» & tous les hommes dans tous les temps feront
» obligés de s'y foumettre, fans qu'ils puiffent
» jamais s'en difpenfer fous prétexte d'un ufage
» contraire.

Or, en revenant à ce que j'ai dit en commen-
çant cet article, il me femble qu'il naît évidemment, de toutes ces paroles de *Nicole*, que le non-
ufage à l'égard des Canons que l'Eglife avoit faits
pour détourner de la Guerre, foit en puniffant
de trois ans d'excommunication ceux qui avoient
tué quelqu'ennemi dans quelle Guerre que ce fût,
foit en recommandant à tous les Chrétiens, en
différentes manieres, de s'en abftenir: il me femble,
dis-je, que ce *non-ufage* n'affoiblit en rien la jufteffe & la néceffité de ces Canons; & qu'il refte
pour bien établi, que l'efprit de l'Eglife, qui
éclatoit en ce point-là, condamnant la *Doctrine* de
nos adverfaires, & la coutume commune & univerfelle de fe battre entre Nations, doit, par cela
même, être aujourd'hui notre unique regle.

Car, n'eft-il pas clair, après tout ce que j'ai dit
jufqu'ici, que ces *Canons* font émanés du *Droit
divin*, puifqu'affurément rien n'eft plus vrai qu'ils
font de ceux qui ont pour but de régler les mœurs
& de réprimer les vices? Et ne fuit-il pas de tout
ce que j'ai avancé, nommément dans la Premiere

Section, qu'ils font émanés auffi du *Droit naturel?*
Il eft donc certain que la Religion Chrétienne
réprouve la Doctrine du Droit de la Guerre,
comme l'ont condamnée les fimples lumieres de la
Raifon & la Loi des Juifs. Il me refte à montrer,
pour achever cette Premiere Partie, que le Droit
des Gens & le Droit naturel la réprouvent tout de
même.

SECTION CINQUIEME.

Le Droit des Gens ne peut rien établir de contraire au Droit naturel.

CHAPITRE PREMIER.

Que ce Droit n'est pas différent, au fond, du Droit naturel, de l'aveu de tous les Auteurs Politiques.

Comment ces divers Auteurs s'expriment à ce sujet. Note 3.

CETTE opinion n'est pas nouvelle : *Barbeyrac*, Traducteur & Commentateur de *Grotius*, sur le §. 14 du chap. 1, Liv. 1, du Droit de la Guerre & de la Paix, remarque que *le Droit des Gens positif & distinct du Droit naturel est une pure chimere* (1). *Puffendorf* (2), qu'il a aussi traduit & commenté, & auquel il renvoie dans cette note, avoue que *plusieurs Savans croient que le Droit naturel & le Droit des Gens ne sont, au fond, qu'une même chose, & qu'ils ne different que par une dénomination extérieure :* il déclare qu'il souscrit absolument à l'opinion de

_____

(1) Il remarque ailleurs (*dans Puff.* ibid. p. 260), que c'est peut-être pour avoir voulu distinguer le Droit des Gens d'avec la Loi Naturelle, qu'on s'est accoutumé à juger tout autrement des actions des Souverains, ou d'un Peuple en Corps, que de celles d'un Particulier. C'est la remarque, dit-il, de M. Bernard, dans les *Nouvelles de la République des Lettres* (Mars 1704, p. 340, 341).

(2) Droit de la Nat. & des Gers, Tom. I, Liv. II, Ch. III, §. XXIII, Pag. 260.

Hobbes. Celui-ci divife la *Loi Naturelle* en Loi Naturelle de l'homme, & Loi Naturelle des *Etats.*
Cette derniere, felon lui, eft ce qu'on appelle
d'ordinaire, *Droit des Gens* ; & il ajoute que *les*
maximes de l'une & de l'autre de ces Loix font pré-
cifément les mêmes.

Ib. Voy.
auffi *Watt.*
Droit des
Gens, Préf.
XI, XII.

Les Romains, comme le dit *Wattel*, d'après
Barbeyrac, ont fouvent confondu le Droit des Gens
avec le Droit de la nature, appellant *Droit des*
Gens (*Jus Gentium*) le Droit naturel, en tant qu'il
eft reconnu & adopté également par toutes les
Nations policées : témoin ces mots de Cicéron :
Neque verò hoc folùm naturâ, id eft, jure Gen-
tium, &c. de Off. Lib. 3, c. 5.

Droit
des Gens,
Préf. III :
voyez la
note 3 du
§. XXIII,
Chap. III,
Liv. II de
Puffend.

Le même *Wattel* convient qu'il eft certainement
un *Droit des Gens naturel*, puifque *la Loi de la*
nature, dit-il, *n'oblige pas moins les Etats, les*
Hommes unis en Société Politique, qu'elle n'oblige
les Particuliers.

Ibid. II.

Burlamaqui, dans fon *Introduction au Droit Po-*
litique, reconnoît « qu'on peut appliquer aux
» Peuples & aux Nations toutes les maximes du
» Droit naturel ; & que la même Loi, qui s'appelle
» *Naturelle*, lorfqu'on parle des Particuliers, s'ap-
» pelle *Droit des Gens*, ou *Droit des Nations*,
» lorfqu'on en fait l'application aux hommes con-
» fidérés comme formant ces différens Corps que
» l'on nomme *Etats* ou *Nations* ».
Enfin, *le célebre Philofophe de Hal* (1), comme

Tom. II,
pag. 3.

---

(1) Wolf.

l'appelle *Wattel* (1), avance auffi que « les Na-
» tions ne peuvent être confidérées que comme
» autant de perfonnes particulieres, vivant enfemble
» dans l'état de nature ; & par cette raifon, qu'on
» doit leur appliquer tous les devoirs & tous les
» droits que la nature prefcrit & attribue à tous
» les hommes, en tant qu'ils naiffent libres natu-
» rellement, & qu'ils ne font liés les uns aux autres
» que par les feuls nœuds de cette même nature:
» que le Droit qui naît de cette application, & les
» obligations qui en réfultent, viennent de cette
» Loi immuable, fondée fur la nature de l'homme,
» & que de cette maniere, le *Droit des Gens* ap-
» partient certainement au *Droit de la nature :* que
» c'eft pourquoi on l'appelle *Droit des Gens naturel,*
» eu égard à fon origine, & *néceffaire* par rapport
» à fa force obligatoire. Enfin, que ce Droit eft
» commun à toutes les Nations, & que celle qui
» ne le refpecte pas dans fes actions, viole le
» *Droit commun* de tous les Peuples ».

Ils ne perfiftent pourtant pas dans leur fenti-ment, mais par des mo-tifs qui dé-celent leur erreur ; comme on le verra dans le Chapitre fuivant. *Ib.* p. XII.

Qui ne croiroit, à entendre ces Philofophes,
qu'ils penfent tous abfolument comme moi, fur la
queftion préfente ? Il n'en eft rien pourtant ; &
bien qu'ils n'aient pas entr'eux des idées entiérement conformes, fur les mêmes chofes où ils conviennent, ils font néanmoins tous d'accord en ce
point, qu'ils détruifent dans le moment ce qu'ils
viennent d'établir, en mettant une différence confidérable entre le *Droit des Gens* & le *Droit naturel*, par cette confidération ; *que les Etats acquierent des propriétés perfonnelles que n'ont pas les
individus humains.* Mais chacun procede à ce chan-

(1) Préf. XIX.

gement d'une maniere particuliere ; & je crois qu'il
n'eſt pas inutile à ma cauſe que je rapporte encore
ici leur façon de penſer à cet égard , quelque longs
que ſoient les paſſages : ce qui ſervira comme de
tableau , pour montrer d'une ſeule vue la marche
& l'inſtabilité de l'eſprit humain ſur un ſeul & même
ſujet , au point d'y trouver en même-temps le oui
& le non, & pour décéler le point de l'erreur.

CHAPITRE II.

Que le Droit des Gens n'est pas différent, au fond, du Droit naturel, 2°. d'après les motifs même qui engagent les Auteurs Politiques à y faire ensuite du changement.

Justinien.
Wattel, Préf. IV, V.

JUSTINIEN, pour commencer par les Romains, définit ainsi le Droit des Gens : *Et ce Droit, que la raison naturelle a établi parmi tous les hommes, également observé chez tous les Peuples, s'appelle* Droit des Gens*, comme étant un Droit que toutes les Nations suivent* (1). Après quoi il ajoute, dans le paragraphe suivant, ces paroles, que Wattel trouve approcher davantage du sens que l'on donne aujourd'hui à ce terme : « Le Droit des Gens est

Wattel, *ibid.* pag. XIII.

» commun à tout le genre humain. Les affaires
» des hommes, & leurs besoins, ont porté toutes
» les Nations à se faire certaines regles de Droit.
» Car les *Guerres* se sont élevées, & ont produit
» les *captivités* & les *servitudes*, lesquelles sont con-
» traires au Droit naturel ; puisqu'originairement,
» & par le Droit naturel, tous les hommes naif-
» soient libres (2)».

Grotius, Disc. Prél. §. XVIII. (p. 17.)

Grotius, en traitant de la certitude du Droit, en général, s'exprime de la sorte : « Comme les Loix
» de chaque Etat se rapportent à son avantage

(1) Inftit. Liv. I, Tit. II.
(2) Inftit. *ibid.* §. II.

» particulier, le confentement de tous les Etats,
» ou du moins du plus grand nombre, a pû pro-
» duire entr'eux certaines Loix communes; & il
» paroît qu'effectivement on a établi de telles Loix
» qui tendoient à l'utilité, non de chaque Corps
» en particulier, mais du vafte affemblage de tous
» ces Corps. C'eft ce que l'on appelle *Droit des*
» *Gens*, lorfqu'on le diftingue du *Droit naturel* ».
Ce qu'ajoute l'Auteur immédiatement, découvre
parfaitement fon intention : « *Carnéade*, dit-il, ne
» connoiffoit point cette forte de Droit, puifqu'il
» réduifoit tout ce qu'on nomme Droit au *Droit*
» *naturel* & au *Droit particulier* de chaque Etat. Il
» vouloit cependant traiter du Droit qui a lieu
» entre les Peuples ; car il parle enfuite de la
» Guerre & des conquêtes : ainfi, il devoit cer-
» tainement ne pas omettre le Droit des Gens ».

Enfuite, au Liv. 1, chap. 1, §§. 13, 14, le
même *Grotius*, après avoir parlé du Droit naturel, parle du *Droit volontaire* (1), qu'il divife en
Droit divin & *Droit humain ;* & de ce dernier
Droit, il tire une troifième branche qu'il appelle
Droit humain plus étendu que le civil, qui eft le
Droit des Gens, c'eft-à-dire, ce qui a acquis force
d'obliger par un effet de la volonté de tous les
Peuples, ou du moins de plufieurs : « Je dis de plu-
» fieurs (*obferve-t-il*), car à la réferve du *Droit*
» *naturel*, qui eft auffi appellé *Droit des Gens*,
» on ne trouve guere d'autre Droit qui foit com-
» mun à toutes les Nations; *fouvent même ce qui*
» *eft du Droit des Gens dans une partie de la terre*,
» *ne l'eft pas dans l'autre*, comme nous le mon-

---

(1) C'eft ce que l'on nomme ordinairement *Droit pofitif*.

» trerons (*dit-il*) en fon lieu, à l'égard des *Pri-*
» *fonniers de Guerre*, & du Droit de *Poftliminie*.

» Or (*conclud-il*), le *Droit des Gens* fe prouve
» de la même maniere que le *Droit civil non écrit :*
» favoir, par la pratique perpétuelle, & par le
» témoignage des Experts. Car, comme le remarque
» très-bien l'Orateur *Dion Chryfoftome*, ce Droit
» *eft l'ouvrage du temps & de l'ufage.* Et de-là vient
» que les Hiftoriens célebres fervent ici de beau-
» coup ».

Grotius,
Liv. I,
Chap. I,
§. XIV, 4,
Note 3.
(Tome I,
p. 74).
Barbeyrac.

Barbeyrac avoue « qu'il y a des Loix communes
» à tous les Peuples, ou des chofes que tous les
» Peuples doivent obferver les uns envers les au-
» tres : & fi l'on veut appeller cela, *dit-il*, *Droit*
» *des Gens*, on le peut très-bien. Mais, outre que
» le confentement des Peuples n'eft pas le fonde-
» ment de l'obligation où l'on eft d'obferver ces
» Loix, & ne fauroit avoir lieu ici en aucune
» forte ; les principes & regles d'un tel Droit,
» font, au fond, les mêmes que celles du *Droit*
» *naturel*, proprement ainfi nommé : toute la dif-
» férence qu'il y a (*dit-il*) confifte dans l'appli-
» cation qui peut fe faire un peu autrement à caufe
» de la différence qu'il y a quelquefois dans la ma-
» niere dont les fociétés vuident les affaires qu'elles
» ont les unes avec les autres. Cela paroît (*con-*
» *tinue-t-il*) par l'exemple des *repréfailles* qui font
» fondées fur cette maxime générale du Droit de
» la nature & des Gens, *que le dommage doit être*
» *réparé :* car un homme, dans l'état de nature,
» ne peut pas, pour tirer fatisfaction de quelque
» injure qu'il a reçue d'un autre homme, qui vit
» hors de toute fociété civile, s'en prendre à quel-
» qu'un de fes parens ou de fes amis, qui n'y ont

» réellement aucune part. A l'égard des coutumes
» reçuès de la plupart des Peuples , & qui font
» telles (*dit Barbeyrac*), qu'il n'y a rien qui foit
» prefcrit ou défendu par le Droit naturel , *fi l'on*
» *aft tenu de s'y foumettre , ce n'eft pas qu'elles foient*
» *obligatoires* par elles - mêmes : mais parce que ,
» dès-là , qu'on fait qu'une chofe fe pratique com-
» munément , on eft , & l'on peut être cenfé fe
» conformer à l'ufage , tant que l'on ne donne
» point à entendre le contraire. Ainfi , (*dit-il*) ,
» toute l'obligation vient de cette convention tacite
» & particuliere fans laquelle les coutumes dont il
» s'agit n'ont aucune force.

» L'Auteur (1) que nous venons d'entendre, (*dit* Préf. XV.
» *Wattel*), s'eft bien apperçu que les regles & les
» décifions du *Droit naturel* ne peuvent s'appli-
» quer purement & fimplement aux Etats Souve-
» rains , & qu'elles doivent néceffairement fouffrir
» quelques changemens , fuivant la nature des nou-
» veaux fujets auxquels on les applique ; mais il
» ne paroît pas qu'il ait vu toute l'étendue de cette
» idée , puifqu'il femble ne pas approuver que l'on
» traite le Droit des Gens féparément du Droit
» naturel des Particuliers. Il loue feulement la mé-
» thode de *Budéus* , difant que cet Auteur a eu   Budéus.
» raifon de marquer (dans fes *Elementa Philof.*
» *Pract.*) , après chaque matiere du Droit naturel,
» l'application qu'on en peut faire aux Peuples les   Note 1,
» uns par rapport aux autres ; autant , du moins,   fur Puff.
» que la chofe le permettoit ou l'exigeoit ». *Wattel*   Droit de la
foupçonne que *Barbeyrac* avoit puifé cette idée du   Nat. & des
Droit des Gens dans l'Ouvrage de *Budéus.*   Gens, Liv.
   II, Ch. III.
   §. XXIII.
———————————————————   (Tom. I,
(1) Barbeyrac.   p. 260).

Droit de
la Nat. &
des Gens,
ib. p. 261,
Puffendorf
Préf. XIII.
Puffendorf, qui a profité des lumieres de *Grotius*,
n'adopte point le *Droit des Gens volontaire ou pofitif*, que celui-ci a voulu établir, c'eft-à-dire, un
Droit des Gens pofitif, qui dépende de la volonté
d'un fupérieur. Auffi, comme l'obferve *Wattel*,
n'a-t-il point traité à part du Droit des Gens, le
mêlant par-tout avec le Droit naturel, proprement
dit. « Mais il ne trouve, dans le fond, aucune con-
» tradiction entre fon opinion & celle de quelques
» Savans, qui rapportent au Droit naturel *ce qui
» eft conforme à une nature raifonnable ;* & au Droit
» des Gens, *ce qui eft fondé fur nos befoins*, aux-
» quels on ne fauroit mieux pourvoir (*dit Puffen-
» dorf*) que par les Loix de la fociabilité.... Plu-
» fieurs donnent auffi le nom de *Droit des Gens*,
» (*continue cet Auteur*), à certaines coutumes, fur-
» tout en matiere de Guerre, lefquelles fe pra-
» tiquent ordinairement par une efpece de confen-
» tement tacite entre la plupart des Peuples, du
» moins ceux qui fe piquent de quelque politeffe
» & de quelqu'humanité. En effet, les Nations
» civilifées ayant attaché le plus haut comble de
» la gloire à fe diftinguer par les armes, c'eft-à-
» dire, à ofer & favoir adroitement faire périr
» un grand nombre de gens ; ce qui a produit, de
» tout temps, plufieurs Guerres non néceffaires,
» ou même injufte   les conquérans, pour ne pas
» fe rendre tout-à-fait odieux par leur ambition,
» ont jugé à propos, en même-temps qu'ils s'attri-
» buoient tout le droit qu'on a dans une Guerre jufte,
» d'adoucir l'horreur des armes & des expéditions
» militaires, par quelque apparence d'humanité &
» de magnanimité : de-là vient, (*obferve-t-il*), l'u-
» fage d'épargner certaines fortes de chofes, &

» certains ordres de perſonnes : de garder quelque
» meſure dans les actes d'hoſtilité ; de traiter les pri-
» ſonniers d'une certaine maniere , & autres choſes
» ſemblables. Mais quoique ces ſortes de cou-
» tumes paroiſſent renfermer quelque obligation ,
» fondée du moins ſur une convention tacite ; ſi
» un Prince , dans une Guerre juſte , manque de
» les obſerver , après avoir déclaré qu'il ne veut
» point s'y aſſujétir , pourvu qu'en prenant le parti
» contraire , il ne viole pas le Droit naturel , *il ne*
» *pourra être accuſé que d'une eſpece, d'impoliteſſe ,*
» en ce qu'il n'aura pas ſuivi l'uſage reçu de ceux
» qui *mettent la Guerre au nombre des arts libéraux :*
» de même que parmi les maîtres , on tient pour
» ignorant celui qui n'a point bleſſé ſon homme ,
» ſelon les regles de l'art. Ainſi , tant qu'on ne
» fait que des Guerres juſtes , on peut conſulter
» uniquement les maximes du *Droit naturel* , &
» mépriſer toutes les coutumes des autres Peuples ;
» *à moins qu'on n'ait intérêt de s'y conformer , pour*
» *engager l'ennemi à exercer contre nous & contre les*
» *nôtres , des actes d'hoſtilité moins rigoureux ;* mais
» ceux qui entreprennent une Guerre mal fondée ,
» font bien de ſuivre ces coutumes , pour garder
» du moins quelque meſure & quelque tempéra-
» ment dans leurs injuſtices ».

L'on voit que cet Auteur , en bâtiſſant preſque
toujours ſur le *Droit naturel* , & le donnant pour
regle à toutes les Nations , adopte pourtant les
maximes reçues , & prêche , comme les autres , la
doctrine du Droit de la Guerre.

Burlamaqui , qui a marché à-peu-près ſur les
mêmes principes , à cet égard , que *Puffendorf* &
Barbeyrac , en reconnoiſſant , comme eux , que *le*

Burlama-
qui , In-
trod. au
Droit Pol.

Chap. I, *Droit des Gens n'eſt autre choſe, dans le fond*,
§§. XIII. *que le Droit naturel lui-même*, avance, que « l'on
XIV. Son
Droit na- » pourroit diſtinguer deux ſortes de Droit des
tur. Tom. » Gens : l'un *de néceſſité*, qui eſt obligatoire par
II, pag. 6. » lui-même, & qui ne differe en rien du Droit
» naturel : l'autre, qui eſt *arbitraire* & *de liberté*,
» & qui n'eſt fondé que ſur une eſpece de con-
» vention tacite : convention, *dit-il*, qui tire elle-
» même toute ſa force de la Loi naturelle, qui
» ordonne d'être fidele à ſes engagemens ».

Ib. §. IV. Il poſe pour principe, que « l'établiſſement des ſo-
» ciétés civiles, produit encore de' nouvelles relations
» entre les hommes, je veux dire, (*explique-t-il*),
» celles qu'il y a entre ces différens corps, que l'on
» appelle *Etats* ou *Nations*, & c'eſt ce qui donne
» lieu au *Droit des Gens* & à la *politique* ».

Ib. §. XI. Il dit bien que « la *politique* n'eſt autre choſe
» que cet art, cette habileté, par laquelle un Sou-
» verain pourvoit à la conſervation, à la ſûreté,
» à la proſpérité & à la gloire de la Nation qu'il
» gouverne, ſans faire tort aux autres Peuples,
» même en procurant leur avantage, autant qu'il
Ibid. » eſt poſſible ». Mais (ce qu'il applique de *fait* au
§. XVIII. Droit des Gens, en expliquant les droits des Sou-
(p. 9, 7.) verains à l'égard des étrangers, & y traitant du Droit
Tom. II, de la Guerre, & de tout ce qui y a rapport), il
Part. III, recommande fortement, en parlant des *Loix ci-*
Ch. I, XI.
(p. 211). *viles*, à propos des parties eſſentielles de la Souveraineté, qui ſe rapportent au gouvernement intérieur de l'Etat, « de bien prendre garde de ne
» pas confondre deux choſes tout-à-fait diſtinctes,
» c'eſt-à-dire, l'*Etat naturel* & les *Loix de la na-*
» *ture*. Il obſerve que l'Etat naturel & primitif de
» l'homme,

» l'homme, peut fouffrir différens changemens,
» diverfes modifications, dont l'homme eft le maî-
» tre, & qui n'ont rien de contraire à fes obli-
» gations & à fes devoirs. A cet égard, *dit-il,* les
» Loix civiles peuvent bien apporter quelques chan-
» gemens à l'état naturel des hommes; & en con-
» féquence, faire quelques réglemens inconnus au
» *Droit naturel,* fans que pour cela, elles aient
» rien de contraire aux Loix naturelles, qui fup-
» pofent l'état de liberté dans toute fon étendue,
» mais qui permettent pourtant à l'homme de mo-
» difier & de reftreindre cet état de la maniere
» qui lui paroît la plus avantageufe ». Voilà un
vafte champ ouvert à la *doctrine du Droit de la
Guerre;* & cette diftinction met d'abord un inter-
valle immenfe, & des caracteres entiérement différens, entre le *Droit des Gens* & le *Droit
naturel.*

Ce n'eft pourtant point ce qu'on entend: au con-
traire, on veut toujours que le premier droit tire   Wattel.
Préf. XX.
Wolf.
fa fource de l'autre, & qu'il en foit une produc-
tion néceffaire. Ecoutons *Wolf.* « Mais les Nations,
» ou les Etats Souverains, étant des perfonnes
» morales, & les fujets des obligations & des
» droits, réfultans, en vertu du *Droit naturel,*
» de l'acte d'affociation qui a formé le corps po-
» litique; la nature & l'effence de ces perfonnes
» morales different néceffairement, & à bien des
» égards, de la nature & de l'effence des indi-
» vidus phyfiques, favoir des hommes qui les
» compofent. Lors donc que l'on veut appliquer
» aux Nations, les devoirs que la Loi naturelle
» prefcrit à chaque homme en particulier, & les
» droits qu'elle lui attribue, afin qu'il puiffe rem-

» plir ses devoirs ; ces droits & ces devoirs ne
» peuvent être autres que la nature des sujets ne
» la comporte ; ils doivent nécessairement souffrir,
» dans l'application , un changement convenable
» à la nature des nouveaux sujets auxquels on les
» applique. *On voit ainsi, que le* Droit *des Gens*
» *ne demeure point en toutes choses le même que le*
» Droit *naturel, en tant que celui-ci régit les actions*
» *des particuliers* ».

Ib. XVI. « Il falloit, (*dit* Wattel), de profondes médi-
» tations & des vues bien étendues pour concevoir
» l'idée d'un *système de Droit des Gens naturel,*
» qui fût ainsi comme la Loi des Souverains & des
» Nations ; pour sentir l'utilité d'un pareil Ouvrage,
» & sur-tout pour l'exécuter le premier.

» La gloire, (*poursuit cet Auteur*), en étoit ré-
» servée à M. le Baron de *Wolf.* Ce grand Phi-
» losophe a vu que l'application du *Droit naturel*
» aux Nations en corps , ou aux Etats, modifiée
» par la nature des sujets , ne peut se faire avec
» précision , avec netteté & avec solidité , qu'à
» l'aide des principes généraux & des notions di-
» rectrices qui doivent la régler : que c'est par le
» moyen de ces principes seuls que l'on peut mon-
» trer évidemment, comme *en vertu du Droit na-*
» *turel même, les décisions de ce Droit, à l'égard*
» *des particuliers, doivent être changées & modifiées ,*
» *quand on les applique aux Etats ou sociétés poli-*
» *tiques, & former ainsi un Droit des Gens naturel*
» *& nécessaire* ».

Préf. XXV
XXVII.
Wattel. Cependant le même Wattel a osé quelquefois
s'écarter de *Wolf,* qu'il a pris pour guide. « Dès
» le commencement de mon Ouvrage , (*dit-il*),

» on trouvera que je differe entiérement de ce
» Philofophe, dans la maniere d'établir les fon-
» demens de cette efpece de Droit des Gens,
» que l'on appelle *volontaire*. M. *Wolf* le déduit
» de l'idée d'une efpece de grande république,
» (*civitatis maximæ*), inftituée par la nature elle-
» même, & de laquelle toutes les Nations du monde
» font les membres. Suivant lui, le *Droit des*
» *Gens volontaire* fera comme le *Droit civil* de
» cette grande république. Cette idée ne me fa-
» tisfait point, *dit Wattel*, & je ne trouve la fic-
» tion d'une pareille république, ni bien jufte,
» ni affez folide pour en déduire les regles d'un
» *Droit des Gens univerfel*, & nécessairement admis
» entre les Etats fouverains. Je ne reconnois point,
» *dit-il*, d'autre fociété, naturelle entre les Nations,
» que celle-là même que la nature a établie en-
» tre tous les hommes. Il eft de l'effence de toute
» fociété civile, (*civitatis*), que chaque membre
» ait cédé une partie de fes droits au corps de la
» fociété, & qu'il y ait une autorité capable de
» commander à tous les membres, de leur don-
» ner des Loix, de contraindre ceux qui refufe-
» roient d'obéir. On ne peut rien concevoir, ni
» rien fuppofer de femblable entre les Nations.
» Chaque Etat fouverain fe prétend & eft effec-
» tivement indépendant de tous les autres. Ils doi-
» vent tous, fuivant M. *Wolf* lui-même, (*c'eft*
» *toujours Wattel qui parle*), être confidérés comme
» autant de particuliers libres, qui vivent enfem-
» ble dans l'état de nature, & ne reconnoiffent
» d'autres Loix que celle de la nature même ou
» de fon Auteur. Or, la nature a bien établi une
» fociété générale entre tous les hommes, lorf-
» qu'elle les a faits tels qu'ils ont abfolument

» befoin du fecours de leurs femblables, pour vi-
» vre comme il convient à des hommes de vi-
» vre; mais elle ne leur a pas impofé précifément
» l'obligation de s'unir en focité civile proprement
» dite; & fi tous fuivoient les Loix de cette bonne
» mere, l'affujétiffement à une fociété civile leur
» feroit inutile. Il eft vrai que les hommes étant
» bien éloignés d'obferver entr'eux volontairement
» les regles de la Loi naturelle, ils ont eu recours
» à une affociation politique, comme au feul
» remede convenable contre la dépravation du
» grand nombre, au feul moyen d'affurer l'état
» des bons & de contenir les méchans : & la Loi
» naturelle elle-même approuve cet établiffement.
» Mais il eft aifé de fentir qu'une fociété civile,
» entre les Nations, n'eft point auffi néceffaire,
» à beaucoup près, qu'elle l'a été entre les par-
» ticuliers. On ne peut donc pas dire que la
» nature la recommande également, bien moins
» qu'elle la prefcrive. Les particuliers font tels, &
» ils peuvent fi peu de chofe par eux-mêmes,
» qu'ils ne fauroient guere fe paffer du fecours &
» des Loix de la fociété civile. Mais dès qu'un
» nombre confidérable fe font unis fous un même
» Gouvernement, ils fe trouvent en état de pour-
» voir à la plupart de leurs befoins, & le fecours
» des autres fociétés politiques ne leur eft point
» auffi néceffaire, que celui des particuliers l'eft
» à un particulier. Ces fociétés ont encore, (il eft
» vrai), de grands motifs de communiquer & de
» commercer entr'elles, & elles y font même obli-
» gées; nul homme ne pouvant, fans de bonnes
» raifons, refufer fon fecours à un autre homme.
» Mais la Loi naturelle peut fuffire pour régler
» ce commerce, cette correfpondance. Les Etats

» fe conduifent autrement que des particuliers.
» Ce n'eft point d'ordinaire le caprice ou l'aveu-
» gle impétuofité d'un feul qui en forme les ré-
» folutions, qui détermine les démarches publi-
» ques : on y apporte plus de confeil, plus de
» lenteur & de circonfpection, & dans les occa-
» fions épineufes ou importantes, on s'arrange,
» on fe met en regle par le moyen des traités.
» Ajoutez que l'indépendance eft même néceffaire
» à chaque Etat, pour s'acquitter exactement de
» ce qu'il fe doit à foi-même, & de ce qu'il doit
» aux citoyens, & pour fe gouverner de la maniere
» qui lui eft la plus convenable. Il fuffit donc, en-
» core un coup, que les Nations fe conforment à
» ce qu'exige d'elles la fociété naturelle & géné-
» rale établie entre tous les hommes ».

Wattel fe fait une objection : « Mais, *dit M. Wolf*, Préf. XXXII.
» la rigueur du *Droit naturel* ne peut être toujours
» fuivie dans ce commerce & cette fociété des
» Peuples; il faut y faire des changemens, lef-
» quels vous ne fauriez déduire que de cette idée
» d'une efpece de grande république des Nations,
» dont les Loix, dictées par la faine raifon, &
» fondées fur la néceffité, régleront ces change-
» mens à faire au *Droit naturel & néceffaire des*
» *Gens*, comme les Loix *civiles* déterminent ceux
» qu'il faut faire dans un Etat, au Droit naturel
» des particuliers. Je ne fens pas, *dit Wattel*, la
» néceffité de cette conféquence, & j'ofe me pro-
» mettre de faire voir, dans cet Ouvrage, que
» toutes les modifications, toutes les reftrictions,
» tous les changemens, en un mot, qu'il faut
» apporter, dans les affaires des Nations, à la
» rigueur du Droit naturel, & dont fe forme le

» Droit des Gens volontaire ; que tous ces chan-
» gemens, dis-je, fe déduifent de la liberté na-
» turelle des Nations, des intérêts de leur falut
» commun, de la nature de leur correfpondance
» mutuelle ; de leurs devoirs réciproques & des dif-
» tinctions de *Droit interne & externe, parfait &*
» *imparfait*, en raifonnant à-peu-près comme
» M. *Wolf* a raifonné à l'égard des particuliers,
» dans fon Traité du Droit de la Nature ».

C'eft ainfi que tous ces favans, fans perdre de
vue le *Droit de la Nature*, en veulent pourtant établir un autre, pour rendre nos inftitutions & nos
ufages légitimes ; lequel renverferoit entiérement
le premier, bien loin qu'il puiffe en être le fruit.

Préf. de   *Hobbes* eft le feul, malgré fes paradoxes & fes
Wat. XIII.   maximes déteftables, qui ait avancé tout fimple-
Hobbes.   ment que *le Droit naturel ne foufroit aucun chan-*
gement néceffaire dans fon application, & qui ait
conclu fans aucune réferve, que *les maximes de ce*
Droit, & celles du Droit des Gens font précifément
les mêmes. J'avoue que cette affertion m'eft fufpecte,
qu'elle n'eft due qu'à la hardieffe & à la fingularité
funefte de fon fyftême ; & que dans fon fens, la
vérité que je veux établir, n'en eft pas plus refpectable ni mieux fervie : mais du moins cet Auteur,
juftement condamné, feroit-il plus conféquent ;
car fi nous naiffons tous en un état de Guerre, il
doit demeurer pour convenu, qu'il n'y a originairement ni jufte ni injufte, & que les fociétés politiques n'ont pu, en *Droit*, & par rapport à elles,
apporter de changement à l'état naturel de l'homme :
ou plutôt, que le même *état naturel* n'eft au fond
que le *Droit des Gens lui-même, tel que les Nations*
font réglé. Au lieu que tous les autres Auteurs,

en convenant que l'homme naît dans un état de
paix, en foutenant que les idées de l'ordre & de
la juftice font indépendantes des conventions humaines : qu'elles font antérieures aux Loix & aux
fociétés ; tous les autres, dis-je, veulent que ces
mêmes fociétés une fois formées, *la Nature ait
donné le Droit aux Nations de déclarer la Guerre,
quand elles croyent d'en avoir de juftes raifons*, &
ils les arment ainfi fans cefte les unes contre les
autres.

C'eft cette fatale erreur que je travaille à détruire
depuis le commencement de cet ouvrage. Si j'avois
pu fuivre fil à fil tous les raifonnemens des Auteurs
dont je viens de parler, fur la queftion qui m'occupe, & repréfenter, dans la plus grande exactitude, comme chacun d'eux fe tire infenfiblement
des grandes & falutaires vérités qu'ils avancent touchant les maximes du *Droit naturel*, j'aurois fans
doute fatigué mes Lecteurs par une ennuyeufe
monotonie, & par des redites indifpenfables ; mais
ma caufe y auroit beaucoup gag. , & je n'aurois
pas eu befoin de plus grandes preuves, pour réduire tous ceux que j'attaque à l'abfurde. Toutefois,
en continuant ma marche, je pourrai parvenir à
ébranler le préjugé général, ou du moins à infpirer
quelque méfiance à ceux qui font les plus infatués
de la Doctrine du *Droit de la Guerre*.

On doit s'être apperçu que ce qui porte tous nos
Auteurs (pour avoir felon eux une regle propre
à la conftitution préfente des fociétés) à laiffer
là en quelque forte le *Droit naturel*, ou pour parler comme eux, *à en déduire un Droit des Gens
comme étant feul capable de diriger les Nations entr'elles*, c'eft d'abord les *befoins* & les *affaires des*

Tous ces
Auteurs fe
font déter-
minés à
changer
d'opinion,
précé-
ment par
ce qui au-

D d iv

roit dû les
y confir-
mer.

les *hommes*, & puis les *guerres & la maniere dont les
sociétés traitent ces mêmes affaires les unes avec les
autres*. L'on voit que, pour appuyer la nécessité de
ce Droit, ils allèguent en preuve précisément ce
qui est la question : *Les captivités*, *les servitudes*,
les conquêtes, *les prisonniers de guerre*, *le Droit de
postliminie*, *les représailles*, *&c.* Ils ne sauroient
accorder, sans cela, avec le *Droit naturel*, les
servitudes & les captivités, puisqu'*originairement*
(c'est Justinien qui le dit) *tous les hommes naissoient
libres*; ni les représailles, puisque, de l'aveu de
Barbeyrac, dans l'état de nature, *un homme ne peut
pas*, *pour tirer satisfaction de quelque injure qu'il a
reçue d'un autre*, *s'en prendre à quelqu'un de ses
parens ou de ses amis qui n'y ont réellement aucune
part*, *&c.* N'est-ce pas nous montrer du doigt le
foible de leur cause, & nous dire sans y penser,
par où il faut les attaquer ?

Mais, en attendant que j'entre dans toute cette
discussion, qui ne sera que dans la Seconde Partie,
il me reste à exposer le *Droit naturel*, à le bien
approfondir, à en établir les vrais fondemens &
les regles, à en marquer la juste étendue. L'on n'y
verra certainement rien qui autorise la Doctrine
du *Droit de la Guerre*.

SECTION SIXIEME.

Le Droit naturel réprouve l'usage & la doctrine du Droit de la Guerre.

CHAPITRE PREMIER.

Nécessité de connoître d'abord l'état naturel de l'homme.

Avant de parler du *Droit*, l'ordre demande que nous confidérions l'*Etat* lui-même. L'on ne peut bien déduire les conféquences d'une chofe, fi l'on n'en connoît les propriétés. C'eft pourquoi il fe préfente d'abord ici deux grandes queftions à examiner ; 1°. Si l'état de nature eft un état de Guerre ? 2°. Quel eft l'état naturel du Genre humain ? La folution de l'une & l'autre queftion fe préfentera d'elle - même, après la lecture des deux Chapitres fuivans.

CHAPITRE II.

*Où l'on expose le vrai état de nature par rapport
à l'homme, & l'origine des Sociétés.*

L'état na-
turel de
l'homme
ne peut
pas être la
Guerre.

CEUX qui ont avancé que l'état de nature étoit
un état de guerre, ont dit une inutilité, s'ils n'ont
entendu autre chose, finon que foible & foumis
naturellement à mille befoins (1), l'homme eft fouvent expofé, pour les fatisfaire, à difputer les
mêmes chofes, que d'autres pourfuivent dans les
mêmes vues ; à fe croifer ainfi dans la recherche
des mêmes biens, foit qu'ils lui foient véritablement néceffaires, ou qu'il les croye tels : mais ils
ont avancé une grande abfurdité, qu'on me permette de le dire, s'ils ont penfé que l'homme venant au monde, étoit deftiné à être en guerre
avec fes femblables, & obligé de les regarder
comme fes ennemis.

Il eft de l'ordre que chaque créature animée,
travaille à fa confervation ; & il eft de la fageffe
du Créateur qu'elle puiffe en prendre le moyen :
or, la Guerre n'eft capable que de deftruction.
Bien loin qu'elle puiffe convenir à la nature de
l'homme, rien, au contraire, ne trouble tant fon
repos, n'attaque plus directement fes jours & fon
bonheur, en moiffonnant comme elle fait indiftinctement, & les hommes & les productions de
la terre deftinées à les nourrir.

---

(1) C'eft relativement à notre état actuel de civilifation qu'on
s'exprime ainfi.

Et qu'on ne dife pas que tout eft en guerre dans le monde ; que les élémens (1) fe contrarient ; que les animaux fe donnent la chaffe , & fe mangent les uns les autres. Les chofes ne font point faites à cette fin; & l'état naturel, par exemple, des animaux, n'eft pas de fervir de pâture aux autres animaux. D'abord, ce ne font point les bêtes de la même efpece qui fe mangent ; il naît parmi elles des querelles & des combats ; le plus fort terraffe le plus foible ; mais leurs brouilleries font paffageres , & finiffent avec le fujet qui les a produites. Remarquez un chien, que des hommes de la populace , & prefque auffi dépourvus de raifon que lui , provoquent contre un autre chien qui ne lui a rien fait , ou avec qui il vient d'avoir un léger fujet de difpute , & cela pour avoir le plaifir de les voir combattre : cet animal, plus fenfible qu'eux - mêmes aux fentimens que la nature infpire pour nos femblables , témoigne affez par fes refus qu'il fouffre à leurs invitations ; & il ne s'y livre enfin qu'avec dégoût & avec peine.

Que fi les animaux (2) d'une même efpece courent fur les animaux d'une efpece différente , & s'en repaiffent , l'on peut répondre , qu'outre que

---

(1) L'on dit bien communément qu'il n'y a rien de fi oppofé que le feu & l'eau ; mais cette façon de parler vulgaire , n'eft prife que de l'apparence. Il eft certain , au contraire, qu'il n'y a rien qui foit plus d'accord dans la nature que les élémens ; puifqu'ils entrent dans la compofition de chaque chofe , & que pour pouvoir fubfifter enfemble , il faut être uni. Les corps, il eft vrai, périffent & fe détruifent ; mais c'eft que tout doit avoir une fin ; & la caufe de la défunion de leurs parties forme une queftion qui n'eft pas de mon fujet.

(2) Voyez Deuxieme Partie , Sect. II, Nº. IV, Ch. VI.

ce n'eſt point le cas de l'homme, puiſqu'on le ſuppoſe agir contre ſon ſemblable ; le ſyſtême que les bêtes n'ont point d'ame, comme tout nous oblige à le croire, fait diſparoître les inconvéniens de cette eſpece de déſordre.

La *Paix*, état naturel de toutes les créatures vivantes.

Mais, tant les animaux, qui ſont la proie d'autres animaux d'eſpece différente, que ceux qui les pourchaſſent, ne laiſſent pas que de tendre à la paix, puiſqu'ils ſe la procurent par tous les moyens qui ſont en eux ; ils la cherchent, ils la deſirent ; ils en ſentent les douceurs : tout ce qui eſt capable de la troubler, ſe fait remarquer en eux à des ſignes frappans, qu'ils ne ſont pas maîtres de contenir : toute l'habitude de leur corps annonce qu'ils ſont en péril, ou qu'ils vont y être. Ainſi ce ne ſera jamais un état naturel à une créature que celui où elle perdra ſa tranquillité, ſa ſûreté, ſa joie, ſon bonheur, & pour lequel elle témoigne tant d'averſion.

Si cette conſéquence eſt vraie à l'égard des animaux ; à plus forte raiſon pour l'homme. Doué de raiſon & d'intelligence, il a des idées de juſtice, tirées de ſa propre utilité : s'il a des beſoins, il ſent bien que l'amour de ſa conſervation, lui fera diſputer contre ſes ſemblables, les mêmes choſes, dont ils ne ſauront ſe paſſer, non plus que lui ; mais il comprendra en même temps, que ces concurrens faits à ſon image, & ſe trouvant dans les mêmes néceſſités, ont autant de droit que lui d'y prétendre. Il ſent les avantages de la paix, qui nous fait jouir tranquillement de nos biens & de notre vie. Il poſſede ſa femme, ſes enfans ; c'en eſt aſſez pour un commencement de ſociété ; tout lui dit que cette ſociété naiſſante ne peut ſub

fister & s'accroître que par la concorde & l'union.
D'ailleurs, l'Etat de Guerre suppose nécessairement celui de Paix ; car faut-il bien que les individus dans chaque parti, soient unis entr'eux pour
faire la Guerre, comme ils l'étoient déja avant de
l'entreprendre : preuve incontestable, que l'état
naturel de l'homme est la paix; soit qu'on le confidere au milieu des fiens, ou dans le fein des
fociétés politiques.

Si donc la Paix est fon état propre, il doit faire
tous fes efforts pour s'y maintenir. Je vois en lui
deux refforts bien puiffans pour le diriger à cette
fin : La *Pitié* & la *Crainte*. Le Créateur les y a placées comme deux fignes parlans de fa véritable
deftination ; car, qu'y a-t-il de plus oppofé à la
Guerre que *Crainte* & *Pitié* ? L'une l'attire vers fes
femblables, & vers tous les êtres animés qui ont
befoin de fecours : cette admirable difpofition,
qui fait le triomphe de la nature, eft le lien invifible qui attache tous les hommes. Elle eft le germe de l'amour, de l'amitié, de la complaifance,
de la générofité, de toutes les vertus fociales; de
ce germe naiffent en foule les fervices & la reconnoiffance : il eft naturel qu'on s'uniffe à ceux qui
nous font du bien; & il eft raifonnable de compter
fur le même traitement de la part de ceux que
nous aurons obligés, quand nous favons qu'ils
ont un cœur comme nous, & que le principe qui
nous fait agir, eft plus ou moins gravé dans tous
les hommes. Ainfi, par la *Pitié*, l'intérêt perfonnel
fe change en intérêt du prochain; & l'on eft d'autant plus affuré de faire fon bonheur, que l'on
procurera celui des autres.

La *Crainte*, au contraire, nous éloigne de tout

Deux grands refforts qui menent à la Paix; la pitié & la crainte.

La Pitié.

La Crainte.

ce qui peut nuire à notre félicité ; mais elle nous rapproche, par cette raison, de tout ce qui y contribue. Amie de la *Pitié*, elle abhorre, comme elle, le sang & le désordre ; elle cherche le calme & la tranquillité : toutes ses démarches tendent à la conciliation ; & si par fois elle prend des résolutions hardies & violentes, c'est dans les momens extrêmes, où le devoir pressant de la conservation l'entraîne, mais toujours en vue de la paix, qu'elle achete à quel prix que ce soit

Ces puissans ressorts affoiblis par la propriété.

Deux mouvemens aussi précieux dans l'homme, auroient infailliblement produit une paix générale sur la terre, si les hommes avoient su renfermer leurs desirs dans les bornes de leurs besoins. Dans l'état de nature, ses besoins étoient peu étendus : borné dans sa famille, il ne connoissoit que le nécessaire. Mais la race se multipliant, une famille à côté d'une autre fit naître des objets de comparaison. La propriété, cette fatale mere des dissensions, qui ne se faisoit pas sentir lorsque l'homme étoit isolé, frappa les esprits quand on se vit plusieurs familles. Dans des temps stériles pour la chasse, la pêche, pour les bestiaux, pour l'agriculture, ceux qui avoient été ou plus soigneux ou plus fortunés, reconnurent plus particulierement l'avantage de posséder. On ne put donner à d'autres ce qui suffisoit à peine pour soi. La *Pitié* n'étoit pas morte ; mais elle se tait, ou plutôt elle ne parle que pour nous-mêmes à la vue de nos propres besoins. Chacun s'empressa de prévenir des situations aussi tristes pour l'humanité, en s'assurant, pour l'avenir des ressources contre la faim, le froid, le chaud, & toutes les infirmités de la vie.

La *Propriété* fit alors un pas immenfe : on la crut d'autant plus jufte, qu'elle étoit le fruit du travail & de la prévoyance. La Pitié qui, auparavant, étoit fi généreufe dans les rencontres, commença de calculer avec foi-même, & à délibérer s'il convenoit de partager fes provifions : elle vouloit bien toujours fecourir, mais elle ne vouloit manquer de rien ; & la crainte venant à fon fecours, acheva de la décider en fa faveur.

En cet état, il falloit bien que la force arrachât ce que la pitié n'avoit pu faire. Les familles voifines qui fe trouverent dans le befoin, au temps dont nous avons parlé, attaquerent celles qui avoient des provifions ; & enfuite aigries par le refus, leur difputerent les terres, les étangs, les rivieres, les lacs d'où elles les tiroient, ou comme étant plus propres à les leur fournir, ou parce qu'en effet elles manquoient elles-mêmes de ces reffources. {La force arrache ce que la pitié refufe.}

Ainfi, d'abord la Guerre naquit d'une caufe innocente : je parle de l'abfolue néceffité, qui contraignit un chef de famille à employer la violence pour s'empêcher de mourir de faim. {La Guerre naît d'un fujet innocent.}

Cette néceffité pourtant fut le plus grand de tous les malheurs : une fois le moyen mis en œuvre & avec fuccès, l'on connut que les forces & le courage font d'excellentes reffources dans l'occafion. La défenfe eft vive à fon tour, elle ne cede pas aifément, elle ne cede pas toujours. Les forces furent donc en oppofition & mefurées : l'on comprit d'une part qu'il falloit fe prémunir contre les atta- {Son introduction, le plus grand de tous les malheurs.}

ques, & de l'autre s'attendre à être bien repoussé.
L'on chercha tous les moyens connus alors d'assurer
la propriété. Chaque famille n'avoit plus que cet
objet en vue ; & la pitié, si elle donnoit signe de
vie, ce n'étoit plus que parmi les siens, ou dans
ces occasions touchantes où la nature même nous
entraîne vers un ennemi abattu.

La Guerre, état insupportable. Mais cet état de contrainte est insupportable ;
l'homme est né pour la tranquillité & la liberté ;
& l'on n'est ni libre ni tranquille, dès qu'il faut
être perpétuellement en garde contre les surprises
d'un ravisseur. L'état de celui-ci est encore bien
pénible : aller attaquer quelqu'un dans ses foyers,
c'est à nombre égal, être déja plus foible de moitié, & l'on doit bien compter qu'on nous fera
payer cher la victoire. Ainsi deux familles voisines, dont l'une s'étoit jetée sur l'autre, d'abord
pour raison de l'absolue nécessité que j'ai allé-
guée, & ensuite avoit vécu en Guerre ouverte
avec elle, pour suivre un mouvement de vengeance, ou par esprit de cupidité ; ces deux familles,
dis-je, lasses de se troubler réciproquement,
& de s'entre-détruire, eurent de grandes dispositions à la paix. Celle qui étoit mieux placée, &
dont les ressources étoient plus assurées, céda sans
doute une partie de son terrain, en échange de
quelqu'autre chose de moins avantageux ; ou bien
elles convinrent d'unir leurs possessions, & de
puiser en commun les objets de leur subsistance.
Deux familles, quoique séparées & gouvernées
chacune par son chef, n'en firent pour ainsi dire
qu'une. L'intérêt personnel qui les avoit divisées,
les réunit ; & la Guerre finit entr'elles à-peu-près
comme elle avoit commencé.

Il eft vrai cependant, que l'efprit de propriété s'agrandiffoit par cette union, & jetoit de plus profondes racines. L'hiftoire que nous venons de faire, eft celle de toutes les familles qui fe font trouvées le plus à côté l'une de l'autre. Elles s'attaquerent, & fe réunirent par les mêmes motifs. L'efpece fe multipliant, les occafions de difcorde revinrent, & les deux premieres familles n'en furent pas plus paifibles au dehors : les nouvelles les attaquerent; la paix fe fit encore, ou de gré ou de force, & à ce nombre de plufieurs familles réunies, il s'en joignit encore d'autres qui avoient éprouvé, & entre elles, & puis avec les anciennes, les mêmes fujets de difcorde, & les mêmes fujets de paix : ainfi tout de proche en proche, la Guerre fe fit, & fe termina. Les alliances d'amitié qui avoient remplacé celles du fang, s'étendirent tout à la ronde ; une quantité de familles formerent enfemble un corps, uni feulement de volonté, à qui l'intérêt commun & l'expérience du paffé avoient affez bien appris l'importance de fe fecourir mutuellement, & entre eux, & contre leurs ennemis.

Ainfi s'uniffent plufieurs familles, après avoir toutes éprouvé de la Guerre.

Telles furent les premieres fociétés. Les Loix n'avoient pas encore affujetti les hommes ; ils étoient dans le véritable état de nature : chaque pere étoit Roi dans fa famille. S'il furvenoit un cas où le bien général exigeoit de s'entendre, & de prendre quelque réfolution commune, tous les peres s'affembloient en un lieu convenu, entre les diverfes habitations, qui n'étoient pas alors fi nombreufes que la confufion pût fe mettre entr'eux. Que ce fénat étoit augufte & refpectable ! Chefs de famille,

Telles les premieres fociétés en l'état de nature.

vous parliez pour vos femmes, pour vos enfans; en vous résidoit la toute-puissance. Qui mieux que vous étoit digne de représenter la Nation?

Cette confédération toute libre, cette espece de corps politique, dont les membres divisés en petits pelotons, ne connoissoient d'autre autorité que celle de leurs chefs respectifs, avoit de grands avantages, mais aussi de très-grands inconvéniens. S'il est heureux de ne dépendre que de celui qui naturellement doit nous aimer, de n'avoir d'autres loix à suivre que celles que la naissance impose, de n'avoir à consulter que son cœur & le bien commun de la famille; il est bon aussi que plusieurs familles, entr'elles, ne puissent troubler leur paix domestique; que chacune d'elles dépose une partie de sa liberté pour assurer le bonheur de toutes;

qu'en conséquence il soit créé un corps de Magistrats & des Loix pour fixer l'arbitraire de la justice, que les passions introduisent dans les occasions où elles se déploient; que les penchans désordonnés soient punis, les belles actions recompensées: voilà pour l'intérieur de la société naissante. Que si l'on considere son utilité au dehors; il est sensible que rien n'est plus capable de repousser un ennemi dangereux que cette association en forme, qui fixant la légéreté naturelle de l'homme, réunit en une seule tant de volontés particulieres, & les fait mouvoir à propos & dans le temps marqué; que cette union enfin de toutes les forces, qui en augmente l'efficacité & le produit.

Or, il falloit que chaque famille ne prît jamais d'engagement avec une autre, & qu'on ne vît d'autre empire sur la terre que le paternel: ou bien il étoit inévitable qu'elles formaffent peu à peu *Politiques* toutes enfemble, un corps de Nation, un état de telles que peuple régi par des Loix & des réglemens com- nous les muns.

Et comme il étoit impoffible que deux familles voifines, après s'être réconciliées, n'entraffent pas dans des liaifons d'amitié & d'intérêt ; il s'en eft enfuivi néceffairement & à la longue, les fociétés en forme, telles que nous les voyons. Je ne crois pas qu'il y ait d'autre origine de toutes celles qui ont exifté & qui exifteront dans le monde.

CHAPITRE III.

*De l'Etat naturel considéré par rapport à l'homme, &
par rapport aux Nations. Parallele de l'Etat civil
& de l'Etat de nature.*

La socia-
bilité, na-
turelle &
nécessaire
à l'homme.
IL suit de ce que nous venons d'établir, que la
sociabilité est naturelle à l'homme, qu'il est fait
pour vivre avec ses semblables, & ne sauroit se
passer de leur secours ; que l'assistance même qu'ils
se donnent, fait valoir en eux, & au profit de tous,
les qualités & les talens que le Ciel leur a diversement départis ; enfin que la paix est leur état
propre, puisque rien de tout cela ne peut subsister
avec la Guerre.

Mais non
pas préci-
sément la
maniere
dont la
plupart des
Nations se
sont mon-
trées.
Mais nous ne voyons pas de même que les Corps
politiques, ou les Nations ayent dû se monter, les
unes par rapport aux autres, sur le pied où elles
sont aujourd'hui, ou comme elles ont été en différens temps, avec tout l'étalage de leurs prétentions,
& toutes les regles qu'elles se sont faites pour favoriser les passions, qui leur sont propres, sous une
apparence de justice.

Ce que
l'on sait de
positif à
cet égard.
Nous voyons seulement, d'après le tableau que
j'ai tracé, que le genre humain, ou soit une partie des hommes n'a pas pu être long-temps dans l'Etat
de simple nature, c'est-à-dire, sans Loix & sans réglemens communs ; & qu'il a été obligé par la convenance & la nécessité des conjonctures, à se lier réci-

proquement par des conventions générales ; car ,
pour ce qui eſt de cet Etat de Nature , confidéré purement & ſimplement, comme on dit, en lui-même ,
où l'on ſe figure un homme tombé , pour ainſi
dire , des nues & entiérement abandonné à lui ;
c'eſt une fiction dénuée de toute ſorte de vraiſem-
blance. Avant toute génération , le premier homme
ſe trouva avec la premiere femme. Ils eurent des
enfans. Les enfans ſe ſéparerent , ſans pourtant
aller chercher bien loin leurs demeures ; & de ces
enfans, qui compoſerent tout autant de familles ,
il vint d'autres familles qu'un voiſinage trop reſ-
ſerré , ou d'autres cauſes, obligerent, comme nous
avons vu, à s'étendre & à ſe concilier. L'homme
ne fut jamais iſolé , & livré à ſon ſeul individu :
il fut toujours ſe procurer une compagne , & dès-
lors il forma un petit Etat , dont il étoit en même-
temps & le chef & l'eſpérance.

Ce qu'il nous reſte à déterminer , c'eſt ſi *l'Etat
naturel* & *l'Etat de nature* ſont des mots parfaitement ſynonymes, & ce qu'il en faut penſer à l'égard
des hommes & des nations. On verra par le parallele de l'*Etat civil* & de *l'Etat de nature* , que
celles-ci n'ont pas trop atteint l'Etat naturel qui
leur convient.

Premierement , j'eſtime que l'*Etat naturel* &
l'Etat de nature ſont deux idées différentes. L'un,
pour me ſervir de la définition de *Puffendorf*, mais
qu'il n'applique pas comme moi , » eſt la condi-
» tion que la nature ſe propoſe principalement
» comme la plus parfaite & la plus convenable
» au genre humain ; & l'autre eſt celle où l'on
» conçoit que les premiers hommes ſe ſont trouvés
» avant la formation des ſociétés civiles , telles

L'état na-
turel & l'é-
tat de na-
ture , deux
choſes dif-
férentes.
Droit de
la Nat. &
des Gens ,
Liv. II ,
Chap. II,
§. I. (page
181).

E e iij

» que nous connoissons, & avant tous les établis-
» semens arbitraires qui ont changé la face de la
» vie humaine, & donné lieu aux relations de sujet
» & de souverain, d'esclave & de maître, de riche
» & de pauvre, &c. ». Tant que des particuliers
n'ont point été assujettis les uns aux autres, ni
tous ensemble à un maître commun, l'on peut
dire qu'ils ont été dans l'*Etat de nature*. C'est
ainsi que nous les avons représentés plus haut.
L'autorité paternelle réunissoit seule toutes les familles d'une petite contrée, & les faisoit travailler
de concert au bonheur & à la sûreté commune,
sans y être autrement contraints que par le respect
filial & l'intérêt particulier de chacun.

La race humaine se multipliant, l'Etat de nature ne peut plus être l'état naturel.

Mais cet *Etat de nature* étoit-il *l'Etat naturel* de
l'homme & des Nations ? Pour l'homme, c'est-à-
dire, certains hommes, certaines familles, une
certaine étendue de pays ; oui, l'état de nature
pouvoit passer pour l'état naturel. Rien n'empêche de considérer divers états ainsi composés,
sous ce point de vue, si nous faisons abstraction
d'une plus grande multiplication de l'espece humaine, & de toutes les causes qui troublerent
d'abord la paix entre les familles, & qui puis les
réunirent, comme des accroissemens successifs,
par lesquels insensiblement & de même sorte, se
sont formés les Royaumes & les Républiques. Que
cette premiere situation eût été à désirer pour le
bonheur de l'humanité entiere ! & peut-être pour
la gloire du Créateur ! Que sont tous ces arts &
toutes ces commodités de la vie, dont la société
se fait honneur, si ce n'est le germe & l'aliment
de la vanité, de l'orgueil, de l'ambition, de l'in-
tempérance, & la cause en même-temps des

Guerres & de toutes les brouilleries qui divifent les hommes & les Nations? On auroit connu, & on a connu en effet dans les premiers temps (1), les Arts les plus néceffaires, comme ceux propres à s'habiller, à travailler la terre, à femer, à faire du pain, &c.; c'eft-à-dire, tous ceux qui ont une vraie utilité, fans rien de nuifible pour les hommes. C'eft à tort fans doute que *Puffendorf*, en reconnoiffant cette vérité, avance que *le genre humain n'auroit pas laiffé d'être bien miférable, fi l'on n'eût point établi de fociété civile.* Il a pris cette idée de *Hobbes*, que *Barbeyrac*, en cet endroit de *Puffendorf*, a généreufement combattue (2) dans fes notes, fur le paffage même de *Hobbes*, qui y eft cité. Comme c'eft un point important, dans ce Chapitre, de prendre des idées juftes de l'Etat de nature, & qu'il me paroît que Barbeyrac les a rencontrées au mieux, l'on me permettra de rapporter en entier, & fes notes & le paffage qui y donne lieu. Je ne crois pas qu'on regarde cela comme une piece étrangere.

Ibid.

Barbeyrac donc, fur la premiere objection, que *dans l'état de nature, on n'a pour fe défendre que fes propres forces*, répond : » Qu'eft-ce qui em-
» pêche que, dans l'état de nature, on ne s'engage
» plufieurs enfemble à fe défendre mutuellement?
» J'avoue, dit-il, que cette protection, quoique
» fondée fur les forces réunies de plufieurs, ne
» feroit pas comparable à celle qu'on peut trouver
» dans une fociété bien réglée; mais elle ne laif-

Parallele de l'état de nature & de l'état civil.

---

(1) Genefe, Chap. II. v. 21, 22, & toute la note 5 dans Puffendorf, Liv. II, Chap. II, p. 185.

(2) Ce Traducteur avoue qu'il développe ici les réflexions de *Titius* (Obferv. 460, 461), & les joint avec les fiennes.

» feroit pas de fuffire pour fe mettre paffablement
» à couvert des infultes où l'on feroit expofé,
» parce qu'on ne verroit pas fondre fur foi, tout-
» à-la-fois, un fi grand nombre d'ennemis. D'ail-
» leurs, il arrive fouvent dans une fociété civile,
» que les particuliers font opprimés par les forces
» de tout le corps : inconvénient qui ne feroit
» point à craindre dans l'état de nature ».

Sur la deuxieme objection, que, *dans l'Etat de
nature, perfonne ne fauroit être affuré de jouir des
fruits de fon induftrie, Barbeyrac* obferve, » Voilà
» ce qui s'appelle outrer bien les chofes. Selon
» les circonftances des temps, des lieux, des per-
» fonnes, du voifinage, &c. il pourroit y avoir
» auffi à craindre plus ou moins; mais on pour-
» roit auffi être à-peu-près autant en repos là-
» deffus, que dans l'enceinte d'un Etat. Et, ici,
» jouit-on toujours fûrement des fruits de fon in-
» duftrie ? Les pauvres fujets ne font-ils pas très-
» fouvent écorchés par les mauvais Princes » ?

Hobbes, dans une troifieme objection, remarque
que, *dans l'Etat de nature, on ne trouve que paffions qui regnent en liberté, que guerres, que crainte,
que pauvreté, qu'horreur, que folitude, que barbarie,
qu'ignorance, que férocité.* Notre Commentateur
répond, *fur cet empire défordonné des paffions,*
» Que c'eft ce qu'il faudroit prouver. Car, pour-
» quoi l'empire des paffions feroit-il alors plus
» grand ? Les hommes font-ils moins hommes
» pour vivre dans une fociété civile ? Y a-t-il ici
» moins d'objets & d'occafions capables d'émou-
» voir les paffions ? Ou plutôt n'y en a-t-il pas
» davantage ? Ajoutons que fi la crainte des peines
» retient les peuples dans le devoir, elle ne fait
» guere d'impreffion fur les Grands & les perfonnes

Note 8.

Note 9.

, de crédit, qui trouvent aifément les moyens
; d'éluder les loix. Or, ceux en qui les paffions
» regnent avec le plus de fureur, & de la ma-
» niere la plus préjudiciable à la fociété humaine,
» ce font, fans contredit, ces perfonnes fi puif-
» fantes, dont on ne verroit guere d'exemple dans
» l'état de nature, & qui ne feroient jamais en état
» de faire tant de mal ».

Sur *les Guerres*, il répond : « Qu'elles ne font   Note 10.
» pas une fuite néceffaire de l'Etat de nature, &
» que *Puffendorf* lui-même l'a prouvé un peu plus
» bas, §. 5, contre *Hobbes*. Il y auroit fans doute
» quelques Guerres ; mais elles ne feroient jamais
» fi furieufes, ni fi funeftes, ni d'un fi grand nom-
» bre de gens, que celles qui ravagent fouvent des
» vaftes Provinces & de grands Royaumes ».

Sur *la Crainte :* « Qu'il ne manqueroit pas de   Note 11.
» moyens pour faire ceffer ou diminuer cette crainte ;
» (*il renvoie à ce qu'il dit, note 1, §. 7 du Chap. I,*
» *Liv. VII.*) & dans les Gouvernement civils, n'a-
» t-on pas fouvent de plus grands fujets d'appré-
» henfion de la part des Puiffances & de leurs
» Miniftres » ?

Sur *la Pauvreté :* « Le travail & l'économie,   Note 12.
» fourniroient aifément, *dit-il*, de quoi acquérir
» & conferver les chofes néceffaires à la vie. Il
» n'y auroit que les pareffeux & les prodigues qui
» tombaffent dans la pauvreté, comme cela arrive
» auffi dans les fociétés civiles. Les richeffes ne
» font pas néceffaires pour rendre la vie heureufe;
» & fuppofé qu'elles le fuffent, *Abraham* & les
» autres Patriarches n'en avoient-ils pas d'affez

» grandes, quoiqu'ils ne fuſſent membres d'au-
» cuns des Etats qu'il y avoit déja de leur temps »?

Note 13. Sur l'*horreur*, la *ſolitude*, la *barbarie*, l'*ignorance*,
la *férocité*, il répond : « Cela n'eſt fondé que ſur
» la fauſſe hypotheſe d'*Hobbes*, que *l'Etat de na-*
» *ture eſt un état de Guerre* ; & les ſociétés civiles
» ne ſont pas toujours exemptes de ces incon-
» véniens ; témoins pluſieurs peuples d'Aſie, d'Afri-
» que, d'Amérique, & d'Europe même, qui n'en
» ſont pas moins miſérables ni moins barbares,
» pour avoir un Souverain ».

Page 186. *Hobbes*, oppoſant enſuite à ces derniers inconvéniens de l'Etat de nature, les avantages de la
ſociété civile, par ces mots : *Dans une ſociété ci-*
vile, au contraire, on voit régner la raiſon, la
paix, la ſûreté, les richeſſes, l'ordre, la douceur
du commerce, la politeſſe, les ſciences, l'amitié :
Note 14. *Barbeyrac* répond ſur le mot de *raiſon* : « D'où
» viennent donc ces monſtres d'ambition, d'ava-
» rice, de volupté, d'injuſtice, de cruauté, d'in-
» humanité, qui regnent ordinairement dans les
» Cours des Princes, & dont l'exemple contagieux
» ſe répand preſque toujours ſur leurs inférieurs »?

Note 15. Sur la *Paix*, la *Sûreté* : « Les horribles perſé-
» cutions que les Sujets ſouffrent quelquefois, &
» les Guerres ſanglantes qui ravagent ſi ſouvent
» les Etats & les Empires les plus floriſſans, prou-
» vent bien que la paix & la tranquillité ne regne
» pas plus pour l'ordinaire dans les ſociétés civiles,
» que dans l'Etat de nature, où elle ne peut jamais
» être troublée d'une maniere qui nuiſe en même-
» temps à un ſi grand nombre de perſonnes. On

» ne connoît pas du moins, dans l'Etat de nature,
» la fureur des procès & la chicane, auxquelles
» les Loix mêmes donnent souvent occasion ».

Sur le mot de *Richesses :* « Pourquoi voit-on donc   Note 16.
» tant de gens réduits à la mendicité, tant de Sujets
» ruinés par des extorsions » ?

Sur l'*ordre*, la *douceur du commerce*, la *politesse* ,   Note 17.
les *sciences*, l'*amitié :* « Sous ces beaux noms, on
» cache souvent la vanité , la sottise , la folie, la
» pédanterie, les passions déréglées , les fourberies
» ingénieuses. Mais , s'il y a quelque chose de
» bon , il pourroit avoir lieu aussi dans l'*Etat de*
» *nature.* D'ailleurs, cette liberté , cette politesse ,
» cette douceur de la vie, que l'on vante si fort,
» ne se trouvent que dans les Villes un peu
» grandes (1). La grossiereté se conserve par-tout,
» à la campagne, dans les Royaumes les plus ci-
» vilisés.

Après toutes ces réflexions , pourroit-on dire
que les sociétés civiles, telles que nous les connoissons , sont dans *cette condition que la nature*
se propose , principalement comme la plus parfaite
& la plus convenable au genre humain , c'est-à-dire
dans leur *état naturel ?* Barbeyrac n'a pas osé le
résoudre, & trancher net la difficulté ; mais des
paroles que nous avons déja citées , & de celles   *Ibid.*
que je vais rapporter, par où il termine son difcours, l'on peut inférer facilement ce qu'il en pense:
« Concluons , *dit-il* , par un *parallele* plus exact Page 186.

---

(1) On pourroit sur tout cela faire des réflexions beaucoup
plus justes , quant à ce grand avantage que l'on donne aux
grandes Villes par rapport aux Campagnes.

» de l'Etat de nature & de l'Etat civil. L'expérience
» fait voir que, contre la deftination naturelle du
» Créateur, & par un effet de la corruption hu-
» maine, l'un & l'autre de ces Etats eft fouvent
» infociable & malheureux. Le Gouvernement
» civil, étant le moyen le plus propre à réprimer
» la malice humaine, l'*Etat civil* peut, fans con-
» tredit, être plus heureux que l'*Etat de nature*;
» mais il faut fuppofer pour cela, que la fociété
» civile foit bien gouvernée; autrement, fi le Sou-
» verain abufe de fon pouvoir, ou qu'il fe dé-
» charge du foin des affaires fur des Miniftres ou
» ignorans ou vicieux, comme il arrive très-fou-
» vent, l'Etat civil eft alors beaucoup plus mal-
» heureux que l'Etat de nature; ce qui paroît par
» tant de Guerres, de calamités & de vices, qui
» naiffent de ces abus, & dont l'Etat de nature
» feroit exempt. (*Il renvoie ici à ce qu'en dit Locke,*
» *dans fon Traité du Gouvernement civil, Liv. II,*
» *Chap. II, num.* 13, *& Chap. XIX, num.* 225.)
» Il ne ferviroit de rien de dire, *continue Bar-*
» *beyrac*, que le mal qui arrive en un temps, eft
» compenfé par le bien qu'on retire en d'autres
» temps, de l'établiffement des fociétés civiles. Car
» il fuffit que les maux foient affez grands & affez
» fréquens, pour faire douter fi, pefés à la ba-
» lance, ils n'iroient pas au-delà du bien. D'ail-
» leurs on peut, avec autant de raifon, dire la
» même chofe des inconvéniens de la liberté na-
» turelle. Ces inconvéniens n'auroient pas eu lieu
» par-tout & en tout temps : il y auroit eu du
» plus & du moins, des intervalles quelquefois
» affez longs, pour laiffer goûter tous les plaifirs
» de l'indépendance, & ôter toute penfée de fe
» donner un maître pour protecteur ».

Mais cet état heureux & poffible pour un certain nombre de familles, pour une certaine étendue
de pays, comme j'ai dit, n'étoit plus l'État naturel du genre humain pris dans fa totalité, ou dans
fes parties devenues trop confidérables, parce qu'il
n'étoit plus poffible. Aux obftacles phyfiques, il
s'en joignit de bien grands encore : les progrès de
l'efprit & de l'induftrie s'étoient trop développés :
une trop grande communication des hommes entr'eux & entre ceux des diverfes contrées, avoit
donné trop d'effor aux paffions ; les familles s'é-
toient trop multipliées; il falloit fe prémunir contre
les plus rufés ou les plus forts ; on avoit à craindre
& des fiens & des étrangers. L'on fe dépouilla donc
d'une partie de fa liberté naturelle, pour en revêtir
le corps entier : on fit ce que nous appellons des
Etats civils. Ah! que ce changement préparoit de
larmes aux races futures! On avoit à fortir de l'*Etat de
nature ;* mais on devoit trouver fon *Etat naturel :* le
point étoit de garder un jufte milieu, qui feul pouvoit conferver le bonheur des hommes. J'effayerai
de l'indiquer, en combattant toutes les grandes imperfections de notre Etat civil, dans la Seconde
Partie.

Pour le préfent, il me fuffit d'avoir fixé le
fens de l'*Etat de nature* & de l'*Etat naturel ;* &
de les avoir appliqués aux hommes & aux Nations, relativement aux circonftances : puifque c'eft
par ces différences feules, que l'on peut fe faire
de juftes idées fur le *Droit des Gens* & fur le *Droit
naturel.*

Le *Droit naturel*, comme l'on voit, a fa fource
dans l'*Etat de nature ;* & le *Droit des Gens,* dans
l'*Etat naturel ;* mais cet état-ci, n'étant autre chofe
que la meilleure maniere d'être que la nature fe

propofe dans tout ce qu'elle fait, & fur-tout pour les créatures intelligentes ; c'eft par cette raifon que nous foutenons, mais avec plus de fondement que tous nos Auteurs politiques, & avec une vraie utilité pour le genre humain, que le *Droit des Gens n'eft pas différent, au fond, du Droit naturel*, puif-qu'il ne fauroit le contredire, ainfi que nous en avons vu quelque chofe dans la Section précé-dante, & que cela paroîtra mieux par la fuite.

CHAPITRE IV.

Caracteres du Droit naturel ; son origine ; ses fondemens.

IL est inutile de nous arrêter à prouver l'exis- *Le Droit* tence du *Droit naturel*, puisqu'il est certain que *naturel* le genre humain, dans sa naissance, s'est trouvé n'est autre dans l'*Etat de nature* : ni à chercher à définir ce chose que que c'est que le mot de *Droit*, accompagné de ce- & la regle lui de *naturel* ; puisqu'il est évident qu'il n'est au- du Créa- tre chose que l'intention & la regle du Créateur, teur. pour nous conduire relativement à ce que nous sommes, & à ce pourquoi il nous a faits.

Cherchons plutôt à connoître cette *intention* & *Vérités* cette *regle*. Les caracteres auxquels nous devons *de senti-* l'appercevoir, sont quelques *vérités de sentiment*, servent à qui sont si frappantes & si à la portée de tout le le connoî- monde, qu'elles peuvent passer pour des axiômes ; tre & à savoir, nous gui- der dans 1°. Que *nous sommes composés d'un corps & d'une* cette re- *intelligence* ; cherche.

2°. Que *le premier a besoin de conservation, & l'au- tre d'instruction* ;

3°. Que *quoique notre existence en ce monde-ci, dépende principalement du corps, l'on sent bien que l'intelligence est pourtant la partie essentielle de nous- mêmes* ;

4°. Que *nous savons positivement que nous ne nous sommes pas faits nous-mêmes* ;

5°. Que *nous avons un penchant décidé pour vivre en société ;*

6°. Que *nous aimons naturellement l'ordre, l'arrangement, le bien ;*

7°. Que *nous sentons intérieurement que nous sommes libres de faire ou de ne pas faire certaines choses ;*

8°. Enfin, que *nous voyons les autres hommes faits comme nous, ayant même commencement, même fin, mêmes besoins, &c.*

De ces vérités réunies, & que chacun sent, naît le corps du *Droit naturel.* Elles nous disent que sa vertu propre est de procurer l'avantage du genre humain, & son moyen de regarder à la nature humaine en général, & sans acception de personne : elles nous montrent que ses regles sont prises dans la nature même des choses, & se conforment à l'ordre que l'on conçoit, qui est nécessaire pour la beauté de l'univers : qu'il y a une certaine proportion ou disproportion, une certaine convenance ou disconvenance, entre la plupart des actions & leurs objets, qui fait qu'on trouve de la beauté dans les unes, & de la laideur dans les autres : lesquelles nous ne saurions changer, & ne dépendent pas de nous. C'est ainsi que *Grotius* (1) n'a pas mal caractérisé, à mon sens, le *Droit naturel*, lorsqu'il le fait consister « dans certains principes de la droite raison, qui nous font connoître qu'une action est moralement honnête ou déshonnête, selon la convenance ou la disconvenance nécessaire qu'elle a avec une nature raisonnable & sociable ».

En quoi consiste le Droit naturel ?

_____

(1) Droit de la Guerre & de la Paix, Tome I, page 64.

Puffendorf

Puffendorf dit fort bien de même, en parlant de la Loi naturelle (qui n'est autre que le Droit naturel lui-même), « qu'elle se découvre par les ré-
» flexions qu'on fait sur la constitution de la na-
» ture humaine, & qu'elle convient si nécessai-
» rement à la nature raisonnable & sociable de
» l'homme, que sans l'observation de cette Loi,
» il ne sauroit y avoir parmi le genre humain de
» société honnête & paisible ».

Droit de la Nat. & des Gens, page 124.

Ibid. p. 136.

C'est que les idées d'ordre, de convenance & de conformité avec la raison dont j'ai parlé, ont certainement une réalité, & sont fondées, comme l'avoue *Puffendorf*, sur la nature des choses, sur certaines relations très-véritables. Cet Auteur ajoute que « ceux-là mêmes qui ne les développent pas
» distinctement & dans toute leur étendue, en ont
» un sentiment confus; que nos esprits sont faits
» de cette maniere, qu'ils ne peuvent qu'y ac-
» quiescer, dès qu'on les leur propose ; & c'est
» ainsi, *dit-il*, que l'*honnête* a fait de tout temps
» impression sur les hommes, parmi les Nations tant
» soit peu civilisées ».

Préf. p. XI.

De-là vient ce caractere dominant du *Droit naturel*, d'être *immuable*, comme le pensent *Grotius*, *Puffendorf*, & tous ceux qui ont raisonné avec justesse. « Il est immuable, *dit le premier*,
» jusques-là que Dieu même n'y peut rien chan-
» ger (1); car quoique la puissance d: Dieu soit

Son caractere dominant : l'immutabilité.

Tom. I, page 67, Puff. Tom. I, p. 214, note 2.

---

(1) On verra ce qui en est de cette Proposition, par rapport à Dieu, dans la Seconde Partie, Sect. II, N°. III, Chap. I, où il est question d'en juger par certaines Loix de *Moyse* qui dérogeoient à ce Droit. Mais, comme le Gouvernement du

» infinie, on peut dire qu'il y a des chofes qu'on ne
» fauroit exprimer par des propofitions qui aient
» quelque fens, mais qui renferment une mani-
» fefte contradiction. Comme donc il eft impof-
» fible à Dieu même de faire que deux fois deux
» ne foient pas quatre, il ne lui eft pas non plus
» poffible de faire que ce qui eft mauvais en foi
» & de fa nature, ne foit pas tel ».

Puffendorf remarque avec raifon que " depuis
» que Dieu a créé un animal tel que l'homme,
» qui ne fauroit conferver fans l'obfervation des
» Loix naturelles, il n'eft plus permis de croire que
» Dieu veuille les abolir, ni les changer, tant qu'il
» ne fera aucun changement à la nature humaine....
» Ainfi, dit-il, pofé feulement que les chofes de-
» meurent au même état qu'elles font, & que la
» nature humaine ne reçoive aucun changement,
» quoiqu'elle ait été au commencement formée
» de cette maniere par un effet de la volonté de
» Dieu, la Loi naturelle fubfifte ferme & inva-
» riable ».

Voilà donc le *Droit naturel* conftaté & marqué à des traits auxquels on ne peut le méconnoître. Mais quand on eft fûr de ne fe pas tromper, & qu'il eft vifible que les obligations qu'on
nous impofe, ne peuvent venir, après tout, comme
celles du Droit naturel, que de la volonté divine
qui a tout fait; n'eft-il pas fingulier & indécent
que des hommes graves s'amufent à traiter fi au

Peuple de Dieu étoit d'une toute autre nature que les Gouvernemens civils ordinaires, & dans un cas particulier, l'*immutabilité* du Droit naturel refte toujours la même, par rapport à
toutes les autres fociétés civiles.

long une queſtion auſſi inutile que celle dont s'occupe ſérieuſement *Barbeyrac ;* ſavoir, *ſi indépen-*
damment de la volonté de Dieu, les Regles du
Droit naturel & de la morale, impoſent par elles-
mémes une néceſſité indiſpenſable de la ſuivre ? Gro-
tius n'a nullement ſuppoſé que l'on ſeroit dans
quelque obligation de faire ou de ne pas faire certaines choſes, quand même l'on n'auroit à répondre de ſa conduite à perſonne. Après avoir
donné le *caractere diſtinctif* du Droit naturel, que
nous avons rapporté, & où il parle de la *conve-*
nance ou la *diſconvenance* néceſſaire d'une action
avec une nature raiſonnable ſociable, il ajoute
ces mots : *Et par conſéquent, Dieu, qui eſt l'au-*
teur de la nature, ordonne ou défend une telle ac-
tion ; & s'il a dit que *les actions, à l'égard deſquelles*
la raiſon nous fournit de certains principes qui nous
font connoître cette convenance ou cette diſconve-
nance, ſont obligatoires ou illicites par elles-mêmes,
il ne manque pas d'obſerver en même temps, *qu'à*
cauſe de cela, on les conçoit comme néceſſairement
ordonnées ou défendues de Dieu. Et il a dit plus
haut, en parlant du Droit naturel, que *quoiqu'il*
émane des principes internes de l'homme, il peut
néanmoins & avec raiſon être attribué à Dieu, parce
qu'il a voulu qu'il y eût en nous de tels principes.
J'avoue que *Grotius,* en ſe ſervant de ces mots :
Il peut, &c ; *on les conçoit,* &c, ne s'explique
pas d'une maniere aſſez poſitive, & je veux croire
que ſes idées là-deſſus n'étoient pas tout-à-fait
juſtes ; mais dès que là vérité perce à travers
l'irrégularité du langage, ou la maniere peu nette
de concevoir, c'eſt d'elle ſeule dont il faut s'occuper ; & *Barbeyrac* auroit dû ſe borner à déve-

impoſent
elles - mê-
mes une né-
ceſſité in-
diſpenſa-
ble de les
ſuivre.
Dans Grot.
Tom. I,
page 64,
note 4.

Tom. I,
page 64.

Ib. p. 14.

Ibid. p.
64, note 4.

lopper davantage (1) par des explications, la penfée de *Grotius*, plutôt que d'y trouver à redire.

Et, en effet, s'il eft honteux à la raifon humaine que des Philofophes, des Théologiens Scholaftiques, des Auteurs même très-judicieux, & nullement efclaves des préjugés de l'école (comme les nomme le Commentateur dont je parle) s'opiniâtrent à foutenir l'affirmative de la queftion dont il s'agit; n'eft-ce pas une occupation d'enfant, que de fe faire une affaire férieufe de les réfuter; & que, pour nous amener un feul & véritable fondement du *Droit naturel*, qui eft Dieu même, l'on le faffe d'une maniere auffi peu digne de cet Être fuprême?

Autre définition du *Droit naturel*.

Ibid.
Tom. I,
pag. 214.

Puffend.
Tom. I,
pag. 214.

Inconvéniens de la fuppofition que la *Loi naturelle* puiffe être changée.
Ibid.
Note I.

Car, qu'eft-ce que le *Droit naturel*, fi ce n'eft *la fcience des rapports de convenance ou de difconvenance néceffaires, que Dieu, comme Créateur de toutes chofes, a mis entr'elles & nous; fuivant lefquels l'homme dans tous les inftans de fa vie, doit diriger fes penfées & fes actions? Et cette fcience, qu'eft-elle, que la vue de la volonté (2) de Dieu, manifeftée à notre efprit par ces idées de convenance ou de difconvenance, que la droite raifon nous fournit?* Ainfi ceux qui prétendent que Dieu pourroit changer la *Loi naturelle*, & ordonner même le contraire, nous jeteroient dans un laby-

---

(1) Voyez ce que dit lui-même *Barbeyrac*, dans fa note 5, page 213 du même Tome, en faveur de *Grotius*, au fujet du *cercle vicieux* que *Puff.* lui reproche fur la définition du *Droit naturel* par l'idée de l'*honnêteté* ou de la *turpitude* néceffaire de certaines actions.

(2) Voyez la note 8, dans Puff. page 233.

rinthe épouvantable : car fi cette volonté de Dieu, de laquelle dépendent les principes & les regles du *Droit naturel*, étoit une volonté purement arbitraire, qui n'eût aucun fondement dans la nature des chofes, confidérées felon certaines relations invariables ; comment reconnoître ce Droit que par une révélation bien claire, faite à tous les hommes? Et où trouverions-nous de regle générale qui pût nous faire découvrir la volonté de Dieu; enforte qu'on tire enfuite de cette regle, par des conféquences bien liées, toutes les maximes du Droit naturel. Or, c'eft une chofe convenue que le Droit naturel eft & doit être connu par les feules lumieres de la raifon.

Ibid.
Note 3.

Ibid.
Note 1.

Le fondement du *Droit naturel*, c'eft-à-dire, de ce qui lie tous les hommes, eft donc dans la volonté de Dieu, qui fe déclare de la maniere que je viens de dire. Mais cette volonté ayant pour but le bonheur du genre humain, c'eft en ce fens que l'on dit encore que *le fondement du Droit Naturel eft la juftice*. J'ai dit ailleurs (1) que cette vertu, par rapport aux actes humains, confifte dans leur convenance avec la néceffité & le befoin ; & j'ai défini la *néceffité*, une Loi au-deffus de toutes les Loix humaines, qui fe tire de la nature des chofes : j'ai parlé du *befoin*, en tant qu'il fert de regle & de mefure à la néceffité. Tout cela s'entend principalement des cas abfolus, où l'on eft forcé d'agir pour la confervation de fon être, & fe rapporte uniquement à l'amour de foi-

En quel fens la *juftice* eft le fondement du *Droit naturel.*

_____

(1) Sect. I, No. III, Chap. I, de cette Prem. Partie.

Le Droit naturel va plus loin, & porte sur la justice universelle, qui est proprement l'honnête. même. Mais j'ai considéré dans un autre endroit (1), la *justice* sous un point de vue plus étendu, je veux dire, dans le rapport qu'elle a avec toute l'espece humaine ; & en ce sens, elle s'est présentée sous l'idée de *l'honnête*, dont elle n'est au premier cas qu'une dépendance. C'est ici la *justice universelle* qui s'étend sur tout ce qui respire, & qui doit être la base du *Droit des Gens.* Elle gît dans cet ensemble des rapports & des convenances ou disconvenances nécessaires que Dieu a mises entre les choses, dans ces idées éternelles & invariables de l'ordre qui nous découvrent la propriété & la destination des êtres ; enfin, dans cet accord qui fait qu'ils font toujours ce qu'ils font, & comme ils doivent être : en quoi brillent la toute-puissance & la sagesse de Dieu dans la formation de cet univers.

Empire de l'honnête sur nos ames. C'est pour nous disposer à entrer dans ce merveilleux dessein, qu'il a mis, en nous, comme un acquiescement involontaire à tout ce qui est du ressort de *l'honnête :* ce qui arrive par le moyen des Principes intérieurs de la droite raison, qui nous font connoître, comme nous avons dit, qu'une action est moralement bonne ou mauvaise, selon la convenance ou la disconvenance qu'elle a avec une nature raisonnable & sociable, & avec l'objet :

Puffend. Tome I, page 232, note 7. d'où sortent les grandes maximes du *Droit naturel,* dont la proportion avec nos lumieres est si manifeste qu'elle se fait sentir aux plus simples, du moment qu'on les leur propose & qu'ils les envisagent ;

---

(1) *Ut suprà*, Chap. V.

quoiqu'ils ne vinssent peut-être jamais à les découvrir d'eux-mêmes, & qu'ils ne puissent pas
toujours en comprendre parfaitement les raisons,
ou développer même distinctement ce qu'ils sentent,
soit faute d'attention, ou parce qu'une mauvaise *Ib. p. 225,*
éducation & de mauvaises coutumes, ont, comme note 6, sur
le dit *Barbeyrac,* couvert leurs esprits d'un nuage la fin.
épais, qui les rend inaccessibles de ce côté-là à
l'éclat de la vertu.

Or, la justice universelle, réduite en pratique D'où vient
de la part des hommes, se particularise, pour ainsi la défini-
dire, & ne se fait sentir que d'un sujet à un autre tion ordi-
sujet, d'une multitude d'hommes à une autre mul- *justice ?*
titude ; car, comme il ne sert de rien de connoître
ces convenances ou ces disconvenances, qui font
la distinction du *bien* & du *mal moral,* de la *vertu*
& du *vice ;* si dans le commerce de la vie, l'on
ne se conduit conformément à ces idées, il suit que
l'action de chaque individu à cet égard, ne peut
rouler, quant à ce qui le concerne, que sur les
rapports nécessaires qu'il y a entre lui & une ou
plusieurs autres créatures de son espece, avec qui
il a actuellement quelque chose à démêler. C'est
ainsi que la *justice* proprement dite, s'attachant à
ce qui nous environne de plus près, est le *fon-*
dement du Droit naturel ; & c'est de-là qu'elle est
appellée *une vertu qui nous fait rendre positivement*
à chacun ce qui lui est dû : condition essentielle
pour l'entretien du monde, & qui a fait dire à
Ciceron (de Legib., Lib. 1, *Cap. X.*) « qu'il n'y a   Puffend.
» rien de plus utile que de bien faire réflexion   Tome I,
» que nous sommes nés pour pratiquer la justice,   page 238,
» & que le *Droit* ne dépend pas de l'opinion   note 2.

» des hommes, mais qu'il eſt fondé ſur la nature
» même, comme on ne peut qu'en tomber d'ac-
» cord, pour peu qu'on jete les yeux ſur la ſo-
» ciété humaine » : & à *Seneque* (*Epiſt.* *XLVIII.*),
» *qu'il eſt* impoſſible de vivre heureux, lorſqu'on
» ne regarde que ſoi-même, & qu'on rapporte
» tout à ſon intérêt particulier. *Qu'il faut* contri-
» buer à l'avantage d'autrui, ſi l'on veut procurer
» le ſien propre : rien ne devant être obſervé ſi
» exactement, ſi religieuſement que les loix de
» cette ſociabilité, qui fait dire que chacun s'in-
» téreſſe au bien de tous les autres, & qu'il porte
» à reconnoître un Droit commun au genre hu-
» main ».

Réſumé de ce Chapitre. Nous avons donc vu les caracteres du *Droit naturel*, ſon origine & ſes fondemens. Il conſte qu'il y a des ſignes parlans auxquels on ne peut le mé-connoître ; qu'ils ſont dictés par la nature des choſes & de notre conſtitution ; que les idées de *conve-nances* ou de *diſconvenances* que la raiſon nous fait voir dans certaines actions, ne ſont au fond que la volonté de Dieu, en qui réſide le plan de tout ce qui exiſte ; & par conſéquent, qu'elles nous obligent eſſentiellement à y conformer notre con-duite ; enfin, que ce qui gouverne plus immédia-tement l'homme dans ſa vie privée, ce ſont les idées de juſtice qui ont le plus de proximité & de relation ſenſible avec ſon bonheur & ſa propre utilité.

Entrons maintenant dans le détail des vérités que j'ai appellées au commencement de ce Cha-pitre *vérités de ſentiment*. Nous en verrons naître les obligations que la nature nous impoſe, & les

droits qu'elle nous accorde ; & de ce tout enſemble,
il ſe formera, par une conſéquence ſûre, les regles
du *Droit naturel* & leur étendue. Mais auparavant,
arrêtons-nous un peu ſur une grande queſtion qui
eſt de connoître, *s'il y a un principe unique d'où
l'on puiſſe déduire, par des raiſonnemens bien liés,
toutes les obligations dont je parle ; & qu'elle eſt
la meilleure méthode pour s'en inſtruire.*

CHAPITRE V.

Diverses manieres dont les Auteurs ont cherché à connoître nos devoirs naturels ; l'on en donne une ici qu'on croit préférable.

Pourquoi l'on commence par traiter des *obligations ?*

Il n'y a point de regles sans obligations ; ainsi l'ordre veut que nous parlions premierement des devoirs que nous prescrit la nature, & dont les seules lumieres de la raison nous font connoître la nécessité : ils sont tous renfermés dans l'idée de la Loi naturelle.

S'il est un *principe unique,* d'où l'on puisse déduire toutes nos obligations ?

Puffend. Tome I, page 224, note 6.

Ib. p. 238, note 1.

Ib. p. 239. note 5.

C'est une grande question parmi les Auteurs qui ont traité du *Droit de la nature,* que de trouver le vrai principe, d'où l'on puisse déduire toutes les obligations auxquelles l'homme est naturellement soumis ; l'un le prend dans les idées de l'*honnête,* l'autre dans celle de l'*utile ;* Un autre établit deux principes distincts, *l'amour de soi-même* & la *sociabilité.* Celui-ci se contente de la *sociabilité* toute seule, comme étant un principe plus accommodé à ses besoins. Celui-là enfin croit, au contraire, qu'il est nécessaire d'y en joindre un *troisieme,* d'où l'on déduise directement certains devoirs, qui, quoiqu'ils aient une grande influence sur l'avantage de la société humaine, peuvent néanmoins, & doivent, dit-on, être conçus indépendamment de cette utilité.

Principe de l'honnête.

Il faut avouer que l'idée de l'*honnête,* quelque

fenfible & naturelle qu'elle foit à tout homme, qui n'eft point actuellement prévenu d'aucune paffion, n'eft pourtant pas affez développée par elle-même pour nous apprendre tout d'une vue, ce à quoi les hommes font naturellement obligés dans le cours de leur vie.

L'*utile*, de l'autre côté, eft un principe équivoque, & qui, d'ailleurs, a été terni en paffant par les mains de *Hobbes*, & de tous les autres Philofophes, tant anciens que modernes, qui ont penfé comme lui. *C'eft*, dit-on, *brouiller les idées & faire de l'acceffoire le principal, que d'établir l'utilité même la plus réelle, pour fondement de l'honnêteté morale, & de l'obligation proprement ainfi nommée.* Il y a deux extrémités à éviter : l'une, de ceux qui, en confondant l'*honnéte* avec l'*utile*, & mefurant cette utilité à leur intérêt particulier, détruifent auffi toute idée de vertu & de vice, tout Droit naturel, toute moralité : l'autre, de ceux qui, croyant avec raifon que la pratique de toutes les vertus, de toutes les regles du Droit naturel, eft véritablement & infailliblement avantageufe à tous les hommes, en tout & par-tout, confondent cette utilité avec l'*honnêteté naturelle* des actions.

Les deux principes de *l'amour de foi-même* & de la *fociabilité* joints enfemble, femblent ne pouvoir s'accorder entr'eux; & par conféquent, n'être guere propres à nous inftruire de ce que nous avons à faire; puifque l'un nous jette tout de notre côté, & l'autre entierement hors de nous-mêmes (1).

Principe de l'utile.

Puffend. Tome I, page 224, & p. 225, note 6.

Principe de l'amour de foi-même & de la fociabilité joints enfemble.

_____

(1) Les devoirs de l'homme, par rapport à lui-même, dit

De la fo-
ciabilité
toute feu-
le.

. Puffend.
Tome I,
page 239,
note 5.

Ib. p. 238,
note 1.

Et quant à la *fociabilité* toute feule, l'on convient que c'eft le principe le plus étendu & le
plus fécond; mais l'on penfe qu'il ne s'enfuit point
de-là qu'on doive confondre les autres principes
qui peuvent convenir, & les faire dépendre de la
fociabilité, comme s'ils n'avoient pas leur force
propre & indépendante, outre qu'on ne trouve
pas néceffaire, dit-on, de déduire d'un principe
unique toutes les Loix naturelles.

Méthode
de *Barbey-
rac*, qui eft
celle qu'on
fuit com-
muné-
ment.

Ib. p. 265,
note 1 du
§. XXIV.
Ib. p. 239,
note 5.

D'après cette idée, *Barbeyrac* effaie de nous
donner la maniere dont il croit qu'il faut s'y prendre
pour déduire ces devoirs naturels : & fa méthode
eft proprement celle qu'on a toujours affez généralement fuivie.

Il confidere l'homme fous trois relations différentes : favoir, comme *créature de Dieu*, d'où découlent tous les devoirs de la Loi naturelle, qui
ont Dieu pour objet, & qui font compris fous le
nom de *Religion* : comme *doué par fon Créateur,
de certaines facultés, tant du corps que de l'ame*,
defquelles l'effet eft fort différent felon l'ufage
qu'il en fera; ce qui fournit tous les devoirs qui
nous regardent nous-mêmes, & que l'on peut rapporter à l'amour-propre, ou pour éviter toute
équivoque, à l'amour de *foi-même* : ou enfin,

Barbeyrac (page 267, note 2, Tome I), découlent directement & immédiatement de l'amour-propre éclairé, qui l'oblige
& à fe conferver, & à fe mettre dans le meilleur état qu'il
lui eft poffible, pour acquérir tout le bonheur dont il eft capable : mais il faut toujours fe fouvenir (ajoute-t-il) que
l'amour de foi-même doit être ménagé conformément a l'état
de chacun, & fans préjudice de la Religion & de la fociabilité.

comme *porté & néceſſité même*, par ſa condition naturelle, à vivre en ſociété avec ſes ſemblables; ce qui donne lieu aux devoirs de la Loi naturelle, qui ſe rapportent aux autres hommes. *Barbeyrac* paroît ſi content de cette diviſion, qu'il ajoute (au ſujet de la néceſſité de recourir à ces trois principes), que *tout ce qu'on doit dire, c'eſt qu'ici, comme par-tout ailleurs, la ſageſſe de Dieu a mis une très-grande liaiſon entre toutes les choſes qui ſervent à ſes fins.*

Ibid.

Pour moi, j'ai déclaré ailleurs (1) que cette diviſion des devoirs naturels de l'homme en trois claſſes ne me paroît point exacte, & qu'elle étoit plus propre à jetter de la confuſion que de la lumiere : je le penſe encore très-fermement, & je prie de recourir à ce que j'en ai dit, en cet endroit, pour le joindre à ce qui va ſuivre.

Défauts de la *diviſion des devoirs naturels de l'homme* en trois claſſes.

Il eſt conſtant que toute obligation ſuppoſe deux perſonnes diſtinctes, dont l'une ſoit tenue à quelque choſe envers l'autre, & que le mot de *relation* exprime l'idée de deux êtres différens, qui ont quelque convenance ou diſconvenance enſemble. Or, la raiſon, comme on le dit, qui nous découvre la néceſſité indiſpenſable de nous conformer aux maximes tirées de la nature des choſes & de la conſtitution de notre être, ſe paſſe en nous, & eſt comme nous-même.

Puffend. Tome I, page 302, §. XVI.

Grotius, Tome I, page 65, note 4.

S'il eſt vrai que la convenance ou diſconve-

Ibid. Il n'eſt, au vrai, que deux relations : de l'hom-

---

(1) Sect. II, Chap. I de cette Prem. Partie.

me à Dieu;
de l'hom-
me aux au-
tres hom-
mes.

nance, que l'on peut appeller *moralité naturelle* des actions, quoiqu'elle foit une raifon qui peut porter à agir ou à ne point agir, n'eft pourtant pas une raifon pour nous impofer une néceffité in-difpenfable, telle que l'emporte l'idée de l'obliga-tion, & que cette *néceffité*, comme il n'en faut pas douter, ne puiffe venir que d'un fupérieur, c'eft-à-dire, d'un être intelligent & hors de nous, qui ait le pouvoir de gêner notre liberté, & de nous prefcrire des regles de conduite : en un mot, que la

Puffend.
Tome I,
page 212.
Ib. p. 239,
note 5.

volonté de Dieu foit le fondement de l'obligation du *Droit naturel;* comment peut-on fe repréfenter l'homme comme fe devant quelque chofe à lui-même ? puifque, de l'aveu même de *Barbeyrac*, « le Créateur étant tout fage & tout bon, s'eft » propofé, fans contredit, en nous donnant cer-» taines facultés du corps & de l'ame, une fin » également digne de lui, & conforme à notre » propre bonheur ; & qu'il veut donc que nous » faffions de ces facultés un ufage qui réponde à » leur deftination naturelle ». N'eft-il pas évident que ces prétendus devoirs de l'homme envers lui-même, ne peuvent fe rapporter qu'à Dieu & aux hommes, fes femblables ? A *Dieu*, parce que c'eft de lui qu'il tient fon exiftence & tout ce qu'il poffede ; & aux *hommes*, parce que c'eft avec eux qu'il a à vivre. Et ce partage eft fi naturel, que

Ib. p. 239.

l'Ecrivain dont je parle, reconnoît, avec *Puffendorf*, dans cette même note 5, au commencement, que *les devoirs de l'homme envers lui-même, découlent en partie de la Religion, & en partie de la focia-bilité.* Voilà Dieu fon créateur, & les hommes fes compagnes, entre lefquels il ne peut éviter de fe confidérer ; c'eft la pofition naturelle où Dieu

l'a mis; & par conféquent, les deux feules relations
qui exiftent.

Mais fi je bannis cette relation de l'homme envers lui-même comme fauffe, je n'approuve point,
par la même raifon, qu'on tire d'un Traité de
Droit naturel, celle qui eft entre Dieu & l'homme,
comme fi elle n'étoit point là à fa place. *Puffendorf*
penfe que « nos devoirs envers Dieu, font partie
» de la *Théologie naturelle*, & que la *Religion* n'en-
» tre, dans un Traité de Droit Naturel, qu'autant
» qu'elle eft le plus ferme ciment de la fociété
» humaine ». Il déclare n'*avoir prétendu proprement
expliquer que les devoirs naturels des hommes*. Mais
eft-il rien de fi naturel que les liens invifibles qui
l'attachent à fon Créateur? que cette dépendance
dans laquelle il fe trouve encore envers lui? que
la connoiffance certaine qu'il a de ne s'être point
fait lui-même? qui font de ces *yérités de fentiment*
que j'ai dit être propres par elles-mêmes à nous
montrer la route que nous avons à fuivre pour
remplir nos devoirs, foit envers Dieu, foit envers les hommes? Ces deux relations, encore une
fois, font inféparables : elles font dans la nature
de l'homme; & un *Traité du Droit Naturel* eft
établi fur la nature de l'homme.

J'avoue bien que la connoiffance d'un être fuprême & de notre dépendance envers lui, quoique la premiere, par fon excellence, n'eft pourtant pas telle dans l'ordre de nos conceptions,
& felon le développement de nos facultés naturelles. On fent la faim, la foif & toutes les vérités de
pratique qui tiennent aux premieres néceffités de
la vie, avant de penfer feulement qu'on ait un
corps & une ame; que l'un ne foit pas l'autre,

La rela-
tion de
l'homme à
Dieu entre
néceffaire-
ment dans
un Traité
de Droit
naturel,
quoi qu'on
en dife.

Voyez au
commen-
cement de
la note 5,
page 239,
Tome I,
où d'autres
de fes Ou-
vrages font
indiqués.

& que tout ce qui exifte dans la nature, doiv partir d'un principe unique, qui a tout formé J'avoue aufſi que, dans un ſens, *Dieu* n'ayan voulu être connu en ce monde qu'en figure, puiſ qu'il ne s'eſt manifeſté à nos yeux que par ſes merveilleux Ouvrages; & ayant placé l'homme ſur la terre, pour vivre avec ſes ſemblables, cette deſtination actuelle ſemble lui marquer que ſa relation avec les autres hommes, eſt celle qu'il l'intéreſſoit de plus près, & par conſéquent, qu'il lui importe plus, en quelque maniere, de connoître, puiſque c'eſt une voie même pour arriver à l'autre. Mais ſi, ſelon la marche de notre eſprit, & la maniere dont les facultés naturelles ſe déploient dans tous les hommes, cela ſe paſſe de même, il ne s'enfuit point de-là que, dans la *théorie*, l'on doive prendre cette route: un *Traité de Droit Naturel* eſt un Ouvrage de la réflexion; il eſt le fruit de la penſée & non de l'action; il doit remettre à ſa place ce que Dieu, par des raiſons de ſon économie que nous devons admirer, n'a, pour ainſi dire, mis qu'au ſecond rang, quoiqu'il s'agiſſe de lui-même, & qu'il ſoit le maître des Loix naturelles qu'il a faites & des rapports qu'il a voulu nous donner. La *Théologie naturelle* eſt donc manifeſtement une partie du *Droit Naturel*, puiſqu'elle eſt une ſcience; & rien ne contribue tant à nous égarer dans la recherche des principes, & ſur l'idée des choſes, que de ſéparer ce qui eſt joint, & de joindre ce qui eſt ſéparé, ou de former des rapports qui n'ont nulle exiſtence. J'ai aſſez fait comprendre, dans le cours de cet Ouvrage, & ſur-tout dans la deuxieme Section de cette premiere Partie, que ces prétendus devoirs de l'homme envers lui-même, en le tournant inſenſiblement

Et par conſéquent la Théologie naturelle fait partie du Droit naturel.

tout

tout vers lui, l'ont détaché des autres hommes,
& ont porté le plus grand coup à la race humaine (1). Je montrerai cela d'une maniere plus marquée dans la Seconde Partie, en exposant la corruption de notre état civil, d'où est venue celle du
Droit des Gens, tel qu'il a été établi, par comparaison à celui de la nature.

Cependant, pour le but que je me propose, je
n'ai pas besoin de donner un Traité complet de
tous les devoirs de l'homme, qu'on peut découvrir par les seules lumieres de la raison. Après avoir
établi que la Religion Chrétienne condamne la
doctrine du *Droit de la Guerre ;* que celle des Juifs,
& cette même raison, la réprouvent aussi, je n'ai
presque plus rien à dire de la *Religion naturelle*,
si ce n'est par occasion, & en tant qu'elle a une
liaison nécessaire avec la société humaine, dont
elle est le plus ferme appui (2) : de sorte que la relation, sous laquelle j'ai principalement à envi-
sager mon sujet, c'est celle où l'homme est dans
la condition de vivre avec ses semblables : relation
qui nous fait d'abord sentir que, de l'observation
des devoirs qu'elle nous montre, dépend le bonheur du genre humain ; sans cependant que je veuille
abandonner la relation de l'homme avec Dieu, en
qualité de créature, (laquelle je considérerai autrement que n'ont fait nos moralistes & nos Auteurs

C'est dans ce rapport que je trouve l'origine de nos droits.

---

(1) Ce que dit Puffend. (Tome I, page 237), *pour justifier*
qu'on mette l'amour-propre au premier rang, dans l'examen de
la constitution des hommes, a grand besoin d'être réfuté.

(2) Cela est dit en général & relativement à la raison toute
seule, sans rapport à la Religion Chrétienne, qui est certainement le dernier terme de perfection & de solidité pour les
Etats, comme nous l'avons déja vu, & que je le dirai plus amplement dans la suite.

Tome I.   G g

de Droit), puifqu'elle me doit fervir à connoître les droits que la nature accorde aux hommes pour fe conferver, fe perfectionner, & faire, en un mot, de leurs facultés, un ufage qui réponde à leur deftination naturelle : ce que l'on a rangé d'autant plus mal à propos, dans l'*amour de foi-même*, que s'agiffant-là de *devoirs*, au fens de nos Auteurs, les devoirs qui font faits pour procurer le bonheur des autres hommes, fe changent infenfiblement en *droits*, pour faire leur malheur, comme je le dirai dans la fuite. Et toutefois, je laifferai de ce rapport de l'homme avec Dieu, tout ce qui concerne le culte extérieur & la Religion proprement dite, qui font bien des devoirs indifpenfables, & les principaux, en toute fociété politique, mais dont l'expofé n'eft pas néceffaire à la fin que je me propofe ici.

L'amour de foi-même ; mauvaife fource.

CHAPITRE VI.

*L'homme dans son rapport avec les autres hommes,
ou développement des vérités de sentiment, d'où
découlent nos devoirs dans ce rapport.*

EN indiquant les caractères du Droit naturel,
j'ai dit (1) qu'il n'étoit autre chose que *l'intention
& la regle du Créateur, pour nous conduire relativement à ce que nous sommes, & à ce pourquoi il nous a
faits.* J'ai pensé que ses caractères sortoient d'eux-
mêmes de plusieurs vérités que j'ai appellées de
sentiment, parce qu'en effet elles sont capables de
se faire sentir aux plus idiots, pour peu qu'ils veuil-
lent y tourner leur attention. J'en ai trouvé huit de
ce genre : les quatre premieres nous montrent le
rapport de l'homme avec Dieu, & sont dignes,
par cette raison, de nous apprendre, si nous avons
des *droits* envers nos pareils, & quels ils sont. Les
quatre autres qui conviennent si bien au bonheur de
l'humanité entiere, sont du rapport de l'homme
avec ses semblables, & c'est donc d'elles que nous
devons tenir la connoissance des *devoirs* qui intéressent le genre humain.

« Quand je pense, *dit Barbeyrac,* que Dieu a
» mis au monde des êtres semblables à moi; qu'il
» nous a tous faits égaux, qu'il nous a donné à

*Usage
qu'on va
faire des
huit véri-
tés de sen-
timent, &
leur parta-
ge.*

*Dans Puff.
Tome I,
page 239,
note 5.*

_____

(1) Chap. IV de cette derniere Section.

Réflexion de Barbeyrac qui femble faite pour préfenter les quatre dernieres vérités dont il eft ici queftion.

» tous une forte inclination à vivre en fociété, & » qu'il a difpofé les chofes de telle maniere qu'un » homme ne peut fe conferver, ni vivre com- » modément fans le fecours de fes femblables, » j'infere de-là, que Dieu notre créateur & notre » pere commun, veut que chacun de nous ob- » ferve tout ce qui eft néceffaire pour entretenir » cette fociété & la rendre également agréable aux » uns & aux autres ». Cette réflexion femble faite pour préfenter à-la-fois les quatre vérités dont je parle. Cinquieme vérité : *Nous avons un penchant décidé pour la fociété* : c'eft que la fociété eft néceffaire pour la confervation & le bonheur de l'homme & pour la propagation de l'efpece. Sixieme vérité : *Nous aimons naturellement l'ordre, l'arrangement, le bien* : c'eft que ce n'eft que dans la concorde & l'union qu'il peut y avoir de l'ordre & de l'arrangement, & que le bien réfulte de l'obfervation de l'un & de l'autre; qu'il faut, pour le faire, mettre tout à fa place, & n'agir en rien au contraire de ce qui touche l'intérêt général bien entendu. Septieme vérité : *Nous fentons intérieurement que nous fommes libres de faire ou de ne pas faire certaines chofes* : c'eft que ce fentiment eft propre à nous mouvoir à la pratique du bien, puifqu'il dépend de nous de nous y livrer, felon les reproches de la confcience, quand nous y manquons; & que rien au monde ne fauroit nous excufer de ne l'avoir point fait. Huitieme vérité : *Nous voyons les autres hommes faits comme nous, ayant même commencement, même fin, mêmes befoins, &c.* c'eft qu'ils font nos freres, nos égaux, & que l'un naturellement n'eft pas plus que l'autre, & qu'ils ont tous part aux bienfaits du Créateur & aux productions de la terre. Je ne vois pas d'idées mieux liées que telles-là pour conftater nos *obligations*, les uns envers lés autres : il eft queftion de les confidérer maintenant chacune à part.

Certainement l'homme eft très-porté à vivre en fociété. Mais ce penchant naturel, qui eft une néceffité pour lui, ne dit pas autre chofe, finon que tout feul fur la terre, il feroit un être miférable ; & que s'il defire d'être uni à ceux de fon efpece, c'eft pour fon bien & fon bonheur, en quoi confifte le bonheur de tout le genre humain. De-là, l'*amour* & l'*amitié* : le premier, fait pour perpétuer la race humaine : paffion fourde & tumultueufe, elle nous preffe, par le plaifir des fens, à remplir l'intention de la nature, à travers les dégoûts inféparables de cette néceffité : l'autre, le folide lien des cœurs, & l'aliment le plus doux de la vie, fait le charme de la fociété, &, après la Religion, eft le feul remede propre à nous faire fupporter la contrariété des humeurs & des caracteres, & à nous adoucir les maux qui troublent fi fouvent la vie. Ces deux relations nous portent, l'une, à nous unir avec une femme, & l'autre avec un ami : telles font les premieres fociétés que la nature nous infpire, & telle la *fociabilité* pour laquelle nous avons tant de goût. Il n'eft pas poffible qu'un homme communique avec tous les hommes : indépendamment de l'impoffibilité phyfique ; la capacité de fon cœur n'eft pas affez vafte, & fe rétrécit, au contraire, pour parler ainfi, en raifon de l'éloignement des objets & de leur nombre. On n'eft pas beaucoup porté naturellement à rechercher les perfonnes qu'on ne connoît point : or, pour connoître, il faut être à portée de fe voir & de fe fréquenter : les affections fe forment de proche en proche, & plus elles fe tirent du centre, &

Premiere de ces quatre vérités : Penchant pour la fociété.

Puffend. Tome I, page 287, au texte.

Naiffance de l'amour & de l'amitié, leur objet ; leur fin.

Quelle eft la fociabilité qu'il faut entendre ?

plus il eſt dans la nature de la choſe qu'elles s'affoi-
bliſſent.

**Les ſo-
ciétés ci-
viles telles
que nous
les con-
noiſſons,
n'entrent
point dans
l'idée de
cette ſocia-
bilité.**

Quand on parle donc du penchant que nous
avons pour la ſociété, l'on ne peut entendre rai-
ſonnablement que les ſociétés libres & particulieres,
que l'inſtinct ou la volonté a formées, & qu'on peut
diſſoudre ſi on le trouve bon. La ſociété générale
du genre humain n'entre point dans cette idée (elle
n'eſt pas praticable, phyſiquement parlant), &
moins encore les ſociétés civiles, telles que nous
les connoiſſons, pour leſquelles l'homme *naturel* ſe
ſentiroit bien de la répugnance, ſi avec l'offre de
l'admettre dans quelqu'une d'elles, on lui en faiſoit
auparavant le portrait fidele.

**Comment
de cette
ſociabilité
on paſſe-
roit au
goût de la
ſociété du
genre hu-
main?**

Mais la ſociabilité, qui eſt dans l'homme une
diſpoſition naturelle à s'unir avec ſes ſemblables,
le rend propre à entretenir, par ſes ſoins, cette
ſociété générale du genre humain, quand il ſaura
qu'il exiſte ſur la terre d'autres hommes faits
comme lui, & à y vouloir comprendre, en un
mot, tous ceux de ſon eſpece, dont il aura connoiſſance : quoiqu'à dire vrai, il ne ſoit pas beaucoup porté, comme nous avons dit, à multiplier
ſes liaiſons, & à former des ſociétés trop étendues.

**La *pitié*,
pourquoi
établie par
le Créa-
teur ?**

C'eſt pour balancer cet eſprit particulier, duquel
j'ai beaucoup parlé dans la premiere Section (1), que
Dieu a mis en nous la *pitié*, qui, comme je l'ai expoſé enſuite (2), nous rend ſenſibles à tout ce qui intéreſſe le ſort de l'humanité entiere; ſoit que cela

(1) Part. I, N. II, Chap. I.
(2) Chap. II, de celle-ci.

parte d'un amour de foi-même, ou qu'il indique l'amour du prochain, il eſt certain que ce ſentiment précieux dans l'homme, nous ouvre le cœur pour tout ce qui reſpire : les bêtes mêmes, ont leur part d'un avantage ſi réel, en nous excitant, comme les hommes, à les ſecourir dans toutes leurs né-ceſſités.

L'homme aime ſi fort la compagnie, qu'aux ſo-litaires ſur-tout, & aux gens qui ne ſe communi-quent guere ; il arrive de la rechercher dans quelques animaux d'un commerce doux & paiſible, & dont le ſervice eſt en même-temps utile & agréable. On voit que le chien eſt la compagne fidelle de l'homme. Sans doute que les premiers hommes, à la naiſſance du monde, vivoient plus avec les bêtes qu'avec leurs ſemblables. Les animaux que nous avons mul-tipliés, parce qu'ils nous étoient utiles, en les gar-dant parmi nous, ont conſervé leur douceur na-turelle. Les autres, dont nous n'avions que faire, & que nous avons d'autant plus éloignés de nos demeures, que le genre humain a tenu plus d'eſpace, ont perdu inſenſiblement la leur : ce qui nous mon-tre, en paſſant, que l'habitude de vivre enſemble, eſt néceſſaire pour entretenir les liaiſons de la na-ture, & qu'il eſt impoſſible que nous éprouvions actuellement, pour l'eſpece humaine, en général, dont nous ne connoiſſons pas les individus, les mêmes affections que nous avons pour quelques hom-mes que nous connoiſſons. Combien d'hommes parmi nous, avec qui nous ne nous ſoucions pas de vivre ?

Commerce avec cer-tains ani-maux, très-naturel auſſi.

L'habitu-de, néceſ-ſaire pour entretenir les liaiſons de la na-ture.

Il eſt ſeulement en nous la diſpoſition d'aimer tous les hommes, en tant qu'ils peuvent avoir beſoin

Quelles ces liai-ſons ?

de nous, & nous d'eux, & que nous avons lieu de croire qu'ils font difpofés de même à notre égard.

Après cela, l'on aime à connoître avant de s'unir. La *nature* nous lie donc avec tous les hommes; mais ce lien eft invifible. Il ne fe fait fentir qu'envers ceux avec qui nous vivons, ou avec qui nous croyons faire un tout plus confidérable. Nos femmes, nos enfans, nos plus proches, nos amis, nos voifins, nos confédérés font les membres de cette fociété naturelle, pour laquelle nous avons tant de goût. Sortez de ces circonftances, nous avons peine à nous livrer à ceux qui n'ont pas avec nous les mêmes rapports : il faut l'affurance que leur commerce ne nous eft point nuifible : & cette même affurance ne s'aquiert que par des témoignages bien certains, ou après une expérience fuffifante.

Ce penchant pour la fociété n'eft donc pas pour les Sociétés Politiques, telles que nous les voyons. Tel eft l'état des chofes, par rapport à l'ufage que nous faifons de la *fociabilité*, qui eft un caractere effentiel de notre deftination fur la terre. L'on n'y verra jamais qu'elle confifte à fe former des fociétés politiques, précifément telles que nous les voyons, ni à demander l'une plutôt que l'autre, ni à les choifir grandes ou petites, ni à les vouloir riches & puiffantes. Ces qualités font relatives ; & outre qu'elles fuppofent les vices de l'inégalité, & les effets funeftes de l'ambition, elles dépendent de chofes qui, par elles-mêmes, ne font point néceffaires.

C'eft de ces idées qu'on peut connoître ce que porte le Droit naturel, fur l'article de la *fociabilité* : ce grand principe, dont on a voulu inférer tant de chofes. Paffons à l'autre *vérité de fentiment*, qui fuit immédiatement celle-là.

Nous aimons naturellement l'ordre, l'arrangement, le bien. Ce goût est de tous les hommes : le pere, dans sa famille, veut la paix & l'union des cœurs. L'ami desire de la part de son ami, un retour conforme à ses sentimens. Le fils voit avec plaisir, que ceux qui lui ont donné le jour, accordent à son enfance les secours dont il a besoin. Un pere demande l'obéissance à ses enfans ; le mari & la femme se demandent réciproquement une condescendance qui les porte à supporter, en commun, les peines du mariage, tout comme à se communiquer & se faciliter l'un l'autre les douceurs de cet état. L'on est bien aise que chacun travaille : que parmi les abeilles diligentes, il n'y ait pas des frelons inutiles & paresseux : que les biens & les maux soient assez également partagés ; qu'on puisse compter sur son voisin, sur les promesses raisonnables qu'on nous fait ; qu'on n'exige pas de nous au-delà de ce que nous pouvons ; qu'on nous rende ce que nous avons prêté, si on le peut : qu'on soit sensible aux bienfaits, & reconnoissant, aussi disposé à faire du bien qu'à en recevoir ; qu'on ait de la sincérité dans les paroles, de la bonne foi dans les actions, de la douceur dans les manieres, de la complaisance dans les engagemens, & de la retenue dans tous les événemens extraordinaires de la vie.

Deuxieme des quatre vérités : l'amour pour l'ordre, l'arrangement, le bien.

Exemples.

L'on aime l'amour, mais l'on hait ses emportemens & ses fureurs. On prise infiniment l'amitié, mais on déteste ses indiscrétions & son inconstance. L'on loue l'économie, mais l'on se moque de la lésine. On veut de la générosité, mais l'on blâme fort le prodigue. On veut du courage, mais qu'il soit accompagné de prudence : de la valeur, mais qu'elle soit nécessaire : de la force, mais qu'elle soit

en raifon de la puiffance. On fait cas de l'éloquence, mais autant qu'elle s'emploie pour la vérité :
du mérite autant qu'il eft vraiment utile aux autres :
des talens agréables, autant qu'ils ne prennent rien
fur l'effentiel; en un mot, l'on veut, en toutes chofes,
que les proportions foient gardées, & c'eft la nature
elle-même qui nous dicte ces fentimens. C'eft ainfi
qu'une bonne harmonie nous plaît, qu'un édifice ré-
gulier fe fait remarquer; que la fymmétrie dans les
jardins & une fage diftribution des différentes parties
qui le compofent nous arrête. L'arrangement a cet
empire fur nos ames, jufques dans les plus petites
chofes, dans nos maifons & dans nos meubles les
plus ordinaires. Telle eft l'indication de la nature,
tel eft le langage qu'elle nous tient pour nous faire
trouver bon ce qu'elle a établi à l'égard de nos
devoirs, pour le bonheur de l'efpece humaine.

Mais l'on n'y voit point en-core les Sociétés Politiques.

Mais, fi l'on y prend garde, la *nature*, cette bonne
mere des hommes, eft encore en dehors des *fociétés
politiques* : elle fuit la marche qu'elle a tenue pour
la *fociabilité*. Cet amour du bien en eft le fceau
affuré, & en même-temps la mefure. Il femble
fervir de barriere contre toutes les nouveautés capables de la défigurer. Si l'une nous porte vers nos
femblables (& le mot dit affez qu'ils le font effectivement), l'autre nous dicte qu'elle doit être compofée d'hommes juftes, raifonnables, mais en même-
temps affez libres pour ne devoir rien à la crainte
& à la violence. C'eft ainfi que toutes les vérités
font liées : celle qui fuit, en eft encore une preuve.

Troifieme des quatre vérités : *Nous fen-*

*Nous fentons intérieurement que nous fommes libres
de faire ou de ne pas faire certaines chofes.* Il convenoit
à des êtres, comme nous, qui ont l'ufage de la

raifon, & des difpofitions fi marquées pour concourir au bonheur général des hommes, qu'il fût en
nous une perfuafion intime de n'agir pas comme
des machines, & de pouvoir connoître par-là, quand
leur volonté fe deregle, qu'ils doivent s'en imputer
à eux feuls la faute : moyen admirable dont Dieu
s'eft fervi pour nous amener à la repentance & à
la correction ! Auffi la confcience nous reproche-
t-elle vivement nos fautes & nos torts, & nous fait-
elle fentir nos moindres erreurs. L'amour du bien
& de l'ordre eft inné en nous ; il n'eft obfcurci que
par les paffions ou les mauvaifes coutumes ; mais
un moment de calme, ou un peu d'inftruction le
réveille. Heureufes les ames en qui fe fait cet accord
de la *liberté* & de la *raifon*, felon l'intention de la
nature ! L'on comprend que la liberté a befoin d'être
éclairée, & que fes écarts, ou font terribles, ou
font dignes de pitié : il n'y a pas de milieu. J'en ai
touché quelque chofe dans la Seconde Section, &
j'ai parlé auffi de fon excellence. Réglons une faculté qui peut faire tant de bien & tant de mal :
& c'eft en quoi le *Droit naturel* eft fi néceffaire,
& à quoi auffi il doit principalement vifer.

tons que nous fom-mes libres.

La *liberté*, néceffaire à des êtres raifonna-bles.

Mais le Droit na-turel, né-ceffaire auffi, pour régler la *li-berté*.

Au refte, comme il faut fuivre la nature pied à
pied, pour pouvoir la bien connoître, il eft indifpenfable que j'obferve que cette liberté, par rapport aux fociétés *politiques*, c'eft-à-dire, quant à
leur formation, de telle ou telle maniere, n'a point
lieu en aucun des individus qui les compofent. La force en a pu former quelques-unes ; d'autres, & la plupart, ont dû leur naiffance & leur conftitution à la volonté libre des premiers hommes, qui ont voulu être
régis ainfi fous des Loix communes & générales :
mais, d'un côté, la *force* ne fait pas le *droit*, & il n'eft

De la *li-berté*, par rapport à la maniere de s'arran-ger en *Corps Po-litiques*.

Deux grandes queftions.

pas clair comment les générations fuivantes ont dû être aftreintes au même affujétiffement. La nature femble d'abord fe récrier contre une gêne & des inftitutions qui fouvent l'étouffent. La liberté eft une faculté perfonnelle, & dont les actes ne peuvent & femblent valoir que pour ceux qui l'exercent : c'eft du moins la premiere notion que fon idée préfente. Et d'un autre côté, on ne vôit pas nettement non plus, que ceux qui fe font volontairement foumis, dans le principe, à vivre enfemble dans telle ou telle fociété, qu'ils ont formée au gré de leur defir, aient pu y obliger leurs defcendans. On peut dire pourtant en gros, pour répondre à ces deux importantes queftions, que le bien de la fociété elle-même, la nature des corps politiques, qui eft d'être durables, l'ordre & la paix, qui font le bonheur des fujets & le foutien des Etats, exigent eux-mêmes cet acquiefcement des volontés particulieres & de la liberté d'un chacun, aux formes d'affociation & aux réglemens qu'on trouve tout faits ; & qui font pour tous un engagement facré & inviolable de les maintenir, quelqu'en ait été le principe, comme je pourrai avoir occafion de l'expofer dans la fuite de cet Ouvrage. J'ai voulu feulement ici envifager la nature avant tout mélange d'aucune entreprife de la part des hommes, pour connoître pofitivement les devoirs abfolus auxquels elle les foumet les uns envers les autres.

Derniere vérité de fentiment : Nous voyons les autres hommes faits comme nous.

Enfin, nous voici arrivés, dans ce rapport, à la derniere vérité de fentiment : *Nous voyons les autres hommes faits comme nous, ayant même commencement, même fin, même figure, mêmes befoins, &c.* Effectivement cette conformité en toutes chofes, (du moins dans tout ce qui peut conftituer un homme), eſt frappante : c'eſt le ſigne dominant que nous ſommes faits ſur le même modele, & par conſéquent, de notre égalité. Un homme ne peut pas être homme plus qu'un autre. Les défectuoſités naturelles ou accidentelles du corps humain, les mutilations, les petites ou grandes différences que la diverſité des climats & des alimens apportent au teint, à la taille, aux cheveux, aux traits &c. ne changent rien à l'eſſentiel de notre nature ; le fond eſt toujours le même, & la reſſemblance eſt entiere. Il en eſt ainſi du plus ou moins de grandeur, du plus ou moins de force, du plus ou moins d'agilité, du plus ou moins d'adreſſe ; en un mot, de toutes les qualités du corps & de l'eſprit, où l'on remarque des diverſités infinies. La nature, en formant un homme, lui a toujours donné tout ce qui lui étoit néceſſaire pour être tel. Son exiſtence eſt indépendante de celle d'autrui ; celle d'autrui eſt égale à la ſienne ; ils ſont tous ce qu'ils peuvent être pour porter ce nom. C'eſt ainſi que je conçois que ce ſeroit comme un blaſphême que de penſer ſeulement d'avoir amélioré ſa nature, de l'avoir élevée d'un ou pluſieurs degrés, d'avoir, en un mot, ajouté quelque choſe à ſon être en exerçant ſon corps, ou en cultivant ſon eſprit, plus qu'un autre n'aura fait ; & par conſéquent, qu'on vaille intrinſéquement plus que lui, & que de-là on ait acquis une ſupériorité ſur ſa perſonne, qui l'oblige à nous obéir. Tous les êtres de la nature, animés ou non, de quelle eſpece & qualité qu'ils ſoient, à partir du ſoleil & des plus grandes planettes, juſqu'au plus petit brin d'herbe, & au moindre inſecte, ne ſont pas plus l'un que l'autre, par rapport à la ſupériorité & au commandement ; & Dieu a pourvu chacun d'eux de ce qu'il leur falloit pour être bien : à plus forte raiſon, ceux de la même

Cela eſt vrai, malgré les différences qu'occaſionnent les *climats*, les *alimens*, &c.

Tous les êtres de la nature ne ſont pas plus l'un que l'autre, par rapport à la ſupériorité & au commandement.

efpece font-ils dans l'égalité naturelle ; & l'homme, comme tout le refte ; puifque l'intelligence dont il eft doué, doit lui faire refpecter encore plus cette vérité, qui fait fon plus bel apanage, & le fonde-ment de fon bonheur. D'où je tire l'importance de

Il faut tirer de la nature les change-mens à l'é-galité.

bien connoître cette *égalité*, avant d'y faire des chan-gemens : ou pour parler plus jufte, il faut que la na-ture elle-même les faffe : en voici quelques exem-ples.

Exemples.

Foncierement, le fils eft égal à fon pere ; mais, dans l'enfance, fa foibleffe & fes befoins continuels l'obligent à lui obéir : il faut néceffairement que l'un commande, & que l'autre foit foumis : le bien de la chofe le demande ainfi. Devenu grand, les rap-ports changent : en état de fe fervir lui-même, & de connoître ce qui lui convient, il a repris fon éga-lité naturelle & fa liberté, defquelles il ufe felon qu'il croit le devoir à fes intérêts & à ceux de fa famille. Ce qu'il fait alors n'eft plus la fuite d'une foumifion forcée : le refpect que la nature infpire pour ceux qui nous ont donné le jour, le porte à avoir pour eux des déférences, à leur marquer fon amour &

L'égalité alors, au fond, n'eft jamais rompue.

fa réconnoiffance ; mais l'égalité, au fond, n'eft ja-mais rompue : s'il veut vivre dans la maifon pater-nelle, il y met, en équivalent de l'entretien & de tous les autres avantages qu'il y trouve, fon travail & fes peines ; il a voix pour lui-même & le droit de repréfentation, fa liberté fubfifte : celui-là eft tout auffi maître qu'un autre, qui ne fait que ce à quoi il a confenti, & qui peut quitter quand bon lui femble.

Inégalité accidentel-le.

Un malade accablé de maux & de mifere, man-quant de tout, & fur le point de mourir, appelle lès paſſans à ſon ſecours. L'homme en ſanté, qui a de quoi donner, & qui ſait même, quand il le faut, appliquer les remedes à propos, a ſur ce malheureux, un grand avantage : l'égalité ſemble diſparoître. Il l'aſſiſte, & par cette bonne œuvre, il paroît encore plus grand. Toutefois cette inégalité n'eſt qu'accidentelle ; le malade ſe met au niveau par ſa reconnoiſſance. Et de plus, où ſe trouveroit la matiere des ſervices rendus, ſi ce n'eſt dans les tréſors de la nature ? Le Bienfaiteur a-t-il contribué à l'exiſtence ou à l'efficacité de ces tréſors ? il n'y a véritablement de ſupérieur que celui qui a donné l'être aux choſes, & à nous l'intelligence pour nous en ſervir.

C'eſt ainſi que la nature connoît certaines inégalités momentanées ou d'accident ; mais qu'elle répare tout auſſi-tôt, ou qu'elle compenſe par des moyens auſſi naturels qu'elle, & l'on voit, en cela même, qu'elle tend à remettre tout dans l'ordre, & à faire que les choſes aillent au bonheur général, qui eſt ſon but.

Si les hommes ſont égaux, ils ſont libres ; & s'ils ſont libres, ils ont tous le pouvoir de ſe guider ſelon les lumieres de leur eſprit & les témoignages de leur conſcience. Mais en même-temps, en reconnoiſſant qu'ils ſont libres, & par la même raiſon qu'ils ne ſont point aſſervis les uns aux autres, il faut qu'ils reconnoiſſent qu'il ne leur reſte qu'à ſe faire du bien réciproquement. Il n'y a rien d'inutile au monde. Chaque choſe a ſa vertu propre, & ſon emploi ; les agens libres ne peuvent reſter dans un état d'oiſiveté, qui ne ſeroit bon à perſonne ; il faut qu'ils faſſent le *bien* ou le *mal*, c'eſt leur nature. Or, ſi l'homme ne peut prendre de la ſupériorité ſur ſon

La liberté ſuit de l'égalité ; mais une liberté qui, en Droit, ne peut que procurer le bien commun.

femblable, & effacer une *égalité* qui eft innée ; & fi cette autorité qu'il s'attribueroit, par cela même qu'elle feroit injufte, ne pourroit que nuire, & rendre la condition de celui qui feroit fous lui, malheureufe ; il faut néceffairement que, reftant dans les bornes de fon état, il s'exerce à lui être utile, à l'obliger & à lui départir, en un mot, tous les bons offices qui dépendent de lui, fans contrainte & fans violence ; c'eft-là fon unique lot : heureufe condition, qui nous difpenfe de mal faire, & qui ne nous laiffe que le choix de travailler à notre propre bonheur, en procurant celui des autres ! Car cette néceffité dont je parle, étant commune à tous les hommes, & faifant l'obligation de chacun envers tous les autres, ils ont, en elle, un titre refpectable de ce qu'ils fe doivent réciproquement & une efpérance raifonnable d'être traités de même forte.

Les befoins réciproques auxquels nous fommes naturellement foumis font comme un contre-poids à la liberté.

Auffi Dieu, dont les Loix fouveraines ne vont jamais fans le bien de fes créatures, a-t-il arrangé les chofes de maniere, que l'utilité la plus réelle marche à la fuite de l'accompliffement de ces Loix. Nous avons dit que tous les hommes font naturellement égaux & libres, mais leurs befoins réciproques les rendent tous, au fond, dépendans les uns des autres. Il n'eft point d'homme, qui ait à fe dire, *qu'il peut fe paffer de tout le monde :* les plus riches & les plus puiffans font même les plus affervis. Cette dépendance, il eft vrai, tient fon exiftence de nous-mêmes, c'eft-à-dire, qu'elle ne nous eft point impofée par autrui, mais d'où qu'elle vienne, elle n'eft pas moins réelle ; puifqu'il faut effectivement d'autres hommes pour qu'ils foient, ou les foutiens & les inftrumens de notre puiffance, ou les ouvriers de notre luxe, ou les admirateurs

de

de nos talens, ou les compagnons de nos plaifirs, ou les confommateurs de nos richeffes, &c.

Mais fans aller chercher des exemples hors de la nature, confidérons les befoins réels & indifpen-fables où elle nous met; c'eft en cela qu'elle nous marque mieux fa force. Il eft évident que l'enfance, comme nous l'avons dit, eft incapable de fe pro-curer elle-même les chofes dont elle a befoin; mais les maladies, mais les chûtes, mais les naufrages, mais les inondations, & tant d'autres accidens de la vie, où le concours de plufieurs eft fouvent fi propre à en arrêter ou en diminuer les progrès, nous font bien fentir que l'homme eft utile à l'homme, & que l'obligation de fe fecourir mutuellement, eft une fource d'avantages pour chacun de nous, & en même-temps l'affurance de notre commune félicité.

L'homme néceffaire-ment utile à l'homme.

CHAPITRE VII.

Qu'on a mal présenté nos devoirs mutuels, & sous de fausses divisions.

La question est de déterminer ces devoirs. L'HOMME a donc des devoirs à remplir envers les autres hommes, desquels il connoît en général toute l'importance ? Et son intérêt même l'oblige de donner l'exemple de la soumission à la regle, pour que les autres l'imitent envers lui : il est question maintenant de déterminer ces devoirs.

Maniere ordinaire : *Ne point faire de mal*, & *se faire du bien*. Défaut de cette division. Tous les Auteurs en *Droit naturel*, ainsi que les Moralistes & les Jurisconsultes, distinguent d'abord, entre les *devoirs* qui consistent *à ne point faire de mal à autrui* & *ceux* par lesquels *on se fait quelque bien les uns aux autres*. Et conséquemment à cette idée, ils traitent séparément des premiers, & puis des autres. Mais l'on doit juger, à la maniere dont j'ai exposé mes principes, que je n'approuve point cette division, & c'est aussi parce qu'elle me paroît très-propre à nous faire perdre de vue les sentimens d'humanité, ou négliger le commerce des bons offices (en quoi consistent principalement nos obligations naturelles), quoiqu'on en recommande fort la pratique. C'est le propre de tout enseignement mal entendu, de donner de fausses idées ; & notre constitution est telle, que l'amour de nous-mêmes nous fait toujours, dans une vérité partagée, si on peut parler de la sorte, ne mettre le vrai que d'un côté, & c'est celui qui nous accommode davantage.

Il eſt doux, en effet, de ſe voir ſi facilement, &
ſi-tôt, dans la regle, *en ne faiſant du tort à perſonne :*
or, c'eſt un précepte, & on le remplit *en ne faiſant
rien.* Mais *faire du bien*, eſt un exercice, un mouvement de l'ame & du corps : ceci ſuppoſe une
action ; il faut y mettre du ſien. Pour peu que les
circonſtances nous préſentent des excuſes, il eſt ſûr
qu'on ſe mettra en repos de ce côté-là, par la conſidération qu'on eſt en regle de l'autre. Cette maniere d'enviſager les actions humaines, eſt analogue
à la façon dont on a traité juſqu'aujourd'hui le *Droit
des Gens*, & a tout ſon vice. La *nature* parle un
autre langage, & c'eſt d'elle ſeule que nous devons
ici prendre des leçons.

L'on nous dit « qu'il ne ſuffit pas de ne point faire
» de mal à autrui ; que ſi l'on en demeuroit là,
» on ne feroit qu'éloigner tout juſte ſujet de haine ;
» & que, pour former entre les hommes une ſociété
» plus étroite, il eſt néceſſaire que l'on ſe faſſe quel-
» que bien les uns aux autres ». Mais ſi l'on entre dans
l'examen du *bien* & du *mal*, & qu'on en conſidere
l'idée, l'on verra que ce raiſonnement eſt mal entendu : car celui qui ne fait pas le *bien* qu'il peut
à quelqu'un qui en a beſoin, eſt dans le même cas
que celui qui lui fait *tort* : Le *mal* conſiſte à ne point
faire le bien qu'on doit ; & le *bien* eſt cette conformité de nos actions avec la convenance ou diſconvenance que la raiſon nous montre, entre leur objet
& nous, en qualité de créatures raiſonnables & ſo-
ciables. Or, on ne fait pas le *bien* qu'on doit, de
deux manieres : ou en m'ôtant ou tentant de m'ô-
ter quelque choſe que je poſſede, ou en me refuſant
celle qui me revient. Ce que l'humanité m'accorde
& que je n'ai point, m'appartient tout auſſi bien

*Puffend.
Tome II,
page 135.
En quoi
conſiſte le
mal ; ce
que c'eſt
que le
bien.*

*On ne
fait point
le bien de
deux ma-
nieres.*

Hh ij

que ce que j'ai déja ; car cette chofe m'eſt néceſſaire ou non : fi elle m'eſt néceſſaire , tandis
qu'on peut me la donner, fans fe nuire à foi-même,
la nature veut qu'on me la cede pour ma confervation : & fi je peux m'en paſſer, ce n'eſt plus le cas
dont il s'agit, il n'y a plus lieu à cette obligation
naturelle où nous ſommes tous de nous affifter mutuellement, & de nous faire du *bien*.

*Il n'eſt
point d'ac-
tions indif-
férentes.*
Auſſi ne vois-je pas d'*actions indifférentes* proprement dites : c'eſt-à-dire, qui ne ſoient ni bonnes
ni mauvaiſes, malgré tout ce qu'on a pu avancer
là-deſſus. Si l'on veut que je *faſſe le bien*, il ne faut
pas qu'il y ait de milieu entre lui & le mal : la bonté
d'une action conſiſte, (nous l'avons déja vu), en
ce qu'elle eſt conforme à la regle. Or, la *regle* eſt
une. Et peut-on concevoir un cas, où un agent
libre ſe remue, fans que ſon action ſe rapporte ou
ne ſe rapporte pas à cette regle, toujours ſubſiſtante
& toujours hors de lui ? L'action eſt la volonté réduite en pratique, & rendue, pour ainſi dire *viſible*
aux yeux du corps. Elle ne perd jamais ſon rapport
avec les autres hommes , ou de près, ou de loin. Tout
ce qui ſe manifeſte & ſe déclare à des ſignes ſen-
fibles , intéreſſe le genre humain : on le bleſſe, ou
on le ſert : on l'édifie, ou l'on le ſcandaliſe ; on
lui montre, dans ſa conduite, qu'on ne ſe tire pas
de la regle, ou qu'on la viole. Et en effet, fi l'homme,
par rapport à lui-même, difons mieux, par rapport à Dieu, ne peut rien faire qui n'ait une *convenance* ou une *diſconvenance* avec les idées de
l'ordre, il en eſt ainſi, dans ſon rapport avec les
autres hommes. Tout porte ſur le *bien* ou ſur le
mal : fi l'action eſt conforme à la regle, elle eſt
bonne ; fi elle n'y eſt pas conforme , elle eſt mau-

vaife. Ceci eft dit indépendamment (1) de l'intention de l'agent libre qui la commet. On regarde,
dans ce rapport, la bonté ou le vice, relativement au bien ou au mal qu'il en revient à autrui :
& c'eft là-deffus qu'eft fondée la *juftice*, qui veut
que l'on *foit tenu des fautes d'ignorance* où le prochain eft intéreffé. C'eft que l'utilité générale eft le
caractere effentiel du *Droit naturel*. Par cette raifon, j'appelle *bonne*, une action produite par un
mauvais principe, mais dont l'effet fe trouvera
câdrer avec les Loix de la nature & de la fociabilité, au contraire de ce qu'on en attendoit; parce
que c'eft toujours le bien extérieur que l'on doit
envifager dans les jugemens, quand il eft queftion
d'actions humaines ; fans quoi il n'y aura point
de regle pour connoître le *bien* & le *mal*, ni de
certitude fur nos devoirs mutuels. Ce qui me fait
foutenir que tous les devoirs de l'homme envers
fes femblables, fe préfentent fous un feul & même
point de vue, c'eft-à dire, que la maxime de *ne
point faire de mal à perfonne*, & *celle de lui faire
du bien*, font abfolument & foncierement la même
chofe.

Une autre maniere dont on a traité des devoirs
mutuels, c'eft de les divifer en *abfolus* & en *conditionnels*. Les premiers, nous dit-on, ce font
ceux qui obligent tous les hommes, en quelque
état qu'ils fe trouvent, & indépendamment de tout
établiffement introduit ou formé par les hommes.
L'on entend, par les premiers, *ne faire du mal à*

Puffend.
Tome I,
page 265,
Ib. Tome
II, page 1.

Autre ma-
niere dé-
fectueufe
dont on a
traité de
nos devoirs
en les divi-
fant en *ab-
folus* & en

---

(1) Il faut voir ce que je dis enfuite (Ch. V du nº. I, Sect. II
de la Seconde Partie, page), où il s'agit de la difpenfe de la
Loi pour l'homme qui auroit commis le *mal* innocemment.

personne & réparer le dommage ; se regarder les uns les autres, comme naturellement égaux, & s'acquitter des offices communs de l'humanité, c'est-à-dire, travailler à procurer l'avantage les uns des autres. Et l'on donne pour fondement aux autres, trois principales sortes d'établissement, qui sont la *parole*, la *propriété des biens*, le *prix des choses* & le *gouvernement humain*. Mais cette division a encore les trois grands défauts que j'ai reprochés à l'autre : elle n'est point *exacte*, puisque, à vouloir même traiter cette matiere suivant l'Auteur, la *parole* & la *propriété des biens*, comme le remarque *Barbeyrac*, ne sont point originairement fondées sur quelque établissement humain. Elle n'est point *juste*, puisque, très-certainement les *devoirs absolus* s'étendent beaucoup plus loin, ou pour mieux dire, qu'ils méritent tous ce nom, par leur qualité même de *devoirs*. Je parle ici toujours comme si j'étois en dehors des sociétés politiques actuelles, dont je ne prétends point, par ces considérations, vouloir déranger en rien l'économie & la solidité, ainsi qu'on le verra, par ce que j'ai à dire concernant le *Droit des Gens;* & ce que j'observe ici n'est que pour combattre la mince opinion que l'on donne du *Droit naturel*, par ces paroles : *Ce seroit encore bien peu de chose, si leurs devoirs mutuels ne s'étendoient pas plus loin que la simple liaison que la nature a établie entre tous les hommes, & s'il n'intervenoit aucun acte des uns par rapport aux autres.* Le mal vient de ce qu'on n'a pas bien connu cette belle & aimable *nature*, dont on a tant parlé; comme il est clair, par les raisons que l'on nous donne pour prouver que l'usage des conventions ou des engagemens volontaires est absolument nécessaire à la société humaine. Voici ces raisons :

conditionnels.

Ib. p. 22.

Ibid.

Tome I, p. 266.

Tome II, page 161, §. VII, note 1.

Ses défauts.

Tome II, page 161, note 1.

Puffend. Tome II, page 69. Paroles de Puffendorf fort repréhensibles, par rapport au Droit naturel.

« Tout le monde n'a pas le cœur affez bien fait
» pour fe porter à procurer, de tout fon poffi-
» ble, l'avantage d'autrui par un principe d'hu-
» manité ou de charité, & fans être affuré de
» recevoir à fon tour quelque chofe d'équiva-
» lent ». Mais l'humanité & la charité n'obligent
point à donner ou à rendre fervice, de quelle maniere que ce puiffe être, à quiconque n'eft pas
actuellement dans le cas de recevoir : elles ne
s'exercent que fur des miférables, des malheureux, des étrangers, des infirmes, des vieillards,
des enfans, &c. ; mais toujours en les fuppofant
éloignés ou manquant des fecours néceffaires.
Tous les actes, en un mot, de ces deux vertus,
regardent des gens que les befoins expofent à notre difcrétion, & qui font dans l'impoffibilité de
fe foulager eux-mêmes.

D'ailleurs, (continue-t-on) *ce en quoi les au-*
tres peuvent nous accommoder, eft fouvent de telle
nature, qu'on n'oferoit l'exiger d'eux en pur don.
Je le crois : la nature ne demande pas qu'on prive
les autres d'une chofe dont nous pouvons abfolument nous paffer, ou qui leur eft néceffaire, ou
fimplement utile ou agréable. *Quelquefois auffi,*
(ajoute-t-on) *le caractere ou la condition d'une*
perfonne ne lui permettent pas d'avoir obligation à
d'autres pour les chofes dont elle a befoin de leur
part. A la bonne heure ; mais l'on peut dire que
cette délicateffe ne fuppofe pas un grand befoin ;
& il eft vifible qu'on fe tire, fi je puis m'exprimer de la forte, du territoire de l'*humanité* & de
la *charité*, & que par conféquent ce qu'on en dit
ne les regarde pas.

L'ufage des conventions ou des engagemens

On a mal connu la *nature* : Exemple & réfuta- tion d'un paffage du même Au- teur.

Vrais mo- tifs, &

488 DE L'ÉTAT NATUREL DES PEUPLES.

volontaires a de tout autres motifs, & un diffé-

principe de
l'ufage des
conven-
tions, ou
des enga-
gemens
volontai-
res.

volontaires a de tout autres motifs, & un différent principe. L'on ne s'eft point apperçu qu'il
n'eft pas néceffaire qu'il exifte des fociétés politiques telles que nous les voyons, pour qu'on fe
lie de cette forte : il y a mille raifons qui le font
entendre. D'abord, pofez l'état de nature ou l'état
civil, il faut que chacun travaille à proportion de
fes forces & de fon talent ; & nul n'a droit de
demander aux autres que quand il eft hors d'état
de gagner fa vie. Enfuite, en fuppofant un nombre de familles, à portée de communiquer enfemble, & feulement liées d'amitié, & par une efpece
de confédération que la fûreté commune leur a
fait former, ainfi que je l'ai figurée ci-devant : en
fuppofant dis-je, toutes ces familles occupées, fuivant
l'ordonnance de la nature, il arrivera néceffairement,
& fans qu'on le faffe à deffein, que la différence
dans l'induftrie, dans les forces du corps, dans
l'adreffe, dans les lumieres de l'efprit, dans la
nature du fol & du climat, que les bonnes & les
mauvaifes récoltes, & bien d'autres caufes feront
que les uns auront de trop, & les autres de
moins ; ou bien qu'une de ces fociétés n'aura
pas du tout d'une chofe bien néceffaire à la vie,
tandis que les autres en regorgeront : alors, c'eft
le cas de l'échange & du commerce ; il n'y a rien
là que de naturel, c'eft-à-dire, que la nature
même ne prefcrive. Tout le monde a travaillé,
mais tout le monde n'a pas recueilli de même,
ni précifement les mêmes chofes. Tandis que vous
avez de quoi me rendre, en place de ce que je
vous donne, il ne s'agit point que je donne fans
rien recevoir, & que je déploie une charité qui
n'eft pas néceffaire. Bien plus ; elle feroit très-contraire au but de la fociété en général, qui eft,

que chacun s'efforce d'y mettre fa part du travail, pour en retirer, par une honnête compenfation, ce que ce travail même ne peut lui procurer : autrement la charité exercée fi à contre-temps, ne feroit que des fainéans, & aboutiroit enfin à s'ôter elle-même toutes reffources, en perdant la matiere de fes propres dons.

L'ufage des conventions & des promeffes eft donc indépendant de l'établiffement des fociétés civiles, & forme une partie auffi naturelle du *Droit* que nous traitons, que ce que l'on nomme *Devoirs abfolus*. Par conféquent, cette divifion des *Devoirs* en *abfolus* & en *conditionnels*, n'eft ni jufte ni exacte; elle met de la confufion dans les idées, & empêche le bon effet de l'inftruction; mais elle a encore ce défaut bien plus confidérable, que j'ai relevé ailleurs, d'affoiblir en nous ce reffort puiffant que la nature y a placé pour nous porter au bien, en nous faifant accroire que puifqu'une chofe fi néceffaire que les conventions & les promeffes parmi les hommes, ne dérivent pas de la fimple liaifon que la nature a établie entr'eux; il faut donc que cette nature foit bien imparfaite, & que les établiffemens humains valent beaucoup mieux : nous ne voyons qu'en eux le principe de nos obligations réciproques; & eux ôtés, nous n'appercevons plus le lien invifible qui nous unit tous, & d'où ces mêmes obligations tirent leur plus grande force. D'où, par un raifonnement tout fimple, il s'enfuivra que l'on croira d'avoir tout fait en rempliffant celles-là, & que l'on fe mettra fort peu en peine d'obferver les autres. Encore ne remplira-t-on les premieres que par contrainte, & par la peur du châtiment

L'ufage des couventions & des promeffes indépendant de l'établiffement des fociétés civiles.

Méchans effets de cette divifion de nos devoirs en *abfolus* & *conditionnels*.

ou du reſſentiment de celui envers qui on les en-
freindroit ; & à coup ſûr on les négligera quand
on le pourra, impunément : ce qui eſt la plus
fâcheuſe diſpoſition de cœur où l'on puiſſe mettre les hommes.

Seule
bonne ma-
niere de
préſenter
nos devoirs
mutuels.

Tels ſont les défauts que je trouve aux diverſes manieres dont on a préſenté les devoirs mutuels que la nature impoſe aux hommes. Pour
moi je n'en reconnois qu'une de bonne , qui eſt
de partir de l'idée du *bien* & du *mal,* & de les faire
tous deſcendre d'un ſeul & même point de vue.
Les établiſſemens humains n'entreront pour rien
dans leur exiſtence, encore qu'ils en faſſent naître qui en dépendent ; & il ſera toujours vrai que
celui qui ne fera point de bien à ſon prochain
dans le beſoin, quand il le pourra , lui fera tort.

CHAPITRE VIII.

Seule maniere dont on croit devoir ici envifager nos Devoirs mutuels, & les préfenter aux hommes.

To u s les devoirs mutuels, quels qu'ils foient, font donc renfermés dans cette idée générale de *faire le bien :* & cette vue eft fi naturelle, que par le contraire, on dit d'un homme, qui en laiffe- roit mourir un autre, faute d'affiftance, *qu'il fait mal*, tout de même que de celui qui l'affaffineroit : ces deux idées font corélatives, & fe rappellent néceffairement l'une l'autre ; c'eft que dans le vrai, elles ne font qu'une, & que c'eft de-là que part la premiere notion du *Droit.* Cependant la priva- tion nous rend ordinairement plus fenfibles aux avantages d'une chofe que fa poffeffion : & par cette raifon, l'idée du *bien* ne fe fait jamais mieux fentir à nous, que par la vue du *mal* préfent : enforte que pour nous conformer aux procédés de la nature, il convient de confidérer les *Devoirs* par rapport au *bien*, auquel ils nous menent fous l'idée du *mal*, où leur inexécution nous jette.

Tous les devoirs renfermés dans cette idée géné- rale : Faire le bien.

Le bien fe fait mieux fen- tir par l'af- pect du mal.

Et en effet, la matiere que je traite fuppofe des manquemens & des vices. Si tous les hommes marchoient fans jamais s'égarer, dans la voie de la vertu & de la fageffe, il ne feroit pas queftion de leur parler de devoirs & de regles. Mais auffi ne s'appercevroient-ils pas feulement qu'il y en eût, & la penfée ne leur en viendroit jamais dans

La vraie utilité n'eft que dans la pratique du bien.

l'efprit. Ils feroient tous le bien, fans foupçonner qu'on pût y manquer. Notre ame engagée, & comme embarraffée dans les liens du corps, ne peut bien voir le *vrai* & le *bon* qu'elle ne faffe, pour ainfi dire, un retour fur elle-même, pour les rapporter à fa confervation. C'eft-là l'*utilité générale* dans laquelle chacun veut trouver une portion pour foi; *utilité* qui ne manque pas d'être attachée à la pratique du *bien*, fi elle n'en doit pas être le motif. Or, l'idée du *mal* a cet effet naturel de nous avertir que nous ne fommes point dans la regle : la crainte eft fa fidelle compagne ; fi c'eft nous qui l'ayions commis, nous appré-hendons le reffentiment ou la punition, ou la mé-feftime de la part de nos femblables; & fi ce font les autres, nous redoutons leur malice, leur cruauté, leurs déportemens, leur avarice, & toutes les paf-fions qui le caufent.

Comment les maux nous frappent plus que les biens.

C'eft encore à-peu-près par le même principe, qu'il eft vrai de dire que nous fommes naturelle-ment plus fenfibles au *mal* qui nous arrive, qu'au *bien*. On s'accoutume aux accidens heureux, à cette fuite non interrompue de profpérités, ou du moins au cours naturel des chofes, qui, en géné-ral, eft bien. Cet état ne fe fait plus fentir dès qu'il continue ; c'eft l'état propre & l'élément, pour ainfi dire, où l'on doit être : & effective-ment, à le bien examiner, la chofe eft ainfi. No-tre exiftence ne manqueroit jamais de ce qui eft néceffaire à la foutenir, fi nous fuivions mieux les voies de la *nature* ; elle a mille reffources dont nous ignorons l'ufage, graces à nos établif-femens & à l'état factice où nous nous fommes mis. Nous avons pourtant confervé les facultés de l'entendement, & la maniere naturelle dont il juge : c'eſt la ſeule choſe que nous n'ayions pas pu changer. Or, quand il nous arrive du *bien*, ou que nous le voyons arriver à d'autres, nous en jugeons encore par les yeux de la nature, & nous le regardons comme une choſe qui nous revient, & qui eſt dans l'ordre. Nous ſommes, au contraire, étonnés quand les événemens ne répondent pas à nos prévoyances; mais le *mal* nous touche, parce qu'il nous tire, pour ainſi dire, de notre aſſiette; il nous montre notre fragilité & notre foibleſſe; il eſt le ſignal, en un mot, d'une incommodité prochaine ou éloignée, pour laquelle la nature nous a donné un invincible rebut.

Il faut donc prendre les hommes pour les inſtruire utilement, par l'endroit qui les frappe davantage. Aimable & ſublime *vérité*, votre excellence & votre beauté ont le droit de nous ravir, quand nous vous avons découverte ! Vous avez cet empire ſur nos ames de nous entraîner à votre ſuite, quand vous paroiſſez : vous donnez alors à notre être une ſatisfaction & un bonheur que rien ne ſauroit égaler; mais il faut que vous veniez à nous, & que vous vous montriez. Nous devons, peut-être, cette admirable inclination que nous avons pour elle, à la délicieuſe perſuaſion où elle nous met, que nous ſommes bien, & que nous n'avons rien à craindre : tout dans la nature ſemble deſtiné à nous rappeller à cet état, & les choſes les plus funeſtes y ſervent plus que les autres.

Sages vues, en cela, de la nature.

Ce n'eſt pas que, pour rendre l'inſtruction plus utile, l'on doive occuper les hommes des diverſes

Il faut y conformer l'inſtruction.

efpeces de *mal* dans lefquelles ils tombent, & leur apprendre ce que, peut-être, ils auroient toujours ignoré fans cela : je fuis fort éloigné de cette penfée. Il n'eſt befoin que de leur préſenter le mal dans fon idée la plus générale, & de leur en inſpirer de l'horreur par la vue de fes méchans effets, pour les engager à reconnoître en cela la cauſe de leurs conſtantes & eſſentielles obligations. Entretenir les hommes des vices & des égaremens dans lefquels ils tombent ; & leur apprendre que, quoi qu'ils faſſent, qu'ils agiſſent ou non, quand ils font hors de la regle, & qu'ils bleſſent les rapports de *convenance* ou de *diſconvenance* que Dieu a mis entre les êtres & nous, & entre nos actions & leurs objets, ils font mal : ce font deux choſes différentes, & qu'il convient fort de diſtinguer. Le point d'où tout découle pour l'homme, je le répete, c'eſt d'éviter le mal : c'eſt de ce centre abſolu qu'il doit appercevoir toutes les lignes qui l'écartent du bien. Frappez-le de cette idée, vous réveillerez fon attention, vous l'exciterez à bien faire. Si vous ne lui parlez que du bien, il l'aimera ; mais il ne croira pas d'en être dehors, il ne s'aviſera pas de fe mettre mieux ; mais fi, comme je l'ai dit ci-devant, vous diviſez, pour ainſi dire, cette idée ; vous diſtinguez entre *ne point faire de mal* & *faire le bien*, il s'arrêtera aux devoirs de la première forte, & abandonnera les autres. C'eſt l'impulſion de la nature, de ne nous déterminer que par des raiſons d'utilité générale ou particuliere. Il faut donc montrer cette utilité où nous pouvons craindre de la perdre, & voilà pourquoi je trouve que c'eſt la feule voie qu'il convienne d'employer, pour l'expoſition des devoirs mutuels dont je vais traiter.

Comment le motif de l'utilité fe rectifie.

CHAPITRE IX.

Tous nos Devoirs mutuels roulent sur ces deux points :
Ne point ôter , & ne point refuser. *Courte*
exposition de ces Devoirs.

L'HOMME fait mal de diverses manieres , & fes manquemens peuvent varier autant que les dif-férens objets de sa volonté & de ses desirs. Nous le supposons entouré de ses semblables, & au mi-lieu des siens : car nous avons vu que la qualité d'être isolé, est incompatible avec sa nature & sa constitution. Il ne peut faire un pas, il ne peut avoir une pensée, que ce ne soit pour lui une oc-casion d'errer, s'il ne se dirige par les mouve-mens d'une conscience pure, & par les lumieres de la droite raison. Il peut bien ne pas vouloir manquer à la regle, ni prétendre y manquer beau-coup en s'égarant; mais c'est sans égard à son intention, que l'on dit que son action ou son inac-tion est bonne ou mauvaise, comme je l'ai obser-vé (1) ci-devant; c'est le bien général, encore une fois, de la société humaine qui en décide : & ce bien est plus ou moins lésé, plus ou moins détruit, selon que dans ses membres, il y a plus ou moins d'opposition entre la conduite & la loi. De sorte que les *stoïciens* avancoient un *para-*

L'homme peut pé-cher en mille ma-nieres.

Ridicule paradoxe des Stoï-ciens, que *toutes les*

(1) Chap. VII.

fautes font égales.

doxe (1) bien étrange , & très-contraire à ce but, quand ils difoient que *toutes les fautes étoient égales.* Cette penfée qui ne peut fe foutenir , même dans le rapport de l'Homme avec *Dieu* , quoique cet Être fuprême n'ait befoin de rien , eft abfurde à l'égard des hommes entr'eux , qui font dans la commune néceffité de vivre enfemble , de s'entr'aider , d'avoir perpétuellement des occafions plus ou moins grandes de s'obliger , comme de courir rifque de fe nuire. Il eft impoffible qu'il foit égal de médire ou de calomnier , de manquer à fa parole , ou de trahir quelqu'un ; de voler un fol , ou de voler cent mille écus ; de battre , ou bien de tuer ; de caffer un bras , &c. L'intérêt du genre humain trouve du plus & du moins dans ces différens traitemens ; & le fort des particuliers ne peut pas être par-tout le même , quand ils éprouvent des fituations plus ou moins incommodes , & qu'ils paffent réellement dans des états qui ne fe reffemblent point. Auffi cette queftion futile ne mérite-t-elle pas qu'on s'y arrête davantage.

L'homme pêche, ou en ôtant *; ou en* refufant.

Il eft conftant que l'homme peut faire le mal de diverfes manieres : il le fait ou en *ôtant* à fon prochain , en lui *refufant.*

Comment il ôte.

Il *ôte* , en lui enlevant de force , ou par fineffe , ou par mauvaife foi , fes biens , fa réputation , fes efpérances , les moyens de s'entretenir & de s'accroître , fa vie même , &c. On fait que la *force*

_____

(1) J'en parle encore au Chap. IV de la Deuxieme Section , Part. II , pour expliquer dans quelle intention ils avançoient ce paradoxe.

eft

est une voie injuste; qu'elle est aveugle & cruelle; qu'elle se trouve plus ordinairement avec la mauvaise cause, qu'avec le bon droit : nous l'avons assez caractérisée ailleurs. Et que seroit la société humaine, si la force y étoit permise ? un bois de voleurs & de brigands, ou plutôt il n'y auroit plus de société. Pour la *finesse*, elle est la ressource des ames foibles & intéressées, & est d'autant plus indigne de la sociabilité, pour laquelle nous sommes nés, que, sous les apparences de vouloir nous servir, elle nous arrache ce que nous n'avons jamais entendu de donner : elle empire notre condition, en feignant au contraire de la rendre bonne. La *mauvaise foi* tient de l'une & de l'autre : elle se prévaut de notre impuissance, & abuse de la naturelle disposition où l'on est de croire les autres honnêtes gens : c'est le plus insigne ennemi de toute société civile.

Des moyens si contraires par eux-mêmes, au bonheur de l'espece humaine, ne peuvent qu'opérer le mal. Aussi, est-ce par eux que nous déshabillons nos freres, que nous les maltraitons; que d'un état paisible, nous les faisons passer dans le trouble ; d'un état commode dans l'indigence; de la santé dans les maladies; de la vie à la mort même, ou que nous travaillons à de telles fins.

De-là, le précepte qu'*il ne faut faire du mal à personne*, & que, *si on a causé du dommage, on doit le réparer.* Il s'étend sur-tout dans la vie, où chacun est censé naturellement pourvu des choses qui lui sont nécessaires, ou des facultés propres à se les procurer : dans cet état, en un mot, où l'on a, tout opposé à celui de privation absolue.

De cette vue, partent les *devoirs mutuels* qui

Tome I.   I i

Chap. V & VI de la Deuxieme Section.

Du précepte : *Qu'il ne faut faire du mal à personne;* & que *si*, &c.

Devoirs qui ont trait à la premiere maniere de pécher.

ont trait à cette divifion, & que nos Auteurs diftinguent, comme s'ils avoient une affiete différente. J'y vois l'obligation *de ne nuire jamais aux autres, ni en leurs perfonnes, ni en leurs biens* : obligation qui, par rapport à la perfonne, confifte à *refpecter le corps & la vie de fes femblables;* d'où naît la *défenfe de tuer*, de *battre*, d'*enchaîner*, ou réduire en fervitude, de *violer*, d'*expofer les enfans ou les faire périr; de forcer quelqu'un à donner fa vie pour autrui, ou autrement; de le charger de travaux pénibles & dangereux; de s'en moquer, & lui faire perdre l'eftime*, en attentant à *fa réputation ou à fon honneur; de faire fervir*, en un mot, *nos freres, d'objet ou d'inftrument à la haine, à la vengeance, à la cupidité, à la débauche, à l'ambition*, &c.

Et quant aux *biens*, cette obligation de *ne point nuire* confifte à les laiffer à ceux à qui ils font : d'où vient la *défenfe de voler*, ou de *détériorer*, de *commettre adultere, rapt, fornication*, &c. de *retenir une chofe due*, de quelle maniere qu'elle foit due; de *l'ôter à l'un pour la donner à l'autre, d'en difpofer*, en un mot, *à fa fantaifie; enfin, de manquer à fes engagemens, pris par paroles ou par promeffes & conventions*.

Seconde branche du mal : *Refufer.*
Puffend.
Tome II, page 35.

L'autre branche du *mal*, laquelle confifte à *refufer*, nous préfente les *devoirs* qui regardent ce qu'on appelle *offices communs de l'humanité* : dénomination qui, à mon avis, n'eft pas plus particuliere à ces offices, qu'à tout le refte de nos obligations mutuelles; parce que tout ce que demande la *nature*, elle le déclare du reffort de l'humanité, & mérite d'en porter le nom. J'ai déja dit les méchans effets d'une pratique contraire.

On *refuſe* en bien des manieres : un homme meurt faute d'aliment ; un malade faute de ſoin ; un enfant faute de nourrice. L'un ſe noie , parce qu'il n'éſt pas ſecouru ; un autre tombe dangereuſement , ſans qu'on le releve ; ma maiſon brûle , ſans qu'on ſonge à en éteindre le feu ; une troupe d'ennemis m'aſſiegent , & l'on m'abandonne à leurs coups ; je ne fais point l'aumône à un néceſſiteux ; je laiſſe égarer un voyageur ; je ne veux point qu'on allume du feu au mien ; qu'on puiſe de l'eau à ma ſource ; qu'on paſſe , dans le beſoin , par un ſentier qui m'appartient , &c. Je ferme la porte à celui qui , ſans pouvoir me nuire , me demande l'hoſpitalité ; je m'oppoſe à ce que des gens , obligés d'aller chercher une retraite ailleurs , s'établiſſent à mon voiſinage , & dans des terres qui ne ſont point à moi , ou dont je n'ai que faire. Celui-ci ne veut ni échanger , ni vendre aux autres , les choſes dont ils ont beſoin , & qui lui ſont inutiles ; & ne ſe met pas plus en peine d'acheter d'eux ce qui pourroit l'accomoder , mais dont il ſe paſſe , plutôt que de leur fournir , par-là , un moyen d'être bien & commodément : il ne veut abſolument avoir de commerce avec perſonne.

Enfin , on *refuſe* encore , en négligeant l'inſtruction d'un enfant , confié à nos ſoins ; en donnant de mauvais exemples ou des conſeils pernicieux ; en manquant de reconnoiſſance envers un bienfaicteur , de bonté , de douceur , de complaiſance , d'égards , pour ceux avec qui nous vivons : de retour à l'égard d'un ami ſincere , de bonne foi dans les propos , & de reſpect & de ſoumiſſion pour ceux qui nous ont donné le jour , ou qui en tiennent la place , & pour nos maîtres légitimes.

Je borne ici l'énumération des manquemens divers où tombent les hommes, les uns à l'égard des autres, dans cet état, quel qu'il puisse être, où les devoirs ne tiennent ni leur existence ni leur force, de nos établissemens arbitraires, mais de la *nature*, qui est la seule que nous devons consulter pour les bien connoître & les apprécier. J'aurai occasion de m'étendre sur les principaux de ces devoirs, en traitant de l'Etat civil, dont la corruption a infecté le Droit des Gens; il me suffit de les avoir représentés ici, ces devoirs, comme dans leur source. Je vais passer maintenant à l'exposition de nos *Droits*. L'homme n'auroit-il donc que des obligations à remplir; & sans cesse tourné vers les autres hommes, faudra-t-il qu'il s'oublie lui-même? Cette question va s'expliquer par les Chapitres suivans.

CHAPITRE X.

L'homme dans son rapport avec Dieu, ou développement des Vérités *de sentiment,* qui fixent nos Droits à l'égard des autres hommes.

C'EST ici une matiere immense dans le *Droit des Gens*, de la façon que nos Auteurs l'établissent, mais qui est extrêmement réduite en *Droit naturel*, tel qu'il est effectivement. Pour fixer nos idées dans une recherche si délicate, reprenons les quatre premieres *vérités de sentiment* que j'ai exposées au Chapitre IV ; nous y trouverons tout ce que nous pouvons faire pour nous-mêmes, mais rien au-delà.

1°. *Nous sommes composés d'un corps & d'une intelligence*. Quoique la nature de l'homme soit indivisible, l'esprit se convainc par sentiment & par réflexion, qu'il y a en lui deux substances, l'une *matérielle*, & l'autre *qui ne l'est pas*. C'est un miracle continuel que l'alliance de deux choses, qui paroissent si peu faites l'une pour l'autre, mais qui n'en est pas moins véritable. Le corps se touche, il se mesure ; mais la pensée nous découvre que ce n'est pas lui qui fait ces opérations, & elles sont si étroitement unies, ces deux substances, ou dépendantes l'une de l'autre, qu'elles se servent ou se desservent réciproquement, selon leur bon ou leur mauvais emploi. Les organes du corps sont les voies par où l'ame acquiert ses premieres connoissances ; & elle n'est jamais mieux capable d'exercer

Premiere vérité : *Union d'un corps & d'une intelligence.*

Ii iij

fes facultés intellectuelles , que quand le corps eft
entierement fain & bien conftitué. Mais auffi ce
même corps eft un obftacle au développement
des connoiffances & à la vue du bien , quand extérieurement il fe livre à tous les objets fenfibles,
& qu'il en eft poffédé. D'autre part , l'ame eft
inutile aux opérations animales du corps : que dis-
je ? elle les trouble quand elle veut les étudier &
les fuivre. Les refforts cachés de cette admirable
machine , ne vont jamais fi bien que quand ils vont
tout feuls , fans que l'ame s'en mêle. Mais , d'un
autre côté , l'ame eft faite pour guider le corps
dans toutes les démarches de la vie qui intéreffent
fon bien-être au dehors , & celui des autres corps
humains qui l'entourent. Il eft queftion d'exercer
les facultés & les talens , de s'affurer des matieres
propres à le nourrir, d'affermir fa fûreté, d'étendre
fes commodités & fes reffources , de faire , en un
mot, que tous les individus , dans cette fociété générale du genre humain , trouvent leur tranquillité
& leur bonheur.

Deuxieme vérité: Les befoins propres à ces deux fubftances. 2°. *L'un a befoin de confervation , & l'autre d'inftruction.* Cette vérité fe déduit encore de ce que nous venons de dire. Le corps eft une fubf-tance compofée de parties , à la vérité bien liées, mais qui eft capable de diffolution , de fractures , de déchiremens , &c. ; les refforts intérieurs fe dé-traquent, ou fouffrent des altérations, que les veilles, les travaux, les excès de toutes les fortes, comme une trop grande inaction , peuvent lui procurer , & qu'il ne répare que par l'ufage modéré & pru-

Le corps eft ce qui nous frappe le plus. dent des contraires. Cette partie vifible de nous-mêmes eft ordinairement le centre de nos foins , de nos occupations, de tous nos mouvemens dans

la vie : c'eft que , lui manquant, tout dans l'homme
difparoît ; & Dieu femble avoir voulu que ce fût
ainfi par le corps, que nous nous affuraffions de
notre exiftence & de celle de tout l'univers. Une
partie fi importante mérite donc d'être confervée ;
& il n'eft pas étonnant que Dieu ait mis en nous
un penchant invincible pour la vie, puifque la vie,
fur la terre , eft attachée à la confervation du
corps.

Mais fi cette confervation eft requife, quand fon
idée nous frappe-t-elle davantage , qu'au moment
de la naiffance d'un enfant & pendant tout le temps
de fa foibleffe , ou bien dans les maladies & les
autres accidens de la vie, qui la troublent ou la
menacent, ou, enfin , dans la caducité de l'âge ?
C'eft qu'alors l'on ne peut rien par foi-même , ou
que l'on ne peut rien tout feul : l'on a des droits,
& l'on ne peut les faire valoir : d'où l'on comprend que le droit eft avant l'exercice qu'on en
fait, & eft affis fur un fondement bien plus folide,
puifque c'eft lui qui doit diriger cet exercice.

Or , à parler naturellement, & dans l'état réglé
des chofes , il n'eft proprement, pour la confervation du corps, qu'un moyen majeur ; les autres
ne font que fecondaires : le corps faifant journel-
lement des pertes confidérables , l'on ne peut les
réparer que par le fommeil & les alimens : il faut
donc de toute néceffité qu'il fe nourriffe & qu'il
dorme : de-là, fon droit à la nourriture & au repos. Enfuite vient le vêtir : le premier befoin eft
d'un ufage univerfel, parce qu'il eft indifpenfable ;
l'autre dépend de la diverfité des climats, du plus
ou moins d'habitude, du plus ou moins d'indécence
qu'on a attaché à la nudité ; c'eft pourquoi il n'eft

Befoins du corps, le boire, le manger, le dormir, le vête- ment, une retraite, &c.

pas fi général. Après, vient celui d'enfermer fon
corps quelque part, pour le garantir des injures
de l'air, des tempêtes, des grêles, des inondations, &c.; la nature elle-même offre fes grottes,
fes cavernes; les arbres nous préfentent leurs épais
feuillages, & la terre ouvre facilement fon fein
pour donner retraite à fes habitans. Il ne faut
prefque, en tout cela, aucune forte d'induftrie;
au lieu que, pour fe nourrir, il faut prévoir les
chofes d'un peu loin : la terre ne produit pas d'abord,
ni ne produit pas de tout à la fois. Chaque faifon
a fes fruits & fes plantes, & fes procédés font
tardifs. D'autre part, nous voyons que les bois
gagnent par-tout où l'on abandonne la culture
des terres; &, pour pouvoir fe couvrir le corps,
l'on a befoin d'emprunter d'ailleurs & de tourner
à fon ufage, des chofes, qui, naturellement, femblent avoir une autre deftination : il faut ici des
foins & des recherches; quoiqu'encore, en examinant le mouvement naturel d'un homme nud,
qu'un mauvais temps, par exemple, furprendroit
dans cet état, on le verroit dans l'inftant courir
en un lieu fouterrain, ou dans quelque creux à
portée, s'il y en avoit : & il y courroit tout également pour fe préferver du froid ou du chaud,
trop exceffifs, puifqu'il feroit affuré, par un aver-
tiffement intérieur, de trouver, dans ces afyles,
une température différente de celle qu'il éprouve-
roit au dehors : ce font-là les premiers enfeignemens de la nature. Elle donne donc à tous les
hommes un droit abfolu, à ce qui eft effentiellement néceffaire pour remplir les trois grands objets de la *faim*, de l'*habillement*, & d'*une retraite*.
Et faut-il bien que ce droit foit fondé, fi notre
exiftence en dépend ? Tout ce qui eft capable

d'y fervir efficacement & dans les temps preffans, eft fans contredit légitime.

Après cela, comme mille chofes encore peuvent offenfer nos corps, & qu'ils font expofés à être détruits, ou brifés ou mutilés, par bien des accidens ou des attaques imprévus, il eft bien naturel auffi que nous puiffions les garantir, dans le moment préfent ou à l'avance, de tout ce qui pourroit leur nuire, en prenant les moyens convenables à cette fin : & de-là, *le droit de fe parer contre toute infulte ou violence de la part des hommes & des animaux.*

Se précautionner contre les attaques & les dangers.

Enfin, il eft une troifieme fituation qui mérite d'être confidérée, mais qui n'a été que trop mife en faveur, pour le malheur du genre humain : c'eft que, dans l'état paifible & ordinaire, l'homme agiffe felon l'étendue de fa condition, & qu'il faffe ufage des facultés qui font en lui, pour rendre fes aifes, fes commodités, fes plaifirs honnêtes, auffi fûrs & auffi juftes qu'il eft raifonnable de fe les procurer : ce font des *droits*, à la vérité, mais l'on fent qu'ils ne font plus, ni fi urgens, ni fi néceffaires, & que leur ufage doit précifément fe terminer là où il en peut revenir du mal au prochain. Cette matiere eft la plus abondante dans la morale, & fournit plus des trois quarts des fujets qu'elle a à traiter.

Étendre, ou perfectionner fes facultés pour les aifes, les commodités, les plaifirs permis de la vie, au degré requis par la nature.

Secondement, nous fentons avec autant de force que pour les néceffités du corps, que l'ame a befoin d'*inftruction ;* & en effet, quand nous comparons les lumieres de l'enfance avec celles d'un homme formé, & qui a de l'expérience ; quand

Befoins de l'ame, ou de l'efprit.

nous rapprochons de celles d'un favant & d'un homme inftruit, le peu que fait un ignorant, ou celui qui manque entierement de culture, nous y trouvons de la différence comme de la nuit au jour ; enforte qu'il y a quelquefois plus loin dans ce rapport, comme d'autres l'ont obfervé, d'un homme à un homme, que de la bête à l'homme.

De l'Inf- tinct, & de la Ré- flexion.

Ce n'eft pas que pour les befoins de la vie, tant de connoiffances foient néceffaires ; mais l'intelli- gence entre par-tout, dans ce qui n'eft pas de l'inftinct. *L'inftinct*, fuivant que nous l'avons dit, eft un mouvement involontaire, qui nous porte à nous garantir, ou par la fuite, ou autrement, de tout mal préfent qui nous menace. L'inftinct fait alors ce que la *réflexion* ne feroit que trop tard ; & il y a tant de fageffe à ce divin arrangement, que la réflexion elle-même ne feroit ni fi adroite ni fi habile que l'autre : dans ces momens déci- fifs pour notre vie ou notre bonheur, Dieu n'a n'a pas voulu, pour ainfi dire, confier l'exercice de ces droits à nous-mêmes. Mais hors de là, & dans tout le train ordinaire de la vie, les lumie- res & l'intelligence nous font d'un admirable fecours : elles nous abregent toutes les opérations, & nous conduifent plus fûrement au bien ; ce n'eft que par elles que nous pouvons arriver à la per- fection en toutes chofes, autant qu'il eft donné à notre foibleffe.

Confé- quence.

Cela étant, l'on a naturellement le *Droit* de s'inftruire ou d'être inftruit, c'eft-à-dire, que le livre ouvert de la nature ne peut être fermé pour perfonne, & que chacun a le pouvoir d'en faire l'objet ou la matiere de fes méditations & de fes

études : & d'un autre côté, de participer aux enfeignemens publics que la fociété, dont on eft membre, fait donner aux autres. L'homme, après les
avantages de la vertu, ne brille que par les lumieres : & la vertu même non éclairée eft fort
fujette à broncher, & fouvent ridicule. S'il y a du
mérite à bien faire, c'eft fur-tout quand on ne fe
détermine qu'avec connoiffance, & qu'on fait la
raifon pourquoi on en ufe ainfi. Le corps dans ces
occafions n'eft jamais du confeil, il n'eft point entendu, & la raifon feule le dirige.

Auffi, & c'eft la troifieme vérité de fentiment,
quoique notre exiftence dépende en ce monde-ci,
principalement du corps, l'on fent bien que l'intel-
ligence eft pourtant la partie effentielle de nous-
mêmes. L'on ne fauroit fe frapper trop de cette
vérité : les objets des fens étant tous matériels &
palpables, & nous-mêmes quand nous voulons
nous confidérer, nous voyant toujours étendus en
longueur, largeur & profondeur, comme tous les
autres corps, nous voyant, comme eux, fufceptibles des qualités & accidens phyfiques, de chaud,
de froid, de dur, &c. il nous eft bien difficile de
féparer, dans la penfée, le matériel d'avec ce
qui eft pur efprit : & nous avons befoin du plus
grand recueillement, ou d'une habitude à réfléchir, pour nous faire à ces abftractions qui ne font
pas le premier effet de l'intelligence. Toutefois,
il n'eft point d'idiot ou d'ignorant qui ne penfe
d'avoir le raifonnement en partage, & que ce qui
raifonne en lui eft fpécialement lui-même. Il faut
bien peu d'effort pour s'appercevoir que cette faculté penfante, de quelle nature qu'elle foit, eft
la première, & la plus élevée, puifqu'elle dirige,

Troifieme
vérité de
fentiment :
Nous nous
fentons
principale-
ment exif-
ter par l'in-
telligence.

tant bien que mal, nos actions & nos déterminations. Cette perfuafion fe fait, fans comparer les
deux fubftances, qui eft une opération pénible &
de détail. Ici c'eft un rayon de vérité qui nous
frappe, un trait de lumiere qui nous faifit, fans
qu'on s'avife du comment. C'eft un très-fort argument à Defcartes, pour fe prouver à lui-même
la réalité de fon exiftence que ces mots : « *Je*
» *penfe, donc je fuis* ». Je dirai de même, pour
prouver la fupériorité de l'ame : « *Je penfe, donc*
» *je préfide* ».

C'eft à
l'intelli-
gence à
connoître
de nos
droits ;
mais les
droits qui
la concer-
nent direc-
tement fe
réduifent
à peu de
chofe.

Il eft donc jufte d'accorder au corps tout ce
qu'il lui faut pour le conferver ; mais c'eft à l'ame
à remplir cette belle fonction ; c'eft l'intelligence
dont elle eft douée, qui doit dominer dans tout
ce que nous faifons : c'eft donc elle qui doit connoître de nos Droits, & en conduire l'exercice.
Mais en même temps, cela nous découvre les juftes
bornes que la nature y a mifes ; & quand & comment il nous eft permis d'agir pour nous faire rendre ce qui nous eft dû ? Maniere d'exifter qui eft
bien plus noble & plus diftinguée. Les befoins du
corps forment des Droits ; mais ces befoins réduits
au néceffaire, une fois remplis, que refte-t-il
d'effentiel & de propre à occuper un être penfant ? Se jettera-t-il dans le fimplement utile,
dans le commode, ou bien dans l'agréable ? Ses
Droits alors ne font plus ni fi facrés ni fi preffans.
On fent que la nature ne demande rien de fuperflu. L'ame elle-même voudroit-elle faire valoir
des Droits à fon profit ? Afpireroit-elle à des prétentions qui n'auroient qu'elle feule pour but ?
Mais où porteroit cet égarement ? Quel feroit le
fruit de cette arrogance infenfée ? Nous ne le favons

que trop; orgueil, vanité, ambition, amour des richeffes, vous êtes les grands fléaux de l'efprit & du cœur humain; c'eft vous qui avez ravagé la terre, & fait tant de malheureux! Mais ce font des Droits chimériques qui ont enflammé ces paffions : ce font des hommes qui avoient déja leur néceffaire, ou qui pouvoient fe le procurer par le travail, qui ont pris les armes pour affujétir d'autres hommes, & profiter de leurs dépouilles : ce font des moyens outrés & auffi défordonnés que les befoins mêmes qu'on a mis en œuvre. La juftice & la vérité ont toujours réprouvé des actions auffi dénaturées & fi terribles.

Quels font donc les befoins de l'ame, quand le corps eft mis en fûreté par tout ce qui peut le faire vivre ? c'eft-à-dire, au moyen des alimens, du vêtement, & d'un afyle qu'on s'eft procuré, ou qu'on peut avoir. Qu'a-t-elle de plus à defirer, quand elle a reçu les notions qui lui conviennent, que de paffer tranquillement fes jours fur la terre ? L'obligation où elle eft de vivre dans ce corps mortel, l'avertit qu'elle ne peut rien avoir de plus cher que ce qui eft capable de le foutenir, & de le faire durer. Auffi fes Droits à cet égard font, comme je l'ai obfervé, de la plus grande force : & la violence devient même alors indifpenfable contre ceux qui s'y oppoferoient. Mais hors delà, l'ame n'a proprement pas des Droits fur une autre ame : le refpect qu'on doit à fon Pere, à fon Roi, à fon Maître légitime, n'emporte pas, pour eux-mêmes le *Droit de contrainte* : Quand un Pere châtie, c'eft pour le bien de l'enfant : Quand un Souverain punit, c'eft pour le maintien de l'ordre & de la fociété dont il eft le chef. Il n'y a rien là

L'inftruction une fois remplie, les droits de l'ame fe réduifent à la confervation du corps.

Du droit d'un pere fur fes enfans; d'un Souverain fur fes Sujets.

qui les regarde perſonnellement, ils n'ont rien à exiger pour eux-mêmes, comme cela ſe verra mieux par la quatrieme *vérité de ſentiment* qui ſuit, & qui fait la derniere dans l'ordre de mon expoſition.

Quatrieme vérité de ſentiment : *Nous ne nous ſommes point faits nous-mêmes.* 4°. *Nous ſavons poſitivement que nous ne nous ſommes pas faits nous-mêmes :* cette vérité eſt de la plus grande évidence. Les eſprits les plus ſuperbes ſont obligés de reconnoître qu'il a été un temps où ils n'étoient point, & qu'ils ſe ſont trouvés être dans ce monde, ſans qu'il y aient en rien contribué. Nous voyons un commencement & une fin à notre exiſtence. Quoi, certes, de plus propre à nous convaincre de notre qualité de créature ? Il eſt donc une cauſe premiere, un Être tout-puiſſant qui nous a formés ? Car quelque choſe ne peut venir de rien ; & puiſque nous ſommes nous-mêmes ſi ſupérieurs aux bêtes par notre intelligence, & ſi recommandables par l'excellence de nos actions, quand le principe en eſt conforme aux regles : cet Être ſuprême, de qui nous tenons ce que nous ſommes, eſt donc l'intelligence & la vertu même ? Il en eſt la ſource & la plénitude. Quelle eſt la voie naturelle dont il s'eſt ſervi pour nous amener à la pratique de ſes Loix ?

Notre état de *Créature* connu, nous avons dû connoître nos *Droits.* C'eſt de nous donner un rayon de ſa divine lumiere, une faculté de raiſonner, capable d'appercevoir les rapports de convenance ou de diſconvenance, & qui ne ceſſe pas de nous éclairer, tant que nous agiſſons de bonne foi, & dans le calme des paſſions. C'étoit aſſurément nous traiter avec la plus grande diſtinction, que de nous laiffer, pour ainfi dire, diriger nous-mêmes par des motifs tirés de la vue de l'ordre & du bien public, laquelle il nous communique. ¡Dès-lors, en connoiffant notre état de *créatures*, nous avons pu connoître ce qui étoit requis pour l'harmonie du monde; nous avons pu favoir quels étoient nos Droits proprement dits, ces Droits qui emportent avec eux la néceffité d'ufer actuellement de force pour en obtenir l'exécution. Dieu n'a befoin de rien, je l'ai déja dit, & fés Droits font pourtant abfolus & fouverains : c'eft que notre exiftence dépend de lui, & que lui feul pouvant être la caufe & le principe de notre bonheur, notre intérêt même demande que fes Droits divins & immuables foient exercés à la rigueur.

Les droits de Dieu fur fes créatures, bien différens des nôtres : il n'a befoin de rien.

Au lieu que nous, à l'égard des autres hommes, nous n'avons des Droits que pour nous-mêmes : c'eft notre befoin, c'eft notre utilité propre qui les forme. Tandis que nous les exigeons, nous ne fongeons pas à autrui, il n'eft rien alors de plus cher que nos intérêts, nous y tournons tous nos regards; peu importe que toute la terre fouffre, pourvu que nous nous débarraffions de ce qui nous inquiete, ou qu'on fe procure le foutien de la vie & le bien-être. Cette condition fe montre, comme l'on voit, par un côté fâcheux à la nature (1) : le moment où l'on cherche à fe fatisfaire par la réclamation de fes droits, font donc des momens terribles pour elle : une créature ne peut, ce femble, en ufer, fans vouloir rifquer, pour ainfi dire, toutes les autres, & fe faire le centre de tout.

Et nous, nous n'avons des droits que pour nous-mêmes.

(1) On explique ceci, Chap. fuivant, vers le milieu.

Il faut pourtant que l'harmonie regne dans le *moral* comme dans le *physique*.

La chaîne pourtant invifible qui lie tous les êtres, ne peut être rompue. C'eft l'ordre qui régit le monde, & c'eft la fageffe infinie du Créateur qui en prend le foin. Le moral entre ici néceffairement avec le phyfique : tous les hommes enfemble ne font que partie de ce tout immenfe qu'on appelle *Univers*. L'Univers ne fubfifte que par le parfait accord de fes parties. Or, fi le genre humain, dans fa totalité, fait partie de cet accord, les mêmes parties de ce genre humain, qui font les hommes, doivent donc être d'accord entr'elles; & il faut bien fuppofer que le Créateur n'ait pas réglé les chofes de maniere que, pour jouir de nos droits, nous contriftions toute la nature, nous répandions le trouble & le défordre, nous arrofions la terre de fang. Il nous a donné véritablement des *droits*; ils font abfolus, mais en petit nombre, comme nous l'avons vu, & ils fe bornent au pur *néceffaire :* & c'eft ce que j'ai voulu principalement indiquer dans ce Chapitre. Il fera aifé maintenant de trouver la nature & le fondement du *droit*, pris dans le fens que je viens de dire.

CHAPITRE XI.

CHAPITRE XI.

De l'origine du Droit, pris pour faculté *; de sa nature, & du fondement de nos Droits.*

L'ON voit, par les réflexions qui précedent, que le terme de *Droit*, qui n'est qu'un attribut personnel, un titre dont l'usage se rapporte uniquement à notre utilité propre, est encore une dépendance de l'idée *d'ordre*, de *direction*, de *convenance*, sur quoi roule toute la formation des êtres & leur conservation. L'on voit que ce que nous appellons *nos Droits*, se tire, comme nos obligations, de la nature même des choses, qui veut qu'elles puissent être & se soutenir ce qu'elles sont ; & que pour obtenir une telle fin, il soit permis de prendre les moyens qui y conduisent : car, si nous devons nous nourrir, nous vêtir, nous enfermer au besoin ; si nous devons repousser actuellement toutes les attaques dangereuses de la part des hommes & des animaux, & nous préparer des défenses contre toutes semblables violences : si enfin, nous sommes fondés à rendre notre condition la plus tranquille & la plus heureuse qu'il est possible, faut-il bien que nous puissions faire tout ce qui est nécessaire pour arriver à ces divers buts. Il ne dépend ni de nous, ni des autres, de changer ni d'abandonner les institutions de la nature, puisqu'il est impossible qu'une chose soit, & ne soit pas, en même-temps ; qu'on marche en avant, tandis qu'on recule ; qu'on soit assis & debout,

Ce que c'est que le Droit pris pour faculté ?

D'où est-ce qu'il part ?

Tome I. K k

tout-à-la-fois, & mille autres chofes femblables.

Au fond, le *Droit* eft une *obliga-tion*.

De forte, qu'à le bien prendre, le *Droit* eft une *obligation* & un devoir, non pas envers nous, à qui nous ne devons rien, comme je l'ai relevé ci-devant; mais un devoir, à l'égard de la regle fouveraine du Créateur, qui a voulu que les chofes fuffent ainfi faites & maintenues. Voilà pour-

Raifon pourquoi un pere ne peut re-noncer à fes enfans, ni un hom-me à la vie.

quoi il n'eft point permis au Pere de renoncer au Droit qu'il a fur fes enfans en âge d'avoir be-foin de lui, ni à tout homme de s'ôter la vie, de vendre entiérement fa liberté, &c. Dans le Pere, ce Droit eft tout en faveur des enfans, il ne s'exerce pas pour lui; il eft obligé fpéciale-ment, & plus que perfonne, à les gouverner & à en prendre foin, jufqu'à ce qu'ils foient en âge de fe paffer de fon fecours; & dans les hommes, ce prétendu Droit qu'ils auroient fur leur vie & leur liberté, &c. n'en eft pas un; il feroit, au contraire, le renverfement du Droit : car le mot fuppofe *jouiffance* & *confervation*, & non *privation* ou *deftruction*. Tous les Droits que la nature leur accorde font de ce genre; ils ne peuvent que les maintenir, & non les faire ceffer : en cela, plus affervis que maîtres, plus dépendans que libres.

Le *Droit* a donc nous - mê-mes pour objet, & quelque-fois les au-tres.

Différen-ce pour-tant entre

De cette façon, le *Droit* emporte avec foi l'idée d'un bien néceffaire ou convenable, auquel nous afpirons ou pour nous, ou pour les autres. Mais il y a cette différence, que, comme il fuppofe, dans celui qui le poffede, une force ou une action, & que cette action s'emploie rarement au profit d'autrui, en comparaifon des cas où il n'a que nous pour objet, il eft arrivé naturellement qu'on lui a donné fans diftinction le nom de *Droit*,

arce qu'après tout, ce n'est pas trop de mettre lui & l'o-
l'égal de nous-mêmes, nos propres enfans, les bligation.
upilles, &c. & qu'on a réservé le nom de *devoir*
ou *d'obligation* à ces actes que la raison & l'humanité exigent de nous en faveur du prochain,
qui ne regardent que lui, & par rapport auxquels
celui-ci est censé être dans un état passif à notre
égard : c'est que le Pere, le tuteur, &c. n'ont un
pareil Droit que parce que l'enfant, le pupille, &c.
ne sont pas en état d'exercer le leur ; au lieu
que hors de ces cas particuliers, ou d'autres semblables, chacun est supposé pouvoir agir soi-même :
& c'est en quoi se forme *l'obligation* proprement Comment
dite, lorsqu'avec ce pouvoir d'agir, il n'y a pas se forme
dans le sujet qui en est pourvu, les moyens propres *l'obliga-*
ou naturels d'en faire usage, comme si c'étoit faute *tion.*
d'un bras, d'une jambe, &c. ou bien de matieres nécessaires à son aliment, à son vêtement, & autres
besoins indispensables. Ainsi, comme je l'ai dit, le
Droit ordinairement est une prétention pour nous-
mêmes : *l'obligation*, toujours une redevance envers les autres.

Il n'est rien de si obscur que ce que disent *Grotius*
Grotius & *Puffendorf* sur cette matiere, à l'égard & *Puffen-*
de nos *Droits*, de leurs diverses especes, &c. L'on *dorf* extrê-
diroit ou qu'ils ne se sont point entendus eux- obscurs sur
mêmes, ou qu'ils n'ont pas voulu qu'on les com- cette ma-
prît. *Vattel* (1), qui, en général, ainsi que *Bur-* tiere.
lamaqui, a eu des idées plus nettes, a dit fort *Wattel*
bien que *le Droit n'étant autre chose que la faculté maqui*, en
de faire ce qui est conforme au devoir ; il est évident disant vrai
que le Droit naît du devoir ou de l'obligation pas- là-dessus,
très-dan-
gereux
pourtant.

_____
(1) Droit des Gens, Préf. §. III.

K k ij

five, *de l'obligation dans laquelle on se trouve d'agir de telle ou telle maniere.* Mais cette définition, quoique vraie, par la maniere dont le système est tourné, est captieuse, & jette l'homme insensiblement à croire qu'il fait son devoir, quand il poursuit contre ses semblables, tout ce que ses passions lui suggerent, comme des *Droits ;* j'en ai montré amplement les abus dans la Premiere Section.

Il ne faut jamais séparer dans le même homme, l'obligation du Droit.

Le mot *d'obligation ,* pour ne laisser rien d'équivoque, n'est pas pour nous ; il est contre nous, si on peut le dire. Il est tout en faveur des autres hommes nos semblables ; c'est à leur profit qu'il est consacré. Il sera pour nous à notre tour, quand nous serons à leur place. Mais ici il est question d'eux, de cet état, où l'on est agissant pour autrui, & faisant valoir des droits quelconques, dans lequel état l'on est tenu à des devoirs envers le prochain : deux choses inséparables, & réunion d'intérêts différens dans la même personne, que l'on ne doit jamais perdre de vue dans la considération de l'homme. Le sujet que je traite nous y ramene sans cesse, & tous les livres qu'on a faits sur cette matiere auroient dû y ramener. C'est la position naturelle, & la seule capable de nous faire apprécier l'usage de nos Droits, par la vue de nos communes obligations.

L'obligation doit servir de barriere au Droit, loin qu'elle en dépende.

Mais il s'en faut bien qu'on ait pris une voie si sage (1) ; l'on nous met en principe que « le » *Droit & l'obligation* sont deux idées relatives ; » que l'une d'elles suppose nécessairement l'autre,

—————————————————————

(1) Burlamaq., Tome I, page 108.

» & que l'on ne fauroit concevoir un Droit, fans une
» obligation qui y réponde ». Tout cela a befoin d'explication ; car, autrement, *l'obligation* elle-même
viendroit au foutien du *Droit*, & en fortifieroit
l'exercice : au lieu que j'entends qu'elle eft faite
pour le contenir & lui fervir de barriere contre
tous fes excès. Ce fujet, comme l'on voit, eft de
la derniere importance, & mérite la plus férieufe
attention ; il faut néceffairement fe dépouiller des
idées communes, & fortir du fein de nos établiffemens ordinaires, pour n'envifager que les Loix
de la néceffité & de la fimple nature.

Le *Droit*, fuivant tout ce que nous avons dit,
& dans fa fignification la plus exacte, eft repréfenté agiffant ou comme capable d'agir, ou par
lui ou par les autres, pour fe procurer les chofes
néceffaires à la vie, ou convenables à fon état
préfent : & c'eft par-là qu'il me femble que *l'o-*
bligation n'y répond point, au fens que j'ai donné
à ce dernier mot, & qui me paroît auffi le plus
naturel ; & en effet, de quoi s'occuperoit donc
l'obligation, puifque le Droit fe fuffit à lui-même,
& qu'il a, avec le pouvoir d'agir, le moyen encore de le faire ? Nos devoirs réciproques ne font
fondés que fur le befoin. Or, il eft conféquent
que qui eft dans le cas actuellement de n'avoir
befoin de perfonne, ne peut rien exiger actuellement de perfonne.

Le Droit naturellement eft cenfé fe fuffire.

Mais le *Droit* qui ne peut fe fatisfaire, eft dans
un état tout différent. L'obligation commence à
naître du moment que fa force ou fes moyens lui
manquent : c'eft fon impuiffance qui nous fubor-
donne à lui, & nous oblige à le fecourir. Nous

Dès qu'il ne le peut, l'obliga-tion com-mence.

K k iij

devenons ſes redevables préciſément pour ce qu'il ne peut ſe procurer lui-même; faut-il bien que tout être qui a vie, ſubſiſte. Ainſi l'a voulu le Créateur pour l'entretien de ſon ouvrage.

Il eſt dé-ſarmé. Le *Droit*, de la maniere que je le figure, capable d'agir ou non, & bien que revêtu de pouvoir, n'eſt donc point redoutable par lui-même. Il n'eſt fondé à aſſujétir perſonne. Quand il agit, il tombe ſur les choſes de véritable beſoin; & s'il ne peut exercer ſon pouvoir, faute de matiere ou des moyens propres à cet effet, il eſt lui-même à la diſcrétion d'autrui : c'eſt *l'obligation* qu'il réclame, mais il la réclame ſans armes & ſans violence; il n'a que les traits de la ſimple mais puiſſante nature : les larmes, les gémiſſemens, la foibleſſe de l'âge ou la caducité, la pauvreté, un air mourant ou exténué, des cris perçans; enfin, tout ce qu'excite la préſence ou l'approche des maux & des contre-temps qui affligent la vie humaine.

Le *Droit* & le *Pou-voir*, ab-ſolument la même choſe. C'eſt ce qui me perſuade que le nom de *Droit* & celui de *Pouvoir*, ſignifient la même choſe, & ne doivent pas être diſtingués. En fait de qualités morales, on ne peut entendre qu'un rapport de convenance avec une regle. Le pouvoir de faire le mal n'eſt pas un pouvoir : ce n'eſt qu'une diſ-poſition du corps, une aptitude, ou une volonté déréglée à commettre telle ou telle action, qui n'eſt pas dans ce rapport de convenance, dont je parle. Auſſi les deux noms réunis, de *Pouvoir phyſique*, par leſquels on déſigne cette diſpoſition du corps, en figurant très-mal enſemble, donnent-ils aſſez à entendre par-là l'abus qu'on a fait du premier, en le tirant de ſa véritable ſignification, qui n'eſt autre que celle du Droit : abus auquel ont donné lieu, ou l'imperfection du langage, ou la maniere d'envifager les chofes par rapport à notre état factice, ou peut-être même ces deux caufes à-la-fois. Mais loin qu'il faille diftinguer le *Pouvoir* du *Droit*, je penfe au contraire que c'eft leur diftinc-tion qui nous a jettés dans l'erreur; & qu'on a pu croire infenfiblement & dans la plupart des occa-fions (à mefure qu'il eft impoffible de féparer ce qui eft en foi la même idée), que dès qu'on avoit la faculté de faire une chofe, l'on en avoir auffi le Droit. L'on nous dit (1) qu'*il ne faut point dif-puter des mots;* mais il faut difputer des idées. Quand la puiffance d'agir, qui eft une qualité Phy-fique, ne paffera pas pour un *Pouvoir,* le pouvoir ne fe préfentera jamais que fous l'idée de *Droit :* & ces deux mots qui, dans le fond, & par la feule impreffion de la nature, fe rappellent réciproque-ment l'un l'autre; (car l'ufage en cela eft plus raifonnable qu'on ne penfe, de dire également, par exemple, le *Pouvoir paternel* & le *Droit pa-ternel,* ce qui n'eft point du tout une confufion); ces deux mots, dis-je, de *Pouvoir* & de *Droit,* dans la fuppofition que je fais, & en les regardant toujours comme fynonymes, opéreront fur l'efprit des hommes l'effet de ne jamais confondre les idées; & ils croiront fermement & fans variation qu'on n'a pas pour cela le pouvoir de faire une chofe, parce qu'on aura la puiffance de la faire.

Inconvé-niens de les diftinguer, & d'appel-ler *pouvoir* cette *puif-fance* qu'on a d'agir.

Après cette courte, mais importante obferva-tion, je reviens à dire qu'il n'eft donc pas vrai que naturellement le Droit & l'obligation s'entre-répon-

Le *Droit* & l'*obli-gation,* ne s'entre-répondent pas tou-jours.

---

(1) Burlamaq. Tome I , page 104.

Kk iv

Dans Puff.
Tome II,
page 81.

dent toujours. L'exemple de la planche que *Tho-mafius* allegue, au rapport de *Barbeyrac*, le fait bien entendre : il eft queftion de deux hommes qui, dans un naufrage, fe trouvant fur une planche fi étroite qu'elle ne peut les foutenir tous deux, ont droit l'un & l'autre de chaffer fon compagnon. On ne peut pas dire que l'un foit engagé à rien envers l'autre à cet égard : c'eft que dans l'état ordinaire des chofes, qui ne dépend point de la maniere dont il plaît aux hommes de fe lier entr'eux par des pactes exprès & convenus ; le *Droit*, capable d'agir & de travailler à fon bien, ne fuppofe dans les autres aucune obligation réelle : plus il aura de moyens & de facultés pour aller à fes fins, ou fi deux hommes font précifément dans les mêmes circonftances, & avec des befoins abfolument égaux, comme dans le cas de la planche, &c. & moins on lui devra : & s'il eft armé, bien moins encore, puifqu'en cet état, il nous autorife au contraire à nous mettre en garde contre lui. Mais s'il eft paifible & fans force active ; s'il eft défarmé & fans mouvement, à l'égard de quelqu'un qui a les moyens de l'affifter : c'eft alors qu'il rappelle l'idée *d'obligation ;* alors feulement ces deux idées s'entre-répondent.

Caractere
effentiel
du Droit.

De forte qu'on peut conclure, de ce que je viens de dire, & le regarder comme un caractere effentiel du Droit, *qu'on n'eft véritablement fon obligé & fon tributaire, qu'autant qu'il n'eft point redoutable, & qu'il nous infpire des fentimens de compaffion, & non pas ceux de crainte :* & j'ajouterai que jamais il ne méconnoît plus fon état & fon véritable intérêt, que quand il vient en force pour fe fatisfaire ; puifque alors l'obligation ceffe, ou du moins, qu'une autre plus preſſante pour nous en prend la place : étant dans l'ordre des choſes, que la *force ſoit repouſſée par la force*, & qu'on ſe garantiſſe tout premierement d'une invaſion ou d'une attaque quelconque, avant de ſonger aux beſoins de l'aſſaillant.

J'ai pourtant dit ci-devant (1), que le Droit ne connoît que lui, & que, quand il cherche à ſe ſatisfaire, ce ſont des momens terribles & fâcheux pour la Nature. Mais, premierement, il n'eſt queſ- tion que des vrais beſoins : je ne parle point en- core des engagemens volontaires, où entrent les hommes, les uns à l'égard des autres, & dont nous nous entretiendrons bientôt. Et, ſecondement, s'il eſt vrai qu'un homme ou un peuple affamé, par exemple, ou qui eſt ſur le point de l'être, lorſ- qu'on ne l'aſſiſte point, ſoit à appréher `:`, cet état n'eſt que l'extrême de la *Nature* ; elle com- mence toujours par la douceur, & travaille à émou- voir la pitié, avant de nous effrayer par des me- naces ou des manieres violentes. Le *Droit naturel* eſt de ſoi *pacifique* ; l'emploi de la force n'eſt que l'effet de la ſouffrance & du déſeſpoir, & la der- niere tentative que faſſent des individus, qui n'ont, pour ainſi dire, plus rien à perdre. Ainſi, il reſte toujours pour certain que le *Droit*, par lui-même, n'eſt point redoutable ; & qu'une condition qui lui eſt propre & eſſentielle, c'eſt que, pour rappeller l'*obligation*, il ſoit doux & modeſte, & dans la diſpoſition actuelle, ou dans un état à ne point nuire ou offenſer.

N'eſt re- doutable que dans les *beſoins abſolus.*

Mais ce n'eſt que dans le *dé- ſeſpoir*. Il tâche tou- jours aupa- ravant d'é- mouvoir la *pitié.*

_____

(1) Chap. X, vers la fin.

Nos Droits factices & de convention, mauvais, à proportion qu'ils s'éloignent de ces caractères.

Si cette idée est juste, si elle est prise dans la nature même, il faut nécessairement que nos *droits particuliers*, ces droits qui naissent de nos engagemens volontaires, s'y rapportent, & ne la contredisent pas ; sans quoi, d'où pourrions-nous les déduire, que de notre imagination & de nos caprices ? Il faut qu'ils aient une afiliation avec elle ; qu'on les reconnoisse, à ces traits, pour être sortis d'une source si pure ; sans quoi, encore une fois, leur défaut de conformité sera le signal de leur réprobation & de leur injustice.

Nos engagemens volontaires n'ont ni les mêmes causes, ni les mêmes conséquences qu'on leur prête.

Puffend. Tome II, page 70.

Les Loix de la nature blessées, pour relever trop les conventions, &c. Ut suprà.

Il est sans contredit (1), que *la société demandoit que les hommes traitassent ensemble, au sujet des choses qu'ils ne pouvoient pas toujours se promettre certainement les uns des autres, par le seul effet des impressions des Loix de l'humanité ; &, en cela, j'avoue qu'il est du droit naturel qu'il y ait en général quelques engagemens volontaires entre les hommes.* Mais, ce n'est point par les raisons qu'on en donne que j'en conviens, & je suis bien éloigné d'en tirer les mêmes conséquences.

J'ai fait voir que, pour relever trop les avantages des conventions & des promesses, l'on a ravalé, pour ainsi dire, les *Loix de la nature*, en les représentant comme incapables de conduire les hommes à leurs devoirs. L'on a trop peu compté sur la simple liaison que cette sage mere a établie parmi eux tous. Le parallele qu'on nous fait, pour concourir au même but, de deux causes si différentes, n'est point raisonnable, ni juste, & je ne

(1) Puffend., Tome II, page 69.

vois pas qu'en général, les conventions foient affez dignes de figurer à côté des Loix de l'humanité, & de rouler, pour ainfi dire enfemble, fuivant cette conclufion de *Puffendorf* : ainfi les *Loix de l'huma-* *Ib. p. 71.* *nité & les conventions fourniffent tour-à-tour les* *fondemens & les principes de nos devoirs mutuels ;* car très-fouvent les conventions ne traitent que de Nature chofes qui ne font pas de premier befoin : &, en des *con-* ce cas, leur vertu intrinfeque ne peut pas être la *ventions,* même, c'eft-à-dire, fi forte ; & fi par hafard elles & leurs viennent à fpécifier les mêmes chofes que l'hu- différens manité réclame, c'eft alors l'humanité qui con- effets par tracte, & c'eft d'elle feule que fe tire la force rapport *au* du droit qu'il en réfulte : l'on eft alors comme *Droit na-* dans l'état de nature. La raifon veut bien que, *turel.* « quiconque s'eft acquis par une convention ou Dans l'ab- » une promeffe, quelque droit particulier fur cer- folu be- » taines actions d'autrui, qui n'étoient encore, foin, la » pour ainfi dire, hypotéquées à perfonne, par *tion* donne » aucune obligation antérieure, puiffe feul difpofer le même » de ces fortes d'actions, conformément à l'ac- droit que » cord » ; mais il faut entendre que cet *accord* ne la *nature.* tombe pas fur des chofes abfolument néceffaires à la vie d'un autre, tandis que lui peut s'en paffer. Puffend. Autrement, cet autre auroit le *droit* inconteftable- Tome II, ment d'en difpofer à fon exclufion, fauf à laiffer page 69. jouir enfuite le premier, de l'effet de fa conven- tion, quand il ne fe trouve plus barré par une telle concurrence, ou que toutes chofes d'ailleurs feront égales.

Et dans le cas où effectivement l'accord ne tombe Mais dans pas fur les néceffités de la vie, il s'en faut bien les chofes qu'on ait alors un titre auffi puiffant, pour le faire du fecond valoir par la force. *Puffendorf* donnant pour raifon ordre, il s'en faut bien que cela foit de même.

de ce que, « dès-là qu'une perfonne entre dans
» quelque obligation, il furvient auffi-tôt à une
» autre perfonne un droit qui y répond, *qu'il n'eſt*
» *pas poſſible de concevoir que l'on ſoit tenu de faire*
» *une choſe, s'il n'y a quelqu'un qui puiſſe l'exiger*
» *de nous* », ajoute fort à propos ; *ou du moins*
l'accepter légitimement : car il femble avoir fenti par
cette correction, que, dans tous les cas qui font hors
de l'abfolue néceffité, il ne s'enfuit pas, de ce que
quelqu'un s'eft obligé volontairement à une chofe
envers nous, que nous ayions acquis le droit de
l'y contraindre par la force, s'il s'y refufe. Il y a
bien loin de l'acceptation à la contrainte. L'une
prend ce qu'on nous donne, & l'autre arrache ce
qu'on ne voudroit pas donner, quoique promis.

Différen-
ce entre
l'efprit des
conven-
tions, &
celui des
devoirs de
l'humani-
té.

Auffi, a-t-on raifon de dire (1) que *tout ce que*
l'on exige dans les conventions, tend plutôt à notre
intérêt qu'à l'avantage de ceux avec qui l'on traite :
au lieu que, dans la pratique des devoirs de l'hu-
manité, on ſe propoſe uniquement de rendre ſer-
vice à autrui. Il n'eft pas douteux que celui qui s'eft
engagé ne doive tenir fa promeffe : c'eft une fuite
de la fociabilité, comme on dit, *& ſans cela,* avec
raifon, *le genre humain perdroit la plus grande*
partie de l'utilité qui lui revient d'un tel commerce
de ſervices. Mais cette étroite obligation, qui met
celui, en faveur de qui elle tourne, dans le cas
d'y compter & de fonder là-deffus fes efpérances,
ne lui donne pas le droit d'en pourfuivre l'exécution par la force, fi on y manque dans toutes
les occafions où il ne s'agit pas de l'*abſolu né-*
ceſſaire. Il a acquis un droit qu'il n'avoit pas au-

Puffend.
Tome II,
page 70.

Hors de
l'abfolu
befoin, la
conven-
tion ne
donne

(1) Puffend., Tome II, page 70.

paravant , mais un *droit feulement de préférence ;* c'eft-à-dire , de demander, de prier, de folliciter, de compenfer , fi on eft dans le cas de le faire ; de recourir , en un mot , à toute autre voie qu'à celle de la force pour obtenir juftice. Souvenons-nous que le droit armé fait fuir l'obligation , au lieu de la rappeller , & qu'on ne nous doit plus rien d'abord que nous ufons de violence : ou du moins , que tout notre droit eft fufpendu , jufqu'à ce que nous nous foyons mis dans l'état de repos où nous devons être.

qu'un *Droit de préférence;* tou.es chofes égales d'ailleurs.

Quoi qu'on faffe , on ne fauroit renverfer cette idée ; plus on s'en éloignera & plus l'on fera dans l'erreur. Une fource intariffable d'égaremens à cet égard , c'eft la Loi de *fimple permiffion* , à qui l'on accorde une extenfion & une force , d'autant plus dangereufes , qu'elle multiplie nos droits à l'infini, en les faifant dépendre de notre volonté dans toutes les chofes qui ne font point expreffément défendues ou ordonnées : j'y vois le germe de toutes nos prétentions, la caufe de nos querelles , & le titre de tous les actes humains qui font les plus grands défordres. Ecoutons *Barbeyrac* , dans fes notes fur *Grotius* & *Puffendorf;* c'eft lui qui parle ainfi : « La » permiffion que la Loi donne à quelqu'un, im-» pofe aux autres l'obligation de ne lui caufer au-» cun obftacle , quand il lui prendra envie de » faire ce que la Loi permet. Or , cette obliga-» tion eft produite & doit être produite néceffaire-» ment , par un droit attaché à celui que la Loi » laiffe dans la liberté d'agir à fa fantaifie : car , » dans toutes les obligations où l'on eft par rap-» port à autrui, il y a quelque droit qui y répond; » & ce n'eft point parce qu'on eft obligé de faire

La Loi de *fimple per-miffion* , fource, in-tariffable de *préten-tions* pour le droit.

Grotius, Droit de la Guerre & de la Paix, Tome I, page 62 , note 5 , colonne 2 , vers la fin.

» telle ou telle chofe, que quelqu'un a droit de l'exi-
» ger ; mais, au contraire, c'eft parce que quel-
» qu'un a droit d'exiger telle ou telle chofe, qu'on
» eft obligé de la faire ». L'Auteur fe demande
enfuite : *d'où vient donc ici le droit ?* Il répond :
» Il ne peut certainement venir que de la permiffion
» de la Loi : permiffion (ajoute-t-il par conclu-
» fion) en vertu de laquelle on peut auffi réfifter
» à quiconque nous troublera dans la jouiffance
» de ce Droit ; & employer, ou les voies ordi-
» naires de la juftice, quand on eft à portée d'im-
» plorer la protection d'un Juge commun, ou la
» force des armes, fi l'on n'a d'autre reffource
» qu'en fe faifant raifon à foi-même ».

L'effence & l'origine du *Droit* y réfiftent entiére-ment.

Mais, ce droit eft entiérement méconnoiffable à la *Nature* ; & rien n'eft plus oppofé à l'effence & à l'origine du *Droit* en général ; car la Loi de *fimple permiffion*, qui, dans les chofes dont elle ne parle pas, laiffe à chacun la liberté d'agir ou de ne pas agir, comme il lui plaît, fuppofe auffi que, dans autrui, l'obligation qui répond à ce droit, par la raifon qu'il n'eft point d'abfolue néceffité, n'a lieu qu'autant qu'il n'y a point de conflict entre eux, c'eft-à-dire, que les intérêts ne font point croifés, & que l'obligation elle-même n'eft point onéreufe. Il eft jufte de pouvoir faire ce qu'aucune loi ne nous défend point ; mais, puifque ce font des chofes arbitraires & qu'on laiffe à notre choix, il en réfulte que ne s'agiffant point de la nécef-fité & du pur befoin, nous ne fommes en droit de les exiger des autres, qu'à raifon de ce que les autres n'y peuvent être léfés en rien, & que nous prenons d'ailleurs les voies pacifiques. Du moins l'ufage de la force décrédite auffi-tôt la caufe; & le *Droit* ainfi revêtu, ne peut qu'éloigner *l'obligation*, au lieu de la gagner.

Voilà pourquoi il n'y a rien de plus mal fondé, à mon fens, & en même temps de fi dangereux que ce qu'avance l'Auteur ou le Commentateur que je cite : que « ce n'eft point parce qu'on eft obligé de faire telle ou telle chofe que quelqu'un a droit de l'exiger ; mais, au contraire, que c'eft parce que quelqu'un a droit d'exiger telle ou telle chofe, qu'on eft obligé de la faire ». C'eft le Droit qui vient de l'obligation, & non pas l'obligation du Droit, puifque, comme nous l'avons vû, l'obligation eft incompatible avec la violence, & ne reconnoît le Droit que quand il eft défarmé : celui ci n'ayant véritablement de pouvoir que dans les chofes extrêmes & de néceffité.

Le Droit vient de l'obligation ; & non pas l'obligation du Droit.

Je foutiens donc que cette Loi de *fimple per-miffion* eft la fource de nos plus grands égaremens fur cette matiere; c'eft encore *Barbeyrac* qui m'en fournit la preuve. « C'eft fur cette Loi naturelle, dit-il, de fimple permiffion que font fondés tous les Droits, foit naturels ou acquis, qui font de telle nature qu'on peut en faire ou n'en pas faire ufage, comme on le juge à propos ; ou même y renoncer, foit pour un temps ou pour toujours. Cette renonciation, *continue-t-il*, fait que les actions permifes peuvent être commandées ou défendues, & ainfi devenir obligatoires : mais auffi-tôt que l'obftacle eft levé, elles rentrent d'elles-mêmes dans leur état naturel d'indifférence ». Et il appelle cette Loi de fimple permiffion *naturelle*, " parce que c'eft en vertu d'elle,

Loi de fimple per-miffion, caufe de nos plus grandes er-reurs dans nos éta-bliffemens humains.

Puffend. Tome I, page 266, note 5.

» *dit-il*, qu'on peut faire ou ne pas faire, felon
» qu'on le juge à propos, tout ce qui n'a pas
» une convenance néceffaire avec la nature hu-
» maine, à moins qu'il ne fe trouve expreffément
» ordonné ou défendu par quelque Loi pofitive,
» foit divine ou humaine ». Voici la raifon qu'il

Puffend.
Tome I,
page 132,
note 2.

donne en un autre endroit, de la *néceffité* de l'admettre : « Le Droit & l'obligation étant deux
» idées relatives qui marchent prefque toujours
» d'un pas égal; pourquoi n'admettroit-on pas une
» Loi de fimple permiffion, auffi bien qu'une Loi
» obligatoire ? Certainement, fi celle-ci eft nécef-
» faire pour nous impofer la néceffité d'agir ou
» de ne point agir, l'autre ne l'eft pas moins
» pour nous mettre en état de pouvoir fûrement
» & impunément agir ou ne point agir felon qu'il

Porte fur
un faux
fonde-
ment, les
*actions in-
différen-
tes*.

» nous femblera bon ». Le fond de tout ceci,
comme l'on doit s'en appercevoir, c'eft l'opinion
infoutenable & encore plus pernicieufe des *actions
indifférentes* contre laquelle je me fuis récrié plus
haut. J'ai dit (1) qu'il n'y avoit point de milieu
entre le bien & le mal; & ici l'on prétend qu'il
eft des actions qui n'ont pas une convenance néceffaire avec la nature humaine : comme fi le rapport de nos actions avec notre nature pouvoit
jamais être fufpendu, ou n'être point ce
qu'il eft, c'eft-à-dire, néceffaire. Mais l'on s'eft
voulu réferver la liberté de difpofer de ces actions,
pour s'acquérir des titres & des Droits : & le
Droit, dès-lors, par la multiplicité & l'inconftance
perpétuelle des actes humains, a pris un accroiffe-
ment & un empire qui ont extrêmement flaté le

---

(1) Ci-devant, Chap. VII.

cœur

cœur de l'homme : de l'homme même foumis &
engagé par ces Droits ; parce qu'il n'eſt perſonne
qui n'ait à ſon tour de pareils droits à ſoutenir &
à prétendre. Mais le Droit ne peut point partir
d'une cauſe arbitraire & changeante. Il n'eſt point
hautain naturellement, & la force eſt ſon dernier
apanage , quand tout eſt déſeſpéré & comme
perdu. Je parlerai plus amplement de cette liberté
de diſpoſer de nos actions, comme il nous plaît,
en vertu de cette prétendue Loi naturelle de *ſimple
permiſſion*, lorſque par rapport au *Droit des Gens*
dont je veux tâcher de rétablir la pureté, j'examinerai la maniere défectueuſe dont les hommes ſe
ſont arrangés entre eux par des Loix civiles. J'ai
ſeulement indiqué ici la ſource d'où le *Droit* a
tiré ſes folles prétentions, pour l'oppoſer à celui
qu'avoue la *nature*, & qui peut ſeul faire le bonheur de l'eſpece humaine. J'ai pourtant dit que ce
dernier étoit redoutable en certains cas extrêmes ;
il convient donc & il eſt temps que je le repréſente dans ſes preſſans beſoins, & que je développe quand & comment il ſe trouve entraîné à
uſer de force, & en un mot, à *faire la Guerre*,
(s'il faut, enfin, uſer de ce mot) : triſte condition,
qui expoſe celui qui s'y met, à en être ſouvent
la victime , & à perdre encore plutôt & plus
ſûrement une vie, qu'il ne riſque ainſi que pour la
conſerver ! J'ai déteſté par-tout la *Guerre*, & je
la trouve ici inévitable : j'ai voulu en préſerver
les humains, & je la crois, dans ces terribles extrémités, ſortir de la *nature* même. Montrons cependant quelles Loix rigoureuſes cette bonne mere
impoſe encore alors à l'exercice d'un moyen ſi irré-
gulier, & qu'elle a juſques-là ſi hautement condamné. C'eſt mériter du moins ſon indulgence que de ſe

Suiet du Chapitre ſuivant.

Tome I. L l

contenir dans les bornes qu'elle prescrit. De-là,
Peuples, Nations, Hommes mêmes en particulier,
apprenez à ne jamais vous dépouiller des sentimens d'humanité & de droiture, & à ne point
pousser à bout, par des duretés ou des torts in-
signes, le *Droit naturel*, en quiconque est dans la
désespérante nécessité d'arracher, pour ainsi dire,
votre assistance ou votre justice!

CHAPITRE XII.

De l'exercice du Droit, & des cas où il est entraîné à l'usage de la force.

C'EST un principe incontestable, que l'usage des mauvaises choses (s'il peut jamais avoir lieu), doit être restreint le plus qu'il est possible ; & la nature nous le montre jusques dans les animaux : s'ils vont chercher des remedes, qui, dans le moment présent, fatiguent leur estomac, & leur donnent un véritable mal-être, non-seulement c'est pour se délivrer actuellement d'un mal qui les presse ; mais ils n'en prennent jamais que pour cet effet, & que ce qu'il leur en faut. L'on remarque encore que leurs querelles sont passageres, & ne sont point l'affaire de tout le corps. Ils se brouillent dans des rencontres particulieres & pour des besoins actuels ; mais ils se raccommodent bientôt après, quand leurs besoins sont remplis. Ils n'entrent dans une situation désagréable, que pour se tirer aussi-tôt d'une pire, ou pour la prévenir. L'homme seul feroit-il en dehors d'une regle si universelle ? Il y est pourtant assujéti comme tous les êtres vivans : & sa raison & sa conscience lui en imposent encore plus le devoir. Toutefois, il fait usage de sa force tout à contre-temps, & il déclare la Guerre quand il lui plaît, & non par la nécessité des conjonctures : je parle au reste de l'homme civilisé ; & j'entends ces occasions rares & fâcheuses où le pressant besoin de la vie détermineroit à un parti si désavan-

Que l'u-
sage des
mauvaises
choses doit
être res-
treint.

tageux même à celui qui l'embrasse. L'homme *naturel* abhorreroit nos entreprises si souvent injustes à cet égard & si téméraires ; & je n'aurois pas de peine à le convaincre d'une vérité dans laquelle il se trouveroit né & établi ; mais à des hommes instruits, disons mieux, à des hommes aveuglés par le préjugé général, il leur faut des volumes entiers. O honte pour vous, Nations policées, qui savez tout, excepté ce qu'il y a de plus utile ; & qui, tandis que vous vous imaginez pouvoir donner des leçons aux autres dans les choses de détail & du commerce de la vie, vous ignorez précisément ce qui nous fait vivre & nous tient en paix. Apprenez que la *force*, la nature vous la donne pour votre bien ; mais qu'elle veut en même-temps le bien général ; & que c'est pour cela qu'elle a donné à l'homme peu de besoins, afin que la force, destinée évidemment pour ces occasions uniques, ne puisse pas passer pour légitime, en l'employant à nos vains caprices & à nos travers. Entrons en matiere.

Trois cas uniques où la nature porteroit à user de force.

1°. L'homme peut se trouver manquer de toute subsistance, & n'avoir d'autre moyen de se la procurer que la force. Souvenons-nous qu'il est ici question toujours de l'*homme naturel*. 2°. On peut lui avoir enlevé ce qui lui est absolument nécessaire pour vivre. 3°. Enfin, on peut en vouloir en même-temps & à ses biens & à sa vie. Voilà, je crois, trois grandes occasions d'exercer, malgré soi, la force & la violence ; mais je n'en connois point d'autres : il paroît bien juste qu'il se procure une subsistance nécessaire, quand elle ne lui manque pas par sa faute, & qu'il rattrappe celle qu'on lui a prise : ces deux positions déterminent selon moi la Guerre, que j'appellerai néceffairement du mot odieux *offen-five*, parce qu'on y emploie les premiers, la force & la violence ; & il eft bien jufte encore qu'on pro-tége fes biens & fa vie : ce qui fait formellement la Guerre *défenfive*, qui eft de toute légitimité, quoique pourtant foumife à des regles.

CHAPITRE XIII.

Du cas unique où la nature porteroit à exercer le premier la force, & à faire une Guerre offensive.

Premier cas : *Guerre offensive.* LE premier des cas que j'ai suppofés, eft celui d'un homme qui manque de tout : il faut qu'il meure de faim, ou qu'il arrache le pain qu'il verra dans la main d'un autre. Dans ces momens terribles où la nature abhorrant fa deftruction, nous jette comme malgré nous, vers tout ce qui peut nous fervir d'aliment; il faut un effort de vertu fuprême, bien au-deffus de la créature, pour favoir endurer la mort, plutôt que d'enlever à un autre, je ne dis pas, ce dont il peut fe paffer, (car cela feroit pardonnable), mais ce qui lui eft tout auffi néceffaire qu'à nous-mêmes pour fe préferver de mourir de faim.

Dans cette fuppofition, l'aggreffeur commettroit, ce femble, une action injufte : il eft d'un être raifonnable de connoître que celui qui eft faifi le premier d'une chofe actuellement néceffaire à fa vie, a, fur cette chofe-là, une préférence inconteftable : fur-tout, s'il s'eft donné des foins pour l'avoir; mais la connoiffance & le fentiment font bien différens : il faut fentir pour acquiefcer. Je ne crois pas qu'il foit donné à l'homme de faire ainfi le facrifice de fa vie, tandis que la nature, dans le moment preffant où je le fuppofe, le follicite vivement à fa confervation. L'on a vu les liens du fang, la force de l'amour ou de l'amitié, la recon-

noiffance, l'intérêt de la patrie qui étoit gravé
dans les cœurs, produire les plus beaux traits d'une
générofité femblable : mais l'on devoit ces prodiges à la nature elle-même, c'eft-à-dire, au fentiment qui faifoit agir, & nullement à la raifon
qui eft toute froide & ne détermine pas. Tels on
voit nos braves foldats un jour de bataille, courir,
pour ainfi dire, à une mort certaine dans les occafions les plus chaudes : tels ces refpectables Corps
de la milice françoife fe difputer le pas dans le
chemin de la gloire & du péril, quand il eft queftion de monter à l'affaut, ou de forcer les lignes
de l'ennemi : l'*honneur*, ce principe diftinctif des
Monarchies, comme on a dit, mais que je crois
convenir à tous les Gouvernemens raifonnables (1),
eft une feconde vie préférable à la première :
c'eft ce fentiment factice qui étouffe le fentiment
naturel de fa propre confervation ; & c'eft ainfi
que l'homme, dans tous les temps & dans tous les
lieux, a été capable du plus grand héroïfme, ou
de la plus grande lâcheté, felon qu'il a été frappé
de vertus ou de vices, de vérités ou d'erreurs.

Or, excepté le cas où l'ame fe monte & fe
propofe une vie plus glorieufe, ce fentiment naturel dont j'ai parlé, nous maîtrife, & nous fera
préférer notre vie à celle d'un autre, quand nous
ne ferons point affectés d'aucune raifon de la lui
facrifier. A coup fûr, un homme tâchera d'enlever
à un autre homme, à qui il ne devra rien de
particulier, le morceau de pain qu'il verra en

---

(1) Je parlerai de cet honneur relativement à la *vertu*, comme
propre également aux Etats Monarchiques, dans la Troifieme
Partie, Chap. II de la Sect. Prem.

ſes mains, également néceſſaire à tous les deux pour vivre.

Ainſi, une Nation manquant de vivres, ſi on ne l'aſſiſte, ſe jetera infailliblement & néceſſairement contre la voiſine pour en avoir : je ne vois dans cette démarche qu'un mouvement naturel & *innocent* (1), qu'on ne ſauroit blâmer ſans blâmer l'Auteur de notre être, qui a voulu par-là aſſurer la conſervation de l'eſpece, ſi ſujette d'ailleurs à tant de contre-temps.

Objection & réponſe. Si l'on répond qu'il vaudroit encore mieux dans ces néceſſités urgentes, que la Nation qui manque de vivres, ſe laiſſât mourir de faim, que d'en aller dépouiller une autre ; que dans ce conflit, pour ſe procurer les alimens néceſſaires à la vie, c'eſt ajouter, à une mort certaine de toute une nation, (car j'entends qu'il n'y a des vivres que pour une) celle de bien des particuliers d'un & d'autre côté, que la violence de l'attaque & la vigueur de la défenſe occaſionnent néceſſairement : enfin, que le ſpectacle de cette Guerre n'offre qu'un tableau de miſere & d'horreur pour l'humanité : ſi l'on me répond, dis-je, tout cela, je répliquerai qu'une pareille réſignation de la part d'un Peuple réduit aux derniers abois, eſt incompatible avec les principes de notre être ; qu'il faudroit renverſer les Loix générales, & que c'eſt en cela même que je reconnois la ſimplicité de ces Loix, & la force majeure de la nature. Les inconvéniens, dont on

_____

(1) Je l'appelle ainſi, non par rapport à l'action qui bleſſeroit autrui, & ſeroit donc, à cet égard, mauvaiſe ; mais par rapport à l'impérieuſe néceſſité, & à la force d'un inſtinct qui eſt comme inſurmontable dans un ſi preſſant beſoin.

parle, font grands, & augmentent en effet, en ce
moment terrible, le malheur de l'humanité ; mais
le cas fuppofé eft bien rare ; & je ne crois pas
que, de Nation à Nation, il fe foit jamais rencontré,
précifément, comme je le conçois, qu'une Nation
ou un Peuple, n'ait eu des vivres abfolument que
pour lui, au moment que l'autre en a manqué
& qu'il a pris les armes pour les lui ravir. Le
Droit naturel en cette conjonĉture, obligeroit au
partage des provifions ; & il feroit jufte de faire ce
qui fe pratique fur mer, dans un vaiffeau depuis
trop long-temps en route, ou dans une Ville affiégée,
quand les vivres diminuent, de retrancher un peu
chaque jour fur les portions de chacun en particulier, pour avoir le temps ou d'arriver, ou de
recevoir des fecours.

. Mais au défaut de ce partage, il eft dans la
nature que pour s'empêcher de mourir de faim,
l'on fe précipite fur tout ce qui peut nous garantir
de la mort ; & je fuppofe, comme on le comprend par tout ce que j'ai dit, que ce n'eft qu'à
la derniere extrémité qu'on en vient à ces violences, & que la nature elle-même fe foit laffée,
pour fa confervation, d'exprimer fes befoins par
toutes les marques fenfibles & touchantes par où
elle commence d'ordinaire.

II. Que fi, dans ce premier cas, la force ou
la Guerre font permifes : à plus forte raifon, dans
le fecond, puifqu'indépendamment du même motif
de fe préferver de mourir de faim, l'on étoit
déja poffeffeur de la chofe volée ; mais il faut
que ce qu'on réclame ainfi à force ouverte, foit
véritablement & actuellement néceffaire au but de
garantir fes jours en péril : il faut que la faim

*Deuxieme
cas de la
Guerre of-
fenfive :
Ravoir ce
qu'on nous
a volé &
dont nous
avons be-
foin pour
vivre.*

nous preffe, ou que la peur d'une faim prochaine, fondée fur des raifons très-folides, nous
follicite. C'eft à ces rigoureufes conditions qu'il eft
permis de faire à fon ennemi tout le mal poffible,
pour retirer d'entre fes mains ce dont nous avons
befoin pour vivre. Hors de-là, le furplus de ce
qu'il nous aura pris, encore que nous l'ayons poffédé, n'eft plus à nous, fi l'ufage lui en devient
alors tout auffi néceffaire qu'à nous-mêmes. Il fera
feulement obligé à la reftitution, quand il fera
dans l'abondance; mais on ne pourroit encore l'y
contraindre, fi l'on étoit foi-même en état de s'en
paffer.

La raifon que j'en donne, c'eft que le befoin
de fournir à fa fubfiftance, feul fondement légitime
de toute violence, n'exifteroit point alors; & que
la chofe enlevée ayant fervi à un ufage juftifié
par la néceffité, auroit par force changé de maître :
étant de toute juftice que le Droit de fe nourrir
paffe avant celui de pofféder, & l'anéantiffe.

Et fi ce raviffeur n'avoit pas befoin, actuellement pour fa nourriture, des chofes qu'il a en-
levées, ou qu'il en ait pris au-delà de ce qu'il
lui en falloit : l'on peut, au premier cas, le forcer
à rendre le tout; & au fecond, à rendre le furplus, quand même l'on n'en auroit pas befoin
actuellement; mais fous des conditions différentes,
attendu que l'abfolue néceffité ne feroit pas le
motif de la réclamation qu'on en feroit. Nous
verrons mieux, en parlant du troifieme cas que
j'ai établi de la Guerre indifpenfable, les bornes
qu'on doit mettre au déploiement des forces humaines; & à quel point on doit s'arrêter par rapport à *l'effufion du fang*, en fe faifant juftice, quand
on eft dans l'obligation de fe défendre foi-même.

Les deux premiers cas forment les deux branches de la *Guerre offensive*, telle que je l'entends ; & j'en ai, comme l'on voit extrêmement réduit l'exercice, puisque je le restreins à *l'absolu besoin* & à *l'exacte necessité* de vivre. Les occasions en seront donc rares, & les suites peu à appréhender,

CHAPITRE XIV.

Du Droit qui n'uſe de la force que pour repouſſer la force, c'eſt-à-dire, de la Guerre défenſive ; & premierement, de la défenſe de tout ce qui nous eſt néceſſaire.

Troiſieme & dernier cas de la Guerre : Guerre dé- fenſive.

L E S deux premiers cas, avons-nous dit, d'uſer de ſon droit par la force, ſont extrêmement reſ- treints ; par la nature même de la choſe, & par les arrangemens du Créateur, qui ne met guere l'homme dans cette triſte extrémité. Mais le troi- fieme & dernier cas, qui conſtitue ſeul la *Guerre défenſive*, eſt, au contraire, très-étendu & fort com- mun : car, outre que les deux autres le ſuppoſent, il n'eſt, malheureuſement, que trop vrai, que les entrepriſes des hommes, que les prétentions des Nations iront preſque toujours au-delà de la né- ceſſité & du pur beſoin. Il s'offre donc ici une vaſte matiere à mes réflexions ; mais je me réduirai aux principales.

D'abord, l'on doit dire que la *Guerre défenſive* ſe préſente ſous les dehors les plus favorables : en effet, eſt-il rien de plus juſte que de ſe défendre quand on eſt attaqué ? Perſonne n'a jamais conteſté la maxime, *vim vi repellere licet :* elle eſt auſſi an- cienne que le monde ; mais les choſes les plus juſtes ſont encore ſoumiſes à des regles & à des limi- tations.

La défenfe a deux objets : 1°. d'*affurer fa vie ;* 2°. *de conferver fes biens.*

Pour la *vie*, il eft clair que nous pouvons exercer nos plus grandes forces contre tout ce qui eft capable de la troubler ou de la faire finir. Ma vie m'eft plus chere que celle d'un autre : dès qu'il y porte atteinte, il me donne droit fur la fienne ; & je puis la lui ôter, s'il met la mienne en péril. Mais ce n'eft jamais que dans l'action, & non après l'attaque, que j'ai ce pouvoir : l'inftant où je puis mourir eft celui de toute ma puiffance ; paffé cet inftant, je ne fuis plus le maître de faire fubir un fort que j'ai évité ou que je n'encours plus.

Les moyens de défenfe forment un fecond ordre d'obfervations des plus importantes : ils font fubordonnés à ceux de mon adverfaire, ainfi qu'aux temps & aux circonftances. Tandis qu'il ne viendra à moi qu'avec les feules forces du corps, je ne puis employer contre lui un inftrument meurtrier dont il ne fe doutera pas ; à moins qu'ayant moi-même des forces naturelles trop inférieures aux fiennes, & connoiffant par expérience que cette difproportion m'a mis en rifque de la vie, je ne me voie réduit, non-feulement à le repouffer, mais à me préferver, pour toujours, de fes attaques. Encore, l'humanité dont je ne dois pas me dépouiller, voudroit-elle que je tâchaffe auparavant d'employer une arme dont le coup meurtrier fût fans ceffe à ma difpofition : car l'on conviendra, par exemple, qu'un fufil, & toute arme dont l'effet fe paffe au loin, fortent des regles de

la jufte égalité, & ne fe peuvent diriger, comme
on fait les forces du corps, ou tout inftrument que
les bras faififfent pour multiplier ces mêmes forces.

Si l'on m'attaque de jour, & que je fois à portée
d'être fecouru, je ne puis ufer, en cette rencontre,
de la même défenfe que je ferois fi c'étoit pendant la nuit, & que je fuffe feul : je ne dois jamais me procurer plus d'avantage que le befoin
de ma fituation ne requiert ; ma vie n'étant point
en péril, je ne dois point attenter à celle de mon
aggreffeur, encore qu'il m'attaque fans fujet : &
moins encore le dois-je faire, quand c'eft la fuite
d'un reffentiment auquel j'ai donné lieu.

Mais fi l'on vient à moi en nombre & dans
des difpofitions évidentes d'en vouloir à mes jours,
quoiqu'on n'ait point d'arme à feu, ou toute autre
dont l'effet fe porte au loin & que je puiffe
craindre, j'ufe alors de toutes mes facultés, & je
puis prévenir le coup qu'on me prépare, en lan-
çant fur mes ennemis les traits les plus meurtriers,
comme d'une arme à feu, ou de toute autre de
cette nature qui fera en mon pouvoir. La fupériorité du moyen dont je me fers, eft compenfée
par le nombre de mes affaillans ; & il eft bien
jufte que je me mette à leur niveau, & que je n'at-
tende pas que leurs poids m'accable.

**Second
objet : les
biens.** Paffons au fecond objet de la *Guerre défenfive :*
la confervation des *biens.*

**Sont de
diverfes
fortes.** Ici les confidérations fe mutiplient à l'infini, à
raifon de la diverfité de ces biens, qui eft comme
infinie ; & les ménagemens qu'on a à garder, par
rapport à leur défenfe, font en proportion avec

les divers degrés d'intérêt qu'on y a. Jamais matiere plus étendue : il y a des biens *réels*, il y en
a d'*imaginaires*; & ceux-ci fouvent ont autant &
même plus d'empire que les autres: Des bien réels,
les uns font *effentiels*, les autres ne font qu'*utiles*;
il y en a auffi de purement *agréables*. Et tous ces
biens peuvent changer de dénomination, chacun
dans fon efpece, felon le rapport qu'ils ont avec
le poffeffeur : en forte que du pain, actuellement
néceffaire à un homme affamé (ce que je mets
au rang des biens effentiels), ne fera plus qu'un
bien utile entre les mains de celui qui pourra attendre : & une voiture, par exemple, qui fera fort
utile à quelqu'un qui n'aura pas de jambes, fera
fimplement agréable à qui pourra marcher, & ainfi
des autres.

Il eft certain que parmi les biens réels, après
celui de la vie & les alimens actuellement néceffaires à la foutenir, nous comptons naturellement nos femmes, nos enfans, tous ceux que les
liens du fang & de l'amitié nous attachent, chacun
felon le rang où la nature ou notre choix les ont
placés. La vie de toutes ces perfonnes qui tiennent
à nous de fi près, eft comme renfermée dans la
nôtre ; & le fentiment de *pitié* que le Créateur a mis
en nous pour le falut de nos femblables, s'éveille mer-
veilleufement à l'afpect des malheurs qui menacent
ceux avec qui nous vivons : c'eft alors que toutes nos
forces fe ramaffent : la pitié eft douce ; mais la
haine vient à fon fecours, & la colere fuit d'abord
après : en cette conjoncture, tout homme eft redoutable, & les effets de fon reffentiment font auffi
prompts que fa volonté. Il n'eft guere poffible, en

Nos pro-
ches & nos
amis, au
premier
rang.

cet état violent, de mesurer ses moyens de défense sur l'exacte nécessité : la diversité des rapports, l'union de tant d'intérêts l'offusquent ; à peine le peut-il quand il est seul. Ce que le mouvement na-turel lui prescrit en pareil cas, c'est d'anéantir tout aussi-tôt, s'il est possible, l'aggresseur injuste qui en veut à ce qu'on a de plus cher au monde : car, comme nous l'avons remarqué ailleurs, l'on donne quelquefois sa vie pour sauver celle d'un autre ; & ici, il ne fait que risquer la sienne, en espérant de survivre avec les objets de sa tendresse. Soldats téméraires, qui osez porter vos fureurs jusques dans le sein des familles, en une Ville prise d'assaut, apprenez que vous ne devez vos succès horribles qu'à l'avantage du nombre ! vous seriez bien vîte écrasés, si vous ne marchiez qu'à nombre égal ; aussi s'est-on toujours présenté, à l'attaque des Vil-les, avec des forces bien supérieures ; & c'est à raison de cette grande inégalité, indépendamment des autres motifs, que l'homme, dans sa maison & au milieu des siens, peut user de la plus vigou-reuse défense contre quiconque y pénetre à main armée. Je n'entends parler encore que de la dé-fense de la vie ou de l'honneur, aussi précieux que la vie : en un mot, de tout acte commis contre les personnes de l'un & de l'autre sexe. La défense des autres biens ne comporte pas tant de rigueur.

Cri de la nature en-vers eux & pour eux.

Choses nécessaires à la vie, aussi pré-cicuses que la vie mê-me.

Toutefois, il faut mettre au-prix de la vie les choses absolument & actuellement nécessaires à l'en-tretenir : celles-ci forment la vie même ; & si pour les acquérir, quand le besoin violent nous presse, nous sommes entraînés naturellement à les enlever à ceux à qui elles appartiennent, à plus forte raison sommes-nous

nous fondés, quand nous les poſſédons, à en diſputer la jouiſſance par tous les moyens relatifs à
l'état du péril où nous ſommes, & aux circonſtances
qui accompagnent ce péril. Les regles touchant la
conſervation de la vie ſont préciſément les mêmes
que celles pour la conſervation des biens deſtinés
à la ſoutenir. Ainſi nous n'uſerons pas de répétition.

CHAPITRE XV.

Du Droit, par rapport à la défense de tout ce qui n'eſt pas actuellement néceſſaire ; & des autres biens moins précieux encore.

Notre conduite à l'égard du *ſuperflu* dans les biens *néceſſaires.*

MAIS ſi nous avons des proviſions au-delà du ſimple néceſſaire, devons-nous repouſſer auſſi vivement l'audacieux qui voudra nous en enlever une partie ? Il peut avoir trois motifs de ſa violence : 1°. de ſe nourrir actuellement ; 2°. de ſe préparer une ſubſiſtance pour un temps prochain, qu'il prévoit être un temps de famine ; 3°. de ſuivre ſimplement un mouvement de cupidité.

Dans le premier cas, comme nous l'avons déja expoſé, nous devons, au contraire, du moment que nous connoiſſons ſes beſoins, lui ouvrir nos greniers, & l'aſſiſter juſqu'au point où le preſſant beſoin de nous-mêmes nous oblige à nous arrêter. Dans le ſecond, ſi nous ſavions qu'il dit vrai, & que nos proviſions fuſſent aſſez grandes pour être partagées, ſans nous expoſer à en manquer nous-mêmes au temps qu'il prévoit, il n'eſt pas douteux encore que nous devons faire ce partage ; & attenter à ſa liberté ou à ſes jours dans ces circonſtances, quoiqu'il ſoit l'aggreſſeur, c'eſt lui refuſer les devoirs de l'humanité, c'eſt manquer à nous-mêmes ; parce que ſi nous étions à ſa place, nous ne voudrions pas être traités de la ſorte. Tout ce qui a vie, a un droit eſſentiel à la nourriture ; & perſonne ne peut rien mettre en réſerve qui ſera actuellement néceſſaire à un autre.

Ne dites pas que ces provisions vous appartiennent, que vous les avez formées, que vous les avez amaffées à grands frais & avec beaucoup de peine : l'on doit vous rendre la pareille en semblable occasion ; & vous devez vous souvenir que le Droit de se nourrir & de veiller à sa subsistance, est toujours antérieur à celui de posséder, & l'anéantit.

Quant au troisieme motif de la violence, à l'égard de notre superflu dans les choses nécessaires, *le desir d'amaffer & de groffir fes provifions à nos dépens ;* il est clair qu'étant dépourvu de toute raison valable, l'injustice du procédé mérite d'être repouffée ; mais si l'aggreffeur perfiste, le punira-t-on de mort ? pour des biens périffables, & dont nous n'avons que faire, ni actuellement, ni dans un temps prochain, le priverons-nous de celui de la vie, avec qui les autres n'ont point de proportion ? Je réponds que non : plutôt que de verfer le fang humain, abandonnons-lui ce dont nous pouvons nous paffer. Il feroit injufte, mais nous ferions cruels ; il ne nous feroit point de mal, & nous lui en cauferions un irréparable.

Je fuppofe, au refte, que cet ennemi ne pourroit point, ou ne voudroit point nous enlever ce fuperflu, dont je parle, au péril de nos jours ; qu'il ne fe feroit point muni d'armes meurtrieres ; en un mot, qu'il n'emploieroit d'autres moyens de réuffir dans fon entreprife, que la force des bras & la fupériorité du nombre. Si, à moyens égaux, nous pouvons le repouffer, fans attenter à fa vie, il eft fûr que nous en avons le droit ; mais notre défenfe, dans le cas que je fuppofe, doit fans ceffe être proportionnée à l'attaque ; de maniere que nos efforts ne croiffent qu'avec les fiens, & que nous n'arrivions à lui ôter la vie, fi cela étoit poffible, que malgré nous, & autant qu'il aura mis la nôtre en péril imminent.

Notre
défenfe à
l'égard des
*biens uti-
les.*

Jufqu'ici, il a été queftion des biens effentiels, c'eft-à-dire, des chofes propres à la nourriture ou à la confervation de l'homme. A préfent viennent les biens que nous nommons *utiles* : non que les autres ne foient *utiles*, mais parce que ceux-ci ne font pas *néceffaires*. L'on peut fe paffer, par exemple, de carroffe, de laquais, de diamans & de tant d'autres chofes fuperflues qui ont pourtant leur *utilité*. A leur égard, la *défenfe* doit-elle être auffi vive ? non fans doute : la nature ne le demande pas. Qand, pour les conferver, nous n'aurons point à craindre de perdre la vie, il faut refpecter celle de l'aggreffeur, tout injufte qu'il eft, & ne lui oppofer jamais que des forces de même genre ; au lieu qu'il en fera autrement, s'il eft tout réfolu (& qu'il en ait le moyen) à nous facrifier à fon avarice, plutôt que de ne pas obtenir ce qu'il demande : le rifque évident où il nous met, nous donne alors toute forte de droit fur lui.

L'on voit que notre réfiftance doit toujours être en proportion avec l'importance de la chofe qu'on veut nous ravir, & nos moyens avec ceux de notre adverfaire : ainfi, plus l'abfolu befoin & l'exacte néceffité s'éloignent de nous, moins devons-nous employer des moyens de défenfe capables de donner la mort ; mais ces mêmes moyens deviennent légitimes & indifpenfables, du moment que l'on s'en fert contre nous, pour nous enlever des biens qui nous appartiennent, de quelque nature qu'ils foient.

Notre
défenfe à

Suivant cette regle, les *biens agréables* font donc encore moins dignes qu'on verfe le fang humain

pour les garantir de l'entreprise d'un audacieux ou l'égard des biens agréables.
d'un avide, quand il ne nous attaquera point avec
des armes meurtrieres. Mais s'il y prétend, le fer
ou le feu en main, & qu'il respecte si peu notre
vie, que de la sacrifier à l'acquisition de ces choses
si peu nécessaires, le soin que nous devons prendre
de nos jours, nous oblige à ne point le ménager,
& à tenter contre lui toutes les voies possibles de
prévenir ses mauvais desseins. Mais c'est toujours
dans le moment de l'action, comme je l'ai dit une
fois, que cela est permis, & non après l'attaque ;
car autrement, ce seroit une vengeance criminelle.

Que conclure de tout ce que je viens de dire ?
Est-ce que pour ne pas causer la mort à un
homme, il faut lui abandonner le superflu de nos biens
nécessaires ? lui abandonner nos biens utiles ? nos
biens agréables ? en un mot, devenir toujours plus
indifférens à leur conservation, qu'ils auront un
rapport moins direct avec notre vie ? disons mieux,
à mesure qu'ils tiendront un plus haut rang dans
notre imagination ? Car, il faut l'avouer, ce sont
bien moins souvent les choses de premier besoin qui
nous affectent, que la plupart de celles qui sont superflues ; & une vérité assez triste pour la raison
humaine, c'est que notre attachement pour les biens de
ce monde croît toujours comme en raison inverse
de leur véritable nécessité : tel est le fruit du Domaine & de la Propriété, dont la nature est de
s'étendre : nous en avons parlé ailleurs ; nous en
parlerons assez amplement dans la suite. Avant de
conclure, disons un mot des *biens imaginaires.*

S'il y en a qui dégradent notre espece, & c'est Notre défense à l'égard des biens ima-ginaires.
le plus grand nombre (disoit un Politique, homme
de lettres, que j'entendois discourir là-dessus), il

M m iij

en eft, fans doute, qu'il faut refpecter comme les biens les plus précieux de la vie : ce font ceux qui dirigent, en quelque forte, l'efprit des Nations, ou les démarches des particuliers, dont l'effet va au bien général. Il en naît une fource de travaux utiles, & d'occafions d'employer les hommes au plus grand avantage de la fociété. Cet Artifan, qui n'a d'autre revenu que fon métier, ambitionne de pouvoir mettre des manchettes ou des bas de foie un jour de Dimanche : ce Négociant fe livre aux plus pénibles fpéculations de fon état, pour joindre à fes richeffes une charge qui l'annobliffe lui & fa poftérité : ce Gentilhomme, qui pourroit être adoré de fes vaffaux dans fes terres, les abandonne pour venir chercher des emplois à la Cour, & briguer la faveur du Prince, fans laquelle il ne peut vivre heureux, &c. Jettons les yeux fur les Nations (difoit encore ce même homme), & nous en verrons une qui s'eft mife en tête de vouloir dominer fur la mer : une autre s'attribuoit le droit d'être faluée la premiere, quand fes vaiffeaux en rencontroient d'autres : celle-là même eft en ufage d'effuyer toujours le premier feu dans les combats de terre ou de mer : le Souverain d'un grand Empire fe donne le titre d'Empereur des Empereurs, & d'autres plus fublimes encore, &c. Ce font, dans le petit comme dans le grand, dans les particuliers comme dans les Nations (difoit ce Politique) des préjugés, des biens imaginaires, mais qui ont pourtant la force des plus grand biens, & qu'on ne fauroit détruire fans nuire à la conftitution, fans étouffer le feu moteur qui anime les individus en chaque état, & porter un préjudice immenfe à la totalité des fujets.

L'homme   En attendant que par tout ce que je dirai dans

la fuite, on puiffe juger de ce raifonnement, qui *naturel n'en eft pas exempt.*
regarde fur-tout l'homme civilifé & les Nations
policées, j'obferverai ici que le mot feul *d'imaginaires*
fembleroit exclure ces fortes de biens de l'ordre &
de l'état de nature, où les individus, cenfés bornés
aux chofes de premier befoin, font peu portés à
eftimer celles qui font idéales. Cependant il eft, en
eux, le germe de nos goûts & de nos fantaifies,
& ils n'en ont pas moins une imagination, pour
être froide & peu cultivée ; elle travaille à fa maniere ; & des riens, que nous méprifons, peuvent
être pour eux des biens imaginaires confidérables :
c'eft ainfi que les enfans, parmi nous, mettent leur
félicité & leur joie dans des chofes fades & puériles
pour des hommes faits : quoique ceux-ci à leur
tour, ne font le plus fouvent que de grands enfans,
toujours occupés de vains projets, & fe repaiffant
de frivolités & de chimeres incapables de faire leur
bonheur. De forte que l'homme naturel connoît
auffi des biens *imaginaires*, mais de fa façon ; & *Mais ces biens ima-*
l'inclination qu'il y porte, eft d'autant moins vive & *ginaires en*
dangereufe (à proportion de celle que nous avons *cet hom-*
pour les nôtres), qu'il eft plus près de la fource *me, peu à*
de la nature, pour parler ainfi, & qu'il n'a pas *craindre,*
fait des progrès dans le malheureux art de mul- *en compa-*
tiplier fa mifere en multipliant fes befoins. Toutefois, *raifon des*
il a de ces fortes d'attachement : favoir s'il doit les *nôtres.*
défendre, & comment il doit fe conduire ?

Il eft fuppofé que jufques-là, j'entends des *biens* *Deux*
imaginaires fenfibles : c'eft-à-dire, des chofes ma- *fortes de*
térielles, & qui ont leur exiftence hors de nous, *biens ima-*
auxquelles nous mettons un prix comme nous vou- *ginaires.*
lons : un morceau de corail pendu aux narines
ou aux oreilles, des fourcis peints, & le vifage

chamarré de diverfes couleurs, font pour certains
Peuples fauvages, des objet d'ambition, & la matiere d'un grand attachement.

La *Ven-*
geance &
la *vaine*
gloire n'en
font pas.
Elles font
des maux.

Mais il eft une autre forte de *biens imaginaires*,
dont le corps n'eft qu'en idée, & qui affectent fimplement l'efprit, fans qu'on poffede rien au dehors.
On met (1) de ce nombre la *vengeance* & la *vaine*
gloire : mais c'eft leur faire trop d'honneur ; & je
ne crois pas qu'on puiffe les y comprendre, puifqu'elles font de véritables maux : elles font faites
pour le malheur des hommes ; & la *Guerre*, que
je condamne, eft prefque toujours leur apanage
& leur appui.

L'*eftime*
& l'opi-
nion publi-
que en
pourroient
être plutôt.

Difons mieux ; qu'on feroit peut-être plus fondé
à mettre au rang de cette feconde claffe de biens
imaginaires, l'*eftime* & l'*opinion publique*, dont on
eft ordinairement fi jaloux, quand d'ailleurs l'on
fait bien, en fa confcience, qu'on les mérite : il eft
effectivement injurieux à la probité, qu'un honnête
homme dépende de la façon de penfer d'autrui,
& qu'il doive mettre fon bonheur, bien moins dans
la perfuafion où il eft d'avoir fait fon devoir, que
dans la croyance où les autres font que cela eft
ainfi. L'honneur & la réputation font, en un fens,
des biens, par les avantages qu'ils nous procurent.
Mais, dans le vrai, & par eux-mêmes, ils n'ont
rien de folide, puifque leur fiege & leur confiftance
font tout dans le cerveau d'autrui, & nullement
en nous, ni à notre difpofition ; ce qui fait qu'ils
font fi fouvent injuftes & trompeurs. Celui à qui

_____

(1) Puffend. Tome III, page 134.

la confcience ne reproche rien, eft bien fupérieur à tous les bons jugemens qu'on en porte ; & l'eftime publique ou particuliere eft trop fouvent injufte, pour pouvoir fervir d'indice ou de récompenfe du vrai mérite. Cependant, puifque l'homme, même naturel, n'eft pas deftiné à vivre feul, & que la fociété, grande ou petite, lui eft utile ou défavantageufe, non-feulement à raifon de fes procédés & de fes actions propres, mais auffi, par ce qu'en penfent les autres ; faifons donc cas de ces biens imaginaires, tout comme fi c'étoient des biens réels, & que notre défenfe foit, à leur égard, dans la proportion & dans la mefure qu'exigent les véritables.

Et la fo-ciabilité les rend né-ceffaires.

Je ne dirai donc point qu'il faille livrer tous ces biens, les imaginaires même, au premier venu, plutôt que de lui ôter la vie ; mais je foutiens qu'ils n'ont, au fond, rien de comparable avec l'exiftence d'un feul individu de notre efpece, & que la confervation d'un pareil être eft infiniment plus précieufe que tous les biens enfemble. S'il nous eft donc permis d'ufer de force, & d'attenter à la vie de quelqu'un, pour conferver ces mêmes biens, c'eft, comme l'on voit, toujours par le jufte motif de préferver nos jours en péril : car celui qui attaque, ayant pris de ces biens l'idée trompeufe qu'on s'en forme, déclare une guerre, d'autant plus à craindre, qu'il fait bien qu'on les défendra opiniâtrément, & qu'ils lui feront, à lui-même, fort utiles, s'il les remporte : je parle principalement de ceux dont l'objet eft vifible & matériel. Il vient donc armé de pied en cap, & avec la réfolution de tout entreprendre : & ce font ces apprêts, c'eft cette difpofition qui autorife le

Conclu-fion.

défenseur, dans les choses que j'ai dites si indignes de causer la mort à un homme, à la lui donner au moment qu'il le croit nécessaire pour le prévenir. De sorte que ce n'est point, proprement, les *biens* que l'on défend alors, c'est la *vie;* & c'est aussi la seule raison qui rende légitime la Guerre *défensive*, en ses deux objets, & qui justifie la troisieme & derniere occasion d'employer la force & la violence. Hors de ces trois occasions, il ne sera jamais permis de nuire à personne; & une Nation ne pourra pas, comme on dit, se faire justice soi-même, puisqu'alors ce seroit une vraie injustice, en s'attribuant un droit qui ne lui seroit point dû: le Droit naturel le déclare de même, & le Droit des Gens ne sauroit l'approuver en aucunes sorte. Cependant, comment est-il arrivé que ce dernier Droit ayant sa source dans le premier, n'en ait pas conservé la pureté? C'est ce que nous verrons amplement dans la Seconde Partie.

Fin de la Premiere Partie & du Tome Premier.

ERRATA,

POUR L'ESSENTIEL.

PAGES.	Lignes.
6,	25, & d'en former : *lisez*, & de former.
7,	11, révéler : *lisez*, relever.
58,	2 & 3, *défensive* : lisez, *offensive*.
71,	23, engendre : *lisez*, engendra.
73,	*Aux deux notes au bas* (2) *c'est* (1), *de la page,* (1) *c'est* (2).
79,	13, fa : *lisez*, la.
94,	*pénultieme*, nature & la : *lisez*, nature de la.
131,	32, coûteufe : *lisez*, douteufe.
164,	18, la : *lisez*, fa.
169,	10, *les guillemets commencent avec l'alinéa.*
208,	*A la marge*, après *criminels*, ajoutez : *nuls.*
230,	1, porter le point d'interrogation après ces mots : *quand de tels malheurs arrivent ?*
235,	*antépénultieme*, Le : *lisez*, La.
263,	5, par l'effet : *lisez*, par la vue.
272,	*Au deuxieme alinéa*, Mais remontons : *lisez*, Mais remontant.
273,	1, combien : *lisez*, & combien.
282,	19, le (1) doit être après *commandement*, & avant le point.
288,	14, foyons : *lisez*, foyions.
308,	3, eut : *lisez*, ont.
353,	9, *aimer Dieu*, ajoutez : *de tout fon cœur.*
356,	*A la marge*, l'entendent : *lisez*, l'entendoit.
406,	*Au titre du Chapitre Premier*, après *naturel*, ajoutez : 1°.
452,	12, un : *lisez*, au.

TABLE

DES
TITRES ET CHAPITRES
DE CETTE PREMIERE PARTIE.

SECTION PREMIERE.

SECTION DEUXIEME.

Nn ij

SECTION TROISIEME.

Qu'on trouve la condamnation du Droit de la Guerre dans la Loi des Juifs. 259

SECTION QUATRIEME.

Fin de la Table.

I

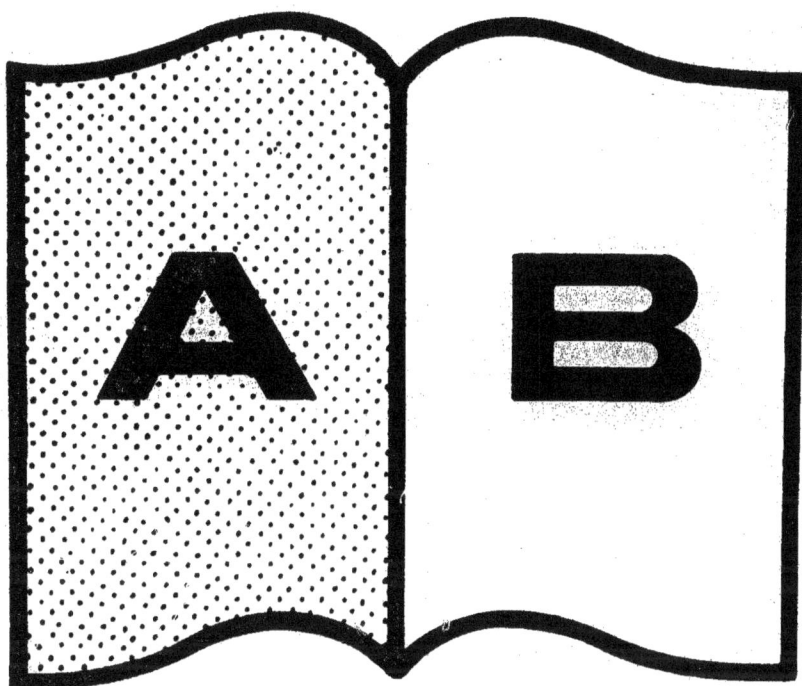

Contraste insuffisant

NF Z 43-120-14